중국현대사를 만든 세가지 사건

1919·1949·1989

중국현대사를 만든 세가지 사건

백영서 지음

1919 · 1949 · 1989

창비

일러두기

1. 이 책의 외래어 표기는 국립국어원 외래어 표기법에 따르되, 인명과 지명은 가급적 현지 발음에 가깝게 표기했다.
2. 한자음으로 읽는 것이 익숙한 일부 중국 지명의 경우 관용을 존중했다.
    예) 자금성, 만주
3. 한자의 경우 정자(正字)를 쓰는 것을 원칙으로 하되, 1949년 이후 중국 대륙에서 간행된 문헌이 주석에 쓰인 경우 간체자로 표기했다.
4. 본문의 설명을 보완하는 내용은 각주에, 출처를 밝히는 경우는 후주에 적었다.

역사학자라면 개설서를 쓰는 것이 크나큰 보람이라고 들으면서 연구자로서 훈련을 받았던 터라 언젠가는 중국현대사 개설서를 출간하고 싶은 소망이 있었다. 아직 그 바람을 온전히 실현할 엄두는 못 내고 있지만, 이 책은 변형된 형태로나마 그것을 구현하는 셈이다.

이런 형태의 저술을 하겠다는 의욕을 품게 된 직접적인 계기는 2018년 1월 '네이버 열린연단'의 강연이었다. 다가올 2019년을 의식해 세개의 사건, 곧 1919·1949·1989년에 일어난 큰 사건을 중심으로 중국현대사를 개관했더니 주위에서 아예 한권의 책으로 만들어보라고 권유했다. 마침 그해 8월 정년퇴직이 예정되어 있어 의욕을 낼 수 있었던데다가 '촛불혁명'과 '3·1혁명' 100주년이란 사회적 계기가 더해져 '현대 중국'도 '혁명 중국'도 아닌 '100년의 변혁'으로 중국현대사를 해석하겠다는 뜻을 품게 되었다.

저자가 대략 한 세대 간격을 두고 순차적으로 발생한 세 사건을 선택한 것은 이들이 2019년에 제각기 100주년, 70주년, 30주년이라는 기념해를 맞는 우연 때문만은 아니다. 박사학위논문 작성 때부터 공론장으로서의 톈안먼(天安門)의 상징성에 관심을 갖기 시작했기에 톈안먼을 축으로 100년의 변혁의 세 분수령을 재현하고 싶어서였다. 책 전체에 흐르는 주선율을 '민(民)의 결집과 자치의 경험'으로 잡고, 각 부의 변주로 변혁 주체의 궤적을 보여줄 수 있으리라 판단했다. 그래서 1919년 5·4운동을 '신청년과 각계민중연합의 시대', 1949년 중화인민공화국 성립을 '당과 인민의 시대', 1989년 톈안먼사건을 '군중자치의 순간'으로 파악하고 각각을 집중적으로 서술하였다. 개설서에는 물론 못 미치지만, 독자의 이해를 돕기 위해 세 사건 간의 간격을 메우는 서사에도 내 딴에는 꽤 신경을 썼다.

이렇게 세개의 사건을 선택한 기준에 대해 갸우뚱하는 반응도 예상할 수 있다. 특히 왜 꼭 1989년이 들어가야 하는가에 대해서이다. 사실 중국 현대사에서는 네개의 혁명 곧 신해혁명-국민혁명-공산혁명-문화대혁명이라는 호칭이 널리 쓰이고, 아니면 개혁·개방을 '제2의 혁명'이나 '조용한 혁명'으로 부르는 시각도 있다. 그러니 왜 1989년을 대신해 문화대혁명이나 개혁·개방을 다루지 않았는지 궁금해할 수도 있을 것이다. 저자가 1989년을 중시하는 까닭은 톈안먼사건이 중국현대사를 공부하는 동시대의 소장 연구자에게 아포리아로서 다가왔던 탓도 있지만, 그해가 체제전환이라는 과도기적 상황을 매우 집약적으로 보여준다고 여기기 때문이다. 그 사건을 문혁의 단절이자 계승으로, 그리고 개혁·개방의 빛과 어둠으로 파악함으로써 두 혁명적 사건(문혁과 개혁·개방)을 아우를 수 있으리라고 기대했다.

이런 문제의식에 따라 세개의 부를 두고, 각 부의 앞에서는 각 사건의 개관을, 뒤에서는 주요 쟁점의 심화읽기 및 (일국사를 넘어) 동아시아사로의 공간적 확대를 꾀했다. 말하자면 개관-심화-확장의 틀을 염두에 두었다. 이로써 교양적 읽을거리를 원하는 독자와 다소 전문적인 지식을 원하는 독자 모두를 배려한 셈인데, 과연 그렇게 될 수 있을지 반응을 기다려볼 따름이다.

저자는 역사학자라면 응당 참여자이자 관찰자라는 '겹눈'을 가져야 한다고 생각해왔다. 그래서 이 책에서는 한국 논단에서 현실에 대응하는 담론의 주요 쟁점을 적극 수용하여 중국사 서술에 활용하는 동시에 최근 한국의 여러 분과학문에서 쌓아올린 중국 연구의 성과를 흡수하려고 노력했다. 저자가 처음 중국현대사 연구에 착수한 1980년대에는 상상할 수 없을 정도로 지난 100년의 중국에 대한 연구는 지금 여러 분과학문에서 왕성하게 성과를 축적하고 있다. 특히 한동안 금구(禁區)였던 중화인민공화국 건국 초기에 대한 연구의 활력은 제2부의 서술에 큰 자양분이 되었다. 아울러 저자가 간여해온 동아시아 지식인 연대운동(Inter-Asia School, 亞際書院)의 일부 활동인 '당대사독서회(當代史讀書會)'가 중심이 된 지식생산 작업——그 주요 성과는 비정기간행물 『인간사상(人間思想)』에 게재——으로부터도 지적 자극을 받았다.

저자는 세개의 사건을 서술할 때 혁명사에서 문화사·생활사로 전환한 학계 동향의 흐름을 의식하여 미시사와 거시사의 결합을 추구하였다. 그러면서 양자의 매개고리인 행위 주체의 형성에 줄곧 중점을 두었다.

이런 연구태도는 1993년에 제출된 저자의 박사학위논문(『중국현대대학문화연구』, 일조각 1994)에서부터 이어져온 것이다. 이 책 제1부의 일부(특히 3, 4장)에는 주로 박사논문의 해당 부분을 바탕에 두고서 부분적으로 최근 국내외에서 이뤄진 새로운 연구를 반영했다. 비록 근 30년 전의 성과이지만 아직도 그 가치가 없지 않다고 판단했기 때문이다. 실제로 얼마 전부터 중국에서는 일종의 신문화사적 접근에 해당하는 새로운 연구조류가 각광을 받으며 저자의 당시 연구 내용과 유사한 성과가 적잖이 나오고 있다.

이런 추세를 지켜보면서, 당시 저자의 연구가 한국어로 쓰여 해외 학계에 영향을 미치지 못한 점이 아쉽고 한글로 학문하는 일의 한계를 느끼기도 했다. 하지만 그때부터 지금까지 늘 분단된 한반도(의 남쪽)라는 핵심현장의 기운을 받으면서 동아시아의 다른 핵심현장들과의 연동을 시야에 두어온 까닭에 중국을 보는 저자의 시각이 나라 안팎에서 어느정도 반향을 얻어 보람을 느낀다.

이 책의 구상은 네이버 강연 직후부터 싹텄고, 정년을 맞은 그해 여름 베를린자유대학에 머물 때 다듬어졌으며, 2019년 중국의 화둥(華東)사범대학과 후난(湖南)사범대학에서 집중강의를 하면서 그에 보탬이 될 역사인식과 현실감각을 벼릴 수 있었다. 그러나 본격적인 집필은 2019년 겨울부터 착수했다. 2020년 코로나19로 국내외에서 예정된 일정이 거의 다 취소되면서 집필에만 몰두한 덕에 원고를 마무리할 수 있었다. 다들 힘겹게 감당하는 고난과 혼란의 시기에 내가 할 수 있는 일에 최선을 다하자는 각오로 임했다. 그 과정에서 '나를 닦고 나의 깨달음을 추구하는 학문(爲己之學)'의 의미와 이것이 사회변혁을 위한 학문과 선순환을 이루는 공부길에 대해 새삼 생각해보는 기회를 가졌다.

끝으로, 이 집필 과정에서 도움을 준 분들에게 감사드리고 싶다. 초고의 전체, 또는 어느 한 부를 읽고 값진 도움말을 준 유용태·김하림·이원준·하남석 교수에게 먼저 감사드린다. 그들의 적절한 논평이 없었더라면 이 책이 이 정도의 모습을 갖추기도 쉽지 않았을 것이다. 그럼에도 아직 남았을 문제는 당연히 저자의 책임이다. 팬데믹 국면에서 (때로는 연세대 도서관조차 닫히는 바람에) 자료 입수에 어려움이 있었지만, 인터넷 시대의 이점에 힘입어 그 어려움을 넘어설 수 있었다. 이럴 때 자료 구입에 세심하게 신경써준 지관순군에게 깊이 감사한다. 그의 도움이 없었더라면 집필 완성은 더 늦어졌을 것이다.

이 책이 2019년에 간행되었다면 시의적절하겠지만 애당초 어려운 목표였다. 그리고 나서 저자의 '삶의 균형추'인 민두기·리영희 두분 은사의 20주기와 10주기인 2020년에 맞추기 위해 애썼다. 이 역시 뜻대로 되지 않아 해를 넘겨 중국공산당 창당 100주년을 맞은 2021년에 선보이게 되었지만, 한분은 학문의 엄격성을, 다른 한분은 학문의 치열함을 가르쳐준 학은을 기억하며 두분의 영전에 이 책을 바친다.

저자가 세상에 내놓는 저술의 책머리에 늘 밝히듯이, 이 책에도 20대 후반부터 몸담아온 '창비학교'의 청사(晴蓑) 백낙청 선생의 가르침을 비롯해, 여러 편집동인들과 나눈 대화의 영향이 짙게 배어 있다. 그 인연은 저자의 홍복(鴻福)이다.

마지막으로 이 책에 흥미를 느끼며 편집 전과정을 알뜰히 챙겨준 김가희씨와 면밀한 교정으로 오류를 잡아준 신채용 대표의 노고에 감사드린다. 집필 과정 내내 격려하고 교정도 도와준 반려 태선에 대한 고마움도 덧붙인다.

이 책의 근본적 취지를 이해하면서 그 성과에 대해 각자 나름의 시비를 따지는 비평적 자세의 독자를 설레는 마음으로 기다린다.

2021년 정월
저자 삼가 씀

제3부 1989 • 군중자치의 순간

프롤로그

2019년 10월 1일 톈안먼(天安門)광장에서 중화인민공화국 건국 70주
년 기념식이 열렸다. 시진핑(習近平) 주석은 이날 다른 참석자들이 모두
양복을 입은 데 비해 혼자만 중국인의 서민 복장인 중산복(中山服) 차림
으로 나왔다. 8분가량의 연설에서 "오늘의 중국은 세계의 동방에 우뚝 서
그 어떤 힘도 중국을 흔들 수 없으며, 또 중국의 전진을 막을 수도 없다"고
말했다. 10만명 군중의 퍼레이드와 장병 1만 5천명의 분열식이 이어졌다.

이날 기념식은 중국이 마오쩌둥(毛澤東)의 '일어서기(站起來)'와 덩샤
오핑(鄧小平)의 '부유해지기(富起來)' 시대를 지나 시진핑의 '강해지기
(強起來)' 시대에 진입했으며 중국의 부상을 가로막는 어떤 도전에도 굴
복하지 않겠다는 것을 보여줬다고 언론은 논평했다.[1]

이 장면을 텔레비전에서 시청한 저자는 1949년 10월 1일 바로 그곳에
서 건국을 선포한 마오쩌둥에 겹쳐서 1919년과 1989년에 그 자리에 모였
던 민중들이 떠올랐다. 이는 톈안먼이 20세기에 저항과 경축의 의례를 되

건국 70주년을 경축하는 톈안먼 행사.

풀이한 장소였음을 연구한 바 있는[2] 저자의 개인적 인상일지도 모른다.

미디어를 통해 같은 행사 장면을 지켜본 중국 밖의 세계는 어떤 인상을 받았을까. 이에 대해 잘 알 길은 없으나, 분명한 한가지 사실은 거기서 과시된 건국 70주년(및 곧 맞이할 공산당 창당 100주년)의 성취, 대국으로 굴기(崛起)한 중국의 위상을 제대로 이해하는 일이 이제 세계사적 과제로 부각되었다는 점이다. 그런데 "중국에 대해 안다고 생각하는 모든 것이 틀렸다"는 도발적인 제목의 글이 나올 정도로[3] 중국 이해의 불확실성은 심각하다. 부분적으로는 우리가 (선입견으로 인해) 잘못 이해해서이고, 부분적으로는 중국정부가 (그 누구도 전에 가본 적 없는 길을 가느라) 불확실성 속에 있어서이다. 중국공산당은 계속 집권할 수 있을까라는 질문이 일반인은 물론이고 중국전문가 사이에서도 중요한 화두가 되는 것은 이런 연유에서일 터이다.

창사(長沙) 시내 중심가의 유명한 음식점 훠궁뎬(火宮殿)에까지 세워진 건국 70주년 경축 입간판. 2019년 10월 19일 저자가 촬영.

분단된 한반도 남쪽에서는 또 하나의 중요한 화두가 떠오르고 있다. 미국과 중국 사이에 점점 더 갈등이 심해져 '신냉전'이 거론될 정도이다보니 두 초강대국 사이에 낀 한국은 어떤 선택을 해야 할까가 목하 심중한 관심사이다.• 이 질문은 한국사회 내부에서 논쟁 중인 중장기 발전 담론과 결합되어 있다.

이런 상황에서 중국 지도부가 미래전략과 관련해 매우 중시하는 '두개의 100년'론을 우리도 예의주시하지 않을 수 없다. 공산당 창당 100주년(2021년에 전면적 소강小康사회 건설)과 신중국 성립 100주년(2049년에

• 이상의 두개의 질문은 저자가 EBS '지식의 기쁨'이란 프로그램에 출연하면서 제작진에게 시청자가 중국에 관해 궁금한 것이 무엇인지 묻자 알려준 핵심 내용이다. 5회분의 방영은 2020년 1월 13~17일이었다.

중국몽 실현)을 사회주의 현대화 강국으로 가는 두개의 역사적 분기점으로 삼는 의미를 깊이 이해하는 일의 중요성은 누구나 공감할 것이다.

　이 일을 나름으로 감당하기 위해 저자는 100년의 역사 대화를 본격적으로 시도하려고 한다. 2019년은 마침 중국현대사의 기점으로 흔히 주목되는 1919년 5·4운동의 100주년을 맞은 해였고, 2021년은 공산당 창당 100주년이다. 2019년 또는 2021년의 눈으로 1919년 또는 1921년을 새롭게 보는 동시에 100년 전의 눈에 비춰 지금의 대국 중국을 다시 보는 쌍방향성을 의미한다.

　이 100년에 관한 견해는 '현대 중국'으로 보거나 아니면 '혁명 중국'으로 보는 입장으로 갈릴 수 있다.• 전자가 1919년으로 시작된 일반적 의미의 현대사를 가리키고 독립자주와 부강을 추구하기 위해 (서구 경험을 모델로 한) 국민국가 건설과 공업화를 실현하는 과정을 강조한다면, 후자는 반(半)식민·반(半)봉건사회 극복을 위한 신해혁명(辛亥革命)과 국민혁명(國民革命)에 이어 공산혁명으로 귀결된 반제·반봉건 혁명의 연속체를 가리키고 (서구와 다른) 독자적인 역사 경험을 부각한다.

　저자는 '현대 중국'도 '혁명 중국'도 아닌 '100년의 변혁'으로 해석하

• 이 두개의 입장은 중국만이 아니라 중국 밖에서도 영향을 미친다. 예컨대 일본에서도 개혁·개방 이후에는 '현대 중국'이 '혁명 중국' 담론을 압도하게 되었다. 馬場公彦 『現代日本人の中國像: 日中國交正常化から天安門事件·天皇訪中まで』, 東京: 新曜社 2014, 208~10면. 한국에서 백승욱은 20세기 초반으로부터 21세기로 이어지는 역사를 일관되게 파악하기 위해서는 단지 '성장'과 '공업화'의 선형적 역사로 서술하는 것이 아니라 쑨원(孫文)에서 마오쩌둥으로 연속되는 '혁명'이라는 질문에 답을 찾아가는 역사로 보기를 제안한다. 백승욱 「'신시대'와 중국의 역사 다시 쓰기: 일국사와 지역사의 경계에서」, 『중국사회과학논총』 창간호, 성균중국연구소 2019, 29면. 3·1운동과 5·4운동을 100년 뒤인 오늘과 마주 보게 해 '반근대성적 근대' 기획이라는 시각에서 비평한 글도 있다. 백원담 「5·4 100년의 등하만필(燈下漫筆): 복수(複數)의 역사들을 위하여」, 『중국사회과학논총』 1권 2호, 2019.

려고 한다. 변혁(transformation)이란 특정 모델로 가는 직선적 진화 과정(곧 이행 transition)이 아니라 새롭고 알려지지 않은 무엇인가로 가는 변화이다. 성공과 실패, 개량(또는 개혁)과 혁명, 운동과 제도의 이분법을 넘어서되 역사를 탈정치화하지 않고 '정치적 가능성'을 체감하며 민주적 약속을 전망한 흐름을 온전히 파악하기 위해 이 개념을 제기하는 것이다. 게다가 이를 통해 5·4운동부터 나타난 (정권의 전복에 그치지 않는) 사회 전체의 대대적인 전환과 문명전환 인식까지 아우를 수 있다.•

이렇게 혁명사 패러다임과 현대화 패러다임을 넘어선다면 100년의 변혁 과정을 총체적으로 어떻게 서술하겠다는 것인가. 이 과제는 근대성에 대한 발본적이고 창의적인 해석을 허용하는 패러다임에 기반하지 않으면 생산적 성과를 낼 수 없다.

여기서 저자는 100년의 변혁을 한국 지식인사회 일각에서 공들이고 있는 '근대적응과 근대극복의 이중과제'론(약칭 '이중과제론')이라는 사유의 틀에 바탕해 서술하려고 한다.•• 낯선 개념일 듯하니 간단히나마 설명하

• 이 발상은 백영서 엮음 『백년의 변혁: 3·1에서 촛불까지』, 창비 2019, 특히 「책을 펴내며」에 압축되어 있다. 이를 견지할 때, 20세기 중국에 나타난 농촌문제 해결의 두 길인 향촌건설운동과 토지혁명을 예전처럼 이분법적으로 보지 않고 이와 관련해 개량과 혁명 또는 건설과 혁명의 상호전화에 주목하는 최근 사조도 포괄할 수 있다. 『开放时代』 2018年 第3期 (总第279期) 특집 '從鄉建到革命' 중 특히 권두논문 격인 潘家恩 「重思乡村建设与乡村革命」. 뿐만 아니라 이는 성공과 실패의 이분법을 넘어 긴 변혁의 과정을 감당하고 있는 비서구의 여러 지역에서 전개되는 민중의 끈질긴 투쟁과 호응한다. 그들은 실패가 끝이 아니라 변혁과정을 구성하는 요소임을 꿰뚫어보고 그간 축적된 경험의 계보를 이론화하며 그로부터 변혁의지를 끌어내는 과제를 수행 중이다. Walid el Houri, "Beyond failure and success: Revolutions and the politics of endurance," *Radical Philosophy* Vol. 2, No. 2, June 2018 (https://www.radicalphilosophy.com/article/beyond-failure-and-success: 2020년 7월 26일 검색).
•• 이중과제론이 처음 제기된 백낙청 「한반도에서의 식민성 문제와 근대 한국의 이중과제」를 비롯한 관련 글들이 실린 이남주 엮음 『이중과제론』, 창비 2009 참조. 영어 '모더니

지 않을 수 없겠다.

근대적응과 근대극복의 이중과제는 두 과제의 절충이나 선후 단계를 뜻하는 것으로 오해되기 쉽다. 그런데 이는 "두가지 과제의 병행이 아니라 이중적인 단일 기획"을 의미한다. '이중과제론'은 근대다운 특성을 반드시 성취해야 하는 긍정적 가치로 보는 태도(예컨대 근대주의)나 폐기해야 하는 낡은 유산으로 보는 태도(탈근대주의)의 이분법의 덫을 넘어서는 창의적 이론이다. 즉 근대에 성취함직한 특성뿐만 아니라 부정해야 할 특성도 있으므로 그 둘이 혼재하는 근대에의 '적응'은 "성취와 부정을 겸하는" 것이고, "이러한 적응 노력은 극복의 노력과 일치함으로써만 실효를 지닐 수 있는 것"이다.[4] 이러하기에 근대적응을 제대로 하기 위해서도 근대극복을 겸하지 않을 수 없고, 근대극복 또한 근대적응을 겸해야 온전히 수행할 수 있다. 더 길게 설명할 자리는 아니니, 근대성을 중요한 연구과제로 삼는 주된 이유가 역사적 근대인 자본주의 시대가 우리 삶에 발휘하는 압도적인 힘을 제대로 인식하고 극복하기 위해서임을 강조해 두는 선에서 그치겠다.

이와 같이 정리해도 이중과제론의 추상 수준이 높아 여전히 제대로 이해되지 않을지 모르겠다. 그런데 (체계적 이론이라기보다) 사유의 방법

티'(modernity)는 역사적 시기이면서 동시에 시대적 특성을 의미하는 중첩성 때문에 문맥에 따라 '근대', '근대성'으로 달리 번역된다. 즉 '근대'는 중세(또는 전근대) 다음에 오는 시대이고, '근대성'은 그러한 시대의 특성을 일컫는 추상명사이다. 중국에서는 '근대'를 '현대'로, '모더니티'를 '현대성'으로 번역하는 것이 관행이다. 그런데 이 용법이 16세기 이래 지속되었고 지금도 건재한 자본주의 세계체제에 대한 인식과 분리된 '관념적' 근대담론에 빠지게 만든다고 백낙청은 지적한다. 이상의 개념 정리는 백낙청 「근대, 적응과 극복의 이중과제」, 송호근 외 『시민사회의 기획과 도전: 근대성의 검토』, 민음사 2016, 특히 254면에 의존했다. 이 책에서는 '근대'와 '근대성'으로 표기하되, 문맥에 따라 중국인들의 용례를 그대로 쓰는 경우도 더러 있다.

이라 할 이 담론은 우리가 일상생활에서 상식적으로 경험하는 것이려니와 역사적 경험에 비춰보면 쉽게 알아차릴 수 있다.

예를 들어보자. 지금 중국에서는 근현대사를 성공의 이야기로 서술하는 분위기가 점점 짙어지는 듯하다. 청말의 역사가 좌절과 굴욕으로 점철되긴 했으나, 비교의 대상을 다른 "모든 비서방국가로 넓혀보면 그것은 국가전환의 매우 성공적인 역사"라는 것이다. 이 바탕에는 17세기 후반기 이래 3세기에 걸친 장기 과정으로 보면 '국민국가이자 제국'인 중국이 '크고 강한' 현대국가로 전환한 과정이 제대로 설명될 수 있다는 식의 패러다임이 작동한다.[5] 그러나 그처럼 장기 시간대에서 중국역사의 구조를 파악하다보면, 단·중기 시간대의 변화에 소홀하기 쉽다는 점을 지적하지 않을 수 없다. 특히 중국이 아편전쟁(제1차 중영전쟁, 1839~42년)을 겪고 불평등한 세계자본주의체제에 편입된 이후의 역동적 변화가 갖는 의미가 간과되기 마련이다. 그 폐단의 핵심인 '반(半)식민성'에 대한 이해가 불가능해진다. 이로 인해 (의도하든 않든) 중국특수론(예외주의)에 귀결되기 쉽다.●

그런데 이중과제론의 시각에서 보면, (반)식민성은 근대에 내재된 근대극복의 계기로서 중요한 의의를 갖는다. 유럽에서 기원했다는 근대성이 실은 비유럽지역의 식민지 확보와 더불어 비로소 가능했다는 논의도 있거니와,[6] 중국사의 경우 (반)식민성을 정면으로 응시함으로써 중국의

● 캘러핸은 중국예외주의가 현재 중국 안팎에서 유행하는 '중국발신'(Sino-speak)이라는 새로운 오리엔탈리즘으로서 21세기의 중국중심적 헤게모니를 위한 담론적 정당성을 제공하는 것이라고 규정한다. 학계와 관계, 언론계에 두루 영향이 큰 담론인데, 경제발전을 근거로 역사의 사용과 오용을 통해 중국문명을 본질화하는 특성이 있다고 비판한다. William A. Callahan, "Sino-speak: Chinese Exceptionalism and the Politics of History," *The Journal of Asian Studies* Vol. 71, No. 1, February 2012.

외부는 물론이고 그 내부의 '타자'도 깊이 이해할 수 있고,[•] 더 나아가 근대극복의 근거를 마련할 수 있다. 그리하여 "자본주의의 도래에 직면한 중국 지식인들은 단순히 수용적 태도로만 대응할 수는 없었던" 맥락, "식민성에 대한 저항은 이들의 인식을 서구식 발전노선과 자본주의의 극복이라는 지평으로 확장"⁷시켰던 중국근현대사의 성격을 온전히 이해할 수 있게 된다.

한결음 더 들어가, 혁명사 패러다임의 근간인 '반제·반봉건'이란 과제도 유동하는 역사적 맥락에 놓고 파악할 수 있다. 아편전쟁으로 세계체제에 강제로 편입된 중국의 사회구성을 반(半)식민·반(半)봉건사회로 파악하고 이에 기초해 중국공산당이 정립한 혁명전략이 반제·반봉건이다.^{••} 이는 반(半)식민과 반(半)봉건이라는 두 요소가 서로 의존함과 동시에 대립하고, 그래서 세계자본주의체제가 중국에 미치는 양면적 영향 —— 자본제적 관계를 촉진하는 작용과 반(半)봉건 관계를 온존시키는 작용 —— 을 통일적으로 파악하는 데서 혁명목표를 도출하고 이에 따라 주체역량을

• 鈴木將久 編 『當中國深入世界: 東亞視角下的 '中國崛起'』, 香港: 亞際書院有限公司 2016, 40면에서 허자오톈(賀照田)은 중국 대륙의 학계가 중국사에 식민지 경험이 없기에 아시아 이웃의 피식민 역사 경험을 이해하는 데 장애가 있음을 지적한다. 같은 책 171면에서 쉬진위(徐進鈺)는 중국 국내 '타자'에 대한 포용과 화해가 타이완(臺灣)의 지지를 얻는 데도 긍정적 효과를 가져올 것이라고 강조한다. 최근 중국의 소장 문학연구자 사이에서 반(半)식민과 탈식민의 시각에서 중국 현대문학사를 새롭게 보려는 논의도 등장해 다양한 반(半)식민 현상에 주목하고 있으나 주로 구미 탈식민주의의 영향 속에 문화 영역에 집중되어 있다. 예컨대 李永东 「半殖民与解殖民的现代中国文学」, 『天津社会科学』 2015年 第3期 참조.
•• '반(半)식민지' 개념의 계보를 보면, 1912년 레닌(V. I. Lenin)이 말한 특수한 반(半)식민지 국가에 기원하고, 1925년 마오가 「中國社會各階級的分析」에서 '반(半)식민지·반(半)봉건'적 사회성질 분석에 기초해 혁명역량을 제출했다. 중국 사회성격논쟁에 대해서는 김대환·백영서 엮음 『중국사회성격논쟁』, 창작과비평사 1988, 특히 졸고 「중국 민족운동의 과제와 사회성격논쟁」 참조.

배치하는 구도이다. 이 구도에 따르면, 중국사회 발전에는 '두개의 길' 즉 '민족자본의 길'과 '농민적 또는 대중적 길'이 있다. 전자가 국민당의 길이라면, 후자는 공산당의 길을 가리킨다.

그런데 이중과제론의 시각에서 다시 보면, 전자는 근대적응에 치중했고, 후자는 근대극복에 치중한 길이다. 반제·반봉건 과제는 자본제적 관계의 작용에 상대적으로 소홀하게 만들었고, 이로 인해 (민족)자본가의 양면성은 그들이 반제로 나설 가능성 곧 통일전선의 과제를 기민하게 포착하는 데 때로는 장애가 되기도 했다. 저자 식으로 말하면 이중과제 동시 수행의 긴장이 유지되지 못했던 것이다.

뿐만 아니라 중국현대사에서 '두개의 길'은 고정된 것이 아니었다. (곧 제1부에서 설명될) 1920년대 국민혁명기에 반제와 반봉건이란 두 과제를 연결시키는 고리인 '토호열신(土豪劣紳)'이라는 지역엘리트의 (토지 몰수가 아닌) 정치권력 제거라는 정책으로 공동 목표가 한정될 때, 국민당과 공산당의 통일전선〔合作〕은 유지될 수 있었다. 좀더 넓혀보면, 100년의 변혁에서 공산혁명은 여러 정치세력들 ─ 국민당(특히 좌파), 국가주의자, 제3세력 등 ─ 이 추구한 변혁의 역사와 경쟁하고 협력한 다선적 발전의 양상 가운데 일부임이 또렷이 드러난다. 이중과제론에 입각할 때, 중공혁명과 함께 각 주체들의 상호작용에 의한 '100년의 변혁' 속에서 각각의 세력이 수행한 역할은 물론이고 1949년 이전과 이후의 공산혁명의 의미도 일관성 있게 복합적으로 파악할 수 있을 것이다.* 100년의

---

* 이같은 저자의 관점을 중국에서 한창 열띤 학술쟁점인 '신혁명사' 논의와 간단히 대비해보겠다. 신혁명사는 G2로 부상한 중국의 성취를 이룩한 주체인 중국공산당을 역사적으로 정당화하는 정치적 효과를 기대하는 동시에 혁명사 연구가 학계의 관심으로부터 멀어지는 현실에 대응하려는 노력이지 싶다. 유용태 「'G2중국'의 혁명사 연구: 국제학술회의 참가기」,『중국근현대사연구』76집, 2017. 예를 들면 '신혁명사'를 제기한 측에서 공산혁명을

변혁은 다름 아니라 이중과제를 유지하는 긴장이 무너졌다 복원되는 과정이 계속 나타난 과정이다.

이같은 변혁과정에 대한 서술이 1919년에서 시작된다. 이는 세계체제와의 접속을 중시하기 때문인데, 그렇다고 해서 장기 시간대를 염두에 두지 않는다는 뜻은 아니다.

이 책에서는 쿤(Philip A. Kuhn)이 제기한 '헌정'(constitution), 달리 말하면 국가 구성의 근본적인 제도와 실천 곧 '체제'라는 문제의식을 바탕에 깔고 있다.• 저자가 그의 패러다임에 주목하는 이유는, 100년의 변혁을 명·청대 이래 장기 지속된 헌정의제(agenda)라는 구조 속에서 파악함으로써 근대주의의 폐해에서 벗어나 새로운 환경 속에서 각 주체가 헌정의제를 어떻게 구현해낼 수 있었는가를 일관성 있게 사고하도록 자극하기 때문이다. 이를 통해 정치참여의 확대와 더불어 국가의 권한 및 정통성 제고라는 두가지 요구를 한꺼번에 충족시킬 수 있는 방법을 모색한 헌정의제의 역사 속에서 매 세대가 자신의 시대에 맞는 방식으로 풀어나가려 한 '이중과제'의 구현 과정에 착목하게 된다.

20세기에 성공한 세차례의 연속적인 혁명 ― 신해혁명·국민혁명·공산혁명 ― 의 하나로 자리매김한 시도가 주목된다(王奇生「高山滾石: 20世紀中國革命的連續與遞進」,『华中师范大学学报』2013年 第5期). 그러나 최종적으로는 사회주의에 이르는 혁명사를 좀더 풍부하게 보완하는 선에 그치고 말 뿐 사회주의 단계를 상대화하지 못한다.

• 이하의 서술은 필립 쿤 『중국 현대국가의 기원』, 윤성주 옮김, 동북아역사재단 2009, 특히 25, 75면 참조. 이 책의 중문판 「역자 머리말」에서 'constitution'을 '헌정'으로 옮기면 원저자의 뜻을 충분히 전달할 수 없다는 이유로 '建制'라는 단어를 취한다. 〔美〕孔飞力『中国现代国家的起源』, 陈兼·陈之宏 译, 三联书店 2013, 9면. 그런데 1990~91년 저자가 케임브리지에 머물 때 만난 쿤은 중국어로 옮기면 '體制'가 더 적합하다고 말한 적이 있다. 타이완에서 번역된 그의 글도 그렇게 표기되어 있다(孔復禮「公民社會與體制的發展」,『近代中國史研究通訊』第13期, 1992). 그러나 이 책에서는 그의 저서 한국어판의 번역어를 따랐다.

저자가 20세기 중국을 바꾼 세계의 전환점인 1919년의 5·4운동, 1949년의 중화인민공화국 성립, 1989년의 톈안먼사건에 초점을 맞춘 것의 바탕에는 방금 앞에서 말한, 매 세대의 헌정의제 구현 방식에 대한 관심이 자리잡고 있다. 1919년, 1949년, 1989년의 정치사회적 사건이 한 세대 정도의 간격으로 출현했기에 역사적 맥락에 따라 양상은 달랐더라도 세 사건을 가로지르는 헌정의제를 기본적으로 '이중과제론'의 시각에서 다시 보면 그 연속성과 획기성이 더 입체적으로 규명될 것으로 예상된다.

세개의 사건을 이어주는 표면의 서사는 톈안먼의 상징성(공론장)이다. 이 책의 프롤로그 첫 대목, 각 부 제1장 시작 그리고 에필로그 마무리가 톈안먼집회의 묘사로 이뤄지는 것은 이런 이유에서이다. 톈안먼집회는 중국의 '민(民)의 결집과 자치의 경험'의 영욕을 상징하는 역사적 공공영역이다. 바로 이 '민의 결집과 자치'의 궤적은 이 책을 가로지르는 기본 주제이다. 음악으로 비유하자면 주선율에 해당한다.

여기서 '민(民)'은 세 사건을 추동한 역사 주체이다. 100년의 변천 과정에 따라 이들은 민중·인민·군중 등으로 달리 불렸는데, 여기서는 여러 호명을 아우르는 우산과 같은 용어로 '민'을 사용한다.* 이 책에서는 1919년을 '신청년과 각계민중연합의 시대', 1949년을 '당과 인민의 시

---

* 5·4기에 서민이나 평민의 어감을 가졌을 뿐 계급적 함의가 없던 '민중'이 점차 도시 청년에서 노동자에 이어 농민을 포괄하는 동시에 계급분화를 보였고, 1930년대 이래 계급적 함의를 가진 '공농대중'이 '공농민중'을 대체했다. 항일전쟁기에 나타난 '인민'은 1949년 이후 고도로 정치화된 기호로서 적과 나를 구분하는 표지가 되었다. '군중'은 적대세력까지 포괄할 정도로 인민보다 범위가 더 넓지만, 대중보다는 사회주의적 함의가 더 짙다. '공민'은 1949년 이후 '국민'을 대신해 법적으로 정식 규정되었다. 罗崇宏 『近代以来中国"大众"话语的生成与流变』, 北京: 社会科学文献出版社 2020; 和田英男 「國家構成員に關する中國共産黨の概念についての通時的考察: '人民'を中心に」, 『現代中國研究』第45號, 2020.

대', 1989년을 '군중자치의 순간'으로 규정함으로써 '민의 결집과 자치의 경험'을 중시하되 각 부의 변주로 주체의 변화를 보여주려고 한다.

이같은 100년의 변혁의 역동과 곤경을 또렷이 들여다보기 위해서는 몇개의 초점이 어우러진 렌즈 같은 것이 필요하다. 그 첫번째가 '운동'이란 초점이다.

'운동'이란 수입된 신조어가 5·4기에 탄생한 '신청년' 사이에 유행어가 된 것은 민의 결집과 자치의 확산과 매우 밀접한 관련이 있다. 제1부에서 서술될 터인데, 청말 제국주의 열강의 침략으로 인한 국가 존망의 위기 속에 각종 사회단체의 연합이라는 인식과 실천이 출현했고, (신해혁명과) 5·4운동을 거치면서 학생계를 비롯한 직능단체로 구성된 전국적 차원의 '각계연합회'는 국민회의의 구상과 운동으로 수렴되었다. 1920년대 이래 국민당과 공산당이라는 혁명정당은 대중적 기초를 확보하기 위해, 사회단체는 군벌의 무력 탄압을 물리칠 수 있기를 기대해 서로 협력했다. 그런데 사회단체(의 자율성)는 곧 국민당과 공산당(이 추진하는 반제·반군벌 국민혁명)에 점차 종속되었다. 그러나 이 변화를 단순히 특정 정당의 지도나 동원에 의한 결과로 낮춰 평가하지 말고, 각계각층 대중의 자발적 참여의 진화 과정을 중시해야 한다. 이 관점에서 공산당이 동원한 군중운동(과 군중노선)도, 그리고 1949년 이후의 민주운동도 다시 볼 필요가 있다. 전체적으로 보면 운동(정치)과 제도(정치)가 때로는 악순환하고 때로는 선순환하면서 100년의 변혁을 이끈 중요한 동력이 되었다.

이렇듯 운동의 시각을 활용하면, 운동의 제도화 가능성과 한계를 통해 국민국가 형성의 양면성을 한층 더 깊이있게 이해할 수 있고, 나아가 '이중과제'의 수행 주체를 국가에 한정하지 않으며 민의 역할까지 포괄하는 아래로부터의 시각을 견지하는 효과를 거둘 것으로 기대한다.

두번째 초점은 방금 말한 국민국가 형성의 특징 곧 '해방과 억압의 양면성'[8]이다. 근대성의 주요 지표 중 하나인 국민국가가 중국에서 형성되어온 과정은 '크고 강한' 현대국가로의 전환을 향해 단선적으로 진화해온 것이 아니라 '해방과 억압의 양면성'이 서로 얽혀 전개되어온 것이다. 말하자면 국민국가의 적응과 극복이라는 이중적인 단일 기획이란 뜻이다.

국민국가의 양면성이란 초점을 통해 중국 국민국가의 제도적 특성을 분석할 필요가 있다. 제2부에서 다루는 당국체제가 그것을 압축적으로 보여준다.

당국체제(黨國體制, party-state system)의 사전적 의미는 일당제 국가, 곧 당정 일체의 체제를 말한다. 이것이 중국현대사에서 발전한 과정을 보면, 폭력의 역할을 중시하는 (정기적이고 합법적인 선거로 공직을 추구하는 이른바 '의회당'이 아니라) 혁명당이 창건되고, 이 혁명당이 혁명군을 조직하고, 이 군대로 국가권력을 장악하며, 혁명적인 국가기구로 사회를 전면적으로 개조하는 양상으로 그 모습이 구체화되었다. 그 기원은 쑨원(孫文)이 이끈 국민당이 군벌세력을 타도하는 과정에서 표방한 '이당치국(以黨治國)' 체제로 거슬러올라간다. 당으로 국가를 다스리는 이 체제는 그가 제시한 군정(軍政)−훈정(訓政)−헌정(憲政)이라는 민주주의 구현의 세 단계에서 두번째에 해당한다. 그런데 공산당은 국민당의 '이당치국'이 가져온 부패를 일당독재라고 공격했기에 '당치'라는 단어를 기피하고 그 대신에 (국가체제 밖에서 공공영역을 통제·주도하는 정치행위를 통해 지도한다는 의미로) '당의 영도'라는 표현을 선호하지만 당국체제를 운영하고 있는 것은 부인할 수 없다.[9]

그런데 섬세하게 따져보면 중국의 당국체제는 모순을 내재한 체제다. 제도 차원에서 중국의 (공산당만이 아닌) 혁명당이 절대적으로 국가를 통제하는 한편으로 원래 일정 정도 비(非)국가, 심지어 반(反)국가적인 성격을 갖고 있었다는 견해가 흥미롭다.[10] 이에 따르면 1949년 직후 일정 기간 중국 대륙에서 실제로 존재한 것은 당-국을 중추로 하는 '국가-사회 복합체'(state-society complex)였다. 국가만 존재했고 사회 혹은 상대적으로 독립된 다른 시스템이 존재하지 않았다는 식으로 당국체제를 단순하게 이해하는 태도를 넘어 당과 인민의 상호관계를 좀더 복합적인 것으로 인식하자는 뜻이 담겨 있다. 즉 건국 초기에 혁명당의 비국가적인 성격과 이로부터 획득된, 정치적인 제도 변화에 민감하게 반응하던 능력이 대체로 유지되었다. 겉으로는 '국가'가 '사회'를 재구성했지만 사회는 변화된 뒤 그 일부가 됐고 이로 인하여 비국가적인 성분이 끼어들어 사실상 '국가'도 변화했다는 것이다. 이렇듯 '국가-사회 복합체'에서의 '복합'은 겉보기에 정연하지만 실제 내부에서는 긴장이 존재하는 체계였음을 말한다.

이런 긴장이 1957년의 민주운동(백화제방百花齊放운동)을 분출시켰다. 가장 격렬하게 폭발한 형태가 1989년 봄 톈안먼집회에서의 군중자치이다.• 제3부는 그 실상과 의미를 집중 분석하기 위해 마련되었다. 여기에서도 100년의 변혁을 국민국가 형성의 제도 차원과 (변혁)운동의 차원이 상충하면서 상보해온 역동적 과정으로 파악한 관점이 적용된다.

세번째 초점은 개인의 영역이다. 개인 차원에서 국민국가의 양면성과 (변혁)운동을 비춰보는 일이라 하겠다. 5·4기에 발견된 개성·개인의 가

• 왕샤오밍(王曉明)은 (늦어도) 1990년대 중반에 이르면, 30년 동안 지속됐던 이 '복합체'는 기본적으로 해체되고 만다고 본다. 중국혁명의 에너지가 다 소진되어 사회가 전면적으로 우경화된 '포스트-혁명'의 단계에 들어섰다는 것이다. 왕샤오밍 『가까이 살피고 멀리 바라보기: 왕샤오밍 문화연구』, 김명희 외 옮김, 문화과학사 2014, 224면.

치는 100년의 변혁을 문명사적 차원에서 새롭게 인식하게 돕는 표지이다. 여기서 헌법(constitution)이라는 단어가 영어로 개인의 '체질'이자 '헌법'이라는 뜻을 동시에 갖고 있기에 개인의 '체질'화된 몸과 사회의 체질(헌법)을 바꾸는 것이 곧 변혁 또는 혁명이라는 문제의식을 활용하려고 한다.[11] 이로써 개인을 자유주의의 영역에 가두지 않고 개인수양(윤리)과 사회변혁의 결합이라는 시각에서 다시 보게 될 것이다.

사실 5·4기에 유행한 인생관 담론(특히 혁명인생관), 옌안(延安)시대부터 건국 이후에 걸쳐 끊임없이 중시된 혁명윤리 내지 혁명수양과 군중노선의 연관은 다시 볼 만하다. 아울러 개인의 정동(affect)이 변혁운동에 작동한 복합적 면모도 좀더 깊이 이해될 수 있다. 중공이 혁명과정에서 감정모델을 효과적으로 동원한 전술은 독특하다. 그런데 감정 고양에 의존하는 감정공작의 내재적 위험성을 간과해서는 안 된다. 사실 정동이 세계를 계속적으로 변형시키는 힘인 것은 분명하나, 이 변형력이 긍정적으로도 부정적으로도 작용하므로 '정동마저 통합하는 사유'가 요구된다. (이에 대해서는 제2부 5장에서 깊이 다뤄질 것이다.) 이 관점에서 다양한 군중운동이나 민주운동에 나타난 개인들의 정동 문제와 군중노선을 두텁게 분석해볼 필요가 있다.

이렇게 세개의 초점을 통해 '민의 결집과 자치'의 궤적을 보면, 1919에서 1949를 거쳐 1989로 갈수록 어떤 시기는 운동의 측면이 강하나 제도의 측면은 약하고 다른 어떤 시기는 그 반대인 양상이 입체적으로 드러난다. 그러나 '공화의 확충적 실질화' 지향●이 (비유하자면) 집요저음

● '민의 결집과 자치'는 긴 역사 속에서 보통 사람들의 점증적으로 누적된 경험세계를 가리키는데, 특히 100년의 변혁기에 전국적 차원에서 민이 주체가 된 '공화의 실질적 확충'으로 표출되었다. 공화(주의)란 단순히 공화라는 정치제도(또는 정체)만이 아니라 공동체 구

(basso ostinato)처럼 작동한다.

이제부터 '이중과제'론을 100년의 변혁에 적용하는 데 도움이 되는 매개고리인 앞의 세 시각을 한눈에 거둬, 비유하자면 누진다초점 렌즈를 끼고 1919, 1949, 1989년의 변혁의 과정과 의미를 속깊이 들여다보자.

성원들이 공공의 일에 대한 참여를 통해 공동 결정하는 것까지 아우른다. 여기에서 행위
주체의, 선거와 같은 의사결정 때만의 참여가 아닌 일상적인 공적 참여가 중요하다. 곧 행
위자인 민이 주인이 된다는 의식의 변혁을 수반하면서 주인으로 학습해가는 과정이다. 이
책에서는 '공화의 확충적 실질화'가 제도와 운동, 국가와 개인 영역에서 어떻게 나타났는
지를 그 맥락성과 현장성을 중시하면서 추적해보려고 한다.

제1부

1919

신청년과
각계민중연합의
시대

1장

1919년 5·4운동의 경과와 상징화

1. 저항의 톈안먼: 중앙정부의 정당성 비판의 장

1919년 5월 4일 일요일, 구름이 많이 끼어 흐린 그날, 오전부터 학생들이 베이징(北京)의 톈안먼 앞에 모이기 시작했다. 오후 1시경 베이징 여러 대학의 대학생들(과 일부 중학생)들이 학교별로 깃발을 들고 대거 집결해, 오후 2시부터 베이징정부의 외교정책을 규탄하는 집회를 열었다. 청조 황제가 머물던 자금성(紫禁城)으로 통하는 입구로 "하늘의 명을 받아 나라와 백성을 평안히 다스린다(受命于天 安邦治民)"는 뜻을 지닌 '톈안먼(天安門)' 앞 광장은 (지금보다 훨씬 좁았는데) 베이징정부의 총통부 정문인 신화먼(新華門) 옆에 위치한 광장이라 자연스럽게 행사의 장소가 되었다. 그런데 정부 주관 경축행사의 장소 톈안먼이 5월 4일에는 정부의 정당성을 비판하는 저항의 장소로 바뀌었다.[1]

베르사유강화회의가 열리고 있던 빠리에서 날아온 소식 —— 독일의 조

5·4운동 당시의 톈안먼.

차지였던 산둥(山東)의 이권이 중국인의 기대와 달리 중국에 반환되기는
커녕 베이징정부가 일본과 1915년에 맺은 비밀조약 때문에 일본에 넘어
가기 직전이라는 소식이 전해지자, 중국인은 분노했다. 그들이 경축해 마
지않던 전승국의 전후 처리가 오히려 실망을 안겨다주었던 것이다. 주요
언론은 그같은 결정을 담게 될 강화조약에 베이징정부가 조인하지 말 것
을 다투어 요구하였고, 사회단체인 국민외교협회(國民外交協會)는 때마
침 다가오는 국치일(그 유래는 다음 2장 참조)인 5월 7일 중앙공원(中央公園)
에서 국민대회를 열 계획을 밝혔다.

그런데 베이징의 대학생들은 한해 전인 1918년 5월 20일과 21일 '중일
공동방적군사협정(中日共同防敵軍事協定)'에 반대하는 항일청원운동을
벌인 바 있는데(이에 대해서는 다음 2장에서 설명), 7일의 집회를 기다리기에는
너무 조급했다. 독자적으로 집회와 시위를 벌여 집단적으로 정치적 견해

를 표현하길 원했다. 그래서 3일 밤 13개 학교의 대표들은 베이징대학(北京大學)에서 예비회담을 갖고 4일 텐안먼에서 시위를 벌이기로 했다. 텐안먼은 바로 5개월 전인 1918년 11월 28일 전문(專門) 이상의 각 학교 학생들이 1차대전 승리를 경축하는 관민 행사에 참석하기 위해 대거 집결한 바 있던 장소로서 그곳을 집회장소로 정한 것은 그들에게는 자연스러운 선택이었다. 게다가 집회가 자주 열리던 중앙공원은 사전에 집회 허가를 얻어야 하고 입장료를 내야 하는 '반(半)공공 공간'이기에 텐안먼광장이 훨씬 더 접근성이 높았다.[2]

예정시간인 1시경이 되었을 때, 이미 오전부터 모여든 학생들 이외에 집회장소인 텐안먼에 가장 먼저 도착한 것은 고등사범학교와 후이원대학(匯文大學)의 학생들이었고, 이어서 여러 학교의 학생들이 속속 합류했는데, 베이징대학의 학생들이 학교 당국의 참여 중지 설득을 뿌리치느라 지체하다가 맨 마지막 나타났다.

집회는 오후 2시경부터 시작되었다. 참가자는 13개 학교의 2천여명이었다. 교육부에서 파견된 관리, 이어서 베이징 주둔군(步軍統領衙門) 사령관(리장타이李長泰)과 경찰총감(우빙샹吳炳湘)이 해산을 종용했지만 집회는 강행되었다. 몇사람의 연설로 분위기가 고조된 상태에서 2시 45분경 집회 참가자들은 가두시위에 나섰다. 치켜든 깃발에 쓰인 슬로건은 다양했지만 주로 산둥 이권 회수 요구, 국민에 대한 망국 위기 호소 및 (중·일 외교를 주동한) 매국(賣國) 세 관료(차오루린曹汝霖·장쭝샹章宗祥·루쭝위陸宗輿)의 처벌에 초점이 맞춰져 있었다.

시위대는 텐안먼 앞을 출발해 시위를 벌이며 공사관 지역 앞까지 진출했으나 중국 측 공사관 경비 순경에 의해 통과를 저지당했다. 그러자 학생대표 두명(뤄자룬羅家倫과 장사오위안江紹原, 일설에는 네명)이 중국의 주권 회수 지지를 요구하는 의견서를 들고 미국, 프랑스, 이딸리아, 영국 등 각국 공사관을 방문했다. 때마침 일요일이기도 했지만, 미국 공사관만이 그것을 받아들였을 뿐이다.

학생대표가 기다리던 시위대에게 성과 없이 돌아오자 시위대는 원래의 예정을 변경하지 않을 수 없었다. 시위대는 북상해 외교장관 차오루린(曹汝霖)의 저택이 위치한 골목(趙家樓胡同)에 당도했다.

이때가 오후 5시경인데, 중간에 1천여명의 시민이 가담해 3천명에 달했던 시위대는 그곳에서 경찰의 제지를 받고 실랑이를 벌이는 혼란 속에 수가 줄어 수백명이 되었다. 그들 중 다섯명(베이징고등사범 쾅후성匡互生 등)이 경찰의 제지를 뚫고 담을 넘어 들어가 문을 열자 시위대는 차오의 집에 난입했다. 차오루린을 찾았으나 발견하지 못하자 흥분한 일부가 집에 불을 질렀다. 집 안에서 우연히 발견한 가솔린을 이용했다는 설도 있지만, 사전에 미리 모의해 성냥 등을 가져온 쾅후성(匡互生)을 비롯한 아나키스트 조직 학생들의 계획적 행동이란 설이 더 유력하다.[3] 어쨌든 방화는, 그곳에 의논차 왔다가 발각된 주일공사 장쭝샹(章宗祥)을 시위대가 구타하여 머리 좌상(挫傷)과 전신 타박상 및 뇌진탕이란 진단이 나온 상해를 입힌 일[4]과 함께 5·4사건을 그때까지의 평화시위에서 '폭력시위'로 전환시켰다.

바로 이런 폭력사태에 직면해 그 전까지 시위에 비교적 소극적으로 대응하던 경찰이 출동해 시위대를 체포하기 시작했다. 학생 32명이 연행되었다. 이들은 처음에는 군 유치장에 갇혀 혹독한 대우를 받다가 경찰 유치장으로 옮겨져 그래도 좀 나은 생활을 할 수 있었다.●

● 당시 대총통 쉬스창(徐世昌)과 21개조 협상을 주도한 배후의 군벌 실세인 돤치루이(段祺瑞) 간의 갈등이 경찰의 온건대응과 군대의 강경대응의 차이를 가져왔다는 해석도 있다.

中華民國八年五月四日北京學界遊街被拘留之北京高師愛國學生七日返校時攝影

5월 7일, 구금되었던 베이징사범대학 학생의 석방 장면.

이상이 5월 4일에 있었던 톈안먼에서의 집회와 그에 이은 가두시위의 대략적 전모다. 이날의 사건만으로 그쳤다면 5월 4일은 역사에서 그렇게 큰 주목을 받지 못했을 것이다. 그러나 잘 알려져 있듯이 체포된 학생들은 곧 보석으로 풀려났지만, 그 소식은 전국 각계에 반향을 불러일으켰고, 베이징에서만도 학생들은 자신들의 요구를 관철시키기 위한 활동을 강행해, 5월 4일의 집회와 시위는 6월 3일의 대시위를 정점으로 계속 각

叶曙明『1919, 一个国家的青春记忆: 重返五四现场』, 北京: 九州出版社 2019, 230면. 이상의 사건의 줄거리는 잘 알려진 사실이나 그 세부는 증언마다 일치하지 않는데, 여기서는 그 세부를 치밀히 고증한 齋藤道彦『五・四運動の虛像と實像』(東京: 中央大學出版部 1992)에 의존하되, 일부 세부 묘사는 부분적으로 叶曙明, 앞의 책을 참조했다.

계 민중의 운동으로 확산되었다. 그리하여 6월 10일 세명의 관료의 파면, 28일 베르사유조약 조인 거부 선언이라는 성과를 얻어낼 수 있었다.

이로써 학생을 위시한 각계 민중이 집회와 시위를 통해 정부의 정책결정 과정에 참여한 전에 없던 정치참여 방식이 탄생한 셈이다. 그리고 특히 중앙정부가 소재한 베이징에서는 외교문제로 정부의 정당성이 손상당한 반면에 톈안먼에서 열린 정치집회의 정당성이 획득되는 단초가 열렸다. 그 특징은 앞으로 계속될 베이징에서의 정치적 집회 패턴의 모형(母型)으로서 주목된다. 즉 정치적 이슈가 발생할 때, 민간이 각 단체별로 결집해 톈안먼에서 대규모 국민대회를 열고 뒤이어 주요 거리에서 시위를 하여, 자신들의 정치적 주장의 정당성을 선전하는 — 뒤집으면 베이징정권의 정당성이 취약함을 폭로하는 — 것이다. 그리고 그 주된 담당 세력은 바로 학생이었다.

그런데 크게 보면 이러한 패턴이 1920년대에 줄곧 유지되었지만, 5월 4일의 톈안먼집회가 획득한 새로운 정당성이 당초부터 쉽게 인정된 것이 아님은 아래의 논란에서도 엿볼 수 있다. 그것은 그때부터 계속된 집회와 시위를 통해 베이징정부의 정당성과 경쟁하는 과정에서 점차 자체의 정당성을 형성해갔던 것이다.[5]

5월 4일의 집회와 시위에서 그 형식과 절차는 기왕에 쌓인 경험이 활용된 것이고 주도조직과 동원과정은 1년 전 항일청원운동 이래 형성된 학생들의 연결망에 힘입어 짧은 기간에 비교적 순조롭게 이뤄졌다. (이에 대해서는 뒤의 3장에서 다시 설명된다.) 그런데 그것이 시종일관된 치밀한 사전 조직에 의한 것이 아니라 군중운동적인 면이 강했다는 것은 예기치 못한 차오루린 저택 방화와 장쭝샹 폭행에서 단적으로 드러난다. 집회와 시위의 초기 과정에서 (강경대응을 원한) 군이 아닌 경찰이 담당하면서 사실상 방관하다시피 해 집회와 시위가 순조롭게 평화적으로 진행되었지만, 폭행과 방화가 빌미가 되어 경찰이 참여자를 체포함으로써 운동이 일단락되지 않을 수 없었던 것이 바로 군중운동적 측면을 말해준다.

바로 이 점은 당시 베이징대학 교수 량수밍(梁漱溟)이 날카롭게 지적하고 있다. 그는 사건 직후 베이징의 『국민공보(國民公報)』에 「학생사건을 논함」이란 글을 투고해, 당국에서 체포당한 학생들을 보석으로 풀어주도록 했을 뿐만 아니라 이들을 재판에 부쳐 더이상 처벌받게 해선 안된다고 하는 여론을 비판하면서, 남에게 상해를 입힌 학생들은 자수해 재판을 받고 차라리 정부의 사면을 기다리는 쪽이 타당하다고 주장했다. 그 이유는 차오루린과 장쭝샹이 아무리 흉악한 개인이라 할지라도 그들의 자유와 의사는 존중되어야 하는데 '국민의 뜻'이란 집단적 명분으로 그것을 훼손하는 것은 법률적으로나 도덕적으로나 온당하지 않은 처사로서 수천년간의 전제(專制)가 양성한 고질병이기 때문이라고 지적했다.[6]

물론 이에 대한 반론이 많았는데 그중에서 흥미로운 것은 두가지이다. 즉, 첫째는 서구문명국에서는 집회와 시위의 자유가 법률적으로 보장되어 있어 흔한 현상인 시민운동이 중국에서는 낯설어 '기괴한 일'로 오해받는다는 주장이다.[7] 둘째는 량수밍이 존중하자는 현행 국가와 법률이 도대체 정의와 일치하는가, 그리고 법률이 폭력과 악을 제거하는 효능을 갖고 있는가 아니면 단순히 질서만 유지하는 죽은 법조문인가를 따지는 주장이다.[8]

이 논쟁은 5·4사건이 법률사건이냐 정치사건이냐의 해석 차이에 따른 문제로 볼 수도 있겠지만, 저자가 보기에 개인의 존엄성이나 군중운동의 원시성의 문제가 아니라 국가권력의 정당성 문제가 그 초점이었다. 당시 이미 국가권력의 정당성에 대해 다양한 인식이 이뤄지기 시작했음을 뜻한다.* 그런데 베이징정부의 국가권력으로서의 정당성이 공개적으로 비판되고 있고 그와 동시에 톈안먼집회와 같은 민간운동의 정당성이 옹호되고 있지만 그렇다고 해서 톈안먼집회의 정당성이 당장 확고한 지위를 획득한 것은 물론 아니다. 톈안먼집회는 1919년 5월의 사건으로 갑자기 새로운 정당성을 확보한 것이 아니라, 민간 축제와 정부 행사의 장이었다가 중앙정부 비판의 장으로 변하면서, 그리고 집회를 둘러싼 경쟁과 타협, 집회의 급진화 과정을 거치면서 정당성을 확보하였다.

2. 베이징의 학생운동에서 전국의 각계연합 민중운동으로

다시 5월 4일로 돌아가보면, 그날의 사건은 그때의 시점에서는 그렇게 대단한 것이 아니었다. (나중에 점차 의미가 부여된 이미지와 거리가 있다는 뜻이다.) 일례를 들면, 루쉰(魯迅)에게 그날은 여느 날과 같은 평범한 날이었다. 일기에 일요일이라 쉬다가 오전에 문상을 가고 오후에 손님 둘을 맞았다고 적었을 뿐, 그 시위에 대한 언급이 없다.**

● 시위로 체포당해 재판을 받은 학생들의 주장도 국가권력의 정당성 문제에 초점이 있었다. 이에 대해서는 졸저『中國現代大學文化硏究: 1920年代 大學生의 正體性 危機와 社會變革』, 一潮閣 1994, 56면에 상세하다. 이와 달리 최근 중국에서 나온 견해 중에는 공무집행 중 수행한 어쩔 수 없는 행위에 학생들이 사적인 징벌을 내린 것은 부적절하고 누구의 인격이든 존중되어야 당시 학생들이 추구한 문명정신에 부합한다는 주장도 있다. 胡传胜「"五四"事件中暴力行为再反思」,『开放时代』总第218期, 2010年 第8期 58면.
●●『鲁迅全集』第15卷, 北京: 人民文学出版社 2005, 367면. 그날 방문자인 쑨푸위안(孫伏園)은 4일 시위에 참여한 뒤 루쉰의 집을 방문해 그에 대해 대화를 나눴다고 훗날 회고했다. 鲁迅博物馆鲁迅研究室 编『鲁迅年谱』第2卷, 北京: 人民文学出版社 1983, 2면. 그러나 루쉰이 그에 대해 특별히 기록할 정도로 인상을 받은 것 같지 않다. 루쉰만이 아니라, 후스(胡適) 역시 당일, 자신은 상하이(上海)에 있었고 천두슈(陳獨秀)는『매주평론(每週

1919년에는 '5·4사건'이라 하면 (앞에서 본) 5월 4일에 발생한 베이징의 학생운동을 가리켰다. 그런데 한해가 지나 1920년이 되자 '5·4사건'에 대한 인식은 대체로 1919년의 그것과 궤를 같이하면서도 변화를 보였으니, 그 주체로 학생에 가세한 각계(各界)가 주목받고, 외교문제에 국민의 공의(公意)가 작용했으며, 학생이 정치적 의사 표시를 넘어 점차 민중을 향한 선전활동을 실행하는 등(平民學校·平民講演)의 형태로 사건이 확대된 것으로 인식되었다.[9]

　　실제로 1919년 5월 7일, 학생들과 교장단의 석방 탄원에 이어 베이징총상회의 매국적 징계 요구도 힘을 보태 학생대표들이 석방되었다. (무죄 석방이 아니라 재판 출석을 전제로 한 보석이었다.) 그러나 5일 성립된 베이징중등이상학교학생연합회는 11일부터 10인강연단을 조직해 '학생강연단'이라 적힌 백색 깃발을 들고 시내 곳곳에서 강연을 벌이는 평민교육강연단 사업을 각 학교가 추진하기로 했다. 또한 19일부터 베이징 26개 중등학교 이상 학교의 총수업거부를 조직적으로 추진했다.

　　이같은 베이징 학생들의 시위 양상의 변화에 대해 정부는 5월 말부터 탄압으로 대응했다. 6월 2일 강연활동을 벌이던 7명을 체포했다. 학생연합회는 그날밤 강연단이 국산품 애용만 말하고 일본상품 배척은 언급하지 않기로 결정했다. 물론 탄압의 핑계를 없애기 위해서였다. 그러나 3일에 178명의 학생이 체포되었다. 5월 4일의 체포 이유가 방화라는 형사범이었다면, 이번에는 언론과 표현의 자유라는 헌법상의 문제였다. 체포된 학생들은 유치장이 부족해 베이징대학 건물에 구금되었다.

　　이 소식이 신문 보도와 전보로 전국 주요 도시에 전파되면서 대중운동

評論)』편집 일로 두문불출 중이었다고 회고한 바 있다. 胡適 「五四與北大」(1958. 5. 5), 潘光哲 主編 『胡適全集: 胡適時論集 8』, 臺北: 中央研究院近代史研究所 2018, 33면.

은 전국으로 확산되었다. 전국 주요 도시의 각계각층으로 확산되는 과정에서 중국 경제의 중심지 상하이에서 6월 5일부터 10일 사이에 일어난 '삼파투쟁(三罷鬪爭)'—— 파과(罷課, 학생의 수업거부), 파시(罷市, 상인의 철시), 파공(罷工, 노동자의 파업)—— 은 특별한 의미를 갖는다. 상하이학생연합회(上海學生聯合會)는 6월 12일자 선언에서 "상업계가 철시한 지 하루도 안 되어서 베이징의 체포학생이 석방되었고, 노동계가 파업한 지 닷새도 안 되어서 세 관료가 쫓겨났다"고 자부한 바 있다.[10] 그런데 노동자들이 상공인의 (비밀결사조직을 통한) 지도 아래 수동적으로 총파업에 참여했듯이* 삼파투쟁에서의 세 세력의 역할은 비대칭적이긴 했으나, 각계연합의 활동은 깊은 의미를 가지니, 그 경과를 들여다보자.

베이징의 소식이 전해지자 상하이 학생들은 거리에서 연설하고 전단을 뿌리는 선전활동을 전개하는 한편 상인이나 노동자와의 연합투쟁을 꾀했다. 학생들은 상인단체와 논의하고 상점마다 방문해 철시에 동참할 것을 호소했다.

상하이 상인들은 5일부터 철시에 들어갔다. 문 닫은 점포에 "나에게 자치와 학생을 돌려달라" "애국자유, 간섭 거부" 등의 표어를 붙였다. 그날 오후 상하이학생연합회는 각계 대표를 초청해 "국적(國賊)을 벌하지 않으면 상점을 열지 않는다" 등의 4개 항의 결의문을 채택하고, 노동계·상업계·언론계·학계를 포용한 전국적 규모의 연합기구인 '전국각계연합회'를 설립하기로 결정했다.

---

* 노동자의 참여는 한때 사회주의혁명의 '새로운 질'로 높이 평가된 적도 있다. 그러나 수동적인 참여였다는 사실이 그뒤 밝혀졌지만, 노동자들이 파업과정에서 자신들의 현실적 위력을 목도한 의미는 크다. 김태승 「五四運動指導勢力의 性格」, 『京畿史學』 1집, 1997, 147, 163면.

이 사태에 대응해 상하이 지방 당국은 7일 계엄령을 선포했다. 회유와 탄압을 번갈아 구사하며 경제를 마비시키는 파시를 취소시키기 위해 노력했다. 경찰은 영업재개를 방해하는 학생을 구타하고 체포했다. 상하이 공공조계 당국(工部局)은 일본상품 배척 전단 살포를 금지했다.

그러자 상하이 노동자들은 노동현장에 집결해 파업에 참여했다. 당시 전국의 노동자 수는 약 200만명이었는데 그중 상하이에 약 40만명이 밀집해 있었다. 이곳의 경제적·금융적 중요성에 비춰보면 그 사회적 역량은 겉보기보다 컸다. 6일 전차기사, 기계공의 파업과, 7~8일 부두노동자, 철도노동자, 인쇄공, 직물공장 노동자, 일본 자본가의 여러 공장의 노동자, 수도사업소 노동자의 파업이 잇따랐다. 심지어 7일에는 그 전날 전통 금융업인 전장(錢莊)이 철시를 결정한 데 이어 은행공회(銀行公會)까지 한정적인 영업정지를 긴급 결의했다. 열차와 해상운수 같은 교통시설도 마비되었다. 5~9일에 삼파투쟁이 절정에 달해 과격해지면서 금융 혼란과 도시 기능의 마비가 우려될 정도였다. 상하이 조계 당국과 지역 군사 세력도 상하이의 질서 파괴와 금융시장 붕괴 위기를 중앙정부에 전달하면서 '민의 수용'을 권유했다.

상하이뿐만 아니라 베이징 그리고 톈진(天津) 지역의 총상회 등 유력 단체들이 민의를 수용하지 않으면 사태가 수습되지 않을 것이라는 우려를 정부에 전달했다. 청말 이래 상업계(상업과 공업 경영자도 포함된 우리의 재계에 해당)를 대표해온 가장 유력한 단체인 상하이총상회는 사태 초기에 미온적이었으나 대세에 밀려 운동에 참여하지 않을 수 없었다.

주요 도시에서의 학생·상인·노동자들의 대규모 연대투쟁은 베이징정부 안의 파벌 간 분열이라는 내부 모순을 한층 더 격화시켰다. 결국 강경파(실세인 돤치루이파段祺瑞派)를 누르고 쉬스창(徐世昌) 대총통이 더이상의 사태 악화를 막기 위해 결국 매국 고관으로 지목된 3인에 대한 파면령을 10일 내렸다. 그럼에도 사태가 가라앉지 않은 상황에서 28일 중국 대표단은 베르사유강화조약에 서명하지 않았다. 대표단의 이 조치를 추인한다는 대총통령을 내린 것은 7월 10일이 되어서였다.[11] 이로써 산둥 권익이 바로 회수된 것은 아니지만 운동의 참여자는 "안으로 나라의 도적을 제거하고, 밖으로 국권을 쟁취하자(內除國賊 外爭國權)"는 5·4사건의 투쟁 목적이 달성되었다고 판단했다.

이로써 사태는 일단락되는 듯이 보였다. 그러나 학생들은 5~6월의 경험을 동력으로 삼아 그후 사회변혁에 적극 나서기 시작했다. (이 과정은 제1부 3장에서 자세히 다뤄진다.)

3. 이념 간 경쟁의 장이 된 5·4

5·4사건에 대한 의미 부여는 1920년 이래의 사회변혁의 전개에 대응해 점차 확대되었다. 1923년에 이르자, 주원수(朱文叔)[12]는 좁은 의미의 5·4운동은 5월 4일의 베이징 학생시위, 넓은 의미의 5·4운동은 5월 4일~6월 28일의 각계 각지의 삼파운동(三罷運動)이라고 해석했다. 그리고 그 주도층은 좁은 의미의 경우 베이징의 학생, 넓은 의미의 경우 각지 학생·노동자·상인 등 각계 민중이며, 운동의 의의에 대해서 직접 성과는 '국적(國賊, 즉 세명의 관료) 파면과 베르사유조약 조인 거부'이고, 역사적 효과로는 '민주·민치·민본'을 위해 주권자의 힘이 과시된 것이라고 파악했다. 1920년대 전반기 이미 민족운동의 전개 과정 속에 5·4운동상(像)의 상징화와 이미지화가 시작된 것이다.[13]

그런데 1920~30년대에는 5·4운동의 공간적·시간적인 맥락을 넓게 잡아 해석하는 조류가 널리 공유되었다. 3·1운동을 비롯한 아시아와 유럽 혁명운동의 영향을 인정하는 한편 청말 개혁운동 이래의 사상계몽과의 연계를 인정하는 견해가 강했다. 서로 무관한 듯 보이는 시공간의 배경이 긴밀하게 연관되어 있다고 보는 이 조류를 유용태는 5·4의 '대배경론'이라고 부른다. 이 관점에서 보면, 오늘날 통용되는 5·4상은 시간적으로 1915년 『신청년(新靑年)』 창간 이후의 신문화운동을 강조하며 공간적으로 러시아혁명의 영향을 특별히 강조하는 '소배경론'에 따른 것이다. 이 두 해석은 경쟁하면서 병존하였으나, 마오쩌둥의 '신민주주의론(新民主主義論)'에 입각한 5·4 해석이 제기된 후 소배경론이 압도하면서 대배경론은 축소되어버렸다.[14]

마오는 항일전쟁 발발 2주년이자 5·4운동 20주년인 1939년에 5월 4일을 '청년절'로 정하고 1940년 「신민주주의론」을 발표했는데, 그 안에서 5·4운동을 신민주주의혁명의 시발점인 '철저적·비타협적 반제·반봉건' 운동으로 규정하는 관점을 제시하였다. 5·4운동을 계승하여 1921년 창당한 중국공산당의 혁명운동사가 1차대전과 러시아혁명을 획기로 하는 세계현대사의 시작과 궤를 같이하는 '일대 전환점'임을 강조하는 동시에 '사상·문화혁명운동'으로서의 5·4운동에 정치혁명의 이미지를 입히려고 한 것이다. 「신민주주의론」이 공표된 1940년은 (항일전쟁을 위해 1937년부터 국민당과 공산당이 협력한 제2차 국공합작에 균열이 보이기 시작한) 국민당의 '제1차 반공고조기'라, 국민당 일당독재를 비판하면서도 쑨원의 (신)삼민주의(三民主義)의 계승자임을 강조하여 문화인·지식청년에 대해 공산당(이 대변하는 무산계급)의 지도론과 역사적 정당성을 5·4까지 소급해 인식시키고 확신시키려 한 정치적 의도가 강했다. 이 역

사상이 오랫동안 통설로서 중국 안팎에서 영향을 크게 미쳤다.[15]

물론 20세기 전반기에는 공산당과 경쟁하던 다른 정파, 특히 국민당의 '5·4기념'에 임하는 입장도 존재했다. 공산당이 신민주주의와 연결시켰듯이, 국민당 역시 5·4의 사상적 자원을 자신의 정치이념인 삼민주의 속에 위치시키려 했다. 그런데 국민당은 비교적 소극적인 태도로 임했다. '5·4기념'을 중단하고 1944년 '문예절'로 바꾸었다가 타이완으로 패퇴한 직후 다시 '중국청년절'로 확정했다.

이와 달리 중간파 인사들은 결집력 높은 강렬한 정치이념을 공유하지는 않았지만 대체로 민주와 자유의 가치를 견지하고 5·4 정신을 자유주의 이념과 결합시켰다. 이렇게 보면 5·4를 기념하는 일은 확실히 이념 간의 '경쟁의 장'이다.

1949년 중화인민공화국 건국을 코앞에 두고 5·4운동 30주년을 맞은 공산당이 이미 장악한 베이징정부는 '5·4기념' 행사를 성대하게 거행하였다. 이로써 중국공산당은 지식인 및 청년·학생 대중에게 상당한 영향력을 가진 5·4의 상징화를 둘러싼 경쟁에서 우위를 차지하게 되었다. 그러나 그후 5·4의 사상적 자원을 둘러싸고 중국공산당과 지식인 및 청년·학생이 일정한 시각차를 드러냈고, 그것을 기념하고 기억하는 과정에서 시각차로 인한 갈등과 대립이 언제든지 불거질 가능성이 있었다. 그것은 역사문제이자 현실문제요, 그 실현을 위해 '노력이 필요한 끝나지 않은 과제'[16] 곧 미래프로젝트이기 때문이다.

2장

왜 일어났을까

: 위기의 이중구조

20세기 초 중국이 직면한 전면적 위기는 정치 영역에서 집중적으로 표출되었지만 그 근원은 사회와 경제에 있고, 그 내부 구조에서 세계체제의 강력한 영향을 받았다. 이제 5·4운동을 발생케 한 1910년대의 위기 국면을 공화와 문명의 위기 곧 위기의 이중구조를 실마리 삼아 정리해보겠다.

1. 공화의 위기

1911년 10월 10일, 중국의 중부 후베이(湖北)성 우창(武昌)에서 혁명파의 신군이 봉기에 성공해 후베이성 독립을 선언했다. (중화민국의 국경일 '쌍십절'은 여기에 기원한다.) 이 사건은 정치적 위기로 흔들리고 있던 청조에 결정타를 가했다. 이 성공에 힘입어 1개월 사이에 주요 성들이 성별로 독립을 선포하며 혁명군에 가담했다. 혁명파 지도자 쑨원(孫文)

이나 개혁파 지도자 량치차오(梁啓超) 모두 이렇게 빠른 성공의 예는 세계사에 없던 일이라고 놀랄 정도였다.[1] 우여곡절 끝에 17개 성 대표들이 혁명파 지도자 쑨원을 임시대총통으로 선출했고, 1912년 1월 1일 난징(南京)을 임시수도로 한 중화민국이 선포되었다(난징 임시중화민국정부). 이것이 일찍이 동시대의 우리 선인에 의해 "아주 대륙에 자유를 제창한" 사건이고, 한국의 독립에도 도움이 될 것으로 의미가 부여된 바 있는[2] 신해혁명(辛亥革命)이다.

이러한 형태로 전개된 신해혁명은 아마도 미국 독립혁명에서 영감을 받았을 터인데, 혁명파만에 의해 주도된 것은 아니다. 소수의 젊은 해외 유학생이 주축이라 상대적으로 지방사회에서 약세인 혁명파가 지역 기반이 탄탄한 개혁파(입헌군주제 주창)의 지원을 얻어 주도한 1911년의 변혁에 보수파(또는 관료파)가 가담해 '성공'한 불안정한 타협의 소산이었다. 그런데 그 타협은 '중화민국'이란 국호가 상징하듯이 '공화'라는 어휘의 틀 속에서 이뤄졌다.

각 성의 연합으로 이뤄져 중앙정부로서 제대로 기능할 수 없었지만 난징 임시정부가 우선적으로 해결해야 했던 당면 과제는 아직 베이징에 존재하는 청조를 퇴위시키는 일이었다. 그런데 남북대치 국면에서 청조의 군사력을 장악한 보수파의 대표 격인 위안스카이(袁世凱)와의 무력충돌을 피하려면 타협하지 않을 수 없었다. 그 결과 1912년 2월 12일 청조의 황제가 양위를 선포하면서 쑨원이 물러나고 위안스카이가 중화민국의 대총통으로 취임했다(베이징을 수도로 한 중화민국). 이렇게 귀결된 데는 국내의 혼란(내전)을 틈타 서구 열강이 변경지역에서 도발하자 그로 인한 위기의식이 번져 신속한 타협과 질서 회복을 요구하는 여론이 높아진 상황이 크게 작용했다.

이처럼 태생적 한계를 안고 출범한 (그럼에도 열강의 승인을 받아 정통성을 확보한) 중화민국에서 1913년 4월 국회가 열렸다. 훗날 평가되기를 중국 대륙에서 "유사 이래 가장 자유롭고 공평한 선거"를 거쳐[3] 다수의 정당이 속출했는데, 혁명파가 주도한 국민당이 다수당이 되었다. 혁명파, 보수파(위안스카이 세력) 및 (종래의) 개혁파 사이에 중화민국의 진로를 둘러싸고 갈등과 타협이 계속되는 혼란이 가라앉지 않았다. 위안스카이는 다수당이 폭민(暴民)정치를 한다고 비난하면서 국민당을 해산했고, 그로 인해 정족수가 부족해진 국회가 기능부전에 빠졌다. 국회가 명목만 있고 실체가 없는 상황에서 급기야 위안스카이는 부강한 나라를 만들기 위해 중앙집권을 강화해야 하고 그러기 위해서는 황제제도가 필요하다는 여론을 조성해(이른바 제제운동帝制運動) 1916년 1월 입헌군주제를 선언하고 황제 자리에 올랐다(洪憲皇帝). 그러나 이에 대해 국민당 세력은 물론이고 이 다수당을 공격하던 개혁파도 저항하는 등 전국적으로 반발이 확산되었다. 그러자 위안스카이가 황제체제를 취소하여 중화민국이 회복되었으나, 그해 6월 그가 사망하자 정국의 갈등은 심화되었다.

　베이징에서는 총통부와 국무원 및 국회 간에 대립이 벌어졌다. 게다가 지방을 기반으로 군사력을 가진 군사실력자들이 저마다 지역의 재정과 인사권을 장악하고, 열강의 승인을 받은 중앙정부의 권력에 끊임없이 도전하면서 지속적인 내전 상태가 만연되었다. 그들 군사지도자들은 군사력을 강화하기 위해 제각기 제국주의 열강의 특정 국가와 결탁해 그들의 지원을 받았고, 내전으로 인한 물적·인적 피해를 기층 민중이 떠안는 구조적 모순이 일상화되었다. 이 시기가 흔히 부정적인 의미로 '군벌시대'로 불리는 까닭이다.

　이와 같이 개관해본 정치사적 양상은 1910년대의 표면을 묘사한 것일 뿐이다. 그 심층의 위기구조에 들어가볼 필요가 있다. '공화'의 위기가 그 중심에 있다.

제도적 차원에서의 공화의 위기는 앞의 서술만으로도 어느정도 드러 났을 테니, 이제는 원리적 또는 정신적 차원에서의 공화의 위기에 대해 살펴볼 차례이다. 신해혁명과 5·4운동이라는 두 봉우리에 낀 골짜기 격 인 1910년대는 충분히 조명되지 못하거나 흔히 부정적인 의미로 해석된 다. 그런데 황제지배체제를 대신한 정치체제와 이념을 중국 현실에 적용 한 실험의 시기, 달리 말하면 공화의 '위기'이자 '생기(生機)'의 시기로서 집중적으로 관심 가져볼 만하다. 신해혁명이 가져온 절대권위의 상실은 '해방의 공기'를 확산시켜 새로운 사회·문화로의 지향이 다방면에서 표 출되도록 했다. 변발 자르기, 전족 풀기, 자유결혼 풍조가 나타났고, 젊은 유학생들이 다수 사회엘리트층으로 부상했다. 이 해방의 징표들의 점증 적 축적이 바로 신문화운동의 밑바탕을 깔았다.[4]

무릇 어떤 개념이든 사회적 실천 속에서 실질적인 의미를 갖게 된다. 민국 초 공화란 어휘 역시 보수파·개혁파·혁명파라는 세 정치세력들이 각자의 이해관계를 실현하기 위해 경쟁하는 과정에서 그 내용이 채워졌 다. 처음 공화정이 출범한 1912년은 전망이 불투명하긴 했지만 그 어느 세력도 우세하지 못한 형편이라 그런대로 불안정한 타협이 이뤄졌고 따 라서 공화에 대한 논란이 특별히 일어나지 않은 것으로 보인다. 그런데 1913년 4월 국회가 열리고 국민당이 다수당이 되면서부터 공화의 성격 에 대한 논쟁이 잇따랐다.[5]

민국 초 내각책임제와 총통제를 병존시킨 '임시약법'에 의한 불안정 한 권력구조는 정치세력 간의 주도권을 둘러싼 경쟁과 타협의 틀을 규정 했다. 처음에는 소수당인 개혁파가 다수당인 혁명파를 공격하기 위해 공화를 '폭민정치' 내지 '폭민전제'로 규정한 데서 논쟁이 시작되었다. 논쟁이 진행되면서 공화가 가리키는 대상은 주로 총통제·의회·정당이라는 정치제도에 한정되었고, 그에 따라 공화에 대한 평가도 분열되었다.

그러나 정치세력 간의 차이는 부강한 중국이라는 공통된 목표를 달성하기 위해 헌정이 필요하다는 일치점에 비하면 작은 것이었다. 그렇기 때문에 위안스카이로서도 부강을 위해 황제제도란 낡은 형식을 부활시키더라도 입헌군주제의 형태를 취하지 않을 수 없었던 것이다. 헌정은 국민국가의 '화려한 표징'으로 보였고 세계체제 속에서 중국의 지위를 높여줄 것이란 믿음을 줌과 동시에 정치엘리트에게 즉각적인 편의를 베푸는 실용적인 기능 ─ 그들의 정치적 참여를 정당화해줄 뿐만 아니라 그들 아래 존재하는 하층민에게는 정치 공간을 열어주지 않은 점에서 ─ 을 했던 것이다. 그런데 위안스카이의 집권 과정에서 헌정의 원활한 기능이 기대되기 어렵게 되었다. 그러자 (처음에는 혁명파가 폭민정치를 한다고 공격하던) 개혁파가 1914년 들어서 양비론(兩非論)을 취하다 제제(帝制)가 본격화된 뒤 공화라는 기존 질서(국체)를 지키기 위해 제제 타도로 돌아서 혁명파와 타협했다.

이같은 대립과 타협의 정국은 제도로서의 공화의 효율성에 회의하게 만들었고, 일부 지식인에게는 심지어 국가담론에 대한 환멸까지 조성했다. 공화의 보편적 가치가 상당히 훼손당했다. 그러나 그와 동시에 공화란 추상적 어휘는 그 시대의 열쇠말로서 이를 사용하는 모든 세력을 압박하면서 그것이 제시한 일정한 방향으로 논쟁하도록 이끌었다.

중앙정부를 장악한 군사세력은 공화제의 틀을 활용해 법적 정통성(法統)을 내세웠고, 그에 도전하는 지방의 군사정치집단도 자신의 법통을 설명하는 다양한 방식(예컨대 지방분권적 연방국가 구상인 연성자치운동聯省自治運動 등)을 모색했다.

지식인사회에서는 공화혁명이 갓 성공한 당초 제도에 과도한 관심이 쏠려 가려져 있던 공화의 원리를 되살리고 그 틀 안에서 정당성을 찾으려는 노력도 점차 나타났다. 그 실천 과정에서 공화의 실질을 구현할 가능성이 일정 정도 제시되었다. 구체적으로 말하면, '국민심리 개조'를 통한 길과 '대항세력의 조직화'라는 길이 주목되었다.

이 두 길은 바로 신해혁명이 공화혁명으로서 지닌 형식성을 5·4운동을 통해 극복하고 실질적인 내용을 확보하는 바탕을 깔아주었다.

그중 '국민심리 개조'를 통한 길부터 살펴보자. 1910년대 국민심리 개조에 대한 논의는 신해혁명 초기의 국가와 도덕의 관계에 대한 열띤 토론 주제와도 관련이 있다. 공화국의 정당성을 도덕에서 찾으려는 움직임이 대두했다. 이것은 정치와 도덕을 상호의존적으로 인식하는 유가 정치전통의 유산이자 서양에서 수입된 국가이론(특히 국가유기체론)의 권위에 힘입은 것이었다. 이를테면 국가의 신체가 공화제도라면 그 정신은 도덕이란 식의 사유방식이 우세했는데, 이 정신의 고갱이를 전통유가에서 찾으려 한 것이다. 그런데 위안스카이가 이미 황제제도의 부활을 시도했다가 실패한 이상 전통도덕이 의탁할 제도가 없어진 만큼 국가와 도덕의 관계는 탈신비화되기 시작했다. 이제 도덕이 더이상 국가담론의 지배를 받지 않고 개개인의 윤리나 문화의 문제로 다뤄질 조건이 갖춰졌다.[6]

'국민심리 개조'에 대한 관심은 정치권에 한정되지 않고 점차 지식인사회로 넓혀졌다. 당시 유행하던 '사회심리학'의 영향 속에 국민심리 개조론의 사회적 영향력이 더욱더 커진 덕이다. 공화정치 실현의 어려움을 깨닫고 그 해결책을 국민성격 개조에서 찾는 경향은 당시 일정한 공감대가 있었던 것 같다. 문명이나 제도의 핵심이 오랜 기간 발양된 국민심리 곧 국민성에 근거한 것이란 사회심리학적 설명은 사회심리학이 '과학'의 한 분야로 수용되어 청말에 도입된 이래 커다란 위력을 발휘하고 있었다. 현 질서를 지키려는 측이든 현상 타파를 원하는 측이든 정당성을 위해 국민심리 곧 민의를 '국정(國情)'이니 '국본(國本)'이니 하여 저마다 내세울 정도였다. 그러니 제도로서의 공화에 실망하던 사회 분위기에서 사회 변혁을 위해 국민심리의 개조가 필수라는 사고가 영향력을 발휘하는 것은 자연스러웠다.

바로 여기서 공화의 실질을 그 정신에서 찾는 지향이 문화운동과 접점을 갖게 된다. 정권교체(改朝換代)에 불과한 무장혁명인 신해혁명을 넘어선 좀더 철저한 혁명('眞革命')인 '정신혁명'에 대한 논의가 활기를 띠었다.[7] 신문화운동은 바로 이에 부응해 새로운 도덕과 주체(곧 신청년)를 동원하여 공화국가를 건설하려는 움직임이었다.

이어서 '대항세력의 조직화'라는 길에 대해 살펴보겠다. 공화를 둘러싼 논쟁 과정에서 이 구상이 제기되었고, 1915년의 21개조 교섭 과정에 발생한 반일운동에서 실질적인 경험이 쌓였다. 사실 일본이 베이징정부에 21개조 요구를 강요한 사건이 중국에 미친 영향은 양면성을 가졌다. 21개조 교섭 당초 국민 사이에 나타난 '거국적인 지지'와 교섭과정의 '굴욕감'이 강력한 중앙집권체제를 통한 안정과 강국에 대한 바람을 자극했기에 교섭체결 후 위안스카이로 하여금 황제추대운동을 추구하게 부추긴 측면도 있다.[8] 그러나 동시에 21개조 요구 반대운동 과정에서 베이징정부의 정당성을 부인하고 민의 새로운 정치적 결집을 강화하려는 움직임도 나타났다.

1915년 3월 18일 상하이에서 국민대일(對日)동지회와 귀국유일(留日) 학생대표 공동 발기로 3만명이 모여 국민대회를 여는 등 곳곳에서 집회가 열려 반일운동이 확산되었다. 그러나 일본정부가 5월 7일 최후통첩을 하고, 베이징정부가 5월 9일 받아들이자, 중국인은 분노했다. 7일을 '국치일'로 삼고, 심지어 술잔·무대광고·마작에까지 '국치'란 글자를 새겨 넣는 풍조가 일 정도였다. (처음에는 중국인의 분노가 일본을 향했기에 7일이 국치일로 여겨졌으나 점차 베이징정부로 분노가 옮겨지면서 9일이 국치일로 간주되었다. 말하자면 민간사회에 한동안 두개의 기념일이 있었던 셈인데, 1930년대 난징정부가 9일을 기념일로 정했다.)

반일운동 과정에서 나타난 여론은 새로운 정치적 각성으로 주목된다. 예를 들면 톈진(天津)의 『대공보(大公報)』는 21개조 요구 반대운동을 계기로 중국이 분할(瓜分)당할 위기에 직면했지만 동시에 변혁의 가능성도 열렸으니, "조문(弔問)할 일이지만 동시에 경하할 일"이라고 논평했다.[9] 그렇기 때문에 자연스럽게 민을 동원하고 조직하는 데 관심이 기울여졌다.[10] 그 민은 정당을 넘어서 '각 사회부문 각자의 고유세력' 곧 '무형의 대항세력(無形之對抗)'으로 인식되었다. 이 인식은 1900년대 각계 단체가 이권 회수와 국회 청원을 위해 지방 차원에서 각계연합을 형성한 경험에 기초한 것인데, 이렇게 탄생한 각계연합이 5·4 시기에 전국적 민의 결집의 틀로 발전하여 정착되었다.[11]

이러한 풍조에 1910년대를 풍미한 아나키즘은 새로운 동력을 제공했다. 혁명파 방식의 혁명으로 공화정을 세워도 평민의 바람을 구현할 수 없으니 국가혁명을 우회하여 사회혁명을 추구하자는 것이 아나키스트들의 주장이었다. 이 담론은 당시 지식인과 청년 들에게 새로운 목표를 제시함으로써 공화의 실질을 추구하고 혁명의 개념을 재구성하도록 자극했다.[12]

여기서 간과해서는 안 될 중요한 문제가 부각된다. 국민국가를 주도하려 경쟁한 세력들이 공통적으로 '난'의 참여세력으로서 경계하고 질서

안정을 위해 배제하려 한 하층민의 시각에서 공화의 문제를 다시 바라보는 일이다. 1910년대의 빈번한 자연재해와 위안스카이정권의 중과세로 1915년 하반기부터 16년 전반기에 여러 성에서 민중소요가 폭발했다. 민중들은 국민국가의 형성은 억압의 축적이요, 그것이 실현한 '근대성'이 사실은 허구임을 (이론적으로가 아니라) 체험에 기반해 고발한 것이다.[*] 이 흐름을 5·4운동의 주체인 신청년은 '민(民)'의 발견이란 쟁점으로 감당하고자 했고, 곧이어 5·4운동이 퇴조하면서 그들을 조직하는 데 어떻게 헌신할 것인가라는 국민혁명기의 과제로 인식하였다.

2. 제1차 세계대전의 여파와 문명의 위기

제1차 세계대전은 '장기 20세기'[**]를 연 사건으로서 지구적 규모로 상호연관(interconnection)에 대한 의식을 촉발했다. 그 결과 세계적 차원

• 바로 이 움직임은 서구에서 발원하여 전세계적으로 확산된 근대성의 중요한 일면을 꿰뚫어 보여준다. 자본주의의 확산이 '보수적이고 반동적인' 중국에도 '자유·평등·박애의 중화공화국'이 들어서게 할지도 모른다고 맑스가 19세기 중엽에 낙관한 그 근거를 따져 묻게 만든다. Karl Marx, "Review" (Jan.-Feb. 1850), in *Marx & Engels Collected Works*, Vol. 10, Moscow: Progress Publishers 1978, 267면. 여기에 이런 구절이 있다. "우리의 유럽 반동주의자들이 곧 아시아로 피해 갔다가 마침내 골수 반동과 보수주의의 보루로 들어가는 입구인 중국의 만리장성에 도달할 때, 아마도 만리장성 위에 다음과 같이 새겨진 문구를 읽게 될지 누가 알겠냐. 중화공화국/자유·평등·박애."
•• 홉스봄은 1914년부터 1991년까지를 '단기 20세기'로 보았으나(에릭 홉스봄 『극단의 시대: 20세기 역사』 상·하, 이용우 옮김, 까치 1997), 아리기는 20세기 초반부터 현재까지를 '장기 20세기' 즉 미국의 헤게모니가 유지되고 있는 자본주의 세계체계의 발전 단계의 하나인 긴 시기로 파악했다. 이 글에서는 3·1과 5·4부터 지금까지의 100년간을 하나의 '점증적·누적적 변혁 과정'으로 보는 문제의식을 갖고 있기에 아리기의 용어를 활용한다(조반니 아리기 『장기 20세기: 화폐, 권력, 그리고 우리 시대의 기원』, 백승욱 옮김, 그린비 2008).

에서 '지구적 순간'(global moment)[13]을 공유하게 했다. 신문이나 전보 같은 근대 미디어를 통해 "실시간에 가깝게 '경험'된" 세계대전은 "세계의 '세계성'을 자각하게 하고 '동시대성'의 감각을 형성하게 만든 사건"이었다.[14]

그런데 이 공유는 지역적으로 전유(appropriation)하는 중층적인 양상, 좀더 정확히 말하면 불균등하면서 상호 연동하는 복합적인 발전 양상을 수반했다. 이 점은 세계대전의 전후 처리를 위해 모인 베르사유강화회의에 임하는 한·중·일의 태도 차이에서 잘 드러난다.

당시 현상유지국인 '영미 본위의 평화주의'를 비판하며 자신을 축으로 동아시아 질서를 재편할 것을 주장하는 현상타파국 일본의 평화론,[15] 그리고 이것이 지닌 모순을 폭로하고 조선의 독립이 "동양의 평화가 중요한 일부가 되는 세계평화에 꼭 있어야 할 단계"(「독립선언서」)임을 주장한 식민지 조선이 있었다. 독자적 외교권이 없어 강화회의에 공식 대표를 파견할 수 없던 조선에서는 (3·1운동에 드러났듯이) 주로 '아래로부터의 평화'에 의존했다. 이와 달리, 반(半)식민지 중국에서는 강화회의에 공식 대표를 파견해 열강 정부 간의 협상이라는 '외교행위로서의 평화' 곧 '위로부터의 평화'에도 기대를 걸었지만 일본이 주도하는 세계질서 구상에 밀려 자신의 이익을 관철할 수 없음을 깨닫게 되면서, (5·4운동에 드러났듯이) 민간에 의한 '아래로부터의 평화'에 호소하는 또 하나의 트랙도 병행되었다.[16]

이처럼 불균등하면서 복합적인 양상이 중국에서 갖는 의미를 좀더 자세히 알아보기 위해 동아시아의 맥락에서 일본이 한 역할부터 점검해보자.

일본은 아·태 지역에서 1차대전의 최대 수혜국이 되었다. 제1차 세계대전 기간에 영국을 비롯한 유럽세력이 중국 시장에서 후퇴한 틈새를 활용해 무역흑자국으로 발전한 일본은 중국 시장을 상대로 상품과 자본 수출을 확대하며 경제지배력을 넓혔다. 일본은 중국에 적극적으로 차관을 제공하는 외교를 전개했다. 1915년 세력권을 확대하면서 위안스카이정부에 이른바 '21개조 요구'를 제출해 강압적으로 밀어붙여 중국 민중의 반발을 불러일으킨 것은 그 부산물이었다. 1차대전을 겪으면서 전력(戰力)이 아닌 경제동원력이 승패를 가르는 요인이란 판단을 내렸기 때문에 일본이 주도하는 하나의 경제권에 중국을 묶어두려는 것이 그 배후 동기였다.

위안스카이가 세상을 떠난 이후의 베이징정부에도 여전히 차관 형식으로 막대한 재정 지원을 하면서 다양한 이권을 요구했다. 1918년 1차대전의 종결이 임박한 시점에 차관을 또 제공하면서, (21개조 요구에서 제기했으나 관철시키지 못한) 산둥(山東) 지역에서의 독일 권익 승계 등의 조항을 모두 베이징정부로부터 승인받았다. 이 사실이 1919년에 알려져 5·4운동의 발단이 되었지만, 일본으로서는 패전국 독일의 이권을 전승국의 자격으로 차지한 덕에 1930년대의 전면적인 중국 침략의 기초를 닦은 셈이다.[17]

이어서 일본과 불균등한 위치에 처한 중국의 양상을 살펴보자. 1차대전 발발은 중국이 전방위적으로 세계체제에 편입되는 계기를 부여한 최초의 세계적 사건이었다.

유럽세력이 중국 시장에서 후퇴한 상황은 중국에도 자본주의가 발전할 수 있는 기회를 제공했다. 실제로 면방직과 제분을 비롯한 소비재공업이 발전을 이루어 '민족자본주의의 황금기'로 불린다. 1910~20년대 중국의 자본주의 경제는 일본 경제의 압박을 받으면서도 전반적으로 성장했다. 1912년부터 1919년 사이 8년간 민족기업뿐만 아니라 외국기업도 발전한 덕이겠지만 노동자의 수가 두배가량 증가했다. 전국의 산업노동자 수는 1차대전 후 약 200만명을 넘어선 것으로 추정된다. 이들은 규모가 아직 작았지만 상하이 같은 일부 대도시에 집중되었기에 결집된 행동을 일으키기에 유리했다. 5·4운동기에 (특히 상하이) 노동자계층이 파업을 통해 적극 참여한 것은 그 증거이다.

또한, 중국은 전쟁에 참여함으로써 외국과의 관계를 재규정하고 국가 간체계(inter-state system)에서 자신의 지위를 높일 수 있으리라 기대하였다. 그래서 세계대전에 직접 참여하기 위해 프랑스에 노동자를 파견해 인적 자원 부족에 시달리는 영국과 프랑스에 도움을 주었다. 전쟁이 종결되자 전승국의 일원으로서 중국의 정부와 민간은 그야말로 관민이 어울린 전승축하 행사(1918)를 열었다.[18] 그러나 (앞의 1장에서 보았듯이) 베르사유강화회의 과정에서 중국의 이권은 무시되었고, 격분한 중국 민중이 관련 관료 세명의 파면과 조인 거부를 요구하는 민족운동을 전개했다. 이와 관련해 중국의 외교적 실패나 빠리회의의 배신을 넘어 더 큰 맥락에서 보면 중국은 적어도 전후 평화협상에 참여해 새로운 전후 세계질서의 창출에 자신의 생각을 투여할 플랫폼을 만들 수 있었다고 그 의의를 적극 평가할 수도 있다.[19]

그러나 이것은 부강한 나라가 되려는 중국인의 욕망에 기반하여 중국이 제국주의자들의 동기와 이념을 채택해 제국주의 질서를 바꾸려 한 것, 즉 근대적응에 치중한 것으로 보인다. 물론 이와 동시에 량치차오 같은 지식인들이 전쟁기간 드러난 서구 근대성의 파괴적 가능성을 목도하고 중국에 전파한 영향이 컸던데다 빠리의 협상결과에 실망하면서 대안적 문명과 세계질서를 기대하는 움직임이 나타난 것도 분명하다.[20] 5·4기에 분출된 '아래로부터의 평화'는 그 추동력을 제공했다.

대안적 문명과 세계질서를 구상하는 데 러시아혁명도 어느정도 영향을 미쳤다. 러시아혁명이 중국에 미친 영향을 설명하는 유명한 표현이 있다. "10월혁명의 한방의 대포 소리가 맑스·레닌주의를 우리에게 보냈다." 그 결과 중국이 러시아모델을 따르게 되었다고 1949년에 마오쩌둥이 말했다.[21] 그러나 이 표현은 사실을 과장한 것이다. 실제로 중국공산당 초기 지도자인 리다자오(李大釗)처럼 러시아의 계급혁명을 일찍이 '서민의 승리'로 적극 평가한 지식인들도 있었지만 대체로는 긍정과 우려의 평가가 뒤섞인 '사회혁명'으로 인식하였다. 「까라한선언」이라고 흔히 불리는 「제1차 중국에 대한 선언」이 전해지기 직전까지 혁명 소련을 모델로 삼으려는 사람은 많지 않았다. 그러나 1919년 7월에 소련정부가 발표한 이 선언, 즉 이전 러시아정부가 중국에 대해 가졌던 제국주의의 이권을 포기한다는 내용이 반년도 더 뒤늦은 1920년 4월경 중국에 도달하면서 소련이 미국을 대신한 모델로 격상되었다. 때마침 베르사유조약에 대해 배신감을 느끼며 미국 윌슨의 민족자결주의에 대해 실망하던 당시의 중국인에게 소련의 태도는 '공전의 충격'을 가져온 것이다. 중국인들은 이전과 같은 러시아혁명의 내정 차원에 대한 호감을 넘어 세계질서관에도 긍정적으로 호응하게 되었다. 한때 기대된 '윌슨의 순간'이 '레닌의 순간'으로 대체되는 풍조가 대두했다.[22]

한마디로 1차대전이 가져온 위기와 기회의 시기에 반(半)식민지 중국에서는 '위로부터의 평화'와 '아래로부터의 평화'가 병행됨으로써 근대 적응과 극복의 이중과제를 동시에 수행할 가능성을 보여주었다. 1차대전 자체는 비극이었지만, 그 결과는 정의와 인도 중심의 '신사회 건설'로 귀결되고 있다는 인식이 세계 전체에 확산되어 '개조'가 유행어가 되다시피 했는데, 중국도 예외는 아니었다. 1차대전의 종식을 '인류의 신기원,

해방의 신기운'으로 읽은 시대적 분위기는 후스(胡適)의 반응에서도 물씬 묻어난다. 그는 당시 누구나 국내 정치와 국제 현실에 불만을 품고 뭔가 변화가 일어나기를 갈망하고 현 상황을 바꿀 기회를 갈망했기에 1차대전이 끝나자 이를 "세계 대전환의 기점으로 간주하고 또 중국 사회·정치를 밀고 나갈 기점으로 장악하고자 했다"고 증언했다.[23]

잠시 이 장을 정리해보면, 20세기 초 중국이 직면한 공화의 위기와 문명의 위기라는 위기의 이중구조는 '위기'인 동시에 '기회(生機)'를 제공했다. 신해혁명이 굴절되는 공화의 위기에 대응하면서 공화의 실질을 '국민심리 개조'를 통한 길과 '대항세력의 조직화'라는 길에서 찾았고, 1차대전이 초래한 문명의 위기에서 해방의 '신기운'과 대안적 문명의 가능성을 길어올렸다. 이 위기의 이중구조에 대응하는 방식이 5·4의 주체 및 목적과 의미에 일정한 영향을 미쳤을 것은 분명하다. 바로 다음 장에서 이에 대해 깊이 검토해볼 것이다.

• 후스만이 아닌 5·4기 다수 중국 지식인들이 '전후 담론'을 문명사적 전환과 연관시키고, 사회개조에 나서며 문명전환의 조류로서 사회주의에 관심을 가졌다. 차태근 「5·4운동 시기 문명 전환론과 사회주의」, 『중국현대문학』 53호, 2010.

3장

주체의 형성과 '신청년'

: 사회변혁적 자아

1. 일상생활의 경험세계: 정체성 위기와 사회변혁적 자아

'청년'을 특정한 사회집단이자 국가의 발전을 이끄는 주체로 적극 평가하는 것은 근대적 현상이다. 동아시아에서는 변혁에 대한 욕구가 강해지면서 그것을 담당할 새로운 주체를 세대론이란 도식에 기대어 전략적으로 호출할 사회문화적·국가적 필요가 생겨나며 각 지역에서 청년의 발견이 공통적으로 나타났다. 일본에서 가장 앞서(1880~90년대) 청년담론과 청년단체가 사회적 이슈가 되었고, 중국과 한국에서는 그보다 늦게 주목되었다. 중국에서는 1910~20년대에 청년담론과 청년단체가 활력을 얻었다. '신청년'의 탄생이 그 중심에 있었다.[1]

앞장에서 확인한 베이징정부가 직면한 정당성 위기의 국면은 두 개 수준의 경험세계에서 학생이 변혁 주체 곧 '신청년'으로 전환하는 데 영향을 미쳤다. 하나는 그들 개개인의 일상생활의 경험세계이고, 다른 하나는 정치적 결집의 경험세계이다.

먼저 군벌지배가 학생의 일상생활에 어떻게 반영되었는가 하는 미세한 영역을 살펴보자. 그들의 일상생활은 정체성 위기라는 심리세계로 특징지어진다. 정체성 형성에 영향을 미치는 학교·가족·문화·사회참여라는 요인들은 모두 정체성의 위기를 조성했고 그로부터 '사회변혁적 자아'가 형성되었다. 이는 저자가 일찍이 제기한 바 있지만 낯선 개념일지 모르니 간략하게라도 설명을 달아야겠다.•

베이징정부의 지배가 관철되려면 그 지배의 정당성이 중국인의 일상생활에서 연속적으로 재생산되어야 했다. 그랬다면 학생들은 아직 친숙했던 전통적 사대부의 경험을 이어받아 체제순응적인 지식인으로서의 역할을 쉽사리 선호했을지도 모른다. 그러나 베이징정부는 근대적 국민국가가 정당성을 확보하는 데 필요한 요건인 재정적 안정과 이념적 동의란 기준에서 실패했다.

일반적으로 근대사회에서 학생들은 자아정체성 위기를 극복할 수 있도록 정체성을 형성케 하는 요소들을 재통합할 수 있는 일종의 유예기간을 학교나 가정에서 제공받기 마련이다. 그런데 당시 중국에서는 학교가 그런 역할을 할 수 없었다. 입학동기나 입시문제로 미뤄봐 딱히 저항적인 젊은이들이 대학에 들어온 것이 아니었지만, 대학 입학 이후의 학교생활은 정규교육의 파행성 탓으로 학생들의 정체성 위기를 조장했다. 이것

• 이하의 내용에 대한 좀더 상세한 설명은 졸저 『中國現代大學文化硏究: 1920年代 大學生의 正體性 危機와 社會變革』, 一潮閣 1994, 제2부 참조. 이전 책에서는 '사회개혁적 자아'로 불렸지만 이번에는 프롤로그에서 이미 설명했듯이 '100년의 변혁'에 착안했기에 '사회변혁적 자아'로 바꾸었다.

이 극소수 특수목적으로 세워진 대학(미국유학예비학교인 칭화대학淸華大學이나 기독교계 대학들)을 제외한 대부분의 공·사립대학에서 일어난 현상임은 그들의 전형이라 할 베이징대학의 사례에서 확인할 수 있다. 학생들은 오히려 비공식적인 학생생활의 경험, 특히 잦은 학원소요 과정에서 저항문화를 형성했고,[2] 이로써 정체성 위기를 해소시킬 준거를 찾기 쉬웠다.

전통적인 가족 역시 정체성 위기를 오히려 촉진했다. 1920년대의 남녀 학생에게 대학의 입학은 전통적 가족으로부터의 공간적 이동일 뿐만 아니라 대도시 문화로의 진입이므로 심각한 격절감을 안겨주었다. 대학생활에서 수용하게 된 서구적인 결혼관과 가족제도관, 남녀공학 및 학생운동을 함께한 체험은 학생들로 하여금 전통적 결혼관과 가족제도에 비판적인 태도를 조장하기 십상이었다. 그런데 당시에 시행된 여러 종류의 여론조사를 검토해보면, 배우자관이나 가족제도에 대해 학생들은 일반적으로 절충적 태도를 취했다. 전통적 가족제도가 그 권위를 잃고 새로운 이념이 제도화되지 못한 과도기의 소산으로서 청년·학생들에게는 커다란 혼란이 있었음을 뜻한다. 이 혼란은 그들에게 전통적 가족제로부터 벗어날 급진적인 탈출로인 사회변혁에 감응되기 쉬운 여건을 조성했다.

문화 요인도 그들의 정체성 위기를 해소시키는 데 도움이 못 되었다. 당시의 학생들 사이에서 유행한 숭양(崇洋)풍조, 특히 미국문화에 대한 몰입은 미국 영화·유학생·선교사 등에 의해 조성되었지만, 근원적으로는 중국 지식청년의 자기 문화에 대한 '자대(自大)'와 '자비(自卑)'라는 모순된 이중심리의 소산이었다. 이렇게 본다면, 숭양풍조의 바탕에 있던 학생들의 심리적 긴장은 오히려 반기독교운동 같은 반제운동의 촉매로 작용해 사회변혁 지향으로 전화될 수도 있었다.

게다가 학생들이 대학 입학 이래 주위로부터 압력으로 느껴온 사회적 역할 즉 엘리트로서 기존 체제의 상층부로 상향 이동하라는 것 — 그때 용어로 승관발재(升官發財) — 도 군벌지배로 인해 만연한 실업의 위기 속에선 달성되기가 어려웠다. 그런 현실이 사회개혁가의 역할에서 출로(出路)를 찾고 싶어하는 학생들의 의사를 강화시키는 경향이 있었음은 이들의 희망 취업업종 조사의 결과가 말해준다.•

물론 청년·학생의 정체성의 위기가 정서적으로는 비애(悲哀)의 감정으로 표출되었고, 일상생활에 잠길 때에는 도덕적 타락으로 그들 자신에 의해 인식되기도 했다. 그런 분위기에서 자살도 사회문제로 떠오를 정도였다. 한편 이런 비애와 타락의 죄의식을 느끼면 느낄수록 그로부터 벗어나기 위해서는 그만큼 더 급진적인 해결책을 구체적으로 요구하기도 쉬웠다. 당시 '분투(奮鬪)'나 '각오(覺悟)'란 어휘가 유행어였다든가, 니체(F. W. Nietzsche)의 사상 가운데 초인(超人)사상이 특히 중국에서 영향을 미친 것은 그런 풍조의 반영이라 하겠다.

그런데 다른 어느 때보다 더 심했다고만은 볼 수 없는 1920년대의 민족적 위기를 실제보다 더 심각한 것으로 느끼게 하는 잇따른 민중운동 — 5·4운동, 5·30운동(1925), 3·18사건(1926) 등 — 은, 상층계층으로의 이동이 제한된 채 문학창작으로 자기실현을 추구하는 풍조에 심취한 많은 문학청년을 민족 전체에 헌신하는 사회변혁에서 정체성을 찾도록 유도하였다.[3] 민족주의의 고양은 청년 개개인의 심리 발달 과정에서 그들이 어려서부터 지녀온 공동체에 대한 책임감을 다른 무엇보다 강화했다.

• 1924년 칭화대학 학생 설문조사 결과 가장 원하는 직업의 순서에서 1위가 회사 지배인, 2위가 사회개혁가였고, 1926년 상하이 광화(光華)대학의 조사에서는 1위가 사회개혁가였다. 앞의 졸저 166면.

그러나 이것을 전통시대 엘리트인 사대부(士大夫)의 천하에 대한 사명감 ── "천하의 흥망은 필부의 책임(天下興亡 匹夫有責)"이란 유명한 문구 ── 의 재현으로 보는 것은 적절한 설명이 되지 못한다. 그 낡은 형식에 새로운 내용이 담겨 사회적 의미에서 전에 볼 수 없는 역동성을 갖게 되었다는 데 주목해야 옳다. 그것은 남자만이 아닌 여자도 포함한 개개인의 자율성과 자발성으로 일단 출발하되 민족적 위기 상황에서 민족공동체에 대한 강한 책임감에 촉발되어 새로운 사회질서를 모색하고, 그 새로운 질서의 정당성을 (최소한 원리적일지라도) '민(民)'의 동의라는 새로운 차원에서 구하는 것이었다. 그리고 그들은 자신들이 추구하는 새로운 사회질서를 실현하기 위해 정치권력에 대한 접근이 필요하더라도, 종전처럼 관(官, 또는 관직)을 매개로 하는 정객(政客)'●의 길을 걷는 것이 아니라, 개인의 도덕적 순결성을 보장하는 기준인 각자의 이념에 따라 자발적인 결사(結社)인 '소단체'를 만들고 그것을 통해 정치에 참여하려 했다. 바꿔 말하면 사회변혁을 통해 새로운 질서에 도달하려 했다는 것인데, 이처럼 '사회변혁' 지향을 자기의 내면에서 받아들여 자아정체성의 위기로부터 벗어나고자 한 인간형을 저자는 '사회변혁적 자아'로 규정하였다.

이로써 1920년대의 학생들이 개인 차원에서 왜 사회변혁운동에 참여하게 되었는지에 대한 해답의 일부로서 그들의 일상생활에서의 경험세계가 어느정도 해명되었으리라고 믿는다. 왕판썬(王汎森)도 이와 흡사한 견해를 제기해 저자의 설명을 뒷받침해준다. 신문화운동이 청년·학생들

● 베이징대학 교수인 리다자오(李大釗)의 다음과 같은 정객관은 날카롭다. "정객(政客)이란 주객관계에서 본 것으로 정주(政主)에 대칭된 뜻이다. 오늘날 중국의 정치현상에는 몇몇 정객이 도적처럼 밥벌이할 뿐 주인의 모습은 보이지 않으니, 도대체 공화국의 정주는 누구인가"라고 탄식하였다. 明明(李大釗의 필명) 「政客」,『每週評論』6號, 1919. 1. 26.

에게 해방과 동시에 번뇌와 좌절감을 가져다주어 당시 '인생'의 의미를 묻는 것이 유행하던 '큰 질문'이었고, 각종 사조가 다투어 그에 대한 해답을 제공했으나, 사회혁명의 길, 그의 표현에 따르면 '새로운 신앙' 격인 '신주의(新主義)'가 출로로서 ('주의시대主義時代'로 규정되는) 당시의 대세를 이루었다고 한다.• 여기서 1922년에 간행된 미국 선교기관의 기관지 *The Chinese Recorder*의 편집자 「머리말」의 다음과 같은 관찰은 중요한 암시를 준다.

우리 모두는 오르내리는 온도계인 중국 학생들의 마음을 지켜보는 일에 흥미를 느끼고 있다. 이들 학생의 마음은, 개괄적이긴 하나, 유물론에 의해 다소 경직된 사회주의 이론에 기울어가고 있다. 한 중국 문필가는 '많은 학생들이 즐겨 사회혁명에 관한 생각을 하기 시작했다!'고 말한다. 학생들은, 장님이 장님을 이끄는 격이나 다름없지만, 노동조직의 지도자로 두각을 나타내고 있다. 이런 경향은 또한 맑스의 인기나 러시아 투쟁에 대한 공감에서도 드러난다. 60명의 교사와 학생 들이 쏘비에뜨를 가까이서 직접 배우기 위해 최근 러시아로 떠났다. 당장의 중국 학생의 마음은 혁명적 영향의 좋은 토양이다.[4]

그러나 당시 학생들이 사회혁명을 좇을 경우 그것을 실현시킬 수 있는 정치세력으로 선택할 수 있는 대상이 1921년 7월에 갓 태어난 중국공산

• 王汎森『思想是生活的一種方式』,臺北: 聯經出版社 2017, 113~250면. 사상을 수용하는 주체를 중시하여 '생활사와 사상사의 교직(交織)'에 착안한 주목할 연구로서 앞의 졸저의 문제의식과 통한다. 그런데 저자는 여기서 한걸음 더 나아가 정치적 결집 과정에도 주목한 데서 차이가 있다.

당만이었던 것은 아니다. 당시 여러 종류의 여론조사에 드러났듯이 현실 속의 대안적 지도자로서 쑨원(孫文)이 지닌 압도적인 인기도°와 그의 이념인 삼민주의(三民主義)에 대한 관심은 결코 무시될 수 없는 것이었다.

그렇다면 청년·학생들은 심리적 동조의 차원이 아닌, 실질적 헌신의 차원에서 어느 쪽을 선택해 사회변혁을 추구하려 했는가, 그리고 그 이유는 무엇이었을까. 이 질문의 해답은 심리적 접근과는 다른 수준에서 검토되어야 할 것이다. 그래서 개인의 일상적 경험 이외에 그들의 정치적 결집의 경험이 마저 검토되어야 한다. 아래에서는 이에 대해 좀더 깊이있게 살펴보려고 한다.

2. 정치적 결집의 세계: 항일청원운동과 학생사회의 조직화

1918년 5월 20일 베이징대학에서 학생 2천명이 모여 '중일공동방적군사협정(中日共同防敵軍事協定)'에 반대하는 집회를 가졌다. 그다음 날인 21일 베이징대학 전체 학생이 집회를 열고 총통부에 가서 청원을 하기로 결정했다. 그들은 총통부가 위치한 신화먼(新華門)으로 몰려갔다. 다른 대학의 학생들도 합류했다. 거기에서 총통을 만날 열세명의 대표를 뽑았다. 오후 1시쯤 접견이 끝나고 대표들이 나와 결과를 보고하자, 찌는 더위에도 질서를 흐트러뜨리지 않고 기다리던 학생들은 총통을 만나 국사를 논의했다는 데 고무되어 환호하며 각기 학교로 돌아갔다.[5] 이 청원사건이 발생한 이후 전국 각지에서 유사한 일이 확산되었다.

• 1920년대에 조사한 학생들이 존경하는 인물 1위는 쑨원, 2위는 예수, 3위는 공자였다. 앞의 졸저 200면.

이 항일청원운동이 즉각적인 성과를 가져오지는 않았다. 본래 발단이 된 일본과의 '군사협정' ─ 러시아의 영향을 막기 위해 중·일 양국이 공동 방어하며 일본군이 중국 영내에서 자유롭게 행동하고 군사기지를 설치하는 것을 골자로 하는 협정 ─ 이 정식 승인되는 것(5월 30일)을 막지 못한 것이다. 오히려 베이징정부는 학생들의 정치참여를 막는 데 열중했다. 그러나 이 운동은 학생들의 조직화와 의식화를 촉진하는 데 크게 기여했다. 그것은 이 운동의 표면적인 양상의 뒤에서 (자연발생적으로 보일지 모를) 사태를 주도한 인물들의 동향을 추적해볼 때 확연히 드러난다.

그들이 어떻게 서로 연결되었는지에 주목해보자. 여기서 상세히 설명할 수 없으나 학연과 지연으로 이어지는 자연스러운 연결망이 작동했다. 이것은 학생들이 이후 좀더 조직적으로 활동하는 촉매가 되었다.[6]

베이징대학의 일부 학생들은 조직의 필요성을 느끼고 구국을 위한 학생회를 세우고자 했다. 그들은 '학생구국회'를 설립하였고, 곧이어 이 조직을 확대해 베이징대학뿐만 아니라 베이징의 여러 학교를 포용하는 '베이징중등이상학교학생연합회'를 설립하기에 이르렀다. 그리고 여름방학을 이용해 베이징대학의 쉬더헝(許德珩) 등을 전국 주요 도시에 파견해 조직의 규모를 확대하고자 했다. 그들은 톈진(天津), 지난(濟南), 우한(武漢), 주장(九江), 난징(南京), 후난(湖南), 상하이(上海)를 거쳐 9월에 베이징으로 돌아왔다. 그들은 곳곳에서 (나중에 현지 각종 소단체의 주도적 인물이 될) 학생들과 진취적 지식인들을 만나 학생구국회 가입을 권유하고 모금을 했다.[7]

이같은 사태의 진전에 대해 베이징정부가 교육 범위를 넘어선 행동으로 간주하여 탄압 조치를 취하라는 공문을 발송했고, 주요 언론기관도 "학생의 본질을 넘는" 행동이라거나, "학업을 이룬 다음에 나라에 보답해

도 늦지 않는다"는 논지에서 학생들을 비판했다.[8]

그러나 베이징대학의 일부 학생들은 이런 견제에 아랑곳 않고 새로운 조직을 제각기 만들었다. 여름에 전국을 돌고 온 쉬더헝 등은 『국민(國民)』이란 잡지를 창간할 준비를 하고 그것을 운영하기 위해 국민잡지사(國民雜誌社)란 소단체를 만들었다(1918년 10월 20일 성립). 여기에서 눈에 띄는 것은 단체의 명칭인 '국민'이란 어휘에서 느껴지듯이 민족문제에 대한 깊은 관심에서 출발한 모임이란 점이다. 그리고 회원자격이 당연하다면 당연하지만 '학계'의 청년 곧 학생에 한정되었다는 점이다.

이와 여러모로 차이가 나는 모임이 같은 베이징대학 학생이 주도한 신조사(新潮社)란 동아리이다(1918년 11월 19일 발족). 이 동아리가 펴낸 『신조』는 대체적으로 그들이 모델로 삼은 신문화운동의 대명사 격인 『신청년(新靑年)』의 논조와 유사한 것으로 흔히 베이징대학 학생판 『신청년』으로 불렸다. 백화체로 잡지를 꾸렸기에, 『국민』이 문어체를 쓴 것과 대비된다. 학생들의 손에 의해 백화체로 쓰인 문장을 실은 이 잡지는 당시 청년·학생들의 선풍적인 인기를 모아 남부 중국에까지 유통되었고, 그 제호를 딴 잡지가 잇따를 지경이었다.●

하나는 애국운동, 다른 하나는 신문화운동을 위한 모임이란 점에서 이 두 모임이 언뜻 보면 설립취지와 운영에서 많이 다른 것 같지만 자세히 들여다보면 유사점이 눈에 띈다. 모두 개인적인 인간관계 ── 지연, 기숙사 동료, 같은 학과 등 ──를 기반으로 했고, 그들 중 구성원이 바뀌어도 소수(대개는 발기인)가 모임을 유지해갔으며, 특히 잡지라는 정기간행물을 발

● 顧頡剛 「回忆新潮社」, 张允侯·殷叔彝·洪清祥·王云开 编 『五四时期的社团(二)』, 北京: 三联书店 1979, 125면. '浙江新潮社'가 1919년 10월에 『浙江新潮』를 발간할 정도로 '신조'란 단어는 학생사회에서 신문화운동의 일종의 상표가 되었던 셈이다.

간해 기존 질서에 반발하는 자신의 이념을 전파하는 일을 통해 그들의 새로운 조직의 동질성을 지켜나갔다는 것이다. 조직원리는 지연처럼 이미 존재했거나 기숙사 캠퍼스 생활에서 형성된 개인적 연결망을 매개로 하되 '새로운 윤리(문화)'를 공유하는 '신청년'의 공동체를 만드는 것이었다.

이러한 조직원리를 갖는 소단체가 베이징에만 나타났던 것은 아니다. 하나의 예만 들면, 후난성의 창사(長沙)에서는 후난성립제일사범학교 학생들이 주도한 신민학회(新民學會)가 1918년 4월 조직되었다. 그 모임을 주도한 사람이 다름 아닌 마오쩌둥(毛澤東)이다.

1919년의 5·4사건이 일어나기 전에 조직된 학생들의 소단체의 조직상의 특징 또는 조직원리의 미세한 분위기는 우창(武昌)에서 일찍이 호조사(互助社)란 모임을 주도한 바 있는 윈다이잉(惲代英)의 회고에서 생생히 드러난다. 5·4 이전 문화적으로 침체한 우창에서 신문화운동에 동참하려던 그는 현지의 기독청년회(YMCA)의 조직원리에 깊은 인상을 받고 그 조직원리를 활용한 청년회를 조직하고자 했다. 처음에는 많은 사람을 조직하는 모임을 만들다 좌절했는데, 친구가 소규모 조직 모임부터 착수하라고 한 조언에서 깨달음을 얻었다. 그 결과가 바로 1917년 10월에 성립된 호조사이다.[9]

이상과 같은 학생동아리 형성 과정을 보면, 전통적 가치관이나 생활습관과 신문화운동의 영향 사이에서 번민하고 민족적 위기에 대해 인식하면서 정체성의 위기를 겪던 청년기의 개개인이 자신의 고민을 털어놓고 의논할 곳이 마땅치 않자, 자기 또래에 눈을 돌려 개인적인 연결망을 매개로 소규모이긴 하나 공동체를 만들어 그것을 통해 정체성의 위기를 해소하면서 새로운 자아를 형성하려고 했음이 확인된다. 그리고 이것은 청년 개개인이 정치에 대한 불신과 개성에 대한 자각에서 출발해 자발적으로 결합한 단체를 통해 윤리혁명(또는 문화혁명)을 추구했다는 점에서 전통시대 문인(사대부)의 '사(社)'[10]와는 구별되는 청년·학생들의 정말로 새로운 문화운동이었다.

이 시기의 이들 조직은 윈다이잉이 지적했듯이, 단지 너무 소규모의 단체에 의존했기에 사소한 일거리에 매달렸을지 모르나, 5·4사건이란 집단행동을 겪으면서 새로운 변화를 모색하게 된다.

3. 5·4사건의 여파: 전국적 청년조직, 생활공동체운동, 평민의 발견

5·4사건의 과정은 이미 앞의 1장에서 다뤘으므로, 이 절에서는 학생들이 일상생활에서 조직생활과 관련해 무엇을 경험하면서 소단체에서 대규모 단체로 관심을 옮겨갔는지에 중점을 두려고 한다.

학생시위가 베이징에서 중국 전역으로 번지면서 전국에서 학생들은 저항의 수단으로 집단시위와 수업거부(罷課)를 활용했다. 그런데 시위는 단속적이지만 수업거부는 지속적인 것이어서 학생들의 생활에 큰 영향을 미쳤다. 수업거부가 진행되면서 일부 학생들은 부모의 강권에 따라 귀가하기도 했지만 적어도 대중적인 열기가 드높았던 때는 대부분 처음 겪는 일이었음에도 이에 열심히 참여했을 것이다. 그들은 이것이 단순히 수업을 거부하고 노는 것으로 보이지 않게 하려고 독자적인 프로그램을 만들어 활동하였다. 조를 짠 민중강연단은 거리에서 민중에게 선전활동을 벌이고 의용대는 수업거부로 나태해지지 않도록 학생들을 독려하였다.•

• 상하이학생연합회(上海學生聯合會)에서 활동한 청톈팡(程天放)에 의하면, 각 학교는 소수의 학생이라도 수업거부를 핑계로 영화를 보러 가거나 음식점에 나가지 못하도록 규찰

그러는 한편으로 학교에서 머물 때는 토론을 벌였다. 이런 과정을 거치며 학생들은 자연스럽게 "단순한 애국운동과 일본상품을 배척하는 일 이외에 본래 일종의 이치가 있었음을 깨닫게 되었다." 여기서 말하는 '일종의 이치'란 새로운 사조, 즉 신문화운동이 주창한 이념으로서 이것을 의식하게 되었다는 것이다. 이 경과는 난양공학(南洋工學) 학생으로서 5·4사건을 겪고 각성되어 개별 학교 단위를 넘어선 전국적 청년단체인 소년중국학회(少年中國學會)에도 가입하고 청년운동가로 변신하게 되는 허우샤오추(侯紹裘)의 다음과 같은 증언이 또렷하게 보여준다. 좀 길지만 인용해보자.

대개 이런 애국운동은 모두 정부 관리나 학교 당국이 좋아하지 않는 바라 제지하려 들지 않을 리 없었고, 그 결과 곧 반발을 야기했다. 이래서 애국운동은 점차 정부 관리와 학교 당국에 대한 반항운동으로 변했다. 또 정부 관리가 항상 법률 등을 들먹이며 위협하고 학교 당국은 항상 학풍·교칙 등등을 내세워 억압의 도구로 삼으므로 모든 사람들은 법률·교칙 등의 유에 대해 일종의 회의와 반항심리가 생겼다. 이런 회의적 태도와 반항심리의 확산은 다시 낡은 제도와 예교(禮敎) 등등을 모두 회의하고 이에 반항하도록 이끌었다. 이것이 대체적으로 애국운동이 신문화운동으로 변하는 과정이다. 다시 나 자신이 수업거부 기간 중 강연한 논조를 증거로 들면 이해가 빠를 것이다. 처음에는 그저 '일본상품 배척' '망국의 비참함' 등등의 제목으로 얘기했으나 나중에는 정부에 반항하는 논조로 바뀌었고, 다시 암살을 제창하고 폭동을 고취하며 마침내 법률과 자본가계급 등등에 반대

대를 조직해 교문을 지켰다. 그래서 각 학교 내부는 질서가 정연하고 엄숙하였다. 程天放 『程天放早年回憶錄』, 臺北: 傳記文學出版社 1968, 35면.

하는 논조로 바뀌었다. 단, 이것은 내 개인의 경험과 견해에 불과하니 일반적으로 그랬는지 안 그랬는지는 나로서는 감히 단정할 수 없다.[11] (강조는 원문)

그는 조심스럽게 자기 개인의 경험이라 한정해서 설명하지만 1919년 5, 6월의 열기에 휘말린 사람은 대개 이런 분위기에 공감했을 것이다. 문제는 그 열기가 식은 이후에도 이것이 지속되었는가이다. 당시 '5분간(五分鐘)의 열기'라고 이미 비판되었듯이, 대개는 이전의 일상적인 학생생활로 돌아갔을 것이다. 바로 여름방학이 시작되었으니까.

그러나 일부는 계속 이런 생각을 유지하고자 했다. 그들은 그것을 지키기 위해서는 혼자 힘으로는 어렵고 같은 생각을 하는 사람끼리 어울릴 필요를 느꼈다. 여기에서 5·4사건 이전부터 존재해온 소단체의 역할이 주목된다.

5·4사건이 사실상 끝난 6월 이후 그것이 중국 학생사회에 미친 여파도 바로 이 소단체를 매개로 번져갔다. 즉 각 소단체가 이 사건을 겪고 변화를 모색한 것이 바로 새로운 조류를 낳은 것이다.* 그것은 개인의 문화적 수용을 통한 사회개조라는 윤리혁명에서 ('정치'가 아닌) 사회혁명으로 관련 학생들의 관심이 전환되기 시작했음을 의미한다.

무엇보다 이 사건은 기왕에 존재하던 소단체에 변화를 초래했다. 국민잡지사는 그 매체가 문어체를 쓰던 데서 벗어나 백화체를 주로 쓰게 되었고, 신조사의 경우 단순한 독서회에서 학회로의 발돋움을 추구하였으며,

---

* 물론 이렇게 말하면, 5·4사건이 미친 광범위한 영향을 단순하게 말하는 위험은 있다. 학생 개개인의 심리나 일상생활(풍속)에 작용한 영향은 앞의 졸저 제2부에서 깊이있게 분석되었다.

회원 개개인은 종전과 달리 민족현실 문제에 대한 직접적인 관심과 참여를 확대했다. 말하자면 신문화운동과 민족운동이 결합하여 넓은 의미의 5·4운동으로 발전할 가능성이 열린 것이다. (이 시기구분 문제는 뒤의 5장에서 깊이 다룰 것이다.)

좀더 흥미롭게 주목할 변화는, 베이징의 동아리를 모방한 조직이 전국적으로 확대되면서 양적으로 급증해 정기간행물이 홍수를 이룬 풍조이다. 과감하게 '널리 읽고 공부하여(雜覽·雜學)' 현실 쟁점에 집중하는 비평문(또는 논설)을 잡지에 싣는 일이 열기를 띠었다.[12] 이와 동시에 이러한 소규모의 개인적이고 지역분산적인 조직을 배경으로 전국적인 규모로 학생을 규합한 조직이 새로이 나타났다는 것이다.

1910년대 후반부터 나타난 새로운 학생조직의 기초인 소단체(소조직)는 1920년대에 지향은 변한 채 지속적으로 존재했다. 그러나 여기서는 그보다는 전국조직에 중점을 두고자 한다.

전국적인 규모의 본격적인 운동조직으로서 학생회가 성립된 것은 5·4사건을 겪고 나서이다. 베이징대학 학생들이 주도한 베이징학생연합회의 대표들은, 5·4사건의 열풍이 지나고 여름방학을 맞이하자 '감정'의 차원이 아니라 '이성'과 결합해 운동을 지속시키고자 했다. 저자 식으로 표현하면, 정동의 변형력을 긍정적으로 작동시키기 위해 '정동마저 통합하는 사유'에 따른 운동을 추구한 셈이다. 그래서 학생 개개인으로 하여금 저마다의 출신지(本省과 本鄉)에 돌아가 강연단과 일본상품 검사단을 조직하고 각지의 학생연합회를 설립하도록 촉구했다. 그리고 그 대표들은 전국을 순회하며 연설해 민족의식을 고취하고 조직을 다져나갔다. 그 결과 6월 상하이에 본부를 둔 전국학생조직이 구성되었다. 역시 여기서도 베이징대학 학생들이 주도적이었다.[13] 그 과정을 잠시 추적해보자.

1919년 5·4사건 이전에는 각 학교에 학생자치기구로서의 학생회는 존재하지 않았고, 학교의 행정을 돕는 학생대표로서 각 반(班)에 반장이 있었을 뿐이다.* 그러다가 5·4사건 와중에 학생들의 의사를 집약하여 베이징정부에 대응하기 위한 기구로 학생회가 각 지역별로 조직되었다. 각 학교의 간사들이나 그 간사들로 구성된 현(縣) 또는 특별구(特別區) 수준의 학생연합회의 평의회도 설립되었는데, 학생들의 직접선거를 통하기보다는 관심있는 학생들이 천거되는 간접선거 방식에 의해 평의회가 구성되었다.** 그리고 5·4사건이 마무리지어질 무렵이었던 1919년 6월에 전국적인 연결의 필요로 인해 각 지역별 학생대표로 구성되는 전국적인 수준의 기구로 전국학생연합회가 상하이에 설립되었다.

5월 말부터 베이징대학 학생인 쉬더헝 등의 주도적인 준비 과정 끝에, 1919년 6월 16일 상하이의 다둥호텔(大東旅社)에서 20여 성의 대표 60여 명과 각계 내빈이 참석하여 중화민국학생연합회(中華民國學生聯合會, 약칭 全學聯)를 창립하였다.[14] 그 '장정(章程)'에 표현된 취지를 보면, 전학련은 권력정치에 휘말려들지 않고 권력의 집중화(특권화)를 꺼렸으며 다소

• 예컨대 1918년의 전승국축하집회(戰勝國祝賀集會)에 베이징대학 학생들이 참여할 때 각 반의 반장이 통솔하는 역할을 맡았다. 그런데 그들 반장은 그 직책을 출세를 위한 발판으로 간주하는 경향이 강했고, 민주적인 학생들의 대의기구와는 거리가 멀었던 것 같다. 그래서 반장이 되려고 운동하는 절차를 일컬어, '구락부(俱樂部)식·정당식'이라고 비난하는 여론도 있었다. 베이징대학 안에서 이 반장제도를 폐지하고 평의부를 통해 학생회를 구성하려는 움직임이 나타난 것은 1920년 1월이었다고 한다. 趙世炎「学校的班长制度」, 『趙世炎选集』, 成都: 四川人民出版社 1984, 20, 24면.

•• 이것을 '運動選舉的方式'이라 부른 학생도 있다. 侯紹裘「我的參與學生運動的回顧」, 『學生雜誌』第10卷 第1號, 1923, 2면. 베이징학생연합회의 조직은 中国社会科学院 近代史研究所 近代史资料编辑组 編 『五四爱国运动(上)』, 北京: 中国社会科学出版社 1979, 176, 177, 464면, 상하이학생연합회의 조직은 「"五四"期间上海学生联合会文件选辑」, 『档案与历史』1985年 第2期 참조.

추상적이긴 하지만 사회를 개혁하여 (국민)국가를 지키고자 했다는 점에서 앞에서 본 소단체인 동아리와 공통성이 있다. 그런데 이들이 사회개혁을 위해 발언할 학생의 전국적인 대의기구를 만든 결과 자체는, 낡은 정치가들에 기대할 바가 없음을 비로소 안 학생들이 스스로 일어나 조직한 것으로서, 노동계와 상업계의 조직화를 촉진하였다고 평가될 정도로 기대를 모았다.*

또다른 전국조직인 '소년중국학회'는 1918년 6월 30일 여섯명의 청년·학생이 베이징에서 모여 발기한 데서 발단이 되었다. 그 여섯명의 청년 중 중심인물은 쓰촨(四川)성 출신의 왕광치(王光祈)였다. 그는 쓰촨이란 지연 그리고 일본 유학이란 학연을 동원했다. 학연에 힘입어 신망이 높은 선배 격인 리다자오(李大釗)까지 합세시켜 발기인 명의는 일곱명으로 하였다.[15]

이같은 설립과정은 기왕의 다른 동아리와 마찬가지로 개인적인 연결망을 매개로 한 소규모의 모임으로 출발했다. 그러나 '소년중국'이란 구체적인 대안적 사회를 모색했고 그것을 중심으로 모임을 만들었다는 점은 독특하다. 또한 1년 후인 1919년 7월 1일 정식으로 성립대회를 열 때는 회원의 지역적 분포도 전국적으로 훨씬 넓혀져 분회가 세워질 정도였고, 그것을 관리하기 위해 기관지『소년중국(少年中國)』을 매달 발행하였다.**

---

* 전학련 창립 당일 각계 내빈들의 연설. 전자는 내빈의 한 사람인 장멍린(蔣夢麟) 교수가, 후자는 노동계와 언론계 대표가 지적하였다.『五四爱国运动(上)』473~74면.
** 청두분회(成都分會)가 1919년 6월 15일, 난징분회(南京分會)가 1919년 11월 1일 성립했다. '회무보고(會務報告)'는 제1기가 1919년 3월 1일 발간된 이후 정식 기관지인『少年中國』창간호가 나온 1919년 7월까지 4번 간행되었다. 张允侯·殷叔彝·洪清祥·王云开 編『五四時期的社団(一)』, 北京: 三联书店 1979, 231~32면; 郭正昭·林瑞明『王光祈的一生與少年中國學會』, 臺北: 環宇出版社 1974, 277~82면 참조. 여기에 '회무보고'의 목차가 실려 있다.

소년중국학회는 그 '규약'에 의하면 목적이 과학적 정신에 입각해 사회활동을 벌여 '소년중국'(Young China)을 창조하는 데 있었다.* 이것은 5·4사건을 겪고 신문화운동과 민족운동이 합류하는 가운데 사회변혁을 추구하려는 새로운 풍조를 반영한 것이다. 엄격한 신입회원의 표준도 제시했는데,[16] 이 기준에 의해 구성된 회원은 발기 당초의 지연과 학연을 넘어서, 전국적인 범위에 걸쳐 112명에 달했다. 그중에는 1919년 당시 두각을 나타낸 청년·학생운동가들을 상당히 많이 포용하고 있었다. 이렇듯 전국적인 규모로 청년운동가를 망라함으로써 소년중국학회는 커다란 영향력을 갖게 되었다.

그들이 간행한 언론매체가 '소년중국'의 이념을 구체화하는 기회를 제공하고 또 그것을 선전하는 데 중요한 역할을 한 것은 분명하다. 그러나 이보다 더 직접적으로 사회적 반향을 불러일으킨 것은 그들이 주창한 새로운 생활공동체 형성 운동, 즉 공부와 노동을 함께 하는 일종의 협동체 운동인 공독호조운동(工讀互助運動)이었다. 그들은 '소년중국'의 이념을 현실에서 실현하기 위해서는 낡은 정치, 낡은 사회와 단절해야 한다는 것에 기본적으로 합의하였고, 그것을 대신할 새로운 사회를 건설하기 위한 방편으로 자신들이 이미 경험한 소조직을 출발점으로 삼고 논의를 전개하였다.[17]

이것이 사실 그들만의 독창적인 주장은 아니었다. 당시 '일과 학업의 병행(工讀)'과 '노동'을 중시하는 것은 신문화운동 진영에서 중국 사회문

• 발기 당시에는 소년 정신을 진작하고 진정한 학술을 연구하며 사회사업을 발전시켜 말세 풍조를 변혁하는 것을 목적으로 했는데, 이것을 1919년 7월 1일 성립대회에서 수정했다. 그리고 그 목적을 영문으로도 옮겨 경과와 함께 회원들에게 통고하였다. 「关于修改学会宗旨的通告」, 『社团(一)』 224면.

제 해결의 지름길로 널리 수용되었다. 그 사상 배경은 아나키즘(그중에도 끄로뽀뜨낀의 상호부조)뿐만 아니라 노동주의, 신촌주의(新村主義), 인도주의, 길드주의 및 세계대동, '노동신성' 등의 사조가 뒤섞인 시대적 분위기였다.[18] 그래서 인간의 본성에 내재되어 있는 노동과 호조(互助)를 통한 도덕적 변혁이야말로 진정한 중국의 구원의 길로 지식인 사이에서 인식되고 있었다.

이처럼 5·4사건을 겪은 뒤 학생들 사이에 낡은 정치, 낡은 사회와 단절하고 그것을 대신할 새로운 사회를 건설하려는 급진적인 분위기가 팽배한 데 대해 신문화운동을 주도해온 베이징대 교수 후스(胡適)는 우려를 금치 못했다. 그는 「문제는 많이 논의하고 주의(主義)는 적게 논할 것」이란 논설을 발표했다. 중국사회가 당면하고 있는 구체적이고 개별적인 문제를 연구하고 해결해감으로써 실질적인 개선과 진보를 이룩하려는 사람은 적고, '주의'를 논하면서 '근본적인 해결'의 길이라고 자랑하는 사람이 많은 것은 사상적 나태의 탓인데, 이것은 "중국 사상계의 파산을 나타내는 징표이고 중국사회의 개선 가능성에 대한 사형선고와 같다"고 선언하였다. 이에 대해, 후스와 더불어 신문화운동을 이끌어온 리다자오는 '주의'란 것이 후스가 비판하듯 '공담(空談)'에 빠지지만 않는다면, 구체적이고 개별적인 문제를 총체적으로 이해할 수 있게 하는 동시에 근본적인 문제 해결의 방향과 수단을 제시해줄 수 있다고 반박하였다. 리다자오의 반박을 후스가 두차례 더 재반박하고 나섬으로써 이른바 '문제'와 '주의'의 논쟁으로 주목을 받게 되었다.[19]

이것은 흔히 점진적 개혁론과 급진적 혁명론의 길로 분화하기 시작한 지식인사회의 동향을 반영한 것으로 해석된다.[20] 그러나 논쟁의 축은 문화와 정치의 분리 여부였던 것으로 보이고, 논쟁이 벌어진 1919년 하반기에는 아직 학생사회에까지 그같은 차이가 심각하게 확산된 것 같지 않다. 유교적 전통사유의 틀 속에 있으면서 민족적 위기 상황에 대응하던 학생들에게는 '부분적 해결(零細解決)'론이 아닌 '총체적 해결(總體解決)'론이 압도하고 있었다[21]고 생각되기 때문이다. 학생사회에서 분화가 두드러진 것은 (곧 상세히 살펴보게 될) 생활공동체운동이 좌초한 1920년 중반이 아닌가 싶다.

소년중국학회의 주도적 인물인 왕광치는 기본적으로 '총체적 해결'을 목표로 삼으면서도 그와 관련된 문제를 하나씩 해결하기 위한(즉 '총해결 중의 영세해결') 방편을 중시하고,[22] 1919년 12월 4일자 『신보(晨報)』에 「도시에서의 신생활」이란 글을 발표해 도시에서의 생활공동체운동으로서 공독호조운동(工讀互助運動)을 제안했다.• 그들은 모금한 돈으로 베이징대학을 비롯한 대학 캠퍼스 근처에 집을 구해 공동 생활을 하면서 자신들의 식사·청소·세탁은 물론이고 사업으로 인쇄·식당·세탁소 그리고 서적의 판매와 제본, 먹물 제조 등 아홉가지의 작업을 했다.[23]

이 운동은 소년중국학회의 조직을 매개로 베이징뿐만 아니라 주요 도시로 번졌다. 생활공동체운동은 5·4사건 이전의 소규모 문화운동조직이 5·4사건을 경험하고 변화되면서 새로운 사회질서를 모색한 뚜렷한 사례였다. 그리고 그것이 소년중국학회란 비교적 전국적인 규모의 기구가 조직적으로 추진함으로써 효과적으로 확산되었다고 볼 수 있다. 그 빠른 확산의 속도가 말해주듯이 이 운동은 개인적으로 전통사회(특히 가족제도)로부터 벗어나고자 하나 그 대안이 주어지지 않아 방황하던 청년에게 일

• 邓野「五四时期的工读互助主义及其实践」, 『文史哲』 1982年 第6期 22면에 비슷한 주장이 있다. '호조'는 사상적 기초를, '공독'은 구체적 형식을, '신촌'은 실천근거를 각각 제공했고 이들을 승화시킨 것이 바로 '공독호조주의'였다고 한다.

상생활 속의 해결책으로 받아들여졌다는 사회적인 의미를 가졌다. 전통적인 가족에서 도피한 청년들이 이 생활공동체에 몸을 의탁할 수 있었다는 사실은 그 현실적 가치를 웅변해준다.

베이징에서 발기된 여자공독호조단의 아래와 같은 선언은 이를 생생하게 증언한다.

> 암흑 가정에서 학대받는 여자, 결혼으로 인하여 압박받는 여자, 생활이 곤란한 여자 들을 모두 받아들여 함께 우리의 조직에서 생활하며 또한 우리가 공동으로 구가정·구사회에 총공격을 개시함으로써 우리 단체는 구가정에 저항하는 근거지를 이룰 것이다.[24] (강조는 인용자)

이것은 윈다이잉의 말 그대로 그들의 '꿈'이었지만,[25] 정체성의 위기에 시달리던 당시 남녀 젊은이들에게 자발적 결합에 의한 노동과 협동(互助)의 공동체 속에서 자아를 실현한다는 것은 꿈이라 해서 결코 과소평가될 수 없는, 너무나 현실적인 거대한 매력이었다.●

생활공동체운동과 더불어 학생들이 새로운 사회질서를 모색하는 데 계기를 마련해준 것은 '평민'의 발견이다.

일찍이 신해혁명(辛亥革命) 직전부터 아나키스트들의 논설에 나타나기 시작한 '평민'이란 어휘●●가 러시아혁명의 영향 그리고 빠리강화회의

● 이와 관련해 딜릭이 "'호조'와 '노동주의'는 유토피아적 가치로서가 아니라 사회결합의 기본 가치로 작용하였다"고 본 것은 적절하다. Arif Dirlik, "Ideology and Organization in the May Fourth Movement: Some Problems in the Intellectual Historiography of the May Fourth Period," *Republican China* Vol. XII, No. 1, 1986, 12면.

●● 잘 알려져 있듯이 신해혁명 직전 중국의 아나키스트들은 두 갈래로 형성되어 있었다. 토오꾜오그룹과 빠리그룹이 그것인데, 전자는 일본의 저명한 무정부주의자 코오또꾸 슈우스

에 대한 기대의 좌절과 서구문명의 몰락에 대한 인식을 매개로 해서 신문 화운동의 중요한 요소로 중국 지식인의 논의에서 확산되었다. 리다자오 와 차이위안페이(蔡元培) 같은 지도급 지식인들로부터 번져간 '평민'에 대한 관심에서(그 규정은 각자에 따라 조금씩 달랐지만) 공통적으로 감 촉되는 것은, 청말 자강운동의 이론적 근거였던 사회적 진화론에서 벗어 나 상호부조론적 아나키즘의 틀 안에서 강권(強權)에 맞서 공리(公理)를 옹호할 논리적 근거로서 '평민'을 발견한 점이다. 특히 육체노동자(勞力 者)와 정신노동자(勞心者)를 동일시하여 넓은 의미의 노동자('勞工')로 서 포괄하되 단지 분업하는('分工力行') 구별이 있다고 파악함으로써 종 래 지식인의 논의에서 배제되어온 일반인도 포용할 수 있는 근거를 마련 했다. 그러나 이것은 강권, 즉 유한기생 관료계급인 지배층에 대한 비판 에 무게가 실린 것인 동시에 그 비판의 정당성을 평등하게 일하는 다수의 '평민'에게서 찾으면서 그 지배층을 충원해온 지식층 자신의 윤리적 갱 신(그야말로 신문화운동)을 촉구하는 데 중점이 두어졌던 것이다.

특히 베이징대학 학생들이 1919년 5월부터 본격 활동한 평민교육강연 단(3월 발기) 활동은 신문화운동의 일환으로, 그 새로운 가치를 일반인 즉 평민에게 직접 전달하는 새로운 길을 모색했다는 점에서 심대한 의미가 있다. 비록 짧은 기간이었지만 거리에서 민중들을 상대로 강연을 해본 경 험은 학생들이 5·4사건이 발생했을 때 선전활동을 벌이는 데 큰 도움이 되었고, 또 거리에서 민중과 만나 같이 5·4사건을 겪은 집단적인 경험은

이(幸德秋水)의 영향 아래, 후자는 끄로뽀뜨낀의 사상을 수용하여 '평민'을 논의의 출발 로 삼았다. 전자보다 좀더 명확히 '평민'을 논의에 끌어들인 후자의 대표 격 지식인 리스청 (李石曾)은 강권(強權)에 반대하는 존재로서의 평민에 대한 지향과 호조론에 입각한 '分 工力行'을 통해 무정부사회를 실현하고자 했다. 玉川信明『中國の黑い旗』, 東京: 晶文社 1981, 제1부 참조.

학생들로 하여금 새로운 사회를 형성하는 데 있어 민중을 적어도 무시할
수는 없음을 깨닫게 했다.

이제 학생들은 민중의·이해관계를 축으로 정치권력의 정당성을 새롭
게 해석하기 시작했음을 분명히 알 수 있다. 5·4사건이 한창일 때 천두슈
(陳獨秀)가 주장했듯이, 중국 국민이 바라는 것은 한 사람 또는 소수의 전
제정치가 아니므로 다수의 평민 ── 정당이 아니라 학계·상회·농민단체·
노동단체 ── 스스로가 정부를 정복하지 않으면 안 되며 평민의 힘이 '민
주정치의 정신'으로 발휘되어야 한다[26]는 그 관념이 공유되기 시작한 것
이다. 바꿔 말하면 '평민'적 지향이 'democracy'의 번역어와 중첩될 정도
로 '주의의 시대'에 '평민주의'로 응축되어 널리 자리잡았던 것이다.*

이같은 '평민'에 대한 논의의 진전은, 5·4기 이전 신문화운동 초기에
그것의 발견이 지식인의 윤리적 각성을 위한 동력에 그친 것과 달리, 그
들로 하여금 좁은 의미의 정치 ── 승관발재(升官發財)의 대상인 그 관
(官, 官界) ── 에서 벗어나 윤리적 순결성을 기반으로 새롭게 재해석된 정
치의 영역에서 지식인으로서의 공적인 사명감을 충족시킬 수 있는 계기
를 만들어주었다. 이에 대한 상세한 논의는 다음 장에서 이어진다.

---

* '평민주의'가 영어 'democracy'의 번역어로 쓰이기도 했다 해서 꼭 특정한 이념으로 굳어
진 것은 아니고, 1920년대 초 유행했던 여러 사조와의 결합에 따라 변주는 가능했지만 주
조음은 같았다. 이에 대한 좀더 상세한 논의는 朱志敏「论五四时期的平民主义思潮」,
『近代史研究』1989年 第2期 44~48면 참조.

4장

5·4운동의 퇴조 또는 전환

: 직업혁명가

1. 공동체운동의 좌절과 직업혁명가의 출현

5·4운동의 위기와 그에 대한 해결의 필요가 국민혁명(國民革命)으로의 전환을 가져왔다. 그 분기는 1923년이라고 볼 수 있다.

그해는 베이징정부의 장악을 둘러싸고 군벌 간의 충돌이 잦아지면서 군벌체제의 구조적 위기가 다발적으로 표출됨과 동시에 그에 대한 대항세력의 결집이 진행된 국면 전환이 소용돌이친 시점이었다. 6월 총통이 축출되는 베이징정변과 10월 새 총통을 위한 부패선거는 베이징 군벌체제의 정당성 붕괴를 절감하게 만들었다. 이에 대응해 상하이 상업계를 비롯한 각계가 국민회의(國民會議) 소집을 요구했고, 국민당과 공산당이 합작을 위한 물밑 접촉을 진전시키며 각각 내부의 조직 개편을 준비할 정도로 대안세력이 성숙했다.

이 국면이 5·4시대의 퇴조를 보여주는 객관적인 정황이다. 그런데 저자는 5·4운동 후반기를 퇴조의 시기라기보다 (반제·반군벌) 국민혁명으로의 전화·발전의 계기로 본다. 즉 5·4운동의 성과가 공화제를 제대로 작동시킬 수 있는 내실 곧 주체의 형성이라면, 지식청년에서 노동자·농민으로 그 주체가 확장된 민중이 정치적 과정에서 혁명정당과 연대하여 조직된 세력으로 성장한 것이 국민혁명이었다. 그래서 이 장에서는 청년·학생들이 5·4의 한계를 돌아보고 혁명과 사상의 관계를 재구성하는 과정에 대한 미시분석을 통해 국민혁명으로 전환하는 내재적 연원을 규명하고자 한다.

5·4사건의 여파로 부각된 새로운 사회질서의 모색은 처음의 기대와는 달리 1920년 들어서 좌절되었다. 먼저 생활공동체운동의 사례부터 살펴보자.

당시에 그 실패의 원인에 대해 다양한 진단이 분분했다.[1] 그러나 그로부터 직접적인 교훈을 끌어내야 할 부담이 (당시인들보다) 적은 저자로서는 그것이 그때 청년·학생들에게 어떤 영향을 미쳤는가에 더 관심이 간다.

생활공동체운동에 타오르던 열정이 1920년 여름 이후 서서히 식어가자 그 자리를 대신 채우기 시작한 것은 좌절이었다. 이 좌절은 단순히 공상성 때문에 자초된 것이라기보다는 그들의 이상이 감당해야 할 현실이 너무 냉엄했기 때문에 온 것이다. 구체적으로 톈진의 공독호조단은 당국에 의해 해산당했고,[2] 가족으로부터의 압력도 만만치 않았지만,[3] 무엇보다 이같은 전통적 질서의 권위가 그들 개개인에게 내면화되어 그들의 일상생활 미세한 데까지 규율하고 있었기에 그들이 여기서 쉽게 벗어나기란 힘들었다. 전에 없이 자잘한 가사노동부터 판매와 제조까지 하면서 동시에 공부도 한다는 것이 결코 만만한 일이 아니었다. 그들은 처음과 달리 일이 하기 싫어졌고 남에게 이를 미루기도 했으며 공부는 공부대로 잘 안 되었던 것이다.

근본적인 발상의 전환을 요구하게 만드는 이 깨달음은 '혁명'이니 '근원적 변혁'이니 하는 용어로 수식되어 있다. 그러나 뒤집어보면 기존 질서의 막강함을 새삼스럽게 체감하면서 갖게 된 비관적 전망이 숨겨져 있다.

평민에 대한 접근도 새로운 전기를 필요로 했음은 매한가지였다. 평민에 접근하여 정치권력의 정당성을 새롭게 해석하는 길도 순탄하지 않았다. 우선 평민교육강연단의 실제 활동만 놓고 보더라도 당장 눈에 띄는 성과가 별반 없었다.

강연단이라고 쓰인 흰 깃발을 세우고 꽹과리를 치거나 악기를 연주하든가 아니면 유성기를 틀어 사람을 불러모은 뒤, 연사가 높은 단 위에 올라 '낯선 어휘'를 섞어가며 (연사에 따라서는 사투리로) 초기에는 신문화의 가치를 계몽하고, 5·4사건 이후에는 민족의식을 고취하는 내용이 많이 가미된 그런 강연을 하는 것이 베이징 시내의 일반 주민들한테 잘 먹혔던 것 같지 않다. 베이징 근교의 농민한테는 더더욱 낯선 모습이었을 것이다. 물론 민족적 열정이 고조된 5월과 6월 초에는 호응이 분명히 있었겠지만, 그 열기가 식고 난 뒤엔 학생들의 강연이 호기심이나 냉담의 대상 이상이 되지는 않았던 것 같다. 일반 민중의 일상생활상의 이해관계와 관련 없는 학생들의 강연내용이 지속적인 반응을 불러일으킬 수 없었을 것은 당연하다.[4]

농촌 강연의 실상은 더더욱 형편없었다. 농촌의 강연이 이렇게 실패를 거듭하자, 학생들이 베이징 시내의 강연으로 중점을 옮겨 활동해, 강연단의 명맥만은 1925년까지 이어졌다. '민중 속으로(到民間去)' 향한 청년·학생들의 불씨가 ── 베이징대학 평민교육강연단의 성과도 그렇지만 ──

아무리 넓게 번진다 한들 그들의 도덕적 열정만으로는 점화야 될지언정 계속 타오르기는 어려웠다. 학생들이 부닥치는 가장 큰 장애는 문화적 격차를 극복할 수 있는 지속적 활동을 학생 신분상 하기 힘들다는 것이었다.• '평민'을 발견해 지식인들의 윤리적 쇄신과 정치권력의 정당성 재해석의 논리적 근거를 갖추는 데 그치는 게 아니라, 직접 그들 속에 들어가 그들의 동의를 얻고 동원해 그것을 통해 정치적 정당성을 실질적으로 확보하려면 불가피하게 그 활동을 지속시킬 포괄적인 이념과 조직적인 후원이 있어야 했다.

그 역할을 5·4사건 직후 학생들의 자발적인 결집체로 출현한 전학련이 감당하기는 어려웠다.•• 왜냐하면 중국역사상 전례없는 새로운 조직이었지만, 1920년 5월 중순 겨우 30~40명이 모여 제2차 전국대표대회를 열고 임원만 다시 선출할 정도로 조직을 유지하는 데 급급했기 때문이다.[5] 또 1921년 8월 워싱턴회의에 대응하기 위해 제3차 전국대표대회가 열렸지만, 상정된 '베이징정부 부인(否認) 및 정부 부인 후의 방법을 준비하는 안'이 정치참여 문제에 대한 입장 차이를 노출시켜 제3기 임원 구성도 하지 못한 채 폐회되고 말았을 정도로,••• 학생운동을 이끌 지도력도 각계

• 1922년에 학생들이 설립해 유지한 의무학교, 빈민학교를 19개 성에서 조사한 옌양추(晏陽初)에 따르면, 그중 8, 9할은 볼 만한 성과를 올리지 못했다 한다. 그 원인으로는 청년·학생의 교육경험 부족, 대학 수업으로 인한 교사의 불안정과 피로, 적당한 교재 부족을 들었다. 小林善文『平民敎育運動小史』, 東京: 同朋舍 1985, 22면.

•• 그렇다고 개별 학생회나 지역학생연합회 수준의 지원도 불가능했다는 뜻은 아니다. 불안정한 상태로나마 학생들의 자발성에 따라 단순한 문자깨치기운동은 민중에 접근하는 방도로 늘 새로 시작될 수 있었다.

•••「京學生會代表之宣言」,『申報』1921. 8. 28;「北京學生聯合會出席全國學生總會代表團快郵代電」,『申報』1921. 8. 29. 베이징대표단은 학생들이 정치에 간여하는 것이 본래의 취지에 어긋난다고 주장하면서 탈퇴를 했다.

의 지지도 이미 상실한 상태였기 때문이다.

전국적인 학생운동 기구가 쇠퇴한 데는 여러 원인이 있다. 그중 먼저 눈에 띄는 점은 활동방향이 한계에 부닥쳤다는 것이다. 이들 기구가 대외적인(거의 반일反日) 문제로 촉발되어 수업거부와 청원운동, 일본상품 배척 운동 등을 거듭하는 것은 거의 호소력을 잃은 상태였다. 그렇다고 베이징정부를 대외타협적인 정부로 규정해 그것을 타도하는 정치행동으로 나아가는 것은 아직 학생들의 의식이 받아들이기 어려운 상태였다고 하겠다. 그러나 이보다 더 치명적인 것은 조직 내부의 문제점이었다. 한마디로 학생기구의 비민주적 운영, 즉 그것이 5·4운동을 주도한 소수 운동가들의 전유물이 되어 학생대중으로부터 유리된 것이 가장 큰 약점이었다.[6] 개별 학생회가 아닌 학생연합회 기구의 운영 실태에 대한 충분한 자료가 없어 전모를 정확히 재구성하기는 어렵지만, 관료주의적 작풍이 의사결정 과정에서 '중앙의 권위를 유지하려는 분위기'로 나타났다고 한다. 그러니 남녀차별이 없을 수 없어 여성 간부는 회의에서 발언도 거의 하지 못하고 주로 귀찮은 문서 수발을 도맡아야 했다는 것이다. 전국학생연합회뿐만 아니라 상하이학생연합회도 사정은 마찬가지였다.•

이와 같이 내부적인 문제점이 노출된데다가 군벌정부의 탄압이 가해져, 각지의 학생연합회와 전국학생연합회는 설립된 지 1, 2년도 못 되어 대부분 유명무실해졌다.[7] 이러한 현실은 5·4운동이 '퇴조기'로 들어갔다는 증후로 보이게 된다.

• 侯紹裘 「我的參與學生運動的回顧」, 『學生雜誌』 第10卷 第1號, 1923, 8~9, 12~13면. 이 일을 겪고 허우샤오추 자신은 그들 지도자가 "남의 희생으로 자기 공을 쌓는 투기심리"에 염증을 느껴, "학생계의 정객식 운동을 버리고 사회혁명적 운동에 종사하게 되었다"고 한다.

『학생잡지(學生雜誌)』편집자인 양셴장(楊賢江)이 1922년에 한 증언에 따르면, 1919년에서 20년까지는 새로운 조류가 청년사회를 사로잡아 적극적인 자세를 낳았기에 해방·개조·분투·희생이 일종의 '구두선(口頭禪)'이 되었고, 실제 청원·시위·강연·언론출판 등의 운동이 열정적으로 분출되어 신문화운동의 절정을 이뤘지만, 1921년부터는 달라졌다. 청년들이 "극히 개인주의적인 색채에 아주 짙게 물들어 있"으니 '허영'과 '향락'이 그 근거이다. 주된 관심사가 연애문제고 심지어 "술과 시(詩)와 이성에의 쾌락을 취하는" 소단체를 조직하자는 말이 나올 정도라는 것이다. 양셴장은 이런 분위기가 청년계를 "문약하고 침체하게 만드는 병폐"를 낳았다고 개탄한다.[8]

이 지적이 당시 학생사회의 풍조를 반영한 것은 분명하다. 그러나 이러한 면만을 부각시키면서 5·4운동이 '퇴조'한 것으로 해석한다면,[9] 5·4운동의 전체 상을 제대로 드러내지 못한다. 그것은 국민혁명과의 연속성을 제대로 설명할 수 없는 한계가 있기 때문이다. 물론 그 연속성은 일직선적 발전이 아니라 '단절적(斷裂式)' 발전[10]으로 볼 수 있다. 신조사와 소년중국학회 주요 회원들의 5·4운동 후기의 개별적인 행적을 유형별로 분석해보면 드러나듯이,[11] 개인의 인생행로(경험)의 차이 —— 해외 유학이냐 국내 잔류냐, 유학대상국이 프랑스나 소련인가 아닌가에 —— 에 따라 새로운 사회질서를 모색하던 학생들이 1920년 하반기부터 분화를 보이기 시작했다.[*] 이 과정에서 일부가 직업혁명가로 전환하여 국민혁명의 주체

---

[*] 해외 유학파 중 유학처가 소련이나 프랑스인 경우 공산당계나 국가주의계냐의 이념 차이는 있더라도 혁명에 참여한 사례가 있으나, 국내 잔류형에 속한 그룹에서 '직업혁명가'가 출현할 가능성이 상대적으로 더 높았다. 그리고 소년중국학회 회원의 경우 1923년을 고비로 개인개조에서 사회개조로 전환하는 경향이 있었는데 5·30운동을 계기로 국가주의와 사회주의 사이의 갈등이 첨예화되었다. 정문상 「少年中國學會(1919.7~1925)의 活動 推

로 활약했다. 그런데 그 전환의 과정은 (아래 서술에서 보게 되듯이) 혁명가로의 자기갱신이 요구되는 험난한 길이었다.

직업혁명가는 대다수가 중국공산당에 속해 있었다. 그들이 공산당에서 기대한 것은 무엇이었을까. 무엇보다도 학생들이 학회활동을 축으로 지금까지 추구해오다가 그 한계를 깨달은 아나키즘에 입각한 사회변혁의 경험을 발전적으로 전환시킬 수 있는 구원의 길을 공산당에서 발견했다는 점이 중요하다. 좀더 설명하면, 그간 소중히 키워온 새로운 가치 —— '평민'을 발견해 윤리적 쇄신과 정치권력의 정당성 재해석의 논리적 근거를 확보한 새로운 삶의 자세 ——를 손상시킴 없이 기왕의 학회 조직의 연장에서 정치권력에 접근할 수 있는 자원 곧 이념(당시 유행어로 '주의'*)과 조직이 제시되었다는 뜻이다.** 당시 서구로부터 배워야 할 근대화된 방식으로 간주된 조직 중 (혁명)당이 가장 매력적이었다. 이것이 5·4와

移와 그 性格」, 『아세아문화연구』 7집, 2003.

• 일본을 통해 청말에 수입된 'ism'의 번역어로 처음에는 포용력 있는 '도'라는 어휘가 쓰이다가 점차 '主義'가 널리 사용되면서 일관적이고 배타적이며 의지론적인 어감이 강해졌다. 5·4 이래 지식·신념·사상·행동 등을 뜻하는 '주의'가 신앙의 대상이 되는 정서적 분위기 속에서 새로운 형태의 혁명역량이 되었다. 王汎森 『思想是生活的一種方式』, 臺北: 聯經出版社 2017, 234, 246면.

•• 이같은 변화를 극적으로 보여주는 예로, 마오쩌둥이 공동체운동이 좌절한 뒤 맑스주의를 받아들이고 권력을 탈취하는 혁명에 관심을 갖게 된 과정을 들 수 있다(「給蔡和森的信」 〔1921. 1. 21〕, 毛澤東文獻資料研究會 編 『毛澤東集補卷 II』, 東京: 蒼蒼社 1984, 13면). 연구회가 당조직으로 변화하는 과정에 대한 더 상세한 분석은 Hans J. van de Ven, *From Friend to Comrade: The Founding of the Chinese Communist Party, 1920-1927*, Berkeley: University of California Press 1991, 제1, 2장 참조. 그밖에 공동호조단을 비롯해 5·4 초기 급진적 운동과 문화 속에서 출현한 학생단체를 기초로 공산당이 성립한 것을 강조한 최근 견해로 李培艶 「"新青年"的"新生活"實踐: 以工讀互助団为中心的考察」, 『文艺理论与批评』 2018年 第5期 75면.

국민혁명을 이어주는 연결고리이다.

　여기서 중국사회주의청년단의 정책이 학생들의 일상생활의 경험, 즉 자아정체성의 위기와 그로부터 벗어나려는 '사회변혁적' 지향과 일치하면서 그것에 일정한 방향을 제공했기에 학생운동을 동원해낼 수 있었다는 사실에 주목할 필요가 있다. 학생들은 경제적인 어려움 등 일상생활에서 부닥치는 문제가 근원적으로 제국주의와 군벌에 기인하는 만큼 '반제·반군벌'이란 국민혁명의 '신주의(新主義)'를 통해 총체적으로 해결할 수 있다는 인식과 정서를 갖게 되었다.[*] 실제로 국민혁명에 참여하여 개인사의 갈등을 해결하려는 적지 않은 남녀 청년·학생들을 찾아볼 수 있다. 그들에겐 학교뿐만 아니라 이제 정당이 이끄는 (국민)혁명에의 참여도 전통적 가족제도로부터 벗어나는 탈출구이자 은신처로 떠올랐다.[**] 이로써 학생들의 일상생활의 경험이 사소한 것으로 머물지 않고 (사회)구조와 결합되어 학생들의 주체적 행위가 사회변혁에 작용할 수 있게 되었다.

　이제 1922년 1차 전국대표대회를 개최한 중국사회주의청년단의 역할을 좀더 상세히 살펴보자. 1920년 8월 22일 설립된 상하이사회주의청

---

[*] 1922년 5월의 제1차 전국대표대회 때 차이허썬(蔡和森)에 의해 구호의 형태로 제출됨으로써 이 관념이 그때부터 청년단원에게 이미 익숙해졌다. 이것은 공산당보다 빨랐다고 한다.(施复亮 「中国社会主义青年团成立前后的一些情况」, 中国社会科学院 现代史研究室 编 『"一大"前后: 中国共产党第一次代表大会前后资料选编(二)』, 北京: 人民出版社 1980, 72면) 그것이 조직 전체의 주된 방향으로 자리잡은 것은 물론 국공합작이 추진되면서이다. 청년단의 기관지 『中國靑年』(『先驅』의 후신)은 이 관념의 선전 기능을 효과적으로 수행하였던 것 같다.

[**] 후난성립제일여자사범(湖南省立第一女子師範)에 다니다 강제 결혼생활에서 탈출하기 위해 1926년 북벌 중인 국민혁명군에 자원입대한 셰빙잉(謝氷瑩)의 사례가 그 하나이다. 謝氷瑩 『我的回憶』, 臺灣: 三民書局 1967, 40면.

년단에서 연원을 갖는 이 조직은 분파와 지역주의에 시달려 '청년운동의 통일적 지도기관'으로서의 역할을 제대로 수행하지는 못했다. 그러나 1차대회에서 채택된 '강령(綱領)'을 통해 "프롤레타리아트를 완전히 해방하기 위해 분투하는 조직"으로서 "일체의 생산수단을 공유하며 일하지 않고 먹는 것을 금하는 초기 공산주의사회를 건설하는" 것이라고 밝힌 청년단의 목표[12]는 기존 사회질서에 저항하던 청년·학생들이 맑스주의에 대한 깊은 이해 없이도 청년단에 쉽게 접근할 수 있게 했던 것 같다.* 앞에서 보았듯이 다른 학생조직들이 이미 침체되어 학생사회에 영향을 미칠 정치조직으로서 청년단만큼 흡인력을 가질 수 없었기 때문에 1920년대 초 청년단은 (지역별로라도) 강력한 힘을 상대적으로 행사할 수 있었다.**

그들이 벌인 초기 활동 중에 주목할 것은 창신뎬(長辛店)에서의 노동운동이었다. 이 운동에 참여해 얻은 경험은 청년단원들에게 새로운 활력을 불러일으킨 것 같다. 생활공동체운동의 좌절과 주위 동료들의 해외 유학으로 침체된 베이징의 청년·학생사회이지만, 덩중샤(鄧中夏)는 그곳에서 전혀 새로운 기쁨을 맛보고 있다.

• 산둥(山東)지부를 주도적으로 설립한 마푸탕(馬馥塘)은 당시 그들의 맑스주의에 대한 이해는 빈약해서 그저 각자 일할 만큼 일하고 각자 필요한 만큼 갖는 것을 지향한다는 이상이 좋다고 생각했을 뿐이라고 회고했다. 「党成立前后山东地区的一些情况」(1957), 『"一大"前后(二.)』402면.

•• 1922년 5월 5일 청년단 제1차 전국대표대회에 즈음해서는 이미 베이징, 상하이, 우창(武昌), 창사(長沙), 광저우(廣州), 난징(南京), 톈진, 항저우(杭州) 등 17개 지역의 조직, 그러니까 장쑤(江蘇), 허베이(河北), 후난(湖南), 후베이(湖北), 광둥(廣東), 안후이(安徽), 저장(浙江), 광시(廣西) 등의 성(省)에 5천여명의 단원을 헤아렸다. 그리고 청년단은 15세 이상, 28세 이하의 청년 가운데 단(團)의 강령(綱領)과 장정(章程)을 승인하고 단에 봉사할 자로 구성되었고, 각 현장의 소단체, 지방청년단, 구(區)대표대회, 전국대표대회의 조직을 갖추도록 정해졌다. 『新靑年』第9卷 第6期, 1922, 829, 836면.

창신뎬의 노동자들이 우리를 마중 나와 열렬히 환영하였다. 우리를 아주 친숙하게 대해주었고, 우리도 그들이 강한 우애의 감정을 갖고 있어 형제간보다 나으며 그들 노동자들이 서로 아낀다는 것을 깨달을 수 있었다. 일종의 융화단결의 기상이 우리에게 큰 기쁨을 맛보게 했다. 나는 현 사회의 사람들의 심각한 무감정과 상호기만, 배척에 늘 가슴 아파했기 때문에 창신뎬 노동자의 이같은 단결융합에 대하여 무한한 희망이 솟았다.[13]

이것은 그가 1920년 12월 19일 베이징에서 기차를 타고 남서쪽으로 거의 1시간쯤 가야 닿는 창신뎬에 보습학교를 설립하는 문제를 의논하러 가서 느낀 감정을 적은 일기의 한 토막이다. 공독호조운동이 학생들 사이에서 생활공동체를 세우려고 했던 운동이라면(물론 궁극적으로 전사회로 확충되기를 기대했지만) 이제 그가 기대를 걸고 자기실현의 대상으로 찾은 것은 노동자들의 공동체에 자기를 헌신하는 길이었고, 그것을 도울 조직에 대한 참여였다.•

한 개인의 체험이 묘사된 데 불과하지만 이로써 적어도 '직업혁명가' ─ 학업을 떠나 혁명운동에 투신하면서 민중과 일체감을 갖는 새로운 주체 ─ 가 출현했다는 사실을 확인할 수 있다. 그러나 그들로서는 '학회'에 참여했을 때의 학생으로서의 체험이 아직 남아 있기에 직업혁명가로서의 자세는 활동과정에서 시련을 겪으면서 확보해야 하는 것이

• 그래서 그는 1921년 여름 중국노동조합서기부가 성립하자 그 책임자가 되었고, 1922년 5월에 열린 전국노동대회에서 서기부 주임으로 뽑혔다. 그러면서 중국공산당의 초기 노동운동의 책임간부로 자리잡았다. 魏巍·钱小惠『邓中夏传』(北京: 人民出版社 1981)에 의거했다.

었다.* 이제 막 평민을 그야말로 '발견'한 학생들로서는 그들과 함께 많은 시간을 보내고 같은 이념적 목표('주의')를 갖고 활동한다는 것이 자신의 삶의 자세를 혁신해야만 가능한 일이었다.

물론 이같은 인생의 혁신은 사회주의청년단에 참여한 학생들의 당시 의식수준을 고려할 때 결코 만만한 일이 아니었다. 베이징대학 맑스주의연구회(馬克思學說硏究會) 안에서 노동운동에 투신할 것인가 말 것인가를 둘러싸고 벌어진 논쟁은 이같은 사정을 잘 보여준다.[14] 일개 학생이 노동혁명운동에 투신한다는 것은 학업을 떠나 '직업혁명가'가 된다는 것이고 이것은 혁명 실천의 문제이자 '혁명인생관'을 확립하는 문제이므로 연구회 안에서 이에 대해 되풀이해 토론을 벌여 맑스주의 이론이 제시하는 혁명적 전망을 받아들이도록 공산당에서는 요구했다. 이러한 문제는 비단 베이징의 이 연구회 구성원에 한정된 것이 아니라 사회주의청년단원이라면 누구나 감당해야 할 과제였을 것이다. 신문화운동을 추진하는 소단체에서 강조된 개인의 수양은 개인의 인격이나 능력 향상이 중요시되던 것인 데 비하면, 이제는 개인을 동원해 국가와 혁명에 투신하도록 하는 혁명적 수양으로 전환된 것이다.[15] 이렇게 새로 탄생한 '직업혁명가'들이 (필자가 강조하는) 일반 학생들의 '사회변혁 지향'과 만날 때 혁명운동은 활동성 있는 주체를 확산할 수 있었다.

이제 5·4운동이 국민혁명으로 ('단절적'으로) 전화·발전할 수 있는 계기가 마련되었다.

• 공산당 베이징지부의 초창기 구성원들을 분석한 임상범 「중국공산당 북경지부의 창립과 초기활동」, 『동양사학연구』 34집, 1990, 134면에서는 그들 중 일부가 학생 신분을 유지하면서 당 활동을 하다가 시험을 치르기 위해 베이징에 돌아가는 경우가 있다는 사실을 들어 "직업혁명가로서의 공산당원이라고 보기에는 문제가 없지 않지만, 이들은 나름대로 착실하게 베이징지부의 활동을 전개해나갔다"고 지적한다.

2. 직업혁명가의 확산과 정당: 국공합작, 5·30운동, 국민회의운동

1923년에 들어서자, 사회주의청년단에 소속되어 활동한 급진적 지식청년들 — 앞에서 말한 직업혁명가 — 이 이제까지와는 다른 자세로 혁명에 임하게 만든 계기가 주어졌다. 그것은 국민당과 공산당의 합작 추진이었다.*

사실 공산당 중앙 자체가 조직적으로 느슨한데다 당이 동원한 민중운동이 잇따라 실패했기에 중국공산당은 1923년 들어 초기 공산당사에서 가장 침체된 상태에 처했다.[16] 직업혁명가들의 활동을 조직적으로 지원할 수 있기는커녕 혁명에 대한 비관적 분위기가 팽배했다. 그런데 1923년 1월 국민당이 조직 개편 착수 단계(改進)로 들어서면서부터 추진된 국민당과 공산당의 연합 절차는 1924년 1월 국민당 1차 전당대회에서 공산당을 흡수하는 당내 합작 선언(改組)으로 일단락되었다. 이로부터 본격적인 '반제·반군벌'을 위한 국민혁명(National Revolution)이 개조된 국민당 지도 아래 본격적으로 전개되었다. 이 외부적인 요인이 공산당의 조직에 당연히 커다란 변화를 가져왔다.

국민혁명기(1923~28)에 (국공합작체제하의) 국민당 안 여러 분파들 — 국민당 우파, 국민당 좌파, 공산당계 — 속에서 (자체 당적 보유가 허용된 이중당적의) 공산당계는 독특한 위치에 있었다. ('당 속의 당'인 셈인)

---

* 국공합작 말고도 1923년에 발생한 노동탄압사건인 '2·7사건(慘案)' 역시 급진적 청년·학생들인 직업혁명가들의 내면세계에 충격을 주어 그들로 하여금 혁명의 의미에 대해 좀 더 철저하게 생각하게 만들었다. 이것은 개인적 심리세계에 미친 충격인데, 이에 대해서는 졸저 『中國現代大學文化硏究: 1920年代 大學生의 正體性 危機와 社會變革』, 一潮閣 1994, 265~67면 참조.

공산당은 지식청년을 동원할 때 조직, 그들의 공통된 관심사에 대한 대응 및 정치적 기회의 포착이란 면에서 (순수) 국민당보다 강세였다. 그렇지만 국민당이 통제하고 있던 풍부한 자원(특히 독자적 무력인 혁명군)에 의존하지 않을 수 없었을 뿐만 아니라 국민당의 외피에 힘입어 '적화(赤化)'라는 위협적인 공격을 어느정도 피해 갈 수 있었다. 이에 비해 조직과 민중의 이해관계 대변, 정치적 기회의 포착이란 면에서 열세의 처지에 있던 국민당으로서는 학생(을 매개로 노동자·농민)을 동원하는 데 공산당계의 도움이 필요했고, 그래서 '적화'라는 비난을 무릅쓰면서도 국공합작을 유지했던 것으로 보인다. 소련(과 코민테른)의 지도와 물적 지원이 양측의 연합에 크게 작용한 것은 두말할 필요도 없겠다.

이로부터 짐작할 수 있겠지만, 양자의 관계는 국공합작 당초부터 경쟁과 타협의 양면성을 지닌 것이었다. 그리고 이 양면성은 양자의 이해득실 계산, 특히 당의 주도권의 향배에 따라 언제라도 분열이 예견되는 극히 불안정한 것이었다.

그렇다면 이제는 학생(운동)이 국민혁명을 수행한 핵심 주체인 국·공 양당에 어떻게 기여했는가를 검토해보자.

양당의 간부 충원에 대해서는 쉽게 긍정적인 답을 할 수 있다. 5·4운동을 주도한 젊은이들이 공산당 창당을 주도했다는 사실은 다시 거론할 필요도 없겠거니와, 5·30운동을 겪으면서 확충된 공산당의 기간요원 수요를 지식청년층이 메웠다는 사실[17]은 충분한 증거가 될 것이다. 공산당의 주요 간부가 기본계급인 노동자나 농민 출신이 아닌 지식인 출신이었으니, 러시아혁명의 간부에 노동자 출신이 많은 것과 비교된다.[18] 지식청년층은 국민당의 간부 충원에도 물론 기여했다. 양당에 충원된 간부를 비교해보면 국민당의 간부들이 신해혁명기부터 참여한 사람들이 많아 공산당의 간부들보다 연령이 높다는 것과 지역적 분포에서 양당이 다소 차이가 있다는 것 말고는 별반 구별되지 않는다.• 따라서 공산당에서는 학생 출신 간부들이 정책결정에 좀더 영향력이 큰 위치에 오를 수 있었고 국민당에서는 상대적으로 하위직에 머물 가능성이 높았다고 볼 수 있다. 어쨌든 지식청년이 양당의 간부로 동원되어 함께 국민혁명의 수행에 기여한 것은 분명하다.

이에 덧붙여, 상층 지식인 엘리트로 계층상승을 할 여건이 안 된 지식청년이 공산당 상층 엘리트와 민중 사이에서 통로로서 역할을 한 사실을 중시할 필요가 있다. 대학에 진학하지 못한 채 주로 지역(베이징이나 상하이 이외의 이른바 '이급도시')에서 활동하던 그들에게 공산당은 '혁명으로 밥 벌어먹고 살 수 있게(吃革命飯)' 함으로써 실제 생활문제를 해결해주었을 뿐만 아니라, 그들의 저항의식과 상층으로 이동하고 싶은 욕구를 (도덕적 매력을 풍기는) 이념과 다양한 조직으로 흡수하였다. 강연·독서(문학작품과 사회과학서적)·통신을 매개체로 체제의 안팎에 위치한 다양한 기구·조직으로 연결망을 엮어 좌파문화의 '상상의 공동체'를 형성했다. 비록 그 절대수는 우세하지 않았지만 사회문화자원이나 이념 형성 능력을 갖췄기에 영향력이 큰 집단이었다. 이같은 문화운동 형식의 동

- C. Martin Wilbur, "The Influence of the Past: How the Early Years Helped to Shape the Future of the Chinese Communist Party," in John W. Lewis, ed., *Party Leadership and Revolutionary Power in China*, London: Cambridge 1970. 지리적으로 국민당 간부는 연안과 주요 도시(및 그 주변), 그리고 남부 중국에 편중된 데 비해, 공산당 간부는 상대적으로 농촌 출신의 비중이 컸다. 그리고 양당의 간부 거의 다가 고등교육을 받았고 해외 유학생의 비중도 크다는 점에서 같지만, 국민당의 간부는 미국이나 일본 유학생이 많은 반면에 공산당 간부는 프랑스나 소련 유학생이 많았다. Robert C. North, *Kuomintang and Chinese Communist Elites*, Stanford: Stanford University Press 1952 참조.

원은 (순수) 국민당이 따라잡을 수 없는 영역이었다.*

이처럼 지식청년들이 개인 차원에서 정당에 연계되어 노동자·농민(및 청년·여성)을 의식화시켜 국민혁명에 동원하는 매개체가 되었다. 더 중요하게는 조직 차원에서 학생회를 매개로 베이징과 상하이 같은 주요 도시에서 시위를 자주 주도하여 제국주의에 종속적인 군벌정권이 정당성이 취약한 폭력정권임을 전중국인에게 노출시킴으로써 국민혁명의 진전을 재촉하였다.

국민혁명에 참여해 직업혁명가의 길을 '걸을 만한 인생의 길'(혁명인생관)로 선택한 청년들의 공통점은 더이상 학생으로서의 신분에 연연하지 않고, 노동대중과의 일체감을 느끼고자 애쓰는 자세이다. 다음과 같은 보고는 이 점을 단적으로 보여준다.

> 우리 다수의 동지는 평소 학생생활에 익숙해 있어 일단 노동자가 되어 그들의 고달픈 생활을 겪게 되면 고통이 이만저만이 아니다. 그런데 경험이 늘면 늘수록 육체는 비록 고달프나 정신은 오히려 유쾌해진다! 평상시 책 속에서 구하던 학문은 종종 건조하고 재미가 없었다. 그런데 운동에 참가하면 책 속의 학문과 실제가 상호 대조된다. 이제까지 마음속으로 생각하고 입으로 말한 노동상황이 모두 실상이 아니었다. 만약 절실히 알기를 원한다면 운동에 참가하는 것 말고는 다른 방법이 없다.[19]

---

* 1923년에서 24년 사이의 통계에 따르면 중등학교 졸업생 중 대학에 진학한 사람은 겨우 19~20%에 불과했다. 80%의 청년이 대학이나 유학을 가지 않아 자연히 상층 지식인 엘리트가 될 기회를 잃었지만 인정욕구나 상층이동의 욕망은 매우 강렬했다. 이들 '중소 지식청년'에 대한 서술은 唐小兵「民国时期中小知识青年的聚集与左翼化: 以二十世纪二三十年代的上海为中心」,『中共党史研究』2017年 第11期, 특히 64~65, 67~70, 79면 참조.

이같은 움직임은 지역에서, 특히 소학교 교사들이 매개된 농촌운동에서 더 많이 나타났다. 그들은 1920년대의 유행 사조인 평민교육의 형식을 활용해 농민에 접근하여 혁명의식을 일깨운 뒤 이들을 국민혁명에 동원하려고 했다. 그 결과 군사노선보다도 민중동원(농민운동·노동운동·청년운동·여성운동 등)에 집중한 국민회의 노선(바로 뒤의 5장에서 설명)을 활용한 국공합작체제의 국민당이 북벌 추진의 전야에 이미 괄목할 성과를 올릴 수 있었다.•

이상이 학생이 개인 차원에서 직업혁명가로 전신해 국민혁명에 참여한 양상이라면, 조직 차원의 참여도 중요한 역할을 했다. 이와 관련해 1925년 혁명 열기를 전국적으로 고조시킨 반제운동인 5·30운동의 확산과 그 이후의 새로운 급진적인 추세를 설명하는 데 빠트릴 수 없는 학생회의 역할에 특히 주목할 필요가 있다. 사회주의청년단은 국공합작에 힘입어 (앞에서 보았듯이 1920년 제2차 대회 이래 침체에 빠진) 전학련을 부활시켰다. 전학련은 종전처럼 정치참여가 적절한지에 대한 찬반논쟁을 훌쩍 뛰어넘어 반제·반군벌 국민혁명으로 그 방향을 전환시킬 수 있었다. 1925년 6월 26일부터 7월 6일까지 상하이에서 제7차 전국대표대회를 개최하여 5·30운동을 통해 겪은 학생회의 경험을 총괄하면서 앞으로의 방향에 대해 논의하였다. 그 핵심은 반제운동을 강화하기 위해 자체 조직을 강화하는 한편 노동자·농민을 중심으로 한 민중운동과의 연대에 치중하겠다는 것이다.[20]

• 북벌 전후 시기에 국민회의운동과 결합한 농민의 기층 자치조직인 농민협회의 발전은 국민혁명세력에 정치·군사적으로 유리한 조건을 조성했다. 이에 대해서는 유용태『지식청년과 농민사회의 혁명: 1920년대 중국 중남부 3성의 비교연구』, 문학과지성사 2004 참조.

이것은 학생회가 5·30운동을 겪으면서 보인 질적인 변화의 시작이었다. 종래처럼 개인 차원에서 민중 속으로 들어가는 것이 아니라 학생집단으로서 다른 민중단체와 연대하는 특징을 보였다. 한 동시대인은 '선전기'인 5·4운동기의 학생운동과 비교하여 '조직기'인 5·30운동 이후의 학생운동을 다음과 같이 평가한 바 있다.

> 그런데 이것은(5·4기의 학생운동을 가리킴—인용자) 다분히 학생 개인의 활동이지 모든 단체의 운동은 아니었다. 5·30운동의 발생과 그에 뒤이은 성항(省港, 광둥과 홍콩)파업에 직면해서는 모든 학생단체가 각개 민중단체와 결합하여 광대한 연합전선을 이루었고 그때마다 학생이 모두 중요한 역할을 수행했다.[21]

이 인용문은, 5·30운동에서 실현된 노동계·상업계·학계 연합(工商學聯)의 연장에서 학생계가 농공상학대연합(農工商學大聯合), 즉 각계연합의 주요한 구성분자로 자리잡았다는 자부심이 표출된 것이다. 그런데 이 참여방식은 국민회의운동과 뿌리를 같이하는 것이다. (프롤로그에서 잠깐 언급했듯이) 5·4기에 자생적으로 결합한 각계 사회집단들이 베이징정부의 정당성이 구조적 위기에 봉착한 1923년에 새로운 정치질서를 모색하면서 제안한 것이 '국민회의운동'이었다. 이 요구를 국민당과 공산당이 수용해 국공합작 이후 국민혁명을 추진하는 과정에서 운동이 확산되었다. 국민회의를 주창하는 실질은 혁명을 위한 정치적 정당성을 쟁취하기 위해 민중의 참여를 이끌어내는 정치적 동의이다.[22] 그들이 요구한 '국민회의'는 각 개인을 대변하는 지역별 대표가 아니라 직능별 사회집단의 대표로 구성되는 민의대변기구였다는 점에서 당시 중화민국의 법통을 상징하던 국회와 단절된 것임은 물론이고 서구의 대의제 민주주의와도 구별된다. (이에 대해서는 다음 장에서 더 깊이 논의될 것이다.)

그러나 지식청년들의 (개인 차원이든 조직 차원이든) 역할을 과대평가한다면 균형 잡힌 역사이해가 될 수 없다. 군벌세력의 무력에 결정타를 가한 군사세력(북벌군)을 비롯한 여러 세력들이 연합해 이뤄낸 결과가 국민혁명이었다. 아울러 학생(운동)이 국민혁명에 기여한 적극적인 의의를 인정하면서도 그에 수반된 부정적 영향도 마땅히 언급해야 한다.

먼저 젊은 세대의 희생, 말 그대로 목숨을 바친 공헌에 대해 인권(특히 장래의 인재) 보호의 차원에서 베이징정부의 탄압은 물론이고 국민당과 공산당의 청년·학생 동원 정책에도 경고한 견해가 있었다[23]는 사실을 결코 간과해서는 안 된다. 이 결과는 앞에서(91면) 본 혁명인생관(내지 혁명수양론)에 내재된 아포리아였다. 이에 덧붙여 (특정 정당과 관련되지 않은) 일반적인 지식인사회에서 학생의 과도한 정치참여로 인한 교육의 황폐화를 우려하는 여론이 있었다는 사실도 주목해야 할 것이다. 5·30운동 직후 일어난 '구학(求學)'이냐 '구국(救國)'이냐의 논쟁은 바로 이 점을 둘러싼 분열이었다.[24]

당연히 직업혁명가라면 이런 경고와 우려에 아랑곳없이 혁명 참여에 오히려 자부심을 느꼈던 것 같다. 예를 들면 1925년 말 공산당계 잡지『중국청년(中國靑年)』에 실린 글에서 한 필자는 학생의 정당 참여가 학문, 즉 교육의 불구화를 초래한다는 비판에 대해서 적대감을 참을 수 없다는 태도를 보이며, 정당 가입을 금지하는 것은 '반혁명'적인 책동이라고 반박했다. 그러면서 "최근 2, 3년래 이루어진 일체의 반제국주의적 국민혁명운동에 우리 청년 가운데 일부 조직에 든 사람들이 핵심적 지도자였음은 누구나 다 아는 일이고, 우리가 통일적인 국민정부를 수립하는 것이

눈앞에 다가왔다"고 당당히 말했다.[25]

이 발언에서 드러나듯이, 정당, 특히 공산당의 지식청년 동원 정책이 대체적으로 학생운동의 조직적 발전에 크게 도움이 된 것은 분명하다. 무엇보다 공산당이 1923년 이후 국공합작체제를 활용하여 학생운동에 적극적으로 개입함으로써, 그간 침체에 빠졌던 전국적인 학생운동의 활성화를 가져온 것은 주목할 만하다. 그러나 동시에 정당이 지식청년들을 동원함으로써 그들의 자율성을 해친 측면도 무시할 수 없다. 정당이 주도한 지역 단위의 학생연합회에 대한 개별 학교 학생의 반발은, 국민당 내 계파 간의 경쟁이 투영된 학생운동의 분열상이기도 하지만 이보다 학생운동의 자율성에 대한 학생들의 위기의식의 소산이었다는 측면이 더 중요하다. 공산당계가 주도했을 터인 국민당 2차 전당대회의 청년운동에 관한 보고서*에서 학생의 일상생활상의 요구('청년 자신의 이익')를 제대로 반영하지 못했음을 자인했던 것은 단적인 증거이다.

이 장을 정리해보자. 새로운 시대의 표지이자 (개인의) 자율적 결집체인 학생회와 지역단체 같은 일상적 조직이 반제·반군벌 국민혁명에 학생들이 참여하는 주요한 통로가 되었다는 것은 5·4운동의 국민혁명으로의 전환을 보여주는 1920년대 중반의 새로운 양상이다. 그런데 국민혁명의 진행 과정에서 개인과 학생회(는 물론이고 직업혁명가)가 정당에 종속될 위험도 나타났다. 이 현상은 좌파 지식청년운동의 내재적 문제점에 부분적으로 기인한다. 권력과 체제에 비판적이면서도 자신이 의탁한 당조

---

* 국민당 제2전대회에 통과된 「靑年運動報告決議案」(1926. 1. 16)에 따르면, 청년운동이 우발적인 정치문제에 연결됨으로써 지속성이 없고 청년 자신의 이익에 기반해 영구적이고 강고한 조직을 갖추는 데 성공하지 못했으며, 지역별로 분산되어 역량이 통일되지 못했다고 한다. 茶孟源 主編『中國國民党历次代表大会及中央全会资料(上)』, 北京: 光明日报出版社 1985, 131~32면.

직에 대해서는 의존과 복종의 관계를 유지하며 착종된 위계적 문화를 갖고 있었던 것이다.[26] 이와 더불어 학생조직이 추구한 국민회의운동에 내재된 문제도 드러났다. 국민회의 구상에는 직능집단 말고 국민당과 공산당 같은 정당도 포함되었기 때문에 직능집단이 국민회의 구상을 실현시킬 능력 — 가장 중요하게는 군사력 — 을 갖지 못한 한은, 외부 세력 특히 혁명정당에 종속될 한계를 안고 있었다.

그런데 저자는 국민회의운동을 1920년대 직능집단이 저마다의 일상생활의 이해관계에 기초해 조직화되면서 공산당 및 국민당과 서로 경쟁·협상하는 장으로 파악하고 그 역동성을 강조해온 편이다. 이를 통해 국·공 양당이 국민국가 건설을 추구한 과정에서 보여준 '해방과 억압의 양면성'을 역사적 맥락에서 파악할 수 있는 시야를 확보할 수 있을 것으로 기대한다. 더 나아가 자발적 결사체라는 중간항을 시야에 넣을 경우, 개인과 국가의 이분법을 넘어 (민주적) 집단주체가 중국현대사에서 연출한 역동성을 포착할 수 있다. 더욱이 (프롤로그에서 설명했듯이) 혁명을 개인의 '체질'화된 몸과 사회(국가)의 체질(곧 헌법)을 바꾸는 것으로 보는 관점에서 다시 검토하면, 국민혁명의 잠재된 풍부한 가능성이 재발견된다.

1927년 양당 분열 이후, 특히 1937년 전면적인 중일전쟁의 발발 이후 각 당은 경쟁적으로 중앙집중적인 국민국가 건설, 달리 말해 당국체제 수립의 형태로 근대적응을 우선시한 공통점이 있다. 하지만 그중에도 공산당은 (지역에 할거한 '지역정부'로서의 처지를 고려한 선택일 수 있겠으나) 국민회의 구상이나 분권화 지향을 수용하고, '좀더 나은 정신·심신 상태와 좀더 충만한 생활양태'를 양성하는 군중노선의 형태로 혁명수양을 강조한 차별성이 돋보인다.[27] 이는 5·4운동기에 나타난 '혁명인생관'의 연속으로 볼 수 있겠다. 물론 이 차별성이 그 이후 공산당의 역사에서 굴절되었지만, 새로운 상황에서 그때마다 다시 소환되는 사상적·경험적 자원, 달리 말해 민의 자율적 결집의 시각에서 공산혁명을 100년의 변혁이라는 맥락에 놓고 역사화·상대화할 수 있는 단서가 될 수 있으리라고 기대한다.

5장

5·4의 몇가지 쟁점을 다시 생각하기

이제까지 5·4운동의 '역사(현장)'로 되돌아가 미시세계에 중점을 둬 재구성해보았다. 그런데 앞의 1장에서 확인했듯이, 1920년대 전반기 민족운동 때부터 5·4상(像)의 상징화와 이미지화가 이미 촉진되기 시작했다. 그 절정은 항일전 시기에 제출된 '신민주주의론(新民主主義論)'의 5·4운동관이다. 이 역사관이 오랫동안 통설로서 마치 '신화'가 된 것처럼 강하게 영향을 미쳤으나 중국의 개혁·개방 이후에는 5·4운동이 다양하게 재해석되어왔다. 5·4를 부단히 (재)기억화하는 과정은 오늘날까지 다양한 주체에 의해 이어지고 있다.[1]

이 장에서는 그 과정에서 제기된 중요한 쟁점 세가지에 비판적 개입을 시도하겠다. 앞의 4장까지의 서술에서 더 깊이 들어가는 5·4 이해의 심화 과정에 해당한다. 이를 통해 100년의 변혁 속에서 차지하는 5·4의 위치와 현재적 의미가 한층 더 또렷이 부각되리라 기대된다.

먼저 5·4의 시기구분 및 문화운동과 정치운동의 상호작용, 이어서 개인과 국가를 넘는 사회의 발견 곧 각계민중연합의 대두, 마지막으로 최근 학술조류인 '또 하나의 5·4'에 대한 높은 관심 곧 유학의 재해석을 통한 대안적 문명론의 제기를 다룰 것이다. 유학이 그 시기 뜨거운 화제였을 뿐만 아니라 오늘날도 '중국 특색의 근대성의 가능성'[2]으로 주목되듯이, 세 주제 모두 당시의 논쟁거리이자 현재의 쟁점이다. 이제부터 저자와 함께 5·4의 (재)기억화 현장을 체험하게 될 것이다.

1. 신문화운동과 5·4사건은 어떻게 연결되나

  먼저 신문화운동과 5·4사건의 관계를 살펴보자.
  중국은 아편전쟁 이래 서구를 모델로 삼아 근대화를 점진적으로 추구해 과학기술과 산업(양무운동), 이어서 정치제도(변법운동)의 개혁을 감행하고 급기야 청조를 대체한 중화민국을 수립하기까지 했다. 그러나 아시아 최초로 공화혁명에 성공했음에도 불구하고 공화정이 제대로 작동되지 않자 이에 실망한 중국인은 (앞의 2장에서 확인했듯이) 공화의 실질화를 위해 '국민심리 개조'와 '대항세력 조직화'에 주목했다. 특히 정치제도의 근간인 가치와 윤리 곧 문화의 변혁에 집중했다. 말하자면 한층 더 근원적인 (정신)혁명, (저자의 용어로 말하면) 근대적응을 위해 서구문화 도입을 매개로 해서 신문화를 건설할 것을 주창했다. 이것이 바로 신문화운동으로 표출되었다.
  여기서 5·4운동의 두가지 시기구분이 제기된다. 먼저 좁은 의미의 5·4운동, 곧 5·4사건(1919. 5. 4~6. 28)에 한정하는 시각이 있다. 신문화운동과 5·4사건을 별개로 보는 것이다. 예를 들면, 조지프 천(Joseph T.

Chen)은 신문화운동과 5·4사건을 구별하여, 전자는 사상운동으로서 신지식인과 학생이 주도했고 그 지향점이 민주주의와 과학이며 전통을 부정한 데 비해, 후자는 정치운동으로서 광범위한 대중이 참여했고, 지향점이 반제국주의와 반군벌이고, 전통을 긍정한 것이라고 본다.[3] 후스(胡適)에 연원을 둔, 양자를 구별하는 관점은 위잉스(余英時)가 '문화사상프로젝트'인 '문예부흥'(르네쌍스)과 '위장된 정치프로젝트'인 '계몽운동'을 구별하면서 전자를 중시하는 발상으로 이어진다.[4]

넓은 의미의 5·4운동기는 『신청년』지가 창간된 1915년부터 1차 국공합작이 본격 추진되는 1923년까지를 가리킨다. 이 경우 대체로 5·4사건과 신문화운동의 변증법적 통일을 강조하는 경향이 있다. 량치차오(梁啓超)는 1920년 5·4운동 1주년을 맞아, "이번의 정치운동은 문화운동을 원동력으로 하여 일어났고" "1년래의 문화운동은 그 9할이 '5·4'(정치운동)에 의해 초래되었다"고 평가하였다.[5] 문화운동이 정치운동을 추동하고 그리하여 일어난 정치운동이 다시 문화운동을 더욱 진전시키는 상호관계를 날카롭게 짚은 선구적 견해의 한 사례이다.

이 쟁점과 관련해 5·4사건을 거치며 청년·학생층 사이에서 급증한 잡지와 소단체·소조직(社團)을 축으로 '신문화'가 확대되는 '운동'이 (베이징과 상하이를 넘어) 전국 주요 도시에서 전개되면서 곧 '신문화운동'이란 용어가 유행되었다는 사실을 부각한 최근의 견해는 시사하는 바가 크다.[6] 그전에 없던 '신문화운동'이란 개념이 1919년 하반기 출현한 데서 드러나듯이 5·4사건이 '신문화'를 '운동'으로 만든 동력이었다.* 요컨대

---

* 왕치성(王奇生)이 제기한 "신문화는 어떻게 '운동'한 것인가?(新文化是如何"運動"起來的)"라는 문제의식은 중국 대륙 연구자들에게 널리 받아들여지고 있다. 예를 들면, 李里峰「"运动时代"的来临: "五四"与中国政治现代性的生成」(『中共党史研究』 2019年

일본에서 수입된 용어인 '운동'●이 민중의 염원을 표현하는 '마술적 주문'(magical incantation)처럼 학생지도층에 의해 활용되면서[7] 문화운동과 민족운동이 결합되었다. '5·4신문화운동'이란 합성어는 좌익 지식인에 의해 만들어져 널리 사용되었다.[8] 아리프 딜릭(Arif Dirlik)이 지적하듯이, 신문화와 5·4사건은 학생 소조직을 축으로 한 실천 과정을 통해 변증법적 결합을 보인 것이다.[9]

저자는 조직의 중요성을 강조한 딜릭의 관점을 공유하면서, 당시 학생들이 맛본 성취감이 양자 결합의 동력으로 작동했다는 사실을 덧붙이고 싶다. (식민지 조선에서도 3·1운동 이후 그 목표인 독립을 즉각 달성하지는 못했지만 그 운동에 참여한 사람들이 공유한 해방의 체험은 '3·1운동 세대'라는 새로운 주체를 탄생시켰다.[10])

5·4사건과 신문화운동의 관계에 대한 해석은 1980년대, 이른바 '신시기'에 리쩌허우(李澤厚)가 발론한 '계몽과 구망(救亡)의 이중변주(雙重變奏)'라는 발상에 한동안 크게 영향을 받았다. 5·4기에는 두 과제가 상호 촉진하였으나, 그 이후 민족적 위기가 가중되면서 5·4가 '퇴조'하고 '구망'이 '계몽'을 압도해왔다는 설명이다. 민주·자유·과학을 추구하는 개인의 자각을 성취되어야 할 근대성의 지표로 삼은 것이 계몽이고, 서구 제국주의에 저항하는 집단주체인 민족/국민의 저항(곧 민족주의)이

___

第8期)도 그 한 예이다. 리리펑(李里峰)은 '신문화운동'이란 용어가 처음 사용된 것은 1919년 9월 장쑤(江蘇)성교육회가 고등 및 중등학생 '연설경연대회'의 주제로 '신문화운동의 여러 문제와 추진방안(新文化運動之種種問題及推行方法)'을 결정한 때라고 본다.(20면)

● 중국 고전에 나오는 '운동'의 용례는 글자 그대로의 뜻으로 만물의 변화 과정이나 개인의 신체적·물리적 활동을 가리킨다. 이와 달리 20세기 이래 특정 목적에 도달하기 위해 활동한다는 뜻으로 통용되고 있다.

구망이다.[11] 서구화와 반제라는 서로 모순되는 듯이 보이는 이 두 과제가 5·4기에 상호촉진 관계에 있었다는 점을 간파했고 그것이 합리적으로 해결되기를 전제했다는 점에서, 그의 문제의식은 어느정도 (저자가 강조하는) '이중과제론'의 문제의식과 통한다 할 수 있다. 그런 점에서 언뜻 보기에 단순히 전반적인 서구화론자라고 잘라 말하기는 어렵겠다. 그 자신이 제창한 (청말의 '중체서용'이 아닌) '서체중용(西體中用)'을 위한 '변혁적 창조(轉換性的創造)'라는 발상에서 '체'가 맑스주의이고 '중국식 사회주의 현대화 노선'을 지향한다는 태도를 취한 것을 봐도 그렇다.

그러나 그로 대표되는 1980년대의 주류 담론은 개혁·개방의 극복대상인 문화대혁명을 봉건주의의 '여독'으로 보면서 문혁/신시기, 전통/현대, 중국/서방이란 세 차원의 이분법적 사고에 얽매여 중국 사회주의를 비판하려는 정치적 의도가 너무 강한 나머지 서구를 모델로 삼은 계몽 과제에 대한 낙관주의에 치우쳤다. 담론이 문화계몽 방식에 치중해 1980년대와 5·4기의 구조적 동질성을 주로 부각하였기에 1980년대의 '문화열'이 '신계몽'으로, 1980년대가 '신계몽주의' 시기로 불리는 것도 같은 이유에서이다.[12] 그렇기 때문에 그가 말하는 '서체중용'에서의 '중'이 단순히 유가사상을 비롯한 중국 전통문화에 그치지 않고 "혁명이 주도하는 현대 중국역사와 필연적으로 연계되는 것"이 아닌지 의심하는 비평이 나오게 된다.[13]

이 논란을 좀더 깊이 점검하기 위해, 리쩌허우의 문제의식의 핵심이기도 한 '개인의 자유'의 중요성을 완강하게 견지하는 자유주의파에 속하면서도 계몽과 구망의 관계를 논술하는 그의 방식에 이의를 제기하는 친후이(秦暉)의 논의를 참고해보자. 그는 구망이 계몽을 압도했다는 명제를 민족주의가 자유주의를 압도하여, 레닌주의의 굴기를 조장했다는 뜻이라고 풀이하면서, 신문화운동에 힘입어 처음으로 큰 흐름을 형성한 (개인의 자유個性自由를 강조하는) 계몽은 5·4 이후에도 구망에 압도당하지 않고 사실상 그와 줄곧 병행했다고 역설한다. 단지 계몽의 학습대상이 구미에서 쏘비에뜨러시아로 바뀐 변화가 일어났을 뿐이다. 게다가 이러한 변화의 동력은 구망이 아닌 계몽 자체에서 온 것이니, 중국인의 계몽에 대한 흥미가 '사회혁명'으로 바뀌었을 뿐이라고 본다.[14]

리쩌허우도 그러려니와 그보다 더 개인의 자유를 앞세우고 이를 억압하는 '대공동체'에 완강하게 반발하는 친후이도 근대의 '성취함직한 특성'에 치중한 것으로 보인다. 중국의 (흔히 반半식민성으로 지칭되는) 조건에서는 근대의 '부정적 특성'이 더 선명하게 드러날 수밖에 없기 때문에 근대적응에 충실하기 위해서라도 근대극복을 겸해야 하는데 그러지 못한 한계가 있다.

이 한계를 넘어서려면 (5·4기이든 1980년대이든) 계몽을 단순한 '이론'이 아닌 '역사적 실천'이나 '운동'으로 재정의해볼 필요가 있다. 이와 관련해 허자오톈(賀照田)이 대안으로 제시한 '계몽과 혁명의 이중변주'가 (저자의 문제의식인) 이중과제에 일정 정도 접근한 것으로 주목된다. 그는 리쩌허우의 혁명 이해가 구국의 규정성을 유독 강조한 오류를 범했다고 비판하면서, '혁명의 속살'에 다가가면 중국혁명 과정에서 지식인의 경우 자신이 "의식적으로 계몽자가 되는 동시에 또한 의식적으로 자신을 피교육자, 피계몽자로 만들어야 했"던 과정이 감지된다고 한다.•

• 허자오톈『현대 중국의 사상적 곤경』, 임우경 옮김, 창비 2018, 제2장, 특히 147, 153면. 더 나아가 "혁명세력은 반대로 광범위한 사회계급들에게서 혁명의 동력을 찾고" 그들이 지닌 계급적 혁명성을 효과적으로 조직하면서 "더욱 설득력 있고 흡인력 있는 제도, 조직, 사회생활 방식 및 이 세가지를 효과적으로 유지하고 지탱할 문화 형식을 발굴하는 데도 주력했다"고 주장한다(154~55면).

이렇듯 지식인과 인민대중의 관계에서 상호전환의 역동성을 부각하는 것은 계몽의 의미를 재구성해 5·4사건과 신문화운동이 서로 상승작용을 하는 과정을 깊이 이해하게 돕는 하나의 단서로 삼을 만하다. 단 그가 말하는 '계몽과 혁명의 이중변주'에서 근대극복을 제대로 수행하기 위해서는 근대의 '성취함직한 특성'인 개인의 자유 또는 자발성을 소홀히 할 수 없는데, 이 과제를 혁명과정에서 어떻게 감당하였는지는 더 따져봐야 할 것이다. (앞의 4장 2절 말미에 언급한 개인수양과 혁명수양의 병행이라는 쟁점은 검토했고, 이것이 군중노선에 어떻게 나타나는지는 뒤의 2부 5장에서 검토할 터인데, 어느 경우든 개인의 자발적 결합체인 소조직 문제를 집단적 주체성으로 중시하지 않으면 안 된다.)

2. 개인/국가의 이분법을 넘어 사회변혁으로
: 민중대연합의 구상과 실천

5·4운동을 둘러싼 또다른 쟁점은 개인주의, 국가주의(또는 애국주의) 및 세계주의의 관계이다. 당시 중국 지식계는 '국가'나 '국가주의' 또는 (정당과 의회 중심의) 낡은 정치에 대해 강하게 반발했다. 왜냐하면 민족국가 관념이 제1차 세계대전을 야기한 직접 원인이라고 보았기 때문이다. 게다가 신해혁명(곧 공화혁명)의 굴절, 특히 위안스카이(袁世凱)의 황제제도 회귀(1916)까지 겪었기에 (낡은) 정치에 회의적이었다. 그러나 중국인들은 '침략형 국가 관념'을 비판한 것이었지, '구망형(救亡型) 국가와 사회' 및 '인류문명 진보적 애국주의'나 '세계주의적 국가'에 대한 이념은 중시했다.[15] 약육강식의 세계질서에 적응하는 '세계적 국가'가

아니라 인류가 상호 부조하는 공리(公理)를 구현하는 '세계주의적 국가'를 성취하고 싶었던 것이다.[16] 일종의 '시대 정념'으로서 보편적으로 수용된 세계주의에는 1차대전을 계기로 촉발된 문명사적 전환이라는 사상 과제가 담겨 있었을 뿐만 아니라, 서구적 근대에 대한 비판적 인식과 전후 세계질서에 대한 중국의 주체적 진입 의지가 강하게 반영되어 있었다. 5·4를 추동한 '민족자결'의 원리도 '세계적 공리'의 보편적 실천이라는 차원에서 인식되었고 그것은 민주의 실천에 입각한 민족국가로서의 중국의 '개조'라는 핵심적 과제를 요구하는 것이었다.[17]

깊이 들여다보면 1차대전 이후 세계체제에 더 깊숙이 편입된 반(半)식민지 중국의 세계사적 위치를 직시하고 그로부터 벗어나는 것이 그들 논의의 전제였음을 간취할 수 있다. 참전국으로서 베르사유회의에 정부가 대표단을 파견했지만 자국의 요구를 관철할 수 없는 한계를 느끼게 되면서 민간에서는 새로운 국제질서와 (열강국 정부 간의 합의에 의한 외교행위로서의 '위로부터의 평화'가 아니라) '밑으로부터의 평화'에 대한 요구도 나타났다. 말하자면 두개의 트랙(track)이 병행된 것이다.

그런데 개인주의인가 아니면 국가주의(나 애국주의)인가의 이분법적 구도로는 당시 논의의 전모를 제대로 포착할 수 없다. 국가 사상이 쇠퇴한 대신에 '사회개조' 사조가 시대조류가 되었고 '개인해방'은 약화되어 갔다.[18] 지식인과 청년·학생들은 국가나 정당정치를 단순히 부정만 한 것이 아니라 신문화운동의 사회적 기초(가정·개인·계급·노동·교육 등)를 개조해 새로운 정치를 구현하고자 했다.

여기서 개인도 국가도 아닌 (개인의) 자발적 결사체, 곧 연대의 경험이 각별히 중시되었음에 저자는 주목한다. 5·4운동기에 통용된 '사회'라는 개념에는 두 측면이 있었다. 하나는 뜻이 같은 개인들의 자발적 결합체,

다른 하나는 개인 의지 밖에 존재하는 객관적 조직인 인간세상을 의미한다.[19] 그런데 양자의 결합을 모색하는 조류가 그때 유행했다. 개인(당시 용어로 '소아小我')이 사회(와 세계인류, 곧 '대아大我')에 융합되길 기대한 새로운 인생관이 풍미했다는 것은 흥미롭다.• 앞의 3장에서 당시 자아정체성의 위기에 처한 청년·학생들이 '사회변혁적 자아'의 형성 과정에서 그 위기를 극복했음을 그들의 일상생활 분석에 근거해 규명한 바 있다. 즉 개인이 사회에 융합되는 매개체로 '사회변혁적 자아'를 찾아낸 것이다.

이 과정은, 친후이가 강조하듯이 1920년대 중국에서 수용한 자유주의가 '일본식 자유주의'의 영향 속에 있어서 가능했던 것이 아니라,•• 일상생활 속의 개인이 자아실현의 욕구에서 사회개혁 내지 혁명을 선택한 내발적 동력의 소산인 것이다. 저자의 이같은 주장은 5·4운동을 '개인의 각성'(또는 개인의 자유)을 골간으로 파악하는 자유주의파와 '사회의 발견'에 중점을 두는 신좌파 간의 관점 차이(혹은 편향)[20]를 넘어서는 실마리가 되지 않을까 기대한다.

이같은 변화의 추세를 적확하게 짚은 것이 1919년 여름 청년 마오쩌둥

• 5·4운동의 지도자 푸쓰녠(傅斯年)은 개성 곧 '소아'를 중시하되 '소아'가 자기의 노력에 의해 불멸의 '대아'인 사회나 역사에 융합될 수 있다고 보았다. 마오쩌둥도 같은 사유구조를 가졌지만, 점차 군중과 정당을 '대아'로 간주하는 변화를 보였다. 于海兵「"小我"与"大我": "愚公移山"的近代再阐释」, 许纪霖·刘擎 主编『知识分子论丛』第13辑, 上海: 上海人民出版社 2015.

•• 친후이(秦暉)가 말하는 일본식 자유주의는 서구의 개인주의와 달리, 가족이나 번(藩) 같은 소공동체에서 벗어난 개인의 독립이 곧 국가나 천황제와 같은 대공동체에 의존하는 특징이 있다. 그 영향을 받은 중국의 자유주의도 종족(宗族)[을 중시하는 유교]에 저항해 그로부터 독립한 개인이 국가[를 중시하는 법가]에 의존하는 경향을 촉진한다는 것이다. 秦暉『走出帝制: 从晚清到民国的历史回望』, 北京: 群言出版社 2016, 319~50면.

이 발표한 「민중의 대연합」이라는 글이다.[21] 여기에는 5·4기에 형성된 민중의 소조직('小聯合')이란 새로운 조류가 기존의 대조직('法團', 청말에 법으로 인정된 상회·농회·교육회 등 직능단체)의 변화와 합류하여 어떻게 중국 민중의 '대연합'으로 발전해갈 것인지에 대해 그 가능성과 필요성이 설명되어 있다. 그는 개인과 국가를 넘어선 사회의 발견과 사회개조에 관심을 가졌던 것이다.

저자가 보기에, 이 두 흐름이 민족적 위기 상황에서 자발적인 민의대표기구로 합류하여 5·4기에 '각계연합회'와 '국민대회'가 조직되기도 했고, 1923년부터는 국민회의운동이 추진되었다.* 국민회의운동이란 1920년대의 직능집단**들이 저마다의 일상생활의 이해관계에 기초해 조직화되면서 공산당 및 국민당과 서로 협력하고 때로는 경쟁하는 장, 곧 새로운 민의대표기구의 구성과 실천이 이루어지는 장이었다.*** 조선의 3·1운동 과정에서도 '국민대회'가 열렸고, 단체나 조직을 만들지 않고 스스로 민

---

* 1913년 한커우(漢口)에서 '국민대회'가 집회의 명칭으로 처음 사용되었지만, 이 명칭을 내건 집회는 1915년부터 일반화되었고, 1918년에 각 지역에서 출현하였다가 1919년에는 전국에서 개최되는 것으로 확산되었다. 박지수 「근대 중국의 대중집회와 國民大會, 1901~1919」, 『중국근현대사연구』 86집, 2020, 특히 114~15면. 이러한 '대중운동으로서의 국민대회'는 '제도(민의기관)로서의 국민대회'를 내포하였지만, 국민회의운동으로의 제도화의 길이 전면화되었다고 판단된다.

** 저자가 말하는 직능집단은 직업단체를 중심으로 하되 좀더 넓은 의미의 '각계'를 가리킨다. 어떤 한정된 집단사회를 의미하는 일본의 '카이(界)'라는 신조어가 근대 동아시아에서 널리 사용되었다. 이에 대해서는 졸고 「중국현대사에서의 민주주의와 국민회의운동」, 『인문과학』 84집, 연세대학교 인문과학연구소 2002, 164면 참고.

*** 저자는 국민회의운동에 관심을 갖는 동아시아 연구자들이 "각자가 처한 현실, 특히 현존하는 대의제 민주주의에 대한 비판에서 출발하여 대안적 민주주의 모델을 추구"하려는 동기를 갖고 있다고 해석한 적이 있다(같은 글 169면). 한국 학계에서 직업대표제를 축으로 이 주제를 집중 연구한 유용태 『직업대표제, 근대중국의 민주유산』, 서울대학교출판문화원 2011 참조.

족대표 혹은 국민대표로 자처하는 개인들도 출현했다. 중국과 조선에서 선거를 통해 지역대표를 제대로 뽑을 수 없었던 당시에 민주주의를 실현하는 새로운 방식으로 제기된 것이다. 여기 담긴 대표성과 직접성의 의미는 되새겨볼 만하다. '대표'의 정당성은 잇따른 민중시위에 의해 사후적으로 추인되고, (일본)제국주의의 지배를 거부하고 국민의 이해를 대변할 때 인정되는 것이다.[22]

이같은 민중의 '대연합', 달리 말하면 새로운 민의대표기구의 실험에는 5·4기 이전부터 지속되어온 민의 자치와 결집의 경험이 계승된 면이 있다. 먼저 눈여겨볼 것은, 신해혁명과의 연속성이다. 민두기는 1911년을 전후한 제1차 공화혁명에서 시작된 여러 특성들이 형식에 그치고 말다가 '제2차 공화혁명'인 5·4운동에서 그 실질성이 확보됨으로써 공화혁명의 형식[名]과 내용[實]이 합치되는 과정으로 이를 파악한 바 있다.● 신해혁명 이후 공화의 위기를 겪고 공화제도(현존하는 정체政體나 정당)뿐만 아니라 그 이념 자체에 대한 비판적 인식을 통해 새로운 정치, 민의 직접 참여의 확대로 향하는 복합적이고 점진적인 발전 과정이 추구된 것이다.

그다음, 좀더 장기 시간대에서 지속되어온 민간 역량의 상승과 분권화 지향도 주목된다. 미조구찌 유우조오(溝口雄三)는 16, 17세기 이후 민간 역량의 상승에 동반해 왕조 '제도'가 붕괴해가는 과정, 즉 '중앙집권제에서 지방분권화로' 이행하는 장기적인 역사과정에 주목한다.[23] 그가 말하

● 민두기 『중국의 공화혁명: 1901~1913』, 지식산업사 1999, 특히 「결론」. 양자를 연결해 파악하는, 당시로서는 새로운 그의 시각이 한참 지난 지금 새롭게 지지를 얻고 있다. 뤄즈텐(羅志田)도 신해혁명과 5·4운동의 연속성을 강조한다. 그러나 그는 정권교체(改朝換代)에 불과한 무장혁명인 신해혁명을 넘어선 좀더 철저한 혁명('眞革命')인 '정신혁명'으로서 신문화운동을 본 당시 논의를 부각한다. 罗志田「体相和个性: 以五四为标识的新文化运动再认识」, 『近代史研究』 2017年 第3期 8~9면.

는 '민간' 역량은 명말청초에 현(縣) 수준으로 존재했던 '향리공간(鄕里
空間)'이 청말에 이르러 성(省) 수준의 '향리공간'으로 성숙되고 그 결과
성의 독립을 불러왔다는 역사적 맥락을 의미한다. 이에 덧붙여 청말 이래
분권화 추세를 추동한 동력이 기존의 대조직('法團')의 변화였음을 저자
는 특히 강조하고 싶다. 그 결과, 20세기 초 성 단위 공화국의 건설 구상
도 있었고, 성 단위 공화국의 연합을 통한 연방국가에 대한 구상[聯省自
治運動]도 나타날 수 있었다. 물론 중앙집중적인 국민혁명에 대한 구상도
존재했지만, 지방분권화라는 긴 역사적 맥락을 염두에 둔다면, "연방공
화국의 구상이 아마도 가장 현실적인 구상"이라는 그의 견해에 수긍하게
된다.[24] 잘 알려져 있듯이, 제국주의의 침략이 초래한 민족적 위기의식이
그 이후 가중되어 군벌들이 외세와 결탁해 중국을 분할 통치할지 모른다
는 우려가 높아짐으로써 연방에 대한 구상은 현실화되지 못했다. 그러나
분권화의 오랜 흐름과 민중의 소조직('小聯合')이란 새로운 흐름이 합류
된 1920년대의 국민회의 구상은 새롭게 조명될 필요가 있다. (그 실천과
정은 앞의 4장에서 살펴본 바 있다.)

  이 계기를 중시하는 것이 청말 사상과의 연속성에서 5·4를 파악하려는
최근의 풍조와 겉보기에 유사한 듯하나 결을 달리한다는 점을 강조하고
싶다. 청말과 5·4를 연속적으로 보는 시도는 후자를 '탈중심화'하는 작업
으로 기울어지기 쉽다. 5·4의 혁명적 성취를 신민주주의혁명사관의 시각
에서 특권화(내지 신비화)해온 중국의 당파사관을 극복하기 위해 5·4를
역사화 내지 상대화하는 것은 물론 필요하나, 그 시도가 지나친 나머지
5·4의 '혁명성'을 새롭게 해석하는 노력마저도 무력화시키는 게 아닐지
우려된다. 레베카 칼이 적절히 지적했듯이, 5·4의 탈중심화라는 조류는
그로 인해 "정치가 실종되고, 과거와 그 역사가 탈정치화되며, 민주적 약

속이 간과"되는 문제를 조장하기 때문이다."• 1920년대에 출현한 국민회의의 구상과 실천을 서구의 대의제가 아닌 새로운 민주주의의 모색이자 근대극복의 계기로서 저자가 각별히 주목하는 것은 바로 이런 맥락에서이다.

3. 유학 재평가와 대안적 문명의 가능성

청말의 연속성에서 5·4운동을 다시 보듯이 긴 시간대에서 그것을 재인식하고자 하면, 빠트릴 수 없는 것이 유학사상의 평가이다. '신문화'에 대비되어 타도대상("打倒孔家店")이었던 '구문화'의 핵심이 유학(禮治)이라는 것은 익숙한 이야기이다. 그런데 2009년 베이징에서 열린 5·4운동 90주년 기념 국제학술회의 현장에서 '유학과 국학 재평가'가 돌출된 듯한 (외국인인 저자에겐 낯선) 분위기를 직접 목도한 이래 중국 안팎에서는 문화보수주의가 재조명되고 있다.••

문화보수주의를 역사적 맥락에서 깊이 이해하자면, 동서문화논쟁으로 거슬러올라가야 한다. 1910~20년대 중국에서 '중서문화논쟁'이 대두했는데, 서양문화는 1차대전을 거치며 몰락했고 중국문화가 인류의 대안이

• Rebecca E. Karl, "The Shadow of Democracy," *The Journal of Asian Studies* Vol. 78, No. 2, May 2019, 383면. 그는 5·4의 탈중심화를 추구하는 주류 학계가 민주적 약속의 운반체로서의 정치적 행동주의를 포기함에 따라 "연구로의 후퇴"로 나타난다고 비판한다(387면).
•• 5·4운동 90주년 기념 국제회의에서 5·4운동의 세가지 부정적 측면으로 과격주의적 경향, 지나친 정치화 경향 및 군중운동에 대한 지나친 미화가 거론되었다. 아울러 유교 같은 문화보수주의가 긍정적으로 평가되어 저자로서는 당혹스러웠던 기억이 새롭다. 이 회의 분위기는 배경한 「북경의 '5·4' 90주년」, 『중국근현대사연구』 42집, 2009 참조.

라는 문화보수주의와 그에 반대하여 중국은 아직 서구에서 배울 것이 많다고 주장한 후스(胡適)로 대표되는 서화론자(西化論者), 여기에 맑스주의자 진영들이 가세했다. 이에 대해서는 이미 많은 논의가 이뤄졌기에 이 책에서는 이중과제론의 시각에서 이를 간략히 소개하면서 논평을 곁들이고자 한다.

근대극복의 과제와 관련해 유학을 포함한 동아시아 문명자산의 가능성에 주목한 동방문화 그룹(딱히 단일한 하나의 계파로 보긴 힘들 정도로 내부 차이도 있지만)도 동서문명의 조화 또는 새로운 (제3의) 문명을 목표로 삼았고, 그를 공격한 신문화운동 그룹 또한 20세기 새로운 문명(사회주의 포함)을 지향했다. 양자 모두 문화유형론에 갇혀 동서 문화의 우열 내지 조화 여부 논쟁에 집중했지만,[25] 둘 다 이중과제적 문제의식을 많든 적든 가졌다고 볼 수 있다. 전자가 근대의 '부정적 특성'에 더 주목하고 후자는 '성취함직한 특성'에 치중했다. 그 결과 두 그룹 모두 그 두 특성이 혼재하는 근대에의 '적응'은 "성취와 부정을 겸하는" 것이고, "이러한 적응 노력은 극복의 노력과 일치함으로써만 실효를 가질 수 있"음에 투철하지 못했다. 이러한 공통점에도 불구하고, 전자는 그 과제(즉 문명조화)를 실현할 새로운 주체를 찾지 못한 데 비해, 후자는 그것을 5·4기 이래 새로운 문화운동이자 사회운동을 추구한 청년·학생(을 비롯한 민중)에서 찾은 것이 중요한 차이라 하겠다.[26]

이쯤 해서 동방문화 그룹으로 흔히 간주되는 량수밍(梁漱溟)의 독특한 위치를 살펴보자. 근대에 대한 그의 복합적 인식은 단순히 이분법적으로 구분된 동방문화의 범위를 넘어 이중과제에 근접하기 때문이다. 바로 이 점 때문에 '신유교의 선구'라든가 '또 하나의 5·4운동' 곧 예교에 기반한 예치(禮治)사회주의라는 (공산혁명과 다른) '또 하나의 혁명의 궤적'[27],

또는 개혁과 혁명의 상호전화[28]로 위치가 부여되는 식으로 21세기가 된 지금에도 아직도 유효한 현재성을 갖기에 열띤 쟁점이 되고 있다.

사실 동서문화논쟁의 양측 모두 서방문화의 압도 아래 그에 전면 굴복하거나 투항하는 것만은 피해야 한다는 위기의식을 공유하였다. 단지 어떻게 그 상황을 바꿀 것인가에 차이가 있었을 뿐이다. 뤄즈텐(羅志田)식으로 말하면 "모두 중국 문제를 세계 상황에 놓고 파악하고 물러설 수 없는 각자의 민족담론의 최저선"을 가지고 있었던 셈이다.[29]

그렇다면 동방문화파의 특징은 무엇인가. 동방문화파라 해도 내부에 일치된 의견이 있지는 않은데, 대체로 1차대전 직후 서양의 지식인들이 자기 문화에 대해 반성하는 모습을 자기긍정의 수단으로 삼는 당시 중국에서 유행한 풍조의 자장 속에 있었다. 중국인들은 세계문화를 서양문화와 중국문화로 양분하고 둘 사이의 대립과 경쟁으로 파악함으로써 서양문화의 몰락은 곧바로 중국문화의 부활로 이어진다고 보고 싶어하였다.[30] 량수밍도 기본적으로 이 조류의 영향 속에 있었다. 그렇지만 서방의 장점은 취하고 우리의 단점을 버리자는 식의 안이한 조화론 혹은 절충론에 저항하면서 동방문화의 철저한 패배를 인정한 위에서 서양문화를 전반적으로 수용하여 자기를 변화시킨 후 이전과는 다른 비판적 태도로 중국문화를 다시 끄집어내는 방식을 취했다.[31]

좀더 구체적인 내용을 살펴보자. 그는 (서구처럼 이성이 아니라) '의욕'과 '직각(直覺)'이란 개념을 통해 인식론적 근거를 마련하고 '문화노선(文化路向)'이라는 방법론을 창안하여 중국문화의 우월함을 재확립하는 역할을 수행하고자 했다. 유명한 개념이 '문화노선' 3단계설이다. 문화를 탄생시키는 근본 원인을 '의욕'으로 보고 그것이 표출되는 방향에 따라 세계문화가 각기 달라진다는 명제를 세웠다. 첫째는 전진적인 노선으로서 서양 근대에 부흥한 것이고, 둘째는 자신의 생각에 대한 변환·조화·조절 노선으로서 고대 중국에서 흥성했는데 가까운 미래에 부흥할 것이며, 셋째는 자신을 돌려 뒤로 물러서는 노선으로서 고대 인도에서 부흥했는데 비교적 먼 장래에 부흥할 것이다. 지금은 근대에서 가장 가까운 미래인 두번째 문화노선으로 넘어가는 세계문화의 '과도시대'이다. 이것이 문화노선 3단계설의 골자이다.

이 3단계론은 문화의 진화를 시간축에서 선진과 후진으로 가르는 단순한 일원론적 사고가 아니라 시계열을 공간화하여 당시 유행하던 진화론에 도전한 것이다. 즉 서양문화를 인류문화의 세 유형 가운데 하나이자 인류문화 발전의 제1단계에 위치짓는 방식을 취함으로써, 단선적인 진화론에 의거하여 중국문화를 낙후하고 정체된 것으로 규정하는 관점에서 벗어나는 동시에 서양문화와 구별되는 상이한 유형의 문화로서 중국문화의 독자적 의의를 인정하도록 고무한다. 또한 근대 서양문화에 인류사적인 보편성을 부여하여 그것이 수용될 수 있는 이론적 기초를 마련해줄 뿐만 아니라 중국문화와 인도문화를 제2단계와 제3단계에 각각 자리매김함으로써 역시 이들에 세계사적 보편성을 부여한다.[32]

이 이론의 핵심은 중국이 당면한 위기의 출로에 있다. 량수밍은 서양에서 직각을 중시하는 생철학이 흥기하고 인간의 욕망을 제어하는 사회주의 경제체제가 부상하고 있음에 주목한다. 이를 서양문화가 1단계에서 2단계로 진입하는 전환의 징후로 포착하면서, 공자의 인생철학의 방향과 유사하다고 판단하여 중국문화가 가까운 미래에 세계문화의 방향이 될 것임을 전망한다.[33]

이처럼 얼핏 보기에도 그의 이론은 매우 복잡한 체계와 논리를 가졌기에 '복안(複眼)적인 다원적 문화관'으로 평가되기도 하고,[34] 이와 달리 다원적 인식과 일원적 인식이 중첩된 것이라고 해석되기도 한다.[35] 그럼에도 불구하고 5·4기 이래 그가 동방문화파로 구분되어온 것은 분명한데, 이는 사상적 내용 자체보다는 상황적 요인, 달리 말하면 그 발신이 가져올 수 있는 사회적 효과 때문인 듯하다. 여기서 동방문화파란 명명 자체가 동시대 공산당계 지식인에 의한 것임을 상기할 필요가 있다.• 당시 천두슈가 량수밍이 야기하는 신문화운동의 내부 분열의 위험성을 우려해 "나라와 민족에 해를 끼치는 망국멸종의 논의를 제창한다"고 비난한 것[36]은 단적인 반응이다.

지금의 관점에서 그의 문화론을 돌아보면, '근대'를 상대화하고 중국 문화의 자기동일성 확립에 기여하고 있다는 점에서 서구 중심의 '근대'를 비판적으로 바라볼 수 있는 시각을 제공해줄 뿐만 아니라 전통자원에 대한 관심을 촉발하는 현재적 의미를 여전히 갖는다. 널리 통용되는 용어로 말하면 전통이자 탈근대라는 이중성을 갖는 셈이다.[37] 이런 특성 때문에 그를 단순히 동방문화파로 분류하는 게 적절한지 묻게 된다. "일종의 대립통일의 변증 현상이고, 바로 이중소외(二重異化)의 표징"을 갖는 '소외된 보수주의자'라고 그를 명명하는 것도 한편으로 타당해 보인다.[38] 그가 취한 태도가 중국과 서방에 대한 '이중부정과 이중긍정의 태도'였다는 설명[39]도 같은 맥락이지 싶다.

사실 그의 이런 이중성은 '노선'이 서로 다른 동과 서 두 문화를 직각에 의해 조화를 꾀하려는 시도에서 빚어진 것이다. 언뜻 보기에 자기 모순

• 邓中夏「中国现在的思想界」(1923. 11. 24),『邓中夏全集』上册, 北京: 人民出版社 2014, 288~89면. 그는 신문화운동 이전의 반동파와 달리 서양문화를 흡수한 위장된 '반동파'를 '동방문화파'라고 부르자고 제안하면서 그 안에 량치차오, 량수밍, 장스자오(章士釗)로 대표되는 세 파가 있다고 분류했다. 이 비과학적인 반동파에 대비되는 것이 신문화운동 그룹인데 후스 등의 과학적 방법파와 천두슈 등의 유물사관파로 분화되었다고 한다.

같은데, 이러한 모순은 그 당시 많은 청년·학생들도 그랬듯이 그 역시 자비(自卑)와 자대(自大) 사이에서의 심리적 모순을 겪고 있었음을 반영하는 것으로도 설명된다.•

그밖에도 그의 문화론이 갖는 이런저런 문제점을 더 지적할 수 있겠지만, 그가 세계문명을 서양문명과 중국문명으로 양분한 논술방식, 달리 말하면 그의 동서문화론에는 중국문화 중심의 전통적인 문화의식이 짙게 깔려 있다는 점[40]만은 각별히 주의할 필요가 있다. 그 자신도 '과도시대'가 얼마나 길게 갈지는 제대로 의식하지 못했지만 근대성의 폐단을 간파하면서 서구화가 필연적으로 중국화로 전환하리라고 굳게 믿었던 것[41]은 그로부터 연유한다. 어느 정도였냐면, 문명융합(의 결과일 터인 새 문명)의 주체는 동방문화의 '중심'인 중국일 수밖에 없으니 중국에는 "재료가 다 구비되어 있고 문제가 절박하므로" 이는 "마땅히 성공하리라"고 (단언할 수는 없다면서도) 믿었을 정도였다.[42]

이 문제점은 당시 동아시아 사상계의 동향에 비춰 다시 보면 더 선명해진다. 이중과제론의 관점에서 보면, 제국주의 일본은 근대의 적응, 아니 추종에 치우쳤고, 반(半)식민지 중국은 근대극복에 관심이 미쳤으나 당장은 근대적응에 집중하면서 중국문화의 특수성을 강조하는 문화적 민족주의로 보완하고자 했다.[43] (이중과제론으로 나아가지 못한 량수밍도 그 틀에서 제대로 벗어나지 못했음은 바로 앞에서 확인한 대로이다.) 이에 비해 식민지 근대의 '부정적 특성'을 일상생활에서 체감하며 근대극

• 홍석표 「양수명(梁漱溟)의 동서문화론과 중국문화부흥의 학술적 담론」, 『중국어문학지』 35집, 2011, 71면. 그는 량수밍의 조화론은 '자비'와 '자신(自信)' 사이의 심리적 모순을 반영하는 무의식적 결과라고 해석한다. 1920년대 중국 청년의 '자비'와 '자대'의 심리적 갈등에 대해서는 졸저 『中國現代大學文化研究: 1920年代 大學生의 正體性 危機와 社會變革』, 一潮閣 1994, 제2부 4장 참조.

복에 더 관심을 갖게 된 조선은 근대적응과 근대극복의 이중과제를 동시에 수행하는 긴장을 유지할 계기를 발견하면서 일국을 넘어 피압박민족들과의 연대의 길을 열 가능성이 있었다고 볼 수 있지 않을까.[44]

　이제까지 5·4운동을 둘러싸고 최근 논란이 되고 있는 다양한 해석의 일부(지만 핵심적인) 쟁점을 검토해보았다. 이를 통해 분명해진 사실은, 5·4운동기는 "정말로 절박한 위기라는 감각, '구국'을 향해 경쟁하는 다양한 사고방식, 그들의 이념을 받아들이고 환영하고 논의하여 현실에 적용하려는 지지자들"[45]이 강력한 중앙정부가 없어 분열된 ─ 그래서 역설적으로 사상의 자유를 누린 ─ 틈새에 대두한 시대였다. 저자가 1999년 5·4운동 80주년을 맞아 사용한 표현을 가져오면, "5·4는 근대에 적응하면서 그 극복도 추구하는 이중과제를 수행하는 보수파 온건파 급진파의 역동적 작업 전체를 의미한다."[46] 그 운동을 중요하게 만든 것은 5월 4일 하루가 아니라 "그 시대, 그 분위기, 그 활력"이었고, 그것들은 잠재적으로 오늘의 중국 정치에도 영향을 드리우고 있다.[47] 이는 5·4운동기가 중국이 반(半)식민지 근대에 내재된 근대극복의 계기를 장악해 주체성을 획득한 시기요, 이중과제의 동시 수행의 중요성을 (다소간) 자각한 주체가 형성된 시기임을 의미한다.
　5·4운동기 이래의 상징화와 이미지화가 지속되는 이유는 중국 정치, 문화 및 사회변혁에 대해 전면적으로 성찰하고 자신의 이념을 행동에 옮긴 주체의 자발성과 복합성에 있지 않을까 싶다.[48] 저자 나름으로 말하면, 5·4가 되풀이 불려 나오는 비밀은 '사회변혁적 자아'를 매개로 개인과 사회가 융합되는 변증법적 결합을 사회변혁이라는 실천과정에서 성취한 주체의 경험, 특히 공화의 확충적 실질화라는 새로운 민주주의의 실험운

동에 있지 싶다. 레베카 칼 식으로 표현하면, 5·4는 100년간 줄곧 "사회주의적이든 자유주의적이든 모든 민주주의적인 정치적 약속에 그림자를 드리워온 것으로 보인다." 좁은 의미의 정치를 넘어 근본적 변혁을 지향하는 사회를 문화와 연결해 문화를 (재)정치화하려 한[49] 5·4운동 주체의 '운동'은 "(대중)민주주의의 역사적 전제요 약속"[50]으로서 지금도 살아 있다.

6장

연동하는 동아시아와 5·4의 현재적 의미

바로 앞의 5장 말미에서 요약한 특성에 착안해 저자는 5·4운동을 '5·4혁명'이라 부르기를 제안한 바 있다.[1] 여기서 '혁명'이란 고전적 의미 또는 기존 교과서나 사전 항목의 혁명이 아니라, 정권 전복에 그치지 않는 사회 전체의 대대적인 전환, 즉 사상·문화의 발본적 변화와 민중적 주체역량의 증대를 가리킨다. (서구의 68혁명이 그 예가 될 것이다.) 이 기준에서 보면, 5·4기에 사상·문화의 대대적 변화와 민중적 주체역량의 증대가 이뤄졌으니 5·4운동도 '5·4혁명'이라 부르는 쪽이 더 적합하다고 한 것이다.

사실 '5·4세대'라는 새로운 주체의 형성은 널리 받아들여진다. 뿐만 아니라 5·4를 신민주주의혁명의 '위대한 출발(偉大的開端)'로 보는 관점이 중국에서 주류이다시피 하고, 이에 동조하지 않더라도 '문학혁명'(또는 문화혁명)은 대개 긍정하는 편이므로, 5·4기 이래 사상·문화의 대전환이 있었음은 쉽사리 인정될 법하다. 더욱이 중국현대사에는 혁명을 한차례의 정치혁명만을 의미하지 않고 시간상 여러 단계를 거쳐 근원적인 변혁을 이루는 지속적인 '대혁명'(그 핵심은 넓은 의미의 문화)으로 인식하는 계보도 있다.[2] 그러니 '5·4혁명'이란 호명이 별로 낯설지 않을 것이다. (아니면 그렇기 때문에 거꾸로 중국현대사에서 급진주의가 수행한 역할을 비판하는 입장에서는 혁명이 오염된 용어라서 꺼릴지도 모르겠다.)

그런데 (3·1처럼) 5·4를 '계속 학습되는 혁명 또는 변혁'이라 보면 어떨까. 반(半)식민지였던 중국에서는 (식민지였던 조선과 달리) 자신의 정부를 통해 5·4에서 제기된 과제, 특히 중화민족의 자주와 민주를 위한 제도적 차원의 성취를 단계별로 누적해왔다. 특히 해방과 억압이라는 국민국가의 양면성을 민중의 자율적 결집과 자치에 기반해 간파하면서 국가를 재구성하려는 중국인의 이론적·실천적 노력의 근원이 (신해혁명의 연속체인) 5·4였다. 이런 의미에서 5·4는 '이중과제'를 동시에 수행하려는 긴장이 유지된 단계였고, 바로 그렇기 때문에 5·4는 "중국 현대학술사상사에서 하나의 신시대를 연[開闢] 운동"[3]이 될 수 있다. 물론 5·4 이후 반(半)식민지 조건 속에서 이 긴장이 제대로 유지되지 못한 채 문화와 정치(또는 혁명)의 분리, 이른바 계몽과 구망의 분리 내지는 전자의 후자에의 종속으로 해석될 수 있는 현상도 발생했고, 또 정파 간 분화가 나타났기 때문에 (단절을 포함한) 나선형 형태의 발전이 이루어질 수밖에 없었다. 그러나 5·4의 역사적 의의는 "누적적으로 중첩되고 확대된" 과정에 있다고 보는 견해도 존재하듯이,* 5·4는 3·1과 마찬가지로 '계속 학습되는 변혁'으로 부를 만하다.

• 唐小兵「'五四精神是一股眞實的歷史動力': '五四'百年之際專訪余英時先生」,『思想』第37期, 臺北: 聯經出版社 2019, 158면. 바로 앞에서(특히 후주 2) 본 뤄즈톈(羅志田)의 '대혁명'관도 저자가 제출한 '계속 학습되는 변혁' 인식과 서로 통한다고 볼 수 있다.

그런데 저자는 그 의의가 단순히 '다차원성'과 '다방향성'을 가진 운동4이었기 때문이 아니라, '사회변혁적 자아'를 매개로 개인과 사회가 융합되는 변증법적 결합을 사회변혁이라는 실천과정에서 성취한 주체의 경험, 특히 공화의 확충적 실질화라는 새로운 민주주의의 실험운동에 있다고 본다. 바로 이 때문에 5·4는 그후 100년 동안 말하자면 '가치의 관제고지(管制高地, Commangding Heights)'로서의 위치를 중국현대사에서 차지하였고, 그래서 지금도 되풀이 소환되어 현실을 상대화하는 비평적 태도를 견지하게 하는 계속혁명의 원천이 된다. ('제2의 5·4'가 거론되는 이유의 일단이 바로 여기에 있다.*) 이것이 바로 '계속 학습되는 변혁'으로 이를 호명하는 현재적 의미가 아니겠는가.

이같은 '계속 학습되는 변혁'의 기점으로서의 의미를 5·4에 부여하는 것은 같은 해인 1919년 식민지 조선에서 발생한 3·1운동이 '3·1혁명'으로 재규정될 수 있는 것과 같은 맥락이다. 단지 나선형의 형태로 성취를 단계별로 실현해온 양상을 갖는 중국현대사와 달리 반전(反轉)이 거듭되는 굴곡을 감당하며 '점증적·누적적 성취'(incremental achievement)의 양상을 갖는 것이 한국현대사이다.**

• 예를 들면 1949년 이후 타이완에서 후스가 제2의 5·4를 일으켰고 오랜 곡절 끝에 타이완의 민주화가 이뤄졌다고 보는 余英時 「試釋 '五四'新文化運動的歷史作用」, 『思想』 第37期, 臺北: 聯經出版社 2019, 150면. 톈안먼사건 이후 미국에 망명 중인 옌자치는 중국정부에 반대하는 '새로운 제2차 신문화운동'이 오늘날도 중국 안팎에서 진행 중이라고 주장한다. 严家祺 「新二次新文化运动」, 『苹果日报』(香港) 2019. 2. 16(博讯 boxun.com, 2020년 11월 25일 검색).
•• 이 '점증적·누적적 성취'가 2016~17년의 '촛불혁명'으로까지 계속되어 드러난다는 뜻에서 '계속 학습되는 혁명' 또는 '현재진행 중인 혁명'이다. 졸고 「연동하는 동아시아와 3·1운동」, 『창작과비평』 2019년 봄호(이 수정본이 백영서 엮음 『백년의 변혁: 3·1에서 촛

3·1과 5·4는 두 개별 국가 각각의 역사의 일부지만, 동시에 동아시아 지역사이자 지구사의 일부였다. 역동하는 1919년의 동아시아에서 일어난 3·1과 5·4의 세계사적 '동시성'(simultaneity)은 주목되어야 한다. 양국은 제1차 세계대전을 통해 서구문명에 대한 개항 이래의 콤플렉스를 어느정도 극복하고, 희망적 관점에서 당시의 세계질서의 근본적 개편과 개조를 전망하며, 그러한 세계에 대한 동시대적 감각을 가지면서도 조선과 중국이 그것과 어긋날지도 모른다고 우려했다. 그래서 '지구적 순간'(global moment)[5]을 지역적으로 전유하며 민치(民治, 즉 민중자치)와 평화의 미래를 꿈꾸었던 것이다.

이처럼 불균등하면서 상호 연동하는 복합발전의 세계공간에 대한 한국인과 중국인의 집단경험의 (일국사를 넘는) 지역사적 의의는 일본과 연동하는 양상에서 잘 드러나지 싶다. 3·1과 5·4에 어떻게 대처할 것인가는 일본의 "운동과 체제 쌍방의 장래를 결정하는 시금석"이었다.[6] 당시 (본국과 식민지로 구성된) 중층적 일본제국권 안의 내부 모순과 상호작용의 조건은 존재했기에 일본 하라 타까시(原敬) 내각이 권력층 내부의 분파를 이용해 제국의 식민지 경영전략을 개혁하는 데 3·1이 계기를 제공했다. 또한 요시노 사꾸조오(吉野作造)나 그가 이끈 여명회(黎明會) 같은 계몽단체처럼 두 운동을 이해하려고 노력하고 제국개조의 필요성을 역설한 국제적 '타자감각'을 갖춘 운동세력이 존재한 사실의 역사적 의의[7]도 일정 정도 인정해야 할 것이다. 그런데 타이쇼오(大正)데모크라시 시대(1905~32)에 운동 측도 체제 측도 적극 대응하지 못한 채, 일본의 대세는 "밖으로 제국주의, 안으로 입헌주의"로 응결되고 말았다.[8] 그 결과, 제국

불까지』, 창비 2019에 수록).

일본이 (청일전쟁과 러일전쟁 승리에 힘입어) 1910년 조선을 강제 병합한 후 3·1을 겪고 나서 조선 지배에 약간의 양보를 함으로써 그들의 근대적응에 성공한 듯하나 그 극복 과제에 소홀함으로써 길게 보면 국익조차 일본인 전체를 위한 이익도 지속적인 이익도 되지 못한 한계가 분명하다.

이에 비해 반(半)식민지 중국은 3·1을 참조하여 5·4를 일으킴으로써 역사 변혁의 획을 긋는 '지구적 순간'에 동참했다. 3·1과 5·4의 연관은 1920년대부터 한국인에게 주목되었다. 신중국과 신조선 건설의 과제가 유사하다고 보고, 중국 청년의 혁명운동에 지지를 보낸 것이다.[9] 5·4가 3·1의 영향을 받았다는 해석도 이미 1920년대부터 나타났다.[10] 또한 5·4기에 중국 지식인들이 3·1에 지지를 보내면서 중국 인민을 각성케 하는 소재로 삼은 사실도 이미 잘 알려진 바이다.[•] 여기서 특히 주목할 것은, 식민지 한국의 한 일간지 사설이 중국의 문화운동을 '사회운동' '사회혁명' '사회혁신'이라는 관점에서 해석하며 "일본 국회의 추체(醜體)"와 대비하면서 중국에서 일어나고 있는 '정치개혁'의 움직임을 '사회개혁'의 일부로서 환영했다는 사실이다. "앞선 자 뒤지고 뒤진 자 앞선다"며 역사 발전의 길에서 선후가 뒤바뀔 수 있다는 판단에서, 중국 문화운동의 사회혁명적 지향은 동아시아의 역사 발전 경로를 뒤엎을 수도 있는 새로운 희망으로 인식되었던 것이다.[11] 이렇듯 3·1과 5·4는 연동하는 동아시아의 지난 100년사를 다시 보게 하는 발본적 의미를 갖는다.[••]

• 특히 중국 학생지도층이 3·1운동의 지향과 전술을 모델로 활용해 민중을 조직적으로 동원했음을 상세히 분석한 성과로는 Rudolf G. Wagner, "The Canonization of May Fourth," Milena Doleželová-Velingerová and Oldřich Král, eds., *The Appropriation of Cultural Capital: China's May Fourth Project*, Cambridge: Harvard University Asia Center 2001, 82~95면.

•• 5·4운동 100주년을 맞아 메이지유신 100주년을 기념하는 방식과 비교하면서 역사의 좀더

이러한 의미는 한·중·일이라는 국가 간의 관계에서만 드러나는 것은 아니다. 국가라는 단위가 아닌 지역/지방(local) 차원에서 5·4가 미친 영향도 찾아볼 수 있다. 홍콩과 타이완에서도 불균등하면서 연동하는 복합발전의 양상을 갖는 동아시아 지역의 성격이 확연히 드러난다.

베이징 등지에서 발생한 5·4사건이 (아편전쟁 직후 영국 식민지로 넘어간) 홍콩에 확산된 것은 5월 중하순경이었다. 주로 정치적 차원에서 반일 애국운동으로서 받아들여졌다. 홍콩 거리에서 일본상품 배척 운동이 일어나 1920년 1월 중하순까지 이어졌다. 그러나 중국 대륙의 주요 도시와 달리 홍콩에 커다란 영향이나 충격이 미쳤다고는 말할 수 없다. 홍콩을 통치하던 영국정부는 홍콩 주민에게 정치적 '중립'을 요구하면서 어떤 형식으로든 영일동맹을 해치는 활동에 참여하지 못하게 막았고, 홍콩 상인도 일본상품 배척에 소극적이었기 때문이다. 한편 홍콩사회에는 문화적 차원에서 신문화운동이 파급되지는 않았다. 중국 본토로부터 분리된 경계 너머에서 서양화하고 있는 홍콩의 중국계 주민들이 불안정한 정체성을 재정립하기 위해 보수적 전통문화에 힘입어 ─ 예컨대 전통적인 경사학문(經史學問)을 숭상하여 ─ 중국문화를 재구성하고자, 저자식 표현으로 말하면 '지역화(홍콩화 또는 광둥화)된 중국문화'[12]를 창출하려 했기 때문이다.[13]

홍콩 등지의 해외 지식인사회에서 5·4를 기념하는 행위는 고국초혼(故

근원적인 이해를 추구하는 시도도 있다. 린사오양(林少陽)은 5·4를 중국현대사의 '기원'으로 간주하는 5·4중심사관을 해체하고 이를 하나의 '방법'으로 삼아 중국사를 장기 시간대에서 파악하는 동시에 일본의 메이지유신중심사관도 해체함으로써 지구사적 차원의 복수의 근대에 접근하고자 한다. 以文會 주관, "長期的視點と東アジアの歷史的視點における '五·四': 百週年記念國際シンポジウム"(東京: 2019. 5. 11~12)에서 발표된 기조강연 참조.

國招魂)의 특별한 의미와 더불어 화인(華人)공동체 안에서 현지 정권의 억압에 저항하는 '자주·자유·자치·독립의 정신가치'를 상징하는 기치로서 활용되었다.[14] 그렇다면 마찬가지로 식민지로 전락한 타이완에서의 5·4는 무엇일까.

1895년 청일전쟁에서 패한 청조가 일본에 떼어줘 일본제국의 식민지가 된 타이완에는 1920년대 초에 애국운동보다 5·4 신문화운동의 영향이 미쳤다. 산둥 문제는 이미 오래전에 식민지가 된 타이완 사람의 피부에 와닿지 않는 위협이었기에 그들은 신문화운동의 성과를 수용해 타이완의 '신문화운동'을 추진했다. 그들은 1차대전 이후의 '지구적 순간'에 호응하여 인류의 신기원에 들어가고자 자유와 평등을 기치로 내세우며 타이완이 일본과 평등한 지위를 갖도록 하기 위해 노력했다. 문화계몽과 정치요구(독립이 아닌 자치)를 겸한 운동을 전개했다.[15] 중국·일본·타이완·조선이 연동관계에 있는 것도 명료하게 인식하고 식민지 타이완 현실의 곤경을 폭로하며 그 개선방안을 모색했다. 그런데 대륙에서 추진된 신문화운동의 핵심인 백화(白話)운동도 5·4운동의 영향 속에 추진되었으나, 식민지 '타이완에서의 5·4'는 지역화된 특성을 보였다. 백화문은 발음체계상 타이완 민중의 일상어(閩南語)와 거리가 있어 문학언어로 부적절했다. 뿐만 아니라 일본어를 강요하는 식민 당국에 맞설 저항의 언어로 토착적인 타이완어가 중시되었기 때문에 1930년대 들어가면 백화문이 중대한 도전을 받게 된다.[16]

이 장의 내용을 정리해보면, 지구적 규모로 상호연관을 밀접하게 만들고 혁명의 기운을 고양시킨 1차대전의 여파로 동아시아의 1919년은 역동적인 변화의 기점이 되었다. 그해 발생한 (3·1운동과) 5·4운동은 제국주의 열강이 주도하는 세계질서에 이의를 제기하는 다른 지역의 여러 피억압 민족들의 저항운동과 더불어 세계사적 '동시성'을 지닌 사건이었다. 그 기간 동아시아 차원에서 상호연관성은 역력하다. 3·1이 5·4에 직접 영향을 미쳤고 1920년대 이래 조선에서 중국의 신문화운동에 대해 공감하는 동시에 한·중연대운동이 활발했고, 타이완에서도 중국·일본·타이완·조선의 연관관계를 인식한 사실이 그 근거가 된다. 이에 비해 일본은 3·1과 5·4에 운동 측도 체제 측도 적극 대응하지 못했다. 이는 청일전쟁 이래 동아시아 질서에서 존재하는 반(半)식민지인 중화(제국)권과 일본(제국)권 사이의 분단선과 이 분단선의 교차를 동시에 입체적으로 보여준다.•

이처럼 불균등하면서 연동하는 복합발전의 양상을 보인, 중국사이자 지역사요 지구사의 일부인 '변혁의 기점으로서의 5·4'(와 국민혁명기)에 나타난 민의 자율적 결집과 자치의 경험은 장기 지속된 '헌정의제'에 비춰보면 (오래된 민간 통치엘리트 계층을 대체할) 새로운 자율적 변혁 주체의 형성 가능성을 확인한 의미를 갖는다. 그런데 이것이 그 이후 어떤 새로운 변혁을 계속 이끌 수 있었을까. 그 미래는 중국인들이 이 경로를 얼마나 학습할 수 있는가에 달렸다.

이어지는 제2부에서는 1949년 중화인민공화국의 성립에 민의 자치와 결집의 경험이 어떻게 작용하였는지 살펴볼 것이다.

• 중국이 '100년 굴욕'의 역사(또는 '悲情의 역사')가 시작된 사건으로 간주하는 (그리고 동아시아에서 문명관의 전환을 초래한) 청일전쟁 이래 잇따른 열전 그리고 냉전 —그 이름을 무색게 하는 중국 내전(1946~49), 한국전쟁(1950~53), 베트남전쟁(1955~75) 등 열전을 포함— 을 겪으면서 중국과 일본 사이에 역사심리세계의 분단이 재생산되어 오늘에까지 영향을 미치는 것을 저자는 '분단구조'라고 부른다. 이삼성이 제기한 동아시아 (대)분단체제 개념을 저자 나름으로 수정한 서술장치인 '동아시아 분단구조'에 대해서는 졸고 「핵심현장에서 다시 보는 '새로운 보편'」, 백영서·김명인 엮음『민족문학론에서 동아시아론까지』, 창비 2015, 특히 382~86면 및 이 책 247면의 각주 참조.

제2부

1949

당과 인민의
시대

1장

1949년 중화인민공화국 성립

1. 10월 1일, 경축의 톈안먼

1949년 10월 1일, 아침에 가는 비가 내렸지만 오후 들어 점차 맑아졌다. 베이징의 톈안먼광장에서 오후 3시부터 중화인민공화국 개국 축하행사 (開國大典)가 열렸다.

17만명을 수용할 수 있는 광장에 30만명이 운집했는데, 매우 엄숙했다.[•] 주석 마오쩌둥과 6명의 부주석 및 56명의 정부위원이 톈안먼 누각에 자리했다. 「의용군행진곡」이 연주되고, 마오는 광장을 내려다보며 "중화인민공화국이 성립했다"고 선포하였다. 그가 9월 21일 열린 (대의기구

• 1949년 마오쩌둥이 톈안먼에서 내려다본 광장은 약 7만명 정도가 행진할 수 있을 정도로 좁은 공간이었다. 그는 곧 이를 넓히도록 지시해 1959년 완성된 광장은 40만명을 수용할 수 있었으며, 마오 사후에는 다시 60만명을 수용할 수 있게 확장되었다. ウー・ホン『北京をつくりなおす: 政治空間としての天安門廣場』, 中野美代子 監譯, 大谷通順 譯, 東京: 國書刊行會 2015, 31~32면.

격인) 중국인민정치협상회의 제1차 전체회의 개막사에서 "중국 인민은 일어섰다(中國人民站起來了)"고 외친 자부심이 그대로 살아났다.[1]

마오의 곁에는 공산당 간부만이 아니라 민주당파 지도자들도 나란히 서 있었다.• 이 장면이 상징하듯이 그때 선포된 것은 '사회주의 국가'가 아닌 '인민공화국'이었고, 신민주주의사회로의 진입이 선언된 것이다. 새 국기인 붉은 바탕의 '오성홍기(五星紅旗)'에 그려진 큰 별은 공산당, 그 둘레의 작은 별 네개는 노동자·농민·소부르주아지·민족부르주아지의 연합을 상징한다. 이는 민주적 계급연합 정권을 지향한다는 뜻이다. 그 전날까지 열린 정치협상회의에서 채택된 '공동강령'에 밝혀진 대로, "중국의 독립과 민주, 평화, 통일 및 부강"을 목표로 '인민민주주의 국가'를 수립하고(제1조) "신민주주의의 인민경제를 발전시켜 점진적으로 농업국에서 공업국으로 변혁한다"(제3조)는 것이다.[2] 물론 '노동자계급의 지도'를 강조한 데서 분명히 드러나듯이 노동자계급의 전위를 자임하는 공산당의 지도권이 보장되었음은 두말할 필요도 없다. 그러나 처음부터 사회주의를 지향한 것이 아니었다는 사실은 중국혁명의 특성을 이해하는 데 대단히 중요하다.

이어서 국기 게양, 축포, 중앙인민정부 '공고(公告)'의 낭독, 순서로 행사가 진행되었다. 마지막으로 분열식이 시작되었는데, 3시 35분부터 6시까지 지속되었다. 그뒤 각 기관과 학교가 구호를 외쳤다.

광장의 군중이 열광해 "마오주석 만세"를 외칠 때마다 누각의 마오는 마이크를 통해 "동지들 만세"를 외쳐 누각의 위와 아래가 호응하는 모습이 되풀이되었다. 군중이 환호할 때마다 주석은 온화한 모습으로 쉬지 않

• 인민공화국 부주석 6명 가운데 쑹칭링(宋慶齡, 쑨원 부인), 장란(張瀾, 민주동맹), 리지선(李濟深, 국민당 혁명위원회) 3인은 공산당원이 아니었다.

1949년 10월 1일 톈안먼에서 중화인민공화국 성립을 선포하는 마오쩌둥.

고 손을 흔들다가 지치면 손을 바꾸어 흔들었는데,● "그의 온몸이 에너지를 응집하고 장엄한 얼굴에 자애로운 광채가 발했다"고 묘사된다.[3] 공식 행사는 6시에 끝났지만, 구호를 외치며 행렬하는 군중의 활동은 밤늦게까지 이어졌다.

후펑(胡風)은 그 장관을 바다로 비유하는 시를 지었다.

바다!
환호의 바다!
노래의 바다!

● 당일 행사에 화베이(華北)대학 학생으로서 참석한 웨이광화(衛光華)가 그 장면을 실감나게 묘사한다. 행렬하던 학생들이 "마오주석 만세"를 외치자, 그 학교 깃발을 본 마오가 "화베이대학 동지들 만세"로 화답해 깊은 감동을 받았다고 술회한다. 卫兴华「新中国70年的成就与正反两方面的经验」,『教学与研究』2019年 第10期 5면.

춤의 바다!

빛의 바다!

모든 방향에서 흘러오는 바다!

모든 방향으로 흘러가는 바다!

노동하고 전투하고 창조하며

과거로부터 흘러온 바다

노동하고 전투하고 창조하며

미래를 향해 흘러가는 바다[4]

　톈안먼광장에서 이처럼 축제가 열린 것이 그때가 처음은 아니다. 거슬러올라가 21년 전인 1928년 7월 7일에도 '북벌승리환영혁명대회'가 개최되었다. 1918년의 승전축하 집회에서 보여준 축제의 관행이 그대로 되살아났다. 관·민이 함께 행사를 치렀고 연등행렬이 병행된 것이 바로 그렇다. 말하자면 그때까지 톈안먼집회가 지니고 있던, 베이징정부의 정당성을 비판하던 장으로서의 역할이 사라지고, 원래의 축제 형식이 갓 수립된 정치권력을 경축하는 새로운 내용을 담게 되었다. 국민당에 의한 북벌이 완성되어 (적어도 형식상) 중국이 통일된 것을 축하하는 집회였다. 그런데 장제스(蔣介石)정권의 베이징 입성을 민중이 환영하는 자발적인 경축 분위기도 있었지만, 승리를 가져다준 일체의 권위를 어느 한 파나 한 개인에 돌리면 국민정부의 정당성이 자동적으로 보장되지는 않을 것으로 경고하는 여론도 있었다.[5]

　이 경고를 시대적 과제로 감당하지 못한 결과 그로부터 21년 뒤 국민당 정권은 중국 대륙을 공산당에게 넘겨주고 타이완으로 패퇴할 수밖에 없었다. 그 근본적인 원인은 "사회적 기반을 상실한 군사독재적 지향이라는 구조적 취약성과 일본의 전쟁이 가져온 약화요인"[6]이라고 보통 설명된다. 그런데 이렇게 압축적으로 설명하면 중국근현대사의 역동성이 온전히 드러나지 않는다. 국민당의 패퇴와 공산당 승리의 원인을 좀더 깊이 들여다볼 필요가 있다.

2. 성공과 실패의 이분법을 넘어

공산당의 승리로 세워진 중화인민공화국 출범에 대한 평가는 크게 두가지 정반대의 시각으로 갈린다. 하나는 중국현대사를 중국공산당의 반제·반봉건 투쟁의 역사로 보는 '혁명사관'이다. 아직도 중국에서 공식 역사관(黨史觀)의 위치를 차지하고 있을 뿐만 아니라 한동안 중국 밖의 지식인사회에도 영향력이 컸던 인식틀이다. 이 시각에서 보면 1949년은 공산당 창당 이래 28년간의 힘겨운 투쟁의 승리와 성공을 낳은 역사의 필연적 귀결이고, 낡은 중국과의 급격한 단절과 새로운 중국('新中國')의 시작을 가져온 획기적 연대이다. 반면에 보수주의나 반공주의의 역사관에서 보면 정상적 역사에서 이탈이 일어난 해이다.[7]

그런데 이처럼 단순한 두 시각은 점점 힘을 잃고, 좀더 복합적인 역사해석이 설득력을 키워가는 추세이다. (앞의 프롤로그에서 검토한 '신혁명사' 조류가 그 대표적 사례일 터이다.) 그러다보니 1949년을 어떻게 볼것인가를 둘러싸고 여러가지 쟁점이 존재한다.

그중 하나가 일본이 패망한 뒤 중앙정부를 장악한 국민당이 우세했음에도 불구하고 공산당과의 내전에서 패배해 타이완으로 쫓겨가고, 오히려 열세였던 공산당이 승리한 원인이 무엇일까 하는 질문이다. 이에 대해서는 숱한 논의가 있어왔는데, 먼저 국민당과 국민정부의 패퇴 원인을 정리해보겠다.[8] 역사적 사건의 인과관계를 규명하는 데 흔히 사용되는 방식은 그 외부 요인과 내부 요인을 나눠 설명하는 것이다. 우선 이 방식에 따라 국민당과 장제스정부의 실패를 이끈 외인부터 살펴보자.

먼저 거론되는 것은 미국이 취한 중국정책의 일관성 결여이다. 2차대전 시기 일본의 침략을 중국 대륙에서 묶어두기 위해 국민정부를 전적으로 지원하던 미국이 전쟁이 끝나자 국민당과 공산당 간의 내전 종식과 국민당 주도하의 연합정부 구성을 종용하였으나, 국민정부의 부패와 무능으로 그 전망이 흐려지자 등을 돌린 것을 말한다. 냉전기로 접어들면서 동아시아에서 공산화를 막기 위해 미국이 중국 대신 패전국 일본을 택한 동아시아의 정세 변화(곧 이른바 '역코스')와도 무관하지 않은 결과이다.

이와 더불어, 소련의 만주 점령이라는 요인도 간과할 수 없다. 당시 소련과 중공의 관계는 단순하지가 않다. 소련은 1945년 8월 8일 일본에 선전포고를 하고 바로 중국의 둥베이 지역(만주) 전역을 재빨리 장악했으며, 국민정부와 종전 직전인 8월 14일 '중소우호동맹조약'을 체결한 상태였다. 그래서 중공군이 들어오는 것을 막고 있다가, 국민정부군이 점차 도착하면서 만주 지역을 그들에게 인계했다. 원래 소련의 철수 기한은 1945년 11월이었지만, 둥베이 접수를 준비하는 데 시간이 필요한 국민정부의 요구에 응해 1946년 3월부터 철수하기 시작했다. 그러나 이 기간에 비공식적으로 중국공산당이 일부 지역을 접수하는 것을 도와주고 일본군이 남긴 대량의 군수물자를 넘겨주었다. 그 결과 중공이 둥베이의 농촌에서 근거지를 건설, 확대하다가 1947년 대공세를 통해 서서히 둥베이의 도시들을 차지할 수 있도록 도움을 준 것은 분명하다. (국민당과 공산당 사이에서 저울질하던 소련은 중공이 중국 전역을 장악할 전망이 보이자 그때가 되어서야 중공을 명백히 지지했으며, 중공도 소련의 주도적 위치를 본격적으로 강조한 것은 1948년 11월이고, '소련 일변도' 정책을 선언한 것은 1949년 6월이다. 건국에 필요한 소련의 지원을 획득하기 위한 전략적 수단이었다.[9])

이같은 외인이 국민정부 붕괴의 직접적 원인이긴 하나, 비유하자면 국민정부라는 건물을 붕괴시킨 "한가닥 돌풍일 뿐"[10]이었다. 따라서 건물 자체의 내부 구조의 결함에 눈을 돌려야 한다.

1911년 청조를 무너뜨린 국민당 혁명세력을 계승하고 1928년 북벌에 성공해 민중의 환호를 받으며 통일정부(수도 난징)를 세운 국민당 정부는 출범부터 구조적 한계를 안고 있었다. 통일이 이뤄졌다고 하나, 일부 지역을 실질적으로 지배하던 군사실력자들(잔여 군벌)을 형식적으로 포섭한 불완전한 통일이었기에 국민당 정부는 전국에 국가권력을 행사하지 못한 채 잦은 반란에 시달렸다. 여기에 오지에서 쏘비에뜨라는 형식의 혁명근거지를 세우고 중앙정부에 도전한 공산당 세력까지 불안요인으로 작용했다. 이보다 더 근원적인 문제는 중앙정부가 장기 지속된 '헌정의 제'에 대응하는 방식에 있었다. 즉 중앙정부가 국가와 민중 사이에 존재한 "부패하고 비능률적인" 지역엘리트(토호열신土豪劣紳으로 불린 사실상의 향촌사회의 통치자, 곧 '무형의 정부'[11])와 타협하여 누구에게 세금을 부과하고 얼마나 징수할 것인가, 그리고 누구를 징병에 응하게 할 것인가에 대한 결정권을 그들에게 내준 것이다. 그 결과 기층의 민중은 조세와 징병에서의 불공평에 시달리지 않을 수 없었다. 이처럼 현(縣) 수준 이하 지방의 지역엘리트에게 행정을 사실상 위임한 고비용의 불안전한 국가통치 시스템은 신해혁명 이전의 왕조국가로부터 연속되어온 것인데, 중앙정부가 그것을 혁신하지 못한 채 그대로 운용한 셈이다. 이것이 국민정부와 군대의 활력을 약화시켰을 것은 뻔하다.

게다가 국민정부는 일본과 1937년부터 전면전을 벌이는 과정에서 패전을 거듭하면서 중국 대륙의 오지로 수도를 옮길 수밖에 없었기에 중앙정부가 재정적으로 의존해온 (관세, 염세, 제조세 등) 주된 수입원을 거의 잃었다. 또한 오지에서는 전국에 대한 정치적 통제가 어렵기 때문에 횡적으로는 각 지방의 구석구석까지 종적으로는 농촌의 유력자층이나 도시 부유층에 국가권력이 미치지 못하는 한계도 드러났다. 그러다보니 정부가 적자재정에 의존할 수밖에 없어 인플레가 만연했다. 항일전 막바지 물가는 매년 두배 이상 뛰었고, 1945년에는 1월에서 8월까지 단 7개월간 251% 상승했다. 1945년 8월 이후 일본과의 전쟁이 끝났으나, 상황은 기대대로 호전되지 않았다. 국·공 간의 내전기로 들어갔기 때문이다. 전국에서 군사작전이 치러지면서 재정적자는 더욱더 심해졌다. 그러니 군과 정부, 경제와 사회 등 통치구조 전반이 약화되고, 부패가 극도로 심해지는 것은 불가피했다.

국가를 지탱하는 두개 기둥이 조세와 군대라고 할 수 있는데, 군대 또한 극도로 약화되었다. 항일전으로 장제스정권의 주된 강제력 조직인 정규군이 약화된데다가, (국민정부군 장군들조차 스스로 인정했듯이) 병사들의 사기가 낮았고 전투력의 질이 빈약하였다. 군대의 만연한 부패로 인해 식사보급이 열악하고 대우가 형편없어 전투의욕이 거의 사라진 상태였다. 그 절반이 행방불명이었다는 설도 있다. (이에 비해 그들의 적대자인 공산당 군대의 지휘력, 헌신, 전투능력은 국민정부군으로부터 칭찬받을 정도였다.[12])

국민정부는 이렇듯 직면한 국가의 구조적 위기를 타파하기 위해 1948년 8~10월 화폐개혁(법폐라는 옛 돈을 금원권이라는 새 돈으로 300만 대 1의 비율로 바꾸는 금원권통화개혁)을 강행하는 동시에 물가와 임금의 동결도 선포했다. 그러나 이 안간힘도 70일 만에 실패했다. 규제를 싫어하는 시장에서 상품이 모습을 감추고, 새 통화가 무시당한 채 물물교환이 확대되는 결과를 초래했을 뿐이다. 심각한 인플레가 국민의 생활에 미친 피해는 엄청났다. 당시 중국에 가 현지 상황을 취재한 한국 특파원은 "내란이 격심하면 격심할수록 중국 금원권이 그 가치를 상실하는 양상은 가을의 낙엽과 같다"고 보도하면서, 심한 경우 음식점에서 음식을 먹으러 들어올 때와 나갈 때의 가격이 다른 황당한 경우가 없지 않다고 전했다.[13]

그런데 이처럼 내부 요인이 지나치게 강조되면 국민당 자멸론으로 기울기 쉽다. 여기서 국민당 내부에서도 토지문제를 해결하고 민중과 일체화하는 과제를 주창한 국민당 좌파가 존재했다는 점도 간과해서는 안 된다. 물론 그들의 지향은 그들이 국민당 내 분파투쟁에서 밀려 정권을 잡지 못해 현실화되지 못했다. 그들 국민당 좌파와 공산당이 연합한 우한(武漢)정부(1927), 그리고 푸젠(福建)성 인민정부(1933)가 수립된 적도 있었으나 곧 난징정부에 의해 진압당했다.

여기서 강조하고 싶은 것은, 외부 요인은 내부 요인을 매개로 해서만 중국 현실에 작동하는 법이므로 변혁 주체의 형성은 관건적 역사동인이란 사실이다. 이와 관련해 장제스정권의 민주성 결여가 국민당 패퇴의 요인으로 중시되어온 것은 자연스럽다. 그런데 1949년의 정세는 국민당과 공산당의 경쟁 과정의 소산이므로 또 하나의 변혁 주체인 상대편과의 길항작용을 염두에 두고 이해할 필요가 있다. 이제 눈을 돌려 공산당 승리의 원인을 살펴보자.

5·4운동에 참여한 지식청년 중 급진파가 주도해 1921년 7월에 공산당을 창당한 것은 그 시점에서 보면 별로 대단한 사건이 아니었다. 50여 인

상하이 신톈디(新天地)에 위치한 중국공산당 1차 전국대표대회 개최지. 2019년 5월 6일 저자가 촬영.

의 당원을 대표해 12인이 7월 23일 상하이에 모여, 며칠간 창당대회를 열다가 7월 30일 경찰이 회의장을 급습하자 이후 다시 근거리의 자싱(嘉興)으로 옮겨 난후(南湖)에서 배를 띄우고 그 안에서 회의를 겨우 마무리한 처지였다.● 공산주의에 대한 이들의 지식도 초보적 수준에 머물렀다. 코민테른의 지도와 지원이 큰 영향을 미쳤다. 그런데 이들은 그로부터 30년도 채 안 된 1949년에 전국을 장악하고 중화인민공화국 정부를 세울 수

● 공식 창당기념일은 창당대회 참석자로서 1938년 옌안에 머물던 마오와 둥비우(董必武)가 7월 중 언제인지 정확한 날짜가 기억나지 않자 상징적인 날짜로 7월 1일이라 정했고, 이 날짜가 1941년부터 공식적인 기념일로 준수되어 오늘날까지 이어진다. 邵维正「七一的由来」,『党史博采』1997年 第7期. 날짜, 대표 수, 30일 조계경찰이 수색하게 된 과정 등에 대한 최근 학계의 고증에 대해서는 石川禎浩『中國共産黨成立史』, 東京: 岩波書店 2015, 275~98면 참조.

있었다. 비유하자면 '한점의 들불이 중국이란 들판 전체를 불태운' 비밀은 무엇일까.

국민당에 대해서와 마찬가지로 외부 요인부터 설명해보자. 사실 두 주체세력의 길항작용에 착안하면 국민당의 패퇴에 작용한 외부 요인 — 앞에서 살펴본 미국과 소련의 정책 — 은 바로 공산당의 성공을 이끈 요인이 된다. 이와 함께 좀더 중시되는 외부 요인은 1931년 둥베이 지역에 친일적인 만주국을 건립한 데 이어 점차 중국 북부를 분리하고 자치지구를 세워 지배하더니 1937년에 전면전으로 전쟁을 확산한 일본의 침략이다. 이것이 초래한 중국인의 위기의식에서 촉발된 농민민족주의를 공산당이 적절히 동원해 승리할 수 있었다고 보통 설명된다. 그런데 일본의 침략이라는 외부 요인은 오히려 장제스정권의 "먼저 내부를 안정시킨 뒤 외적을 물리친다"는 구호에 명분을 줘 이들이 잔여 군벌을 약화시키고 병력과 재정을 통합하는 등 국가통합을 이룩하는 데 크게 도움이 된 면도 있다. 따라서 외부 요인을 고립적으로 파악해서는 안 되고, 중국 현실에 작동하게 하는 매개인 내부 요인이 역시 중요하다.

내부 요인으로 공산당이 추진한 사회개혁(근거지에서의 '토지개혁'과 민주적 정책)이 중시되면서 그것이 항일민족주의와 결합하였음이 곧잘 중시된다. 즉 공산당은 중일전쟁과 장기간에 걸쳐 지속되어온 중국사회의 내재적 위기 상황에서 대중의 이익을 대변함으로써 그들의 지지를 동원하고 조직화하는 데 성공하여, 최종적으로 군사적 승리를 거둘 수 있었다는 것이다. 그런데 여기서 그 성공 과정을 국민당과의 상호관련 속에 파악할 필요가 있다. 전국을 통치하며 일본과 전면전을 감당해야 했던 국민당 정권과 달리 공산당은 가난한 농촌, 그것도 중앙정부의 군사력과 행정력이 제대로 미치지 않는 틈새인 오지(예컨대 몇개 성이 중첩되는 지역)에서 유격전과 (군중노선에 따른) 대중운동을 발전시켜 항일근거지를 만들고 이를 바탕으로 '지역정권'을 수립했다. 그런 여건을 활용해 현물로 조세를 거두고 병력을 징발하며 소규모의 공업생산을 발전시켜나감으로써 전쟁이 진행될수록 그 세력이 확대될 수 있었다. 이같은 농촌에서의 국지적 통치력이 주요 도시를 포함한 전국으로 확대된 과정을 거쳐 중화인민공화국이 성립될 수 있었다. 결국 "점령지 내에서의 효율적인 통치력 확립 여부가 전선에서의 전투력과 직결되었던 것이며, 이는 양당의 승패를 결정하는 데 있어서 매우 중요한 차이점으로 작용하였다."[14]

그런데 1949년 상황에서의 공산당 승리와 국민당 패퇴의 원인을 사후적으로 규명하는 일이 중국근현대사에 작용한 내부와 외부 요인들을 나열하는 데 그친다면 격변하는 유동적 역사를 온전히 이해하는 데 오히려 방해가 되기 쉽다. 그래서 (결정적이라고 판단되는) 어느 한 요인을 중심으로 다른 요인들과의 연관관계를 규명하는 방식이 중요해진다. 저자도 이 서술방식을 채택하되 어떤 특정 요인을 유독 부각하는(특권화하는) 위험은 피함으로써 성공과 실패, 승리와 패퇴로 역사를 단순히 양분하여 설명하는 한계를 넘어서보려고 한다.

그 일에 적합한 방법은 1949년의 변혁을 역사화하는 과제를 수행하는 것에 다름 아니다. 그것을 감당하기 위해서는 먼저 변혁 주체를 상대화해야 한다.

20세기 전반기 중국의 정치세력으로 국민당이나 공산당만 있었던 것은 아니다. 그 어느 쪽에도 속하지 않던 제3세력(혹은 민주당파, 중간파로도 불림)으로 지칭되는 자유주의적 지식인들의 역할도 주목할 가치가 있다. 그들은 독자적인 군사력이나 지역적 지배영역도 대중적 조직기반도 갖고 있지 못한 느슨한 조직의 정치세력이었지만,[15] 당시의 여론의 흐름을 반영하며 국·공 양당을 상대화해서 볼 수 있도록 우리의 시야를 넓혀준다. 양당이 내전으로 치닫던 1948년에 시행된 학생층을 대상으로 한 여론조사에 따르면, 압도적 다수가 연합정부를 지지했다.* 이 결과는 학생과 지식인들이, 국민당이 공산당을 동반자로서 연합정부 내에 맞아들이기를 적극 원했다는 사실을 말해준다. 이 지향이 바로 제3세력의 정치주장이었으니, 그 존재이유가 여기에 있었다. 그들 중 일부 예컨대 추안핑(儲安平)은 공산당도 국민당과 마찬가지로 당치 곧 '당의 지배(黨主)'를 주장하지 결코 '인민에 의한 통치(民主)'를 구현하지 않는다고 파악했고, 공산당 통치지역에서 발생하는 폭력사태의 실상도 지적하였다. 그러면서도 공산당의 사회경제적 개혁, 그러한 정책이 수행될 수 있게 한 상대적인 능력과 성실성 및 공산군의 규율을 그 성공 요인으로 꼽았다.[16]

이러한 맥락에 주목할 때, 공산당의 성공은 단순히 국민당 실패로 반사이익을 거둔 결과라고만 볼 수 없다. 그렇다고 해서 공산당을 시대적 과제에 가장 부합한 주체세력으로 간주할 수만도 없다. 1949년 중화인민공화국의 성립을 단순히 공산당의 승리로 환원시켜 단순화할 수 없고 특히 근거지의 확대로 이해해서만도 안 되기 때문이다. 중화인민공화국은 "해방구 연합의 형태로 성립된 것"이 아니며, 또 그 정부는 "공산당 일당의 정부가 아니라 각계각층의 대표가 참여한 연합정부"였다.[17]

1949년의 변혁을 역사화하는 또다른 관점은 이를 변화하는 역사 속에 위치시켜 유동하는 실체로 파악하는 것이다. 이 관점에서 다시 보면 1949년의 변혁은 지금 사후적으로 이해되는 것과 달리 당시에는 매우 불

• 1948년 12월 『상하이둥난일보(上海東南日報)』가 상하이시 대학생을 대상으로 실시한 지지도 여론조사의 결과는 공산당 일당정부 3.7%, 국민당의 철저한 반공정부 15.9%, 연합정부 72%였다. 유용태 『동아시아사를 보는 눈』, 서울대학교출판문화원 2017, 343면.

안정한 것으로 간주되기도 했다는 사실에 마주하게 된다. 이는 동시대 한국 언론의 보도에서 실감나게 감지할 수 있다. (뒤의 6장에서 상세히 소개될 것이다.) 이런 분석이 외국인의 관찰이라 신뢰가 덜 갈지도 모르니, 중국 내부에서도 유사한 견해가 존재했다는 사실을 소개해보겠다. 예를 들면, 1950년 3월 마오가 새 정부 참여를 요구하자 량수밍(梁漱溟)은 통일이 계속 유지될지 확신이 안 들어 정부 외곽에서 좀더 지켜보겠다고 답했다.[18]

이 문제는 또다른 쟁점과 이어진다. 1949년을 과연 역사의 획기로 볼 수 있는가. 한동안 1949년의 불연속성을 과도하게 강조하는 경향이 주도했다.[19] 그렇지만 이제 연속과 비연속을 동시에 중시하며 1949년을 역사화하는 조류, 곧 장기지속의 구조 속에서 파악하는 경향이 강해지고 있다. 예를 들면, 쿠보 토오루(久保亨)는 중국혁명의 복잡한 양상을 파악하기 위해 제국으로서의 중국, 국민국가로서의 중국, 사회주의를 내세운 중국이라는 세 시각을 의식하면서 동시에 그것을 뛰어넘는 시각을 모색하자고 제안한다. 다시 말해 근대 국민국가 건설을 도운 사상과 경험 속에 국민국가를 넘는 논리가 내포되어 있을 가능성도 있으므로 그것을 다시 봐야 한다고 주장한다.[20] 이 견해야말로 저자의 문제의식인 이중과제론과 직결된 것이 아닐 수 없다.

전통사회에서 오늘의 중국에 이르는 장기지속의 역사의 연속성을 부각하는 최근 조류와 관련해 (프롤로그에서 검토한) 쿤의 관점을 떠올려보면 시사하는 바가 크다. 국가가 안정적인 세입 확보를 목표로 현 단위 이하에 존재하던 중간 브로커를 제거하고 통치력을 행사하여 담세 책임을 사람들의 실제 거주지에 지우려 한 것은 역대 왕조들의 오래된 과제였다. 이 오랜 과제를, 공산당은 혁명적 방식으로 제기했을 뿐이란 것이 공산혁명에 대한 그의 설명의 요체다. 신중국은 기성 엘리트층의 실제적인 지도력을 약화시킨 토지개혁과 농업집단화를 통해 그들의 (약탈성이든 보호성이든) 개입 없이 농민층의 소출 잉여분에 접근할 수 있는 권한을 확보하는 과제를 역사상 처음으로 해결하였다. 이로써 농업에서 나오는 국고 수입 충당 요구와 산업화를 위한 재원 염출이라는 두가지 목표를 달성할 수 있었다. "합작사의 대표들은 농촌에서 국가의 징세대리인이 되었다. 그들이 통합하는 사회 단위는 어떤 면에서 중화제국 시절 개혁을 지향하던 관료층이 이상적이라고 생각했음직한 규모였다."[21]

그가 '장기지속적인 헌정질서'를 부각하여 중국사의 구조적 이해에 도움을 주면서도, 혁명 없이는 생각할 수도 없는 토지개혁이 안정적인 세입 확보를 목표로 하던 구체제의 국가주의적인 헌정의제를 마오가 만년에 추진한 천년왕국 구상과 섞어서 이질적이긴 하지만 한 덩어리로 만들어버린 '묘한 혼성체'[22]라고 설명함으로써 중공혁명의 시대적 독자성을 날카롭게 짚은 점은 인정할 수 있다. 그러나 저자가 보기에, 그 구조와 격투하던 1949년을 전후한 시기의 변혁 주체의 성격과 형성의 의미를 충분히 조명하지는 못했다. 토지개혁은 국가의 대리역을 수행한 계급을 제거하는 효과를 가져오는 데 그쳤던 것만은 아니다. 1920년대 국민혁명 이래 다수 지식청년과 학생을 공산당이 포용하여 이들을 매개로 노농대중을 혁명세력으로 변혁시킬 수 있었던 과정의 일부라는 의미가 그에 못지않게 중요하다.

이와 관련해 허자오텐이 중국 공산혁명 과정의 일부인 계급투쟁과 토지재분배를 과도하게 중시하는 것이 문제라고 지적한 것은 의미심장하다. 둘 다 핵심적 성취이긴 하나 그것을 고립적으로 논의하다보면 혁명과정을 구조적으로 파악하지 못하고 풍부한 역사적 실천과정 자체를 무시하기 쉽다는 뜻이다. 그는 량수밍(梁漱溟)의 당시 정세 판단의 사례를 통해 의미있는 해석을 이끌어낸다. 량수밍은 (앞에서 보았듯이) 1950년 3월 마오와 만났을 때 새 정부에의 참여를 거절하고 중립적인 입장에서 불안정한 당시 정세를 좀더 관망하겠다고 했다. 그러나 한두해 토지개혁 작업 등의 정세 변화를 직접 관찰한 뒤에는 단체생활 결여와 무기력한 정신이라는 중국인의 약점이 사라짐으로써 정치 주체가 형성되어 중국사회에 뿌리내렸음을 확인하고, 혁명의 성공이 "인심에 파고들었다"고 판단내렸다. 량수밍이 주목한 정치 주체의 형성이란 1920년대 국민혁명 이래 다수의 지식청년과 학생을 공산당이 포용하여 자신의 담론, 선전 및 조직의 골간으로 삼아 노농대중을 혁명세력으로 변혁시킬 수 있었던 과정이라고 허자오톈은 해석한다.[23]

이처럼 공산당이 지식청년과 학생을 매개로 민중과 결합한 과정은 1949년을 전후해 농촌과 도시에서 상당 정도 나타난 구조와 주체의 상호작용의 핵심이다. 1949년의 획기성은 그 이전 민국 시기와의 단절에 있는 것이 아니라, 5·4기 이래 굴절을 겪으면서도 이어져온 이중과제 수행의 연장에서 공산당이 그 주체가 되어 국가 운영을 책임지되 민의 자발적 조직과 활동의 지원을 받아 제도화의 실험을 한 신민주주의사회의 '새로움'에 있는 것이다.

이 장에서 설명된 1949년의 의미를 둘러싼 이분법적 설명의 한계를 넘어서려는 '역사화' 작업은 이중과제론이 요구하는 고도의 지적 긴장을 유지하는 데 보탬이 된다. 그러기 위해 고정된 이데올로기에 빠지지 않도록 끊임없이 성찰하는 작업을 계속해나가는 데 실사구시적 태도야말로 든든한 받침대가 아닐 수 없다.

뒤에서는 그야말로 가급적 사실에 입각해 농촌과 도시에서 혁명이 어떻게 진행되었고, 이 종합체인 신민주주의사회를 어떻게 봐야 할지 차례로 점검해보겠다.

2장

농촌의 토지개혁

1. 공산당 창당 이래 토지정책의 변천과 토지개혁

1921년 7월 창당한 공산당은 코민테른의 지도에 따라 1923년부터 국민당과 연합전선을 펴기로 방향을 잡고 당의 개조 준비에 착수했다. 당시 상대적으로 세력이 컸던 국민당에 편입하는 형식 곧 '당내 합작'을 협상 끝에 수용하고, 반제·반군벌을 목표로 한 국민혁명에 참여하기로 결정했다. 이것이 1924년 1월에 열린 국민당의 개조를 위한 제1차 대회의 「개조선언」에서 공식화되었다. 그후 공산당계 활동가들은 국민당 안에서 공산당원의 자격을 유지한 채〔黨中黨〕주로 도시와 농촌에서 민중공작에 집중했다.

물론 (제1부 4장에서 보았듯이) 국민당도 러시아를 모델로 해 당을 개조하고 나서 민중동원에 관심을 가졌지만, 기본적으로 국민혁명 주력의 상층은 국민당, 하층은 공산당이 주도하는 분업의 틀이 지속되었다. 공산당은 도시에서는 노동운동과 학생운동에, 농촌에서는 농민운동에 열중했다.

마오쩌둥은 후난(湖南)성에서 농민운동에 전념했다. 현지 조사에 기초해 농촌계급을 분석한 글을 작성해 중공의 농민인식의 기본틀을 제공했다. 즉 농촌의 계급 구성을 지주·부농·중농·빈농·고농(雇農) 등으로 분류했다. 또한 소수의 지주와 부농이 전체 토지의 대부분을 차지하고 있다고 판단했다. 그런데 최근의 연구성과에 따르면 마오의 분석은 과장된 것이다. 중국의 토지집중이 그 정도로 심각하지 않았고, 자경농(중공이 말하는 중농)이 대다수의 인구와 토지를 차지했다고 설명된다. 중국 북부 농촌의 주요 착취방식은 소작료(地租) 착취가 아니라 세금(捐稅) 착취였으니, 주요 사회모순이 지주와 농민 사이가 아니라 국가와 농민 사이에 있었던 셈이다.[1] 마오의 조사는 주로 북부 농촌 현실에 기반해 이루어진 것이어서 이 범주들은 강남지역과 같은 다른 지역에는 적절하지 못하다고 한다.[2] 어쨌든 1920년대 중공은 국공합작의 틀 안에서 국민혁명을 추진하기 위해서 토지혁명인 무상몰수·무상분배가 아니라 토지개혁에 해당하는 감조감식(減租減息) 정책을 주요 과제로 삼았다. 이 소작료 감소와 이자율 삭감 정책이 지역엘리트의 (재산권이 아닌 봉건적) 정치권력을 빼앗을 수 있기에 양당의 합의점이 될 수 있었다. (그러나 실제 농민운동 과정에서는 토지혁명적 요구를 관철하려는 과격화 현상이 종종 발생했다.)

국민혁명을 추진하는 지도부 내부에서는 군사력을 이용해 군벌을 몰아내는 데(北伐)에 비중을 두는 군사노선과 민중동원을 통해 국민회의를 구성해 국민혁명을 완수하는 데 중점을 둔 국민회의운동 노선을 둘러싸고 분열이 벌어졌다. 공산당(과 국민당 좌파)은 당연히 후자를 선호했다. 양자의 갈등은 국민혁명 초기부터 내재한 것이었는데, 공산당 세력이 점차 커지자 갈등이 표면에 떠올랐다. 1927년 국공합작이 깨지기 직전 공산당은 6만명의 당원을 거느렸다. (이에 비해 국민당 당원은 30만명이었다.) 그 구성을 보면, 노동자가 절반, 농민과 지식인은 20% 정도, 여성 8%였다. 그런데 당의 핵심은 여전히 지식인이 차지했다. 이론을 중시하고 자주 회의를 열고 그때마다 문서 수발이 요구되는 '고도의 문화행위'가 중요했기 때문이다.[3]

1927년 제1차 국공합작이 붕괴하자, 이에 대응해 중공은 독자적인 무력의 필요성을 절감하고 홍군을 건설했다. 그에 힘입어 1927년 8월 1일 장시(江西)성 난창(南昌)에서 무장봉기를 일으킬 수 있었다. (공산당의 첫 군사봉기여서 인민해방군 건군기념일이 되었다.) 그러나 이 봉기는 국민당 군대의 진압으로 실패로 그쳤다. 그 이후, 공산당은 후베이와 후난에서 가을 수확기를 맞은 농민이 수확을 확보하기 위해 호응할 것을 기대하고 또다시 농민폭동을 일으켰다(이른바 추수봉기). 이 역시 좌절했다.

마오는 패잔부대 이끌고, 장시성과 후난성 경계에 위치한 산악지대인 징강산(井崗山)에 들어가, 홍군이라는 군사력에 의존해 '농촌혁명근거지'를 세웠다. 이것은 마오와 주더(朱德) 등이 주도한 농촌을 거점으로 삼은 혁명전략으로 중공 전략의 방향 전환을 상징했다. 공산당은 곳곳에서 홍군의 게릴라전에 힘입어 지주의 토지를 몰수하고 가난한 농민에게 나눠주는 토지정책을 실시했다. 이때 홍군은 3대 기율, 즉 "행동은 반드시 지휘에 따른다" "인민의 것은 절대 약탈하지 않는다" "토호한테서 취한 것은 혼자 차지하지 않고 모두의 것으로 한다"는 단순 명료한 내용의 지침을 준수한 것으로 알려진다. (이 기율은 나중에 통합 제정된 6항주의〔나중에 8항주의〕와 함께 민요풍의 군가로 만들어 홍군이 가는 곳마다 불렀다). 이에 힘입어 1930년 3월쯤 되면, 홍군은 약 6만명으로 증가하고, 전국 8개 성에서 127개 현에 이르는 크고 작은 15개 근거지에 홍색정권이 건립되었다. 짧은 기간에 추진된 토지혁명이 농촌의 기존 질서를 해체하고 홍군의 확충을 가져왔다. 그러나 모든 근거지가 순조롭게 발전한 것은 아니다. 토지 몰수와 분배 기준을 둘러싼 혼란도 발생했다. 토지혁명이 지속적으로 실시되지 못한 채 군사지출만 늘어나게 됨으로써, 근거지의 재정이 지배지역에서의 징발 강화와 출병으로 인해 주변 지역 지주토호의 재산 몰수라는 임시변통에 좌우될 위험성을 안고 있었다. 공산당이 안정적 근거지 건설에 실패하면 수탈에 의존할 수밖에 없었다는 뜻이다.[4]

당시 상하이에 있던 중공 중앙은 세력 확대에 힘입어 1930년에 다시 도시폭동을 추진했다. 하지만 7월에 창사를 1주일간 점령하는 데 그쳤을 뿐 또다시 실패를 되풀이했다. 마오 등 당의 유력한 간부들은 농촌근거지에 분산되어 있는데다 통신 조건이 열악한 형편이라 도시에 머문 '당 중앙'의 권위에 반발해 독자 활동을 펼쳤다.

중공 당 중앙은 농촌근거지에 활동의 중심을 두기로 노선을 전환했다. 1931년 11월 7일 러시아혁명 기념일에 맞춰 중화쏘비에뜨공화국 임시정부를 루이진(瑞金)에서 수립했다. 이 정부는 외국의 승인도 받지 못한, 중앙권력과 지방권력의 '간극'에 존재한 지역적 군사세력에 기반한 '지역권력'(regional government)에 지나지 않았다. 이것이 가능한 이유를 당시 마오는 제국주의 국가들의 최후 단계에서 서로 쟁탈하는 반(半)식민지 국가라는 조건에서 찾았다. 이로 인해 중국에만 지배계급 사이에서 장기적으로 서로 혼란스러운 '괴이한 현상(怪事)', 그리고 국민당 정권의 사면 포위 속에서 작은 홍색 지역과 게릴라가 존재하고 발전하는 '또 하나의 괴이한 현상'이 나타난다는 것이다. 이로부터 "한점의 불꽃이 들판을 불태울 수 있다"는 유명한 비유처럼 낙관적 전망을 이끌어냈다.[5] 마오의 예상대로 후난성 경계에서 장시 남부와 푸젠(福建) 서부까지 연결된 광대한 근거지가 출현했다.

쏘비에뜨혁명 시기로 불리는 이 기간의 토지정책은 '쏘비에뜨 토지법'(1931년 11월)에서 엿볼 수 있다. 마오의 노선과 당 중앙의 갈등 끝에 당 중앙의 의견이 우세한 형태로 타협된 결과로 평가되는 이 법에 따르면, 봉건지주와 지역엘리트[土豪劣紳] 그리고 군벌·관료 및 그밖의 대토지 소유자의 토지를 몰수하되 이들이 토지분배에 간여하지 못하게 함은 물론이고, 부농의 토지도 몰수하되 자기가 경작하는 조건으로 열등지를 분배하며, 부농은 노동력 기준에 따라, 중농·빈농·고농은 인구 기준에 따라 분배받는 혼합원칙이 채택되었다. 물론 토지와 수리의 국유화를 통해 봉건관계를 소멸하고자 한 것이었다.

장시성에서는 토지혁명이 비교적 순조롭게 진척되었다. 그러나 역시 지역적 불균등이 존재했고, 그밖의 지역에서는 어려움이 노출되었다. 그럼에도 불구하고 토지정책 시행 결과, 빈·고농이 중농에 상당하는 구매력을 누릴 수 있었다. 그러나 지주 지배를 없앤다 해도 민중생활의 안정과 향상으로 직결되지 않고, 일시적 경제혼란이 야기되는 사례도 나타났다. 지주·부농은 전통적 인습과 혁명 진영의 미숙함을 이용하여 반격하였다. 중공 통치지역에서 중농의 토지까지 몰수하는 침범 현상도 나타나자, 이러한 경향을 바로잡고자 하는 마오 측의 시도가 있었다(査田運動). 그러나 국민당의 토벌작전이 거세지고, 경제봉쇄까지 조여지자, 쏘비에뜨지구의 물가가 불안정해져 혼란이 심해졌다.

1934년 9월 국민정부의 토벌작전에 밀려 중화쏘비에뜨공화국은 붕괴되었다. 10월 공산당은 루이진 근거지를 버리고, 훗날 (혁명적 낭만주의의 빛깔이 짙은 명칭인) '대장정'으로 불린 3만 5천리에 걸친 고난의 피란길에 올랐다. 장정 도중인 1935년 12월 도착한 와야오바오(瓦窯堡)에서 숨을 고른 뒤 '중화쏘비에뜨인민공화국'을 다시 수립했다.

이윽고 1936년 10월 산시(陝西)성 북부의 옌안(延安)에 도착해 '대장정'이 완전히 마무리되었다. 이때 채택된 토지정책은 부농정책으로 전환하는 것을 골자로 했다(富農의 확대재생산과 공상업발전의 자유 보장). 일본의 침략이라는 민족적 위기를 맞아 공산당의 중립적 태도를 기대하는 국내 여론에 부응하면서 생산력 발전에 관심을 갖자는 이유에서였다. 요컨대 토지혁명과 민족혁명을 결합하는 노선이었다.

그후 일본 점령지의 배후인 중국 북부와 중부의 농촌지역에 침투하여 항일근거지를 구축하였다. 일본군의 전선이 확대되면서 폭정과 수탈에 직면한 농민들의 저항이 일어났다. 공산당은 그들의 반발하는 힘을 흡수해 '근거지'를 확대하였다.

1937년 9월 중공은 국민당과 두번째로 국공합작을 맺었다. 그 결과 중공은 '중화쏘비에뜨인민공화국'을 폐지하고 국민정부의 정통성을 인정하며 그간 자신이 지배해온 영역 즉 '항일근거지'를 국민정부의 지방정부인 '변구(邊區)'라는 특별행정구로 개편했다. '나라 안의 나라(國中國)' 위치에서 '한 나라의 두 체제(一國兩制)'로 편입된 항일전쟁 시기로 들어간 것이다.[6]

항일전쟁 수행을 우선으로 하는 방침에 따라 처음에는 지주의 토지 몰수나 계급투쟁을 자제하고 항일에 참여하는 인사를 폭넓게 정권에 참여시키는 노력도 나타났다. 변구의 행정위원 가운데 공산당이 차지하는 비율을 1/3로 제한하는 3·3제가 시행되었다. (노·농을 대표하는 공산당원, 소자산계층을 대표하는 당외 진보파, 민족자산계급을 대표하는 중간파가 각각 1/3을 차지하면서도 공산당의 지도력은 보장되었다.) 1937년 들어 '민주공화국'의 슬로건 아래 토지정책도 국민혁명기에 내세워졌던 '소작료와 이자 감면' 정책으로 되돌아갔다.

공산당은 흔히 '옌안방식'으로 평가되는 이 시기 혁명모델을 구성하는 개혁정책의 핵심인 소작료와 이자 감면 및 세제개혁이라는 '조용한 혁명'을 통해 농촌엘리트 세력을 억제하고 소득과 토지소유를 균등히 함으로써 점진적으로 과세부담을 한층 더 가난한 층에서 좀더 부유한 층으로 옮겨 자작농의 지위를 강화시켰다. 이같은 항일전 시기 개혁정책은 제한적이나 중요한 사회변화를 이끌었다. 그 과정에서 항일근거지는 계속 확대되었다.

항전이 장기화되어 일상적이 되는 가운데 1940년대 초반이 되면 국·공 양당 사이의 상호불신감이 커져갔다. 그 절정은 1941년 1월에 국민당 군대가 공산당의 신4군에 공격을 가하고 무장해제를 한 '신4군사건'이 발생한 것이다. 그후 공산당은 점차 변구를 '해방구'로 고쳐 부르며 독립자주의 방침을 더욱 강조하였다.

그런데 국·공 갈등이 벌어지자 해방구는 위기를 맞았다. 1941년부터 일본군의 강력한 소탕작전과 국민정부군의 군사적·경제적 봉쇄가 겹쳐 이중으로 고통을 겪었다.

이 위기에 대응해 1942년 말 공산당은 감조감식 정책을 근거지 전역으로 확대 적용하고 경제적 자립을 위해 군대의 정예화와 행정간소화(精兵簡政) 그리고 병사가 농업에 종사하는 하향운동(下鄕運動)을 전개했다. 일차적 목표는 비생산인구를 생산인구로 전환하는 것이었는데, 점차 정치·사상적 의미가 추가되었다. 정풍(整風)운동과 군중노선에 입각한 생산운동 덕에 근거지는 서서히 회복되었다. 1945년 봄 중공은 약 9천만명의 인구, 120만명의 당원, 90만명의 군대, 200만명의 민병을 거느리는 세

력이 되었다.[7]

2. 내전과 건국 초기 토지개혁: 목표·경과·평가

앞에서 보았듯이, 항일전기 공산당의 토지정책의 목적은 감조감식을 추진해 지주의 이익을 줄이고 농민에게 그 이득을 주는 개혁이었지, 무상몰수·무상분배의 계급혁명은 아니었다. 그들의 주된 공격목표도 소작료 문제나 지주의 경제착취가 아니라 관청의 악폐나 폭력징수였다. 국민정부의 지원이 줄자 공산당이 농민의 조세부담을 대폭 늘렸음에도 불구하고 농민들이 공산당을 지지한 이유는 국민당의 부패에 비하면 공산당은 청렴해서 통치비용이 적었기 때문이란 설명도 있다.[8] 이것이 항일전쟁이 끝나기 전까지 공산당이 점령한 해방구〔老區〕의 상황이었다.

일본의 항복으로 항일전이 종료된 후 국·공이 대립하는 내전기에 새로 얻게 된 농촌의 해방구〔新區〕에서는 감조감식 정책을 시행하는 한편, 「5·4지시」(1946. 5)에 따라 친일지주〔漢奸〕와 악질지주〔豪紳·惡覇〕에 한정해 농민〔佃農〕으로부터 부당하게 빼앗은 토지의 몫을 계산하는 절차를 거쳐 이를 농민에게 무상으로 되돌려주는 이른바 '청산운동'을 전개했다. 그러다가 국·공 간의 타협으로 연합정부를 세울 가능성이 희박해지고 전면적인 내전에 들어갈 수밖에 없게 되자 공산당은 지배지역에서 '토지개혁'•을 적극 추진했다. 하층 농민의 지지를 얻는 동시에 재정을

• 일반적으로 유상매수라는 점진적·평화적 방법을 취한 정책을 토지개혁, 무상몰수·무상분배를 폭력적으로 시행하는 것을 토지혁명으로 부른다. 그런데 중국공산당은 신민주의론을 정립하면서 1944년부터 '토지개혁'이란 용어로 '토지혁명'을 대신하기 시작하였다. 즉

확충하고, 이 과정에서 확립한 통치력을 당과 행정을 확립하는 사업을 통해 제도화하기 위해서였다.

이를 달성하기 위한 핵심적인 방식으로 구사된 것이 바로 군중을 대대적으로 동원하여 기층사회의 정치권력을 장악하는 것이었다. 그 목표는 토지개혁 과정에서 배출된 적극분자들을 당으로 흡수하여 새로운 조직을 설립하고, 새로운 당원·간부들에 대한 정치교육을 강화함으로써 기층 정권에 대한 통제력을 강화하는 것이었다. 중공은 농촌근거지에서 토지개혁을 마무리하면서 새로운 농촌 권력구조 개편에 착수했다. 이를 통해 최종적으로 촌(村)−구(區)−현(縣)−성(省)−중앙으로 연결될 전국적 행정체계의 기층 정권을 수립할 수 있으리라 기대되었다.

이제부터 종전 직후와 건국 초기 토지개혁의 실상에 좀더 깊이 들어가보자.

토지개혁을 추진할 때 무상몰수를 하든가 아니면 유상구매를 하는 두가지 방식이 선택 가능한 법이다. 중공은 항일전 종결 후 일정 시기에 지주의 토지를 유상으로 구매하겠다는 구상도 갖고 있었지만 실행에 옮기지 못하고, 결국 무상몰수를 기본 수단으로 삼았다. 좀더 나눠보면, 1단계(1946. 5~1947. 3)에서는 청산분배와 유상매수를 추진했다(「5·4지시」). 이처럼 온건한 개혁정책을 채택한 것은 연합정부 수립을 요구하는 국내 도

매수분배와 몰수분배 모두를 토지개혁으로 불러 토지혁명이란 용어를 철저히 회피하였다. 이는 당시 서로 모순되는 두가지 필요를 충족시켜야 하는 공산당의 어려운 처지를 반영한 까닭이다. 빈농을 동원하기 위해서는 무상분배가 필요하고 무상몰수를 단행할 수밖에 없는 한편, 당면한 신민주주의혁명을 위해서는 자산계급과의 연합정부를 구성하지 않으면 안 되었던 것이다. 그래서 쏘비에뜨혁명을 연상시키는 '토지혁명'이란 용어를 쓰지 않은 것이다.([韓]柳鏞泰「耕者有田的方法与话语: 是土地改革还是土地革命」,『苏区研究』2018年 第5期 111면) 이 책에서는 사실상 토지혁명을 뜻하지만 관행상 굳어진 용어인 '토지개혁'을 그대로 사용한다.

시의 여론과 미국의 중재 노력을 고려한 것이었다. 2단계(1947. 4~1952. 12)는 옌안이 국민당군에게 점령된데다가 국공합작이 사실상 깨진 1947년 2~3월 이후의 정치·군사 형세를 반영해, 무상몰수·무상분배라는 혁명적 방법을 채택했다('토지법대강' 공포, 1947년 10월). 1927년부터 1937년까지 시행한 '국지적 토지개혁'을 이어받은 '전국적 토지개혁'을 추진한 것이라 할 수 있다.* 물론 이것은 전국적인 상황의 추세를 개관한 것이고, 지역마다의 진행은 현지 사정에 따라 탄력적으로 추진되었다.

토지개혁은 농촌사회의 계급모순의 격화로 자연발생적으로 일어나는 것이 아니라 외부 세력이 간여하고 농민을 동원한 결과 이루어지는 것이었다. 그러나 그 지도자가 농민을 동원해 지주와 투쟁하도록 이끄는 일이 결코 간단할 리 없다. 일본군에 협력한 친일분자(漢奸)와 국민당 특무(特務) 및 지역 악질분자(惡覇)는 그래도 쉬운 공격대상이었다. 종전 후에 친일 부역자 등의 토지를 분배하는 것은 민족모순을 계급문제로 만드는 조치로서 사실상 토지개혁의 의미를 갖는 것이었다. 허베이(河北)성 훠루(獲鹿)현의 한 농민은 "지주의 땅을 농사지어 생활이 그렇게 힘들지 않으니 지주와의 투쟁에 적극적이지 않지만, 한간·악패에 대해 쌓인 원한이 깊다"고 증언했다. 그러나 어떤 빈농은 토지를 분배받은 뒤 고민이 깊어 "팔로군이 안 와도 나는 굶어죽지 않는데 지금 억지로 토지를 나눠줬다"고 부담스러워하는 분위기도 있었다.[9] 아마도 지주들의 보복이 두려워서였을 것이다. 실제로 국민당과의 전투가 치열하게 전개된 곳에서는

---

* 같은 글 105~10면. 그런데 내전기 추진상황을 보면, 1946년과 47년 옛 해방구(老區)에서 이뤄진 토지개혁은 거의 유혈사태를 초래하여(사망자 2%), 도망자 20%가 국민당지구로 갔다. 그러나 국민당은 그들을 지지기반으로 끌어들이지 못했다. 秦暉 「土地問題是中国革命最关键的因素吗?」, 爱思想 http://www.aisixiang.com/data/104673.html(2019년 10월 1일 검색).

국민당군과 함께 마을로 돌아온 지주들이 대대적인 보복행위를 하는 경우가 적지 않았다.

이런 상황에서 중공은 결국 농민의 소극적 반응을 극복하기 위해서 대대적인 선전과 교육을 통해 농민들을 의식화하는 과정이 필요했다. 이런 과정을 거쳐 중공이 농민을 동원해 토지개혁을 적극 추진한 성과를 일컬어 농민해방, 곧 '번신(翻身)'이라고 한다. 토지개혁의 대명사처럼 알려진 번신의 일차적 의미는 "지주의 족쇄를 깨고 토지·목축·농구 및 가옥을 획득하는 것"[10]이다. 그런데 중공으로서는 번신이 최종 목적이 아니고 더 중요한 것은 '심리적 해방'('번심翻心')이었다. 즉 농민들이 자기 빈곤의 근원이 착취를 당한 데 있음을 꿰뚫어보고 지주에 대한 복수심리('翻心')를 일으키며 고통의 근원을 파고들어가(挖苦根) 그 원한을 공산당의 군사적·정치적 적대자인 국민당으로 돌리도록 하는 것, 곧 죄의 귀착지를 찾는 책략이었다. 농민의 고통과 지주계급 및 그 대리자인 국민당을 하나로 연결시켜 그로부터 당한 고통을 농민들이 공개적으로 고발하고 곧 행동(투쟁)으로 옮기도록 하는 것이었다.[11]

이 번신과 번심의 과정에서 공작대*와 적극분자의 역할이 매우 중요했다.

공작대는 어떤 사람들로 구성되었을까. 첫째 유형은 각급 당·정·군 기관에서 파견된, 공작대 사업을 전담하는 간부(겸직 간부가 아님)이다. 둘째 유형은 이미 토지개혁을 완성한 촌락의 기층 간부와 적극분자이다. 셋

• 각종 토지개혁 관련 문건에 나오는 명칭은 공작대, 공작단, 공작조 등으로 때에 따라 달리 불렸다(李里峰「工作队, 一种国家权力的非常规运作机制: 以华北土改运动为中心的历史考察」, 『江苏社会科学』 2010年 第3期 213면). 이 책에서는 편의적으로 공작대로 통일한다.

째는 사업단위나 민주단체의 지식분자이다. 이중 첫째 유형은 현지 사정에 어둡기 쉽고 높은 곳에서 내려왔을수록 독단적으로 일을 처리하는 폐단이 있다. 둘째 유형은 앞의 유형보다 권력 면에서 약하나, 촌락의 기본 정황을 이해하는 데 뛰어나다. 셋째 유형은 신분이 당정관료체계 밖에 있어 실권을 장악하지 못하고 대부분 조사나 문서 작성 등 사무적 활동에 종사, 하급 간부와 군중 사이에서 유능한 조수 역할을 수행한다.[12]

공작대는 보통 현(縣) 수준의 당 기구의 직접적인 지휘를 받으면서, 사전에 당의 토지개혁 방침에 대한 집중적인 학습과 공작대원으로서의 자격 심사를 거친 후, 2~3명이 한조가 되어 하나의 촌락으로 파견되었다. 1946년 10월에 옌벤(延邊)의 토지개혁 공작대에 참가한 한 공작대원의 회고에 의하면, 토지개혁 공작은 대략, '빈·고농(貧雇農) 방문을 통한 적극분자 모색 및 정보 입수→군중들에 대한 선전공작→투쟁대회 개최→투쟁과실 분배→토지개혁 검사'의 절차에 따라 이루어졌다. 이러한 토지개혁의 절차는 당시 중공의 농촌근거지 전역에서 시행되던 방식과 기본적으로 유사하다.*

그중 적극분자를 발굴해 훈련시켜 농민집회에서 적극 활약하게 하는 일은 토지개혁운동의 초기 국면을 여는 무엇보다 중요한 절차였다. 적극분자가 착취 경험을 고발하는 주체로 나서고 다른 고발자와 연결되도록

---

* 이원준 「중국공산당의 延邊 朝鮮人社會 장악과정과 그 의의: 국공내전기 토지개혁과 建政工作을 중심으로」, 『동양사학연구』 131집, 2015, 448면. 이와 달리 마을의 계급상황 조사, 개별 방문과 집체회의 등을 통한 군중동원, 적극분자 발굴과 훈련, 타격대상 확정 및 그로 인한 착취 고발(訴苦), 투쟁 실시, 부분적이거나 전면적인 자원 재분배, 촌지부(支部) 정리, 촌정권 개조, 공작대 촌락 떠나기(離村) 등의 절차도 있다. 李里峰 「群众运动与乡村治理: 1945-1976年中国基层政治的一个解释框架」, 『江苏社会科学』 2014年 第1期 229면.

하는 일이 선전과 조직에서 매우 중요했다. 적극분자가 이웃 농민들에게 활용한 선전방식은 착취당한 고통을 고발하는(訴苦) 감정동원이었다. 계급의 적으로부터 당한 박해, 착취의 역사를 호소함으로써 다른 사람들의 계급적 원한을 격발하는 동시에 자신의 계급적 입장을 다진다는 뜻이다.[13]

공산당이 장시 시기(1928~34)와 그에 이은 옌안을 가는 장정 도중에 '감정공작'의 중요성을 비로소 깨달았다면, 항전 시기(1937~45)에 그들은 이러한 경험의 교훈을 제대로 흡수해 '감정공작'을 아주 잘 이용하기 시작했다.[14] 토지개혁이 전쟁 시기 근거지를 건립하는 데 중요한 관건이었기에, 세심하게 짜여진 비판투쟁대회의 일정을 통해 농민은 비로소 무엇이 토지개혁인지 인식했다. 감정을 동원해 공산당의 혁명목적을 실현하는 토지개혁은 일종의 대중화된 연극 공연이나 다름없었다. 그 과정을 살펴보자.

투쟁대상을 선정한 뒤 당은 해당 지역 전체 간부와 적극분자가 참가하는 동원대회를 열어 이번 결정을 해설하고 각자의 역할을 안배했다. 군중공작자가 대상을 선포하고 고발 내용과 증거를 진술하고, 그 비판대상에 대한 분노를 격발하려고 시도했다. 이후 공작의 절차는 곧 형식화했다. 한 명의 군중공작자가 적극분자에게 주석을 맡게 하고, 1차 고발자, 2차 고발자, 경호병, 회의의 주재자 및 기록자를 안배했다. 적극분자들이 어떻게 활동을 할지도 알려줬다. (⋯) 어떤 때는 적극분자가 공중의 분노 감정을 불러일으키도록 특별히 지정되었다.[15]

군중 참여를 고무하는 과정에서 이루어지는, 공산당이 영도하는 토지개혁에 대한 묘사는 공포, 고난, 원한과 보복의 감정을 강화하는 동시에

정화작용(카타르시스)을 수반했다. 공평 관념에 대한 요구도 이 과정의 중심에 놓였다.[16]

이 '의식화된 정치행위'가 연출되는 과정에서 공산당이 농민 정서를 격발하는 데 잘 활용한 표현방식은 고통을 호소하며 우는 것이다. 구호 중 "울지 않으면 진정한 빈농이 아니다"라는 것이 있다는 사실이 이를 잘 말해준다. 그러다보니 가정의 피억압자로서 감정적이고 눈물을 잘 흘리는 여성, 그리고 착취 경험이 많은 노인이 곧잘 동원되었다. 그런데 여기에 경제이익과 정치참여가 직접 연계되었다는 사실을 잊어서는 안 된다. 토지·가옥·의복·양식을 분배할 때 고통을 많이 호소한 사람일수록 그 몫이 많아진다거나, 투쟁하는 사람에게 분배가 된다는 기준이 작동했기 때문이다.[17]

당연하지만 이 과정이 순조롭게만 진척되었을 리 없다. 우선 공작대가 촌락에서 최고 권력을 가졌으나, 자질 부족과 공작 경험의 결핍으로 종종 권력을 남용한 문제가 발생했다. 이른바 명령을 강요하고 군중을 때리며, 심한 경우는 권력으로 사적 이익을 추구하는 등 '공작작풍(工作作風)'의 비민주적 사례도 발생했다. 또한 공작대의 권력이 두개 통로로 제약을 받았다. 하나는 상급기관의 지도와 감독을 받는 것이다. 다른 하나는 촌락 공동체(특히 원래 존재하던 공동체의 엘리트)로부터 가해지는 제약인데, 이것은 항상적이고 지속적인 조건이다. 공작대는 일정 정도 공동체 엘리트나 농민대중과 타협하지 않을 수 없었다. 이같은 두가지 제약은 공작대 권력이 임시적이고 비정규적인 특징에서 말미암은 것이다. 시골 농민과 지역엘리트는 공작대의 이런 특징을 잘 계산해 자신들의 이익을 위해 활용했다. 그들은 틈새를 노려 할 수만 있다면, 공작대를 거쳐 내려오는 공산당의 지시를 질질 끌거나, 핑계를 대 딴 일로 전환하거나, 그들을 속이

거나 현지의 특수상황을 강조하는 식으로 대응했다.[18] 공작대를 통한 중공 권력의 농촌 침투는 일방향적인 과정이 아니라 농촌사회와의 지속적인 상호작용의 결과였던 셈이다.[19] 농민 입장에서 말하면, 그들 나름의 이익과 가치판단에 따른 선택적 또는 전략적 적응이라 하겠다.

또다른 문제는 농민을 동원하는 과정에서 발생하는 폭력사태이다. 긴장되고 유동적인 전쟁 상황에서 토지개혁이 국부적으로 진행되기에 농민은 지주의 반격을 두려워했다. 그래서 분배받은 토지와 재물을 내놓거나 지주에게 소작료를 은밀히 납부하는 사례도 나타났다. 중공 간부나 적극분자도 두려움에서 오히려 지주나 부농에게 맹렬한 공격을 가하는 경우도 있었다. 이런 상황에서 투쟁대상을 일부 처형하면 소극적이던 사람이 적극적으로 변했다. 이 점을 꿰뚫은 류사오치(劉少奇)는 "당정군민의 역량을 철저하게 높이기 위해서는 부담은 늘어나도 몇명 죽이고 나면 농민이 달게 받아들이고 군대 확충도 용이"해진다고 지시했다.[20]

폭력이 발생하게 된 데에는 한층 더 중요한 구조적인 조건이 있었다. 먼저 주목할 것은 농민의 평균주의라는 집단심성이다. 평균주의는 "농사짓는 사람이 토지를 갖는다(耕者有其田)" "토지균등(平均土地)"의 구호 아래 중국 역대 농민반란으로 종종 표출된 농민세계의 심층구조이다. 재분배가 시행되면서 평균주의 심성이 격발되었다. "투쟁대상의 일부가 먹는 것이 여전히 우리보다 낫다"는 심리가 과격화의 요인으로 작동했다.[21]

다른 하나는 농촌사회 자원 총량의 결핍과 중공의 재정난이라는 조건이다. 이 조건 속에서 당의 정책방향과 현지의 집행 간에 편차가 생기기 십상이고 이로 인해 과격화가 발생했다. 중국공산당은 재정난이라는 엄중한 문제에 직면해 지주와 부농의 수중에서 재물과 식량을 몰수하지 않으면 어려움을 해결할 길이 없었다. 따라서 상하 모두에서 숨은 재산 찾기에 몰두했다. 투쟁대상의 숨겨진 재산을 찾아 몰수하고 싶은 욕망이 발동하면 통제가 어려워졌다. 투쟁대상에 대한 결박, 매달고 때리기 등 육체적 손상이 가해졌다. 이러한 폭력의 발생은 단순히 중공 지도층의 판단 착오나 정책오류의 탓으로 돌릴 수 없다. 이는 중공이 현지의 정책집행자들에게 유동적인 정세에 대응하도록 허용해 빚어진 것이므로 중공혁명의 특징이라 하겠다.[•]

1949년 10월 1일 중화인민공화국이 건립되고 전국에 통일정부가 들어서 그간 지역적으로 현지 사정에 맞게 불균등하게 진행되어온 토지개혁의 경험과 성과를 총괄하여 법제화·표준화하려고 노력했다. 그 의지의 결집이 토지개혁 방침이 확정된 '토지개혁법' 공포(1950. 6)로 나타났다. 농민들 모두에게 토지를 동등하게 분배하여 개인의 소유로 삼도록 하고, 분배된 토지에 대해서는 정부에서 토지증을 발급하여 농민의 자유로운 경영과 매매, 특정 조건 아래에서의 임대 등의 권리를 인정하였다. 지주에 대해서는 토지와 농사용 가축, 농기구, 잉여식량, 농촌에 있는 여분의 가옥 등을 몰수하되, '기타의' 재산은 몰수하지 못하도록 제한하였다.(제2조) 또한 "지주가 경영하는 상공업 재산과 상공업 경영에 직접 이용되는 토지와 재산"을 몰수대상에서 제외했다. 단, 상공업자 소유의 농촌지역 토지는 지주 토지로 간주되어 몰수되었다.(제4조)

이같은 섬세한 조치는 신민주주의론의 취지에 따른 것으로, 달리 말하면 국공내전에서 승리를 거둬 새로운 국가를 건설한 시점에서 중공의 우선 과제가 국민경제의 회복 및 발전에 두어졌기 때문이다. 이 취지는 부

• 李里峰 「有法之法与无法之法: 1940年代后期华北土改运动 "过激化"之再考察」, 『史学月刊』 2013年 第4期 89~91면. 그는 이러한 '유법(有法)과 무법(無法)의 변증법' 또는 양자 간의 유연한 전환이 중공혁명의 특징이라고 설명한다.

농에 대하여 더욱 신중한 방침이 채택된 데서 더 잘 드러난다. '토지개혁법'에는 "부농이 직접 경작하거나 남을 고용하여 경작하는 모든 토지, 그리고 기타 재산은 침범할 수 없다. 부농이 이미 소작 준 소량의 토지 역시 보류하여 몰수하지 않는다."(제6조)고 규정되었다.[22]

지방의 각급 인민정부 안에도 토지개혁위원회가 설립되어 토지개혁을 지휘하였고, 각급 농민대표대회에서 선출한 농민협회가 실제 토지개혁을 집행하는 업무를 담당하였다. 각급 기관과 학교에서 간부와 학생들이 대규모로 선발되어 토지개혁 공작대에 참가하였고, 교사와 학생들은 주로 여름방학 기간에 토지개혁 정책에 대해 교육받은 뒤 농촌에 투입되어 토지개혁에 동참하였다.[23] 여기에 그 이전의 경험이 당연히 짙게 반영되었다.

3. 토지개혁의 성과와 사회주의로의 길

1952년 말까지 일부 소수민족 지역을 제외한 전국 대부분의 농촌지역에서 토지개혁이 기본적으로 완성되었다. 토지개혁 이전까지는 전국 인구의 4.75%인 지주들이 전국 토지의 38.26%에 해당하는 토지를 소유했고, 전국 인구의 52.37%인 빈농과 고농들이 전국 토지의 14.28%만을 소유했다. 그런데 토지개혁을 통해 전체 농업인구의 60~70%에 해당하는 농민들에게 토지가 재분배되었다. 그 이전에 이미 토지개혁을 완성한 옛 해방구(老區)를 합하면, 전국 농민의 90% 이상이 토지개혁을 통해 토지를 분배받았다.[24]

1948년 UN구호위원단의 민간원조계획을 수행하며 중국 농촌 현지를 관찰한 힌턴(William Hinton)은 그 성과가 농민의 일상생활에 미친 영향을 극적으로 묘사한다. '열매의 분배'는 산시성 한 작은 마을(柳林) 농민들의 일상용어까지 바꾸었다.

"농민들은 팔로군의 습관을 따라서, 수천년래의 인사말인 '吃飯了嗎?'(밥 먹었오?) 대신에 사람을 만나면 서로 '同志, 翻身了嗎?'(동지, 해방했습니까?)로 안부를 묻게 되었다. 이 인사에 대해서 많은 사람들은 '翻身了'로 답하게끔 되었다."[25]

이를 통해 건설된 것은 '세계 최대의 소자산계급 국가'[26], 즉 대부분의 농민이 토지를 균등하게 소유한 '농민적 토지소유제'의 국가였다. 여기서 다시 한번 강조하건대, 1950년대 초기의 토지개혁은 토지의 사유제도를 근본적으로 부정하는 사회주의혁명의 구현이 아니었다. 토지개혁은 지주들이 소유하고 있던 토지자산이 농민들에게 재분배된 것으로서, 국가권력의 개입에 의해 소유의 주체가 변경되었을 뿐, 토지의 소유 자체가 부정된 것은 아니었다. 중공의 토지개혁은 '봉건적 착취계급'의 토지소유를 폐지하는 '부르주아지 민주혁명'적 성격의 변혁[27]을 혁명계급의 연합이라는 통일전선을 통해 구현한 것이었다.

이 변혁이 가져온 성과는 무엇일까? 1949년의 역사적 의미를 따지는 핵심적 질문이다. (뒤의 6장에 나오듯이) 동시대 한국과 일본 언론의 초미의 관심사였고, 지금도 중국 안팎의 연구자 사이에서 쟁점이 되고 있다.

경제적 영역의 성과부터 살펴보자. 중공의 공식적인 견해에 대한 수정주의적 견해에 따르면, 토지개혁이 전체 농업생산의 증대에 가져온 효과는 그리 크지 못했다. 그런데 토지개혁이 완성된 후 얼마 되지 않은 1953년부터 농업집단화가 시작되었기 때문에 장기적 측면에서 건국 초기에 토지개혁이 가져온 생산증대 효과를 따져보는 것 자체가 사실상 쉽

지 않다.[28]

이와 달리 중국이 높은 경제성장을 이끌 원동력인 자본축적을 경험함으로써 신해혁명 이래 지속된 위기 상황으로부터 탈출할 길이 열렸다는 흥미로운 견해도 있다. 이에 따르면, 중국은 인구의 대다수를 차지하는 농민에게 토지를 분배함으로써 그들의 자급자족적 발전을 유도했고, 그로부터 나온 잉여농산물을 도시로 공급해 자국의 해묵은 숙제인 자본 결핍의 압력을 부분적으로나마 완화하였으며, 경제가 상대적으로 안정된 국면에 들어갔다.• 말하자면 자본주의 발달의 초기에 나타나는 '본원적 자본축적'의 단계를 '사회주의적 본원적 축적'(primitive socialist accumulation)의 형식으로 겪었다는 이야기이다. 즉 국가권력이 직접생산자인 농민을 생산수단인 토지와 분리하지 않은 채 토지를 국유화하고 그들에게 노동규율을 부과하는 과정을 밟은 것이다. 그 과정에서 강제적 동원과 자발적 동원의 두가지 방식이 다 활용된 특징이 있다. 이를 통해 사적 자본가의 힘이 필요치 않은 본원적 축적을 통한 공업화의 모델이 나타났다. (이 과정을 도운 것이 1958년에 실시된 호구제이다. 농민의 도시 이주를 제한한 도·농 이원구조라는 중국 특유의 도시와 농촌의 공간적/제도적 분할이 이뤄졌다.)[29]

이렇듯 중국이 경제성장 국면에 진입하는 데 깊이 영향을 미친 중요한 제도적 변화가 토지개혁이었다. 그러나 그 문제점 또한 적지 않았다.

토지개혁은 명확한 절차·규정·통제 속에 순조롭게 진행되었다기보다

• 원톄쥔『백년의 급진: 중국의 현대를 성찰하다』, 김진공 옮김, 돌베개 2013, 42면. 국가는 농산품과 공산품에 적용되는 가격의 비율을 조작해 부등가교환이 이루어지도록 함으로써 대부분의 소득의 흐름이 국가로 귀착되도록 하였고, 그러한 잉여를 공업생산에 대한 투자에 썼다.

는 불합리한 계급구분과 폭력이 구사된 무질서한 측면이 있다는 사실이 간과되어서는 안 된다. 양쿠이쑹(楊奎松)은 토지개혁에 적용된 착취의 기준과 획일적 계급구분 방식은 농촌의 실정을 반영한 것이 아니었고, 따라서 토지개혁에 대한 당 중앙의 최대 관심은 "토지 재산의 분배였다기보다는 농민 군중을 동원하여 구세력을 일소하고 신정권의 영도 권위를 세우는 것"에 있었다고 본다. 그러니 당조직이 아무리 무질서한 투쟁(亂打·亂殺)을 반대하는 규정을 내린다 해도 동원된 군중들에게 그 집행을 철저하게 요구하기란 어려웠다. 현지 간부조차 이 규정에 대해 불만을 가진 형편이었다.[30]

이에 비해, 리리펑(李里峰)은 토지개혁이 단순히 신정권의 권위 제고나 정권의 공고화에 머문 것이 아니라, 국가권력의 한계를 전례없이 성공적으로 확장하고 국가와 향촌사회의 관계를 재구조화함으로써 향촌 권력 구조와 그 작동방식을 개혁한 것이라고 주장한다.[31] 그의 견해와 같은 선에 서면서도 박상수는 한층 더 적극적으로 의미를 부여한다. 토지개혁이 전통적으로 국가와 농민 사이에 존재해온 중간자(brokers)인 농촌 엘리트들을 제거함으로써 지방 차원의 권력구조 자체를 근본적으로 변혁하는 데 성공했다고 본다. 토지개혁 과정에서 노출된 무리한 계급구분, 투쟁대상의 확대, 폭력의 자행이라는 '문제점들'조차 오히려 지방의 권력구조를 단시일 내에 타파하는 데 기여한 요소였다. '지주계급'을 넘어 '부농' '악패' '한간' 등으로 지목된 사람들이야말로 국가와 농민 사이에서 작동하던 지방권력의 주체로 간주되었기 때문이다.[32]

이처럼 토지개혁의 효과를 긍정적으로 평가하는 이들은 1948년 초부터 중공이 농촌근거지에서 토지개혁을 사실상 마무리하며 새로이 농촌 권력구조 개편에 착수해 성공한 사실을 중시한다. 중국공산당은 이를 통해 최종적으로 촌-구-현-성-중앙으로 연결되는 전국적 행정체계(이른바 삼급제三級制)의 기층 정권을 수립할 수 있었다.

뿐만 아니라, 향촌의 구지방권력층이 제거된 후, 지역의 민의대표기구인 각계인민대표회의가 건립되었다. 보통선거를 거친 것이 아니라 각계 대표(현급에서도 단지 농민협회만이 아닌 공회·학생회·문화교육계·공상업계 등)로 구성되었는데, 그 대다수는 중농과 빈농이었다. 지주는 주권을 행사할 수 없게 되었으며, 부농의 피선거권은 현이나 시 수준 이상에서만 인정되고, 구와 향 수준에서는 부인되었다. 1949년 각 현의 각계인민대표회의에서는 농민대표가 절반을 넘었다. 더 구체적인 예를 들면, 1952년 저장성 5개 현의 경우 노·농대표가 50~60% 내외를 차지했고, 후난성 창사현의 경우 농민대표가 1949년 10월 67.9%, 1951년 10월 74.7%로 증가하였다.[33] 요컨대 중앙-성-현 차원의 혁명뿐만 아니라 향촌정권 차원의 혁명도 시행된 것이다.

이토록 의미가 큰 토지개혁이 이룩한 소농사유제를 중국사회는 왜 얼마 되지 않아 방기하고, 집단농업의 단계로 진입했을까.

먼저 주목할 것은, 농촌의 농민과 기층 간부 사이에 나타난 변혁의지의 해이 현상이다. 토지개혁 전에는 촌 간부와 군중 모두 변혁에 적극적이었으나, 개혁 후 단번에 느슨해졌다. 토지개혁 완성 후 이로써 혁명이 성공한 것으로 간주하고("토지개혁, 만사대길萬事大吉"), 더이상의 혁명사업을 일종의 '부담'으로 간주하는 풍조가 나타났다. 적극분자가 귀찮은 일을 꺼리고, 촌 간부가 되려 하지 않으며, 여러곳의 구(區)·향(鄕) 간부가 이런 '혁명성공론'을 만들어내 원래 활동에 적극적이었던 사람들이 평범한 사람으로 변하는 현상도 나타났다. "30묘(畝) 토지, 한마리 소, 마누라와 자식 및 따뜻한 방"에 만족하는 생활이 도래한 것이다.[34] 또한 되풀이

된 군중집회를 통해 정치활동이 활발해지면서 '극단적 민주주의'라고 불린 '각자 자기를 위한' 풍조도 조성되었다.[35]

이보다 더 심각한 문제는, 토지개혁 후 수년 내에 부농은 더욱 부유해지고 빈농은 필요에 따라 토지를 매각함으로써 더욱 가난해지는 전통적 패턴이 다시 등장하게 된 것이다. 중화민국 시대에 비하여 농촌의 빈부격차가 축소되기는 하였지만, 토지개혁 이후에도 부농의 수입은 모든 지역에서 빈농의 수입의 두배를 초과하였다. 지주계급의 토지는 중농과 빈농들에게 분배되었지만, 부농들은 본인의 소유지 중에서 제3자에게 임대한 일부의 토지만을 징수당했기 때문에 개혁 이후에도 여전히 중농이나 빈농에 비하여 훨씬 더 넓은 토지를 소유할 수 있었다.

또한 신부농이라는 새로운 현상도 나타났다. 1952년 이후 동북과 북부 지역 등지의 옛 해방구에서 토지개혁 이후 부유해진 농민 가운데 일부는 신부농이 되어, 마차를 사고 노동력을 고용했으며, 토지를 구매했다. 신부농 가운데 상당수는 토지개혁 시기에 적극적이었던 사람들이자 마을 간부 및 공산당원이었다. 그들은 자신의 노동과 수중의 권력을 이용해 먼저 부유해진 것이다. 다른 일부 농민은 농기구나 자금, 노동력 등이 부족했고 개체경영으로 부를 축적하지 못해 다시 고용농이 되는 사례도 나타났다. 이러한 현상은 사실 부농경제의 보존을 통해 농업생산의 회복을 도모하고자 했던 중공의 의도가 초래한 결과이기도 하다.[36] 어쨌든 농촌에서 양극화 현상이 출현하기 시작한 것은 부인할 수 없는 사실이다.

이러한 양극화에 대응하여 당 중앙에서는 두가지 주장이 대두했다. 가오강(高岡)은 공산당원이 노동자를 고용하는 데 반대하고 노동자를 고용하는 자는 출당시켜야 한다고 주장하면서, 신속히 나머지 농민을 조직화하여 협동조합 격인 합작사(合作社)를 발전시켜야 한다고 요구하였다.

이에 비해 류사오치는 생산력이 첫째 목표이며 고용노동 현상은 허용되어야 한다고 주장했다. 공업화가 합작사의 선결조건이고, 생산력 발전의 기초가 있어야 합작사를 진행할 수 있는데, 공업화 이전에 합작사를 진행하는 것은 '농업사회주의 사상'이라고 비판했다.[37] 토지개혁으로 농업생산의 회복 및 증가가 (그 정확한 규모는 논란거리이지만) 어느정도 이뤄졌는데, 이제부터 토지(생산수단)의 재조정 곧 집단화를 통해 농업의 증산을 달성함으로써 시급한 공업화 요구에 부응할 것인가, 아니면 자본의 투입과 기술의 혁신을 통한 발전의 길을 모색해볼 것인가의 선택의 기로에 있었다.[38]

그런데 (뒤에서 보게 되듯이) 한국전쟁의 여파는 이 정책 대립에 대한 선택의 폭을 좁혀주었다. 국방 강화의 요구에 부응해 사회주의 공업화를 시급히 추구해야 했던 상황에서 중공은 공업화 우선 발전전략 아래 농촌의 집단화를 단행함으로써 농업생산을 신속하게 증대시켜 잉여생산을 공업에 투자하는 전략을 선택했다. 그 결과 농촌의 희생은 불가피했다.

중공은 신민주주의사회의 단계를 서둘러 종료하고 토지소유의 집단화라는 사회주의의 길로 돌진했다. 토지개혁을 했다 해도 소농소유제는 국가권력이 농민에게 토지소유권을 부여한 것이고 이는 사실상 농민의 토지소유권에 대한 최종 결정권이 국가권력에 있다는 것을 의미했기에 곧이어 진행된 집단화 정책으로의 전환에 필요한 조건은 이미 갖춰져 있었다.[39] 그래서 널리 알려진 대로 1950년대에 농업집단화로 들어갔다. 그 과정은 세 단계로 진행되었다. 먼저 호조조(互助組) 단계(1949~53)로 시작해, 초급합작사(1954~55년 상반기)와 고급합작사(1955년 하반기~1956년 말)를 거쳐, 최종적으로 인민공사라는 거대 규모의 집단화 시기로 들어갔다.

이렇게 사회주의의 길로 들어섰다면, 신민주주의사회 단계의 농촌에서 거둔 성과는 이 책의 주된 문제의식인 '민의 결집과 자치'라는 관점과 관련해 어떤 의미를 갖는 것일까.

중공은 농촌근거지에서 토지개혁을 사실상 마무리하며 농촌 권력구조를 개편해 새로운 기층 정권을 수립할 수 있었다. 이것은 (곧이어 살펴볼) 도시에서의 접수·관리 과정에 중요한 참조점이 되었다. 뿐만 아니라 토지개혁운동 기간에 창안·보급된 기본 절차와 동원수단은 건국 초기 도시에서는 물론이고 그후 되풀이되는 군중운동에서 계승되었다. 이때 (여성의 역할이 두드러진) 빈농·고농들이 고통을 고발하는 새로운 정치문화의 주체가 되는 등 적극적인 역할을 한 것은 5·4기에 없던 면모로 주목할 만하다. 한마디로 중공이 농촌에서 토지개혁과 소농사유제를 구현함으로써 오래된 '헌정의제'를 자치조직과 군중운동을 결합해 해결했고, 향촌의 새로운 정권기관인 각계인민대표회의에서 중농과 빈농이 의미있는 비중을 갖도록 제도적 차원에서도 일정한 성과를 올린 의미를 갖는다.

그런데 이 책을 가로지른 문제의식인 '이중과제'론의 시각에서 더 논의해볼 여지가 있다. (프롤로그에서 설명한 바 있듯이) 근대에 성취함직한 특성뿐만 아니라 부정해야 할 특성도 있으므로 그 둘이 혼재하는 근대에의 적응은 성취와 부정을 겸하는 것이다. 이 관점에서 볼 때 (도시에서도 그러했지만) 농촌의 자본주의 발전 상황은 잘못 인식되었고 자본주의의 열악한 측면과 소극적 작용은 어느정도 과장되게 부각되었다. 농촌에서 계급분화가 나타난 것은 객관적 현실이지만, 이것이 당시 현실의 전모가 아님에도 불구하고, 특히 농촌에서 개체소유제의 적극성이 아직 제대로 발휘되기도 전에 계급분화의 정황이 압도해버렸다. 그것은 (신)부농이 성장하여 지주화하는 데 대한 공산당 내부의 공포를 촉발시켜 신민주주의를 조기에 종결시키는 하나의 내부 요인이 되었다.[40] 그 바람에 국유화·집단화가 서둘러 강행되면서 향촌의 구지배엘리트가 제거됐으나 새 중간세력이 형성되지 못해 국가와 민의 협치나 자생 능력을 갖춘 민의 결집을 위한 물적 토대가 약해지고 말았다. 그러다보니 국가는 (때로는 폭력을 수반한) 군중운동 동원에 되풀이 의존하는 불안정성을 보일 수밖에 없었다. 당과 국가에 비해 사회의 열세를 뜻하는 이런 사회 분위기와 정치 현실은 농촌을 희생시킨 '본원적 자본축적' 과정에 사회주의 이념이 동원되었던 탓으로 볼 수 있을 것 같다. '근대극복'이 '근대적응'과 동일한 기획의 일부로 진행되지 못할 때, 현실과의 괴리가 내장된 이상주의나 관념적 사고에 휘둘릴 위험에 항시 노출되기 마련이다.

3장

도시의 접수와 관리

: 베이징

1. 농촌에서 도시로: 국공내전의 승부처 베이징*

국공내전기 후반 1948년부터 1949년까지 중공은 국민정부에 군사적 승리를 거듭하면서 주요 도시를 차례로 장악해갔다. 1949년 1월 베이징에 입성하고, 4월 양자강을 건너는 '도강작전'에 돌입해 난징, 이어서 경제중심지 상하이까지 점령했다. 이에 기반해 10월 1일 중화인민공화국 성립을 선포할 수 있었다. 그후 10월에는 광저우마저 장악했다. 그밖의 지역에서도 대세를 읽은 각지 정치세력과 군대가 공산당을 지지하는 쪽으로 움직였다. 쓰촨(四川)성 청두(成都)에는 12월 27일에야 해방군이 입성할 수 있었다. 장제스정권이 (대륙 철수는 1948년 가을부터 준비했지

---

* 난징이 수도가 된 이후 베이징은 베이핑(北平)으로 불렸고, 중화인민공화국 수도가 되면서 1949년 9월 29일 이후 다시 베이징으로 환원되었다. 그러나 이 책에서는 독자의 혼란을 덜기 위해 베이징으로 통일했다.

만) 새로운 거점으로 삼은 타이완을 제외한 중국 전역이 12월 말로 중공 영역으로 들어갔다.

이러한 사태 진전에 앞서, 중공이 전국 장악을 염두에 두고 집권정당으로서 건국 구상에 착수한 것은 1947년 '12월회의'부터이다. 이를 계기로 부상한 '건국'이란 과제는 1948년 초부터 도입된 일련의 정책 변화를 가져왔다. 토지개혁의 과격화를 수습하는 것을 통해 농촌근거지의 사회질서를 확립하고, 당조직 정비와 행정체계 확립을 통해 기층 정권을 건설하며, 상공업의 보호 및 발전을 통해 경제를 회복한다는 등의 방침은 건국을 위한 준비과정이었다. 도시 접수·관리 정책 역시 건국을 염두에 둔 1948년 이후 정책 변화의 흐름 속에서 구체화되었다.[1]

1949년 전후, 공산당은 혁명정당에서 집권정당으로 변화하는 과정에서 국가 운영을 책임지되 민의 자발적 조직과 활동의 지원을 받아 제도화 실험을 했다. 그 속에 민중과 결합한 양상이 잘 드러난다. 이 실험이 바로 신민주주의사회로 진입한 신중국의 성립이 과연 얼마나 새로운지를 보여주는 지표가 된다. 이것이 농촌의 지배영역에서 어떻게 구현되었는지는 이미 앞에서 살펴보았고, 이제는 도시에서 어떠했는지 살펴볼 차례이다.

중국혁명은 잘 알려진 대로 '농촌이 도시를 포위'하는 독특한 전개 양상을 띠었다. 그러니 농촌의 혁명 경험이 도시에 적용될 것은 당연하나, 그 실천과정에서 끊임없이 재조정되었다는 사실을 간과해서는 안 된다.

이는 중국공산당이 1948년 둥베이 지역의 도시들을 장악하면서부터 절실한 문제로 떠올랐다. 1949년 봄 베이징을 장악한 데 이어 난징과 상하이를 차례로 점령할 때 마오는 의도적으로 도시 진입 시점을 최대한 늦추었다. 중공이 도시 문제를 얼마나 심각하게 고민했는지 알 수 있다.

이와 관련된 다음과 같은 일화가 의미심장한 시사점을 제공한

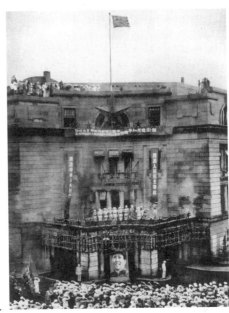

중국공산당 상하이 입성 장면.

다. 1949년 1~2월 소련공산당 정치국원 아나스따스 미꼬얀(Anastas Mikoyan)이 몰래 중국을 방문했을 때 파죽지세인 중공군이 왜 서둘러 난징, 상하이 등 대도시를 점령하고 전국 정권을 수립하려 하지 않는지 이해할 수 없어 마오에게 물었다. 마오는 서두르지 않는다고 답하고 그 이유를 정부 수립에는 많은 당파와의 연합이 요구되는데 그에 따른 귀찮은 일이 많아질 것을 우려하기 때문이라고 답했다.[2] 그런데 여기에는 좀더 심층적인 심리가 작용했다. 다름 아닌 '이자성(李自成)의 함정'을 그가 우려한 때문이다. 명조를 무너뜨리고 대순(大順)이란 왕조를 세운 농민 반란의 지도자인 그가 베이징 점령 직후 민심을 잃고 지지세력을 확보하는 데 실패한 역사적 사례를 상기시킨 것이다. 당시 공산당과 홍군 간부들이 도시에 진출한 이후 부패·낭비·관료주의에 물들고 현실 상황과 군중으로부터 괴리되어 혁명으로부터 멀어지면 결과적으로 반혁명세력에게 반격의 공간을 만들어줄지 모른다는 정치적 위험을 지적하면서, '역사적 경험'이 이를 가르쳐준다고 마오는 말했던 것이다.[3]

이 일화가 보여주듯이, 도시에서의 변혁과정은 서로 이질적이고 복잡한 국면에 직면한 굴절과 왕복적인 전진이지, 획일적인 진행 양상이 아니었다.[4] 이 점을 염두에 두고 도시 정책의 실태를 살펴보자.

중공이 '도시를 접수하여 평상시의 관리 상태로 전환하는 것'을 줄여 말해 '접관(接管)' 곧 '접수(接收)'와 '관리(管理)'라고 하는데, 여기서 "접은 일시적인 것이고, 관은 장기적인 것이며, 접은 관에 종속"되는 것으로[5] 그들은 인식했다. 그만큼 군사적 접수보다 정치적·행정적 관리를 중시한다는 뜻인데, 그 경험을 쌓은 단초는 하얼빈(哈爾濱)에서였다.

하얼빈은 중공이 1946년 4월에 최초로 점령한 대도시였기에, 그곳은 어떠한 정권구조가 도시에 가장 적합한지 시험해볼 수 있는 중요한 무대였다. 중공 둥베이국(東北局)과 하얼빈시위(市委)는 가(街)정부를 중심으로 하는 '가→구(區)→시'의 3급 정부구조가 적합하다고 판단하여 이를 실행하였다. 1947년 11월에 스자좡(石家莊)을 장악하였고, 이어서 선양(瀋陽), 지난(濟南) 등도 접수하였는데, 대다수의 도시들에서 이러한 정책모델이 적용되었다.

중공으로서는 도시 접수·관리의 성공이 관건적 과제였다. 무엇보다 국공내전에서 최후의 승리를 거두기 위해 기존의 농촌근거지에 더하여 도시지역을 점령한 뒤 안정적으로 관리하는 데 성공해야 했기 때문이다. 부차적으로는 신민주주의혁명의 성공적 수행을 위해 도시에서 관료자본과 투쟁하면서 사회주의의 물적 토대를 다져야 했기 때문이다.[6]

베이징 진입이 눈앞에 온 1949년 1월부터 이미 도시공작은 농촌공작

이상으로 중요한 것이 되었다. 베이징은 중공이 과연 관리능력이 있는지를 스스로에게 보여주는 실험장이었다. 전국의 대도시 하나하나가 서로 긴밀히 연결되어 하나를 건드리면 전체가 움직이는 긴박한 상황에서 베이징의 상징적 의미는 컸다. 중국 인민이 과연 공산당 영도 아래 자신을 관리할 수 있는지 전세계가 지켜보는 곳이기도 했다.[7]

중공은 1947년 11월 스자좡 접수에서부터 선양·지난에 이은 1949년 1월 톈진 접수에서 겪은 일정한 실패의 경험 ── 계급적 입장과 '빈민노선'을 추진한 결과 청산투쟁이 빈발하여 많은 자본가들이 도망하는 사태 ── 을 감안하여 베이징 접수에 신중을 기할 수밖에 없었다. 중공이 여러 도시를 장악하는 양상은 크게 보아 평화접수인가, 전쟁접수인가에 따라 불가피하게 차이가 날 수밖에 없었다. 평화접수란 국공내전기에 국민당이 내부적으로 붕괴해가면서 해당 도시를 관장하는 국민당 군사지도부가 공산당에 투항하여 도시의 통치권을 내준 것을 의미한다. 이런 사례가 당시 여기저기 나타났다. 베이징의 사례가 그 하나였다.

1949년 10월 1일 건국행사가 열리기 여덟달 전인 1월 31일, 인민해방군 제4야전군 일부가 베이징성에 진입했다. 2월 1일 인민해방군 베이징 군사관제위원회 성립을 선포하였다. 이로써 베이징 접수·관리가 시작되었다.

그런데 평화접수의 경우 문제가 더욱더 복잡해질 수밖에 없다. 고정된 교조적 방식으로 접수·관리를 추진하는 것이 아니라, 실천과정에서 신속하게 이를 조정하는 기민성을 갖춘, 실천 속에서 배우는 자세를 견지할 간부들을 베이징에 집중 파견해 대처할 일이었다.

당시 베이징 시장으로 임명된 예젠잉(葉劍英)은 이 점을 명료하게 인식하고 있었다. 간부들을 파견하면서, "한편으로는 용감하게 성으로 진입하면서, 다른 한편으로는 전전긍긍하면서 일에 임"하기를 요구했다. 그의 고심은 베이징에 입성할 군대의 자격을 엄격히 심사한 사실에서도 읽을 수 있다.[8]

그들이 베이징에 들어가 감당해야 할 과제는 군사적 차원을 넘어 민생을 다루는 통치 차원에서 도시사회를 재조직하는 것이었다. 도시 주민의 행정조직뿐 아니라 농촌과 도시의 관계를 규정하는 호구(戶口)제도라든가 구매와 분배의 독점을 통한 식량 확보까지 폭넓게 장악해야 도시의 재조직과 당-국가의 사회 침투가 가능했다.

중공 지도부도 이 점을 잘 파악하고 있었다. 이는 베이징시당위원회 서기 펑전(彭眞)이 마오에게 보낸 1949년 2월 16일자 보고에 잘 드러난다.

> 입성 초 시민들은 열광적으로 환영하며 해방군을 옹호하고 국민당을 욕했다. (…) 그러나 옛 해방구 농촌에서는 농민들과 함께 생활해 그들을 잘 알던 것과 달리 베이징의 민중들에 대해서는 잘 모르는데 그들의 일상생활의 문제를 해결해주지 못하면 등을 돌릴 수 있다. (…) 절대다수 군중은 금융과 물가 안정 여부에 관심을 갖고 물가하락을 기대하니 군중의 사상감정은 복잡하기 짝이 없다. (…) 적지 않은 군중이 이미 우리가 군중을 위해 하는 사업이 국민당과 다르다는 점은 느낀다. 그러나 이것은 우리와 접촉한 후 조금 나아진 것일 뿐이니, 문제의 관건은 어떻게 그들의 생활문제를 해결하는가에 달려 있다.[9]

민생문제가 관건이었음은 당시 칭화대학 중문과 교수 푸장칭(浦江淸)의 기록에서 생생히 전해진다. 1948년 12월과 1949년 1월이라는 정권교체기 칭화대학의 교수들은 봉급이 밀린데다가 물가가 급등해 매우 고된

생활을 겪고 있었다. 그런데 칭화대학을 접수·관리하기 위해 파견된 공작대의 간부가 대학을 정식 접수하고 "인민해방군이 가장 먼저 해방한 대학"임을 밝혔다. 그러고 나서 신민주주의 교육방침을 선포한 이후 한 가장 중요한 행동은 임시로 교직원들에게 양식과 현찰〔人民券〕을 준 것이다. 푸장칭은 자신의 몫인 900위안과 좁쌀 30근을 얼마나 유용하게 썼는지 상세히 기록하고 있다.[10]

이 일화에 잘 드러나듯이, 공산당으로서는 베이징에 진입한 후 구정권이 세운 기관을 없애고 새 정권을 세우는 일 이외에, 공상업 장악이 중요했다.

류사오치가 행한 '톈진강화(天津講話)'(1949년 4~5월)의 핵심 내용은 이 점을 간명하게 제시한다. 마오가 제시한 접관정책의 '16자 방침'을 철저히 관철하라고 호소하였다. 즉 민족부르주아지와 '국가경제와 민생에 유익한' 사영기업들을 보호할 것, '생산의 회복 및 발전'을 최고의 목표로 삼을 것, '신민주주의 시기'에는 자본주의 경제의 발전을 용인해야 한다는 것 등이었다.[11]

2. 베이징 '접관'의 경과: 삼급제에서 일급제로, 다시 절충으로

베이징시 정부의 접수·관리에 나선 간부들은 1949년 2월 2일에 입성하여 시 정부기관에 대한 업무를 시작하였다. 국민당 통치 아래 있던 도시에서 시행된 (시정부 산하의) 구공소(區公所) − 보갑(保甲)이라는 행정체계를 대체한 새로운 기층 정부 건설 방식을 추진했다. 이미 중공 점령 하의 각 도시에서는 농촌에서 시행된 바 있는 '촌(村)→구(區)→현(縣)'

이라는 3급 정권구조를 답습한 '가(街)정부→구(區)정부→시(市)정부'라는 3급 정부구조가 실험되고 있었다.

국민당 당시 구 이하 가도(街道) 수준의 보갑(保甲)은 정권의 파출기관이 아니라 사회조직이었다. 공산당은 이것을 기층 정부 형태로 바꿔 사회 저변으로 국가권력이 깊숙이 침투할 통로로 삼았다. 그 이전의 모든 정부에서 시행하고자 했으나 엄청난 자원이 필요해 실행에 옮기지 못한 일이다. 이 과제를 감당하기 위해 중공은 일단 행정 공백을 최소화할 겸 이전 정권의 인원 유임과 새 간부 파견을 병행했다. (예젠잉은 옛 직원들을 많이 유임留用시킨 명분으로 옛 통치기구가 인민을 압박하고 착취한 것은 그 제도와 작풍作風, 계급적 당파성에서 비롯된 것이지, 그 인원들이 부패해서 그런 것은 아니기 때문이라고 설명하였다.[12])

이처럼 인원이 충분히 파견되기에는 턱없이 부족한 어려운 여건 속에서* 당의 구상이 기층 차원에서 실제로 어떻게 시행되었는지 좀더 세밀하게 들여다보자.

베이징에 진입한 초기에 국민당의 비밀경찰인 특무(特務)가 시내에 널리 잠복해 있고 군중의 대다수가 조직화되지 않은 상황에서, 베이징시접수·관리위원회는 군중을 동원하여 새로운 사회질서를 확립하기 위한 방안으로, 소수의 '노(老)간부'들과 다수의 노동자·학생·적극분자로 구성된 공작대를 각 구와 가 단위로 파견하여 '인민정권의 임시 파출기관'으로 삼는 방식을 택하였다. 입성 전에 편성된 각 구공위(區工委)가 기존의

---

* 펑전은 "현재 우리는 당원이 5천명(2천명은 지하당원, 3천명은 해방구에서 이동해온 인원)인데 베이핑의 200만명을 조직해야 하니, 장기의 힘겨운 과정이 요구된다"고 인식했다. 이제까지 누려온 군사승리에 기댄 정치이념만으로 200만 군중의 생활의 곤경을 감당할 수는 없음을 간파한 것이다. 何浩「接管天下: 北京市城市接管的歷史實踐及其思想意涵」, 賀照田·高士明 主編『人間思想』第3輯, 臺北: 人間出版社 2015, 26면.

시내 구공소를 그대로 접수하여 이를 구(區)정부로 전환시키는 방식으로 구정부 수립이 진행되었다.[13]

여기서 눈여겨볼 점이 두가지 있다. 첫째는 국민당 정권에 의해 조직되었던 보갑은 공산당의 도시 접수·관리 이후에도 바로 없어지지 않았으며, 보갑장들도 대부분 그대로 남아 공산당의 통치에 협조하였다. 보갑의 '철폐'는 1949년 4~5월에 주로 이루어졌으며, 이어서 보(保)를 대신하여 기층 정권인 가정부(街政府)가 수립되었다.

둘째는 공작대의 파견과 적극분자의 동원이다. 쏘비에뜨 러시아의 혁명 경험에서 배워 중공이 쏘비에뜨혁명기에 변용해 활용하기 시작한 공작대는 인민정부의 임시파출기관이었다가 나중에 가정부로 신속히 발전하였다. 그들은 소수의 노간부, 다수의 노동자, 학생, 적극분자로 구성되었는데, 각 구에 파견되어 현황 조사, 선전정책 수립과 집행, 군중동원, 반혁명분자 숙청, 특무 검거, (국민정부하의) 화폐교환, 식량배급을 맡았다. 경찰 업무 조정도 크게 보면 이 틀에서 이뤄졌다.[14]

공작대 요원들이 목표로 삼은 선전의 대상은 고된 노동을 하는 군중이다. 그들은 주로 인력거꾼, 소수공업자, 소생산자들의 가정을 방문하여 대화를 통해 정부의 정책과 가정부 건립의 의의를 선전하고 공산당에 대한 회의적 태도를 불식시키려 노력했다. 그 과정에서 국민당 시대의 보장(保長)에 대한 원한을 불러일으킴으로써 이들이 이른바 '고통을 호소하는 정신'을 배양토록 유도했다. 물론 이것은 용이한 일이 아니었다. 많은 보고들은 이 과정에서 공작대들이 부딪힌 어려움에 대해 언급하고 있다. 주민들은 감히 자신들의 불만을 말하려 하지 않았고, 그들의 노력에 쉽게 호응하지 않았다.[15]

그럼에도 불구하고 대체로 공작대가 자신들이 의도했던 가 수준의 기층 정부 건립의 임무를 수행해나갈 수 있었던 것은 적극분자의 덕이었다. 군중들의 자발성을 이끌어내는 과정에서 (농촌에서도 그러했듯이) 군중 가운데 그들의 역할은 매우 중요했다. 공작대는 적극분자를 내세워 군중 동원의 어려움을 극복하고자 했다. 공작대는 각 가정의 방문과 각종 소규모 회의를 통해 주민들의 발언 모습을 지켜보면서 적극성을 보이는 자들을 물색했다. 공작대는 다시 이들 적극분자를 통해 가내(街內) 각 가구의 정황을 파악하고 주민 소조(小組)를 조직해갔다. 적극분자들을 파악·관리함으로써 당조직과 행정조직이 주민사회에 좀더 적극적으로 개입하는 것을 가능하게 했다는 점에서 국민정부 시기와의 차이를 찾아볼 수 있다.[16]

적극분자가 중공의 베이징 지배에 참여한 다양한 동기가 흥미롭다. 첫째, 정부의 시책으로부터 혜택을 받아 정부에 보답하고자 한 사람도 있었다. 둘째, 자기과시를 위해 나서기를 좋아하는 사람들도 상당한 비중을 차지했다. 셋째, 공을 세워 속죄하고자 하는 사람들도 있었다. 넷째, 취직의 기회를 엿보려는 사람들도 있었다. 이들은 정부의 간부들과 밀접한 관계를 맺어 취업을 하는 데 도움을 얻고자 했다. 다섯째, 정부(공작조)가 지명해서, 또는 군중이 추천하니 어쩔 수 없이 가도공작에 나서는 경우가 있었다. 여섯째, 소수이기는 하지만 자신의 과거 문제를 감추기 위해 거짓으로 적극적인 태도를 보인 사람들, 또는 군중을 속이고 부정부패를 통해 이득을 취하거나 남을 착취하려는 의도에서 가도공작에 나서는 사람들도 있었다. 정부는 이런 현실에 대처해 적극분자들의 '사상의식'과 '공작작풍'에 대한 분류를 시도하여 이들을 파악하고, 이를 기초로 가도공작을 지도하고자 했다.[17]

적극분자가 수행한 주요 역할은 이렇다. 중공이 베이징에 진입한 초기 몇개월간의 가(街)정부 건립 과정에서 가정부 아래의 주민조직인 여(閭)

와 거민조(居民組)에서 각각 여장(閭長)과 조장을 맡아, 군중에게 정부정책을 선전하고 그들을 동원하는 역할을 수행하면서, 가정부의 각종 행정업무를 보조하는가 하면 합작사의 조직 등 당시의 각종 가도공작의 선봉역할을 맡았다.[18]

이같은 제도의 개혁은 겉만 보면 순조로운 과정인 듯하나 그 속을 들여다보면 간단치 않았다. 농촌에서도 그러했지만, 도시에서도 적극분자의 역할이 초래한 부작용이 만만치 않았다. 베이징(및 톈진 등지)에서 이른바 '좌경모험주의'의 문제가 발생했다. 소규모 사영기업들을 대상으로 청산투쟁이 대대적으로 전개된다든지, 공장과 상점의 자산 분배로 인한 영업중단으로 실업자의 규모가 증가한다든지, '과도한' 임금인상 요구 및 노동기율의 해이 등이 발생한다든지 함으로써 '좌경 편향'의 문제가 4월까지 '광범위하게 폭발'했다. 당국은 '생산의 진행에 방해'가 된다는 점을 강조하면서, 이를 '절대적 평균주의' 또는 '극단적 민주화의 사상'으로 규정하였고, 또한 국민당의 특수공작원인 '특무(特務)'들이 개입되어 있는 정황까지 제시하기도 했다.[19]

류사오치와 베이징시 당국은 이러한 '좌경'의 폐해가 지휘체계의 '분산성'에서 빚어진 것으로 진단했다. '생산의 회복 및 발전'이라는 최대 목표를 실현하기 위한 방법으로서 도시의 분산적인 통치체제를 집중적인 것으로 개조하는 방식을 택했다. 시-구-가라는 3급 정부구조는 '분산성'이 높은 농촌의 방식으로 '무정부·무기율' 현상을 초래한다는 이유로 부정되었다. 그 대신 '집중성'이 높은 대도시의 특성에 맞는 시 1급의 정부구조를 도입했다.[20]

그 결과, 가정부는 수립된 지 얼마 되지 않은 같은 해 6~7월 사이에 취소되고 가(街)를 단위로 하는 공안파출소에 합병되었다. 이 합병 조치를 통해 민정(民政)기구는 상대적으로 광역화되고, 기층 지역에서 국가기구와 주민들이 직접 접촉하는 통로가 공안파출소로 단일화되었다. 이로써 가 단위의 민정기관이 없어졌을 뿐 아니라 구정부 역시 구공소로 바뀌면서 규모가 축소되었다. 실제로 가정부가 유지된 기간은 두달 정도에 불과했다. 일종의 시행착오라고 할 수 있을 정도로 짧은 기간에 벌어진 일이었다.[21]

그런데 가정부 폐지 이후의 주민행정에서 나타난 여러 문제들을 해결하기 위하여, 결국 베이징시위(市委)는 1951년 8월 구인민정부를 부활시키고 군중자치조직으로서의 가도거민위원회(街道居民委員會)와 파출기관으로서의 가도판사처(街道辦事處)를 수립하였다. 결국 중공은 시행착오 끝에 절충점을 모색한 것이다. 도시 통치 모델에서 '분산성'(3급 정권구조)과 '집중성'(1급 정부구조)의 양극단을 오가던 중공이, 마침내 도시 통치에 필요한 집중성을 가장 효과적으로 발휘할 수 있는 행정구조의 모델을 찾아냈다고 볼 수 있다.[22]

3. 가도판사처와 가도거민위원회의 역할

이렇게 신설된 기층 조직인 가도판사처와 가도(주민)거민위원회의 역할을 좀더 깊이 살펴보자.

1953년에 베이징에서는 가도거민위원회를 통해 주민조직의 표준화가 이루어진 것과 더불어 가정부 합병 조치 이후 기층 민정기구의 부재로 인한 문제에 대한 대응으로서 가도판사처가 설립되었다. (가도판사처는 오늘날까지도 도시지역의 말단 행정기구로서 공안기구인 공안파출소 및 자치조직인 거민위원회와 함께 중화인민공화국 도시지역 기층 통치의 한 축을 담당하고 있다.)

민중과의 결합 양상을 점검하는 데 한층 더 중요한 것이 가도거민위원회이다. 명목상 자치적인 주민조직을 행정의 하부 기구로 활용하려 한 것이라는 점에서 그 성격은 일본 점령기의 방리(坊里)조직이나 국민당 정권의 보갑조직과 크게 다르지 않다. 국가가 표준적인 주민조직을 만들어 이를 국가기구의 연장으로 활용하려는 방침은 이전의 정권들도 추구했던 지향이었다. 다만 중공이 창출한 주민조직은, 당조직과 행정조직이 그 대표만을 반관(半官)적인 존재로 활용하는 것을 넘어서 더 넓은 범위의 '적극분자'들을 파악·관리함으로써 주민사회에 좀더 적극적으로 개입하는 것을 가능하게 했다는 점에서 독자성을 찾아볼 수 있다.[23]

가도거민위원회 건립 과정에서 건국 이후 협력해온 기존의 적극분자들이 그것을 구성하는 주요 부분이 되었다. 어찌 보면 가도거민위원회 건립 과정이 새로운 적극분자를 발굴하는 과정이기도 했다. 거민위원회 체제 역시 이전과 마찬가지로 적극분자에 대한 파악과 관리에 기반하여 만들어지도록 하는 것이 중공의 의도였던 셈이다.[24]

그런데 거민위원회가 조직의 대상으로 삼은 것이 전체 주민이 아니라는 점을 간과해서는 안 된다. 그것은 공장이나 공공기구에 속한 주민기구인 '단웨이(單位)'를 통해 조직된 주민을 제외하고 그 지역에 거주하는 나머지 주민만을 대상으로 했다.[25]

중공으로서는 원래 (소련의 경험에 따라) 노동조합인 공회(工會)를 도시 주민의 보편적인 조직(곧 단웨이)으로 삼아 일사불란에게 통치하고 싶어했지만, 중국의 도시 상황은 그것을 허용하지 않았다. 베이징 접수·관리 이후 몇년이 지났지만 여전히 대형 기업과 소형 기업, 공영기업과 사영기업, '집중거주'를 하는 노동자와 분산되어 있는 노동자 사이의 경계는 없어지지 않고 남아 있었다. 나중에 장기간에 걸쳐 도시의 확대와 함께 집중거주의 비율이 높아졌지만, 건국 초기에는 주택의 부족으로 집중거주의 실현이 어려웠다. 따라서 공회는 도시 주민 전체의 보편적인 조직으로 자리잡기 어려웠으며, 또한 이에 포괄하기 어려운 '가도 주민'의 존재가 극적으로 줄어들지도 않았다.

거민위원회의 조직은 직업에 기반한 공회 중심의 주민조직이라는 구상을 관철시키는 데서 후퇴하여 현실에 맞게 유연하게 적응한 결과이다.[•] 따라서 거민위원회와 더불어 공회를 기층 조직으로서 중시해야 한다.

중국공산당이 베이징을 접수·관리한 이후 조직된 공회에 노동자의 이해를 대변하는 측면과 함께 당의 지도 아래 당과 정부의 정책을 기층까지 전달하고 실행하는 기구로서의 성격을 부과했다. 공회는 원칙상 자치적인 조직이지만, 실질적으로는 기업조직의 일부이자 국가기구의 말단으로서 인구관리 기구로서의 기능이라든가 인구동원 기능을 수행했으며, 그밖에 복지 정책의 통로로서 자원 분배 기능도 수행하였다. 공회가 동원 기구로서의 성격은 갖게 된 사정은, 기업 내부에 국가기구의 역할을 위임하는 이른바 '단웨이사회'의 특징과 연관된다. 중국 농촌의 기본 생활조직으로 생산, 생활, 행정업무를 겸한 인민공사에 상응하는 단웨이는 도시의 기본 생활조직이다.[26]

• 윤형진은 이를 '일종의 타협'으로 본다. 윤형진 「中華人民共和國 도시주민 조직 방식의 형성: 건국 초기(1949~1954) 北京의 지역별 주민조직을 중심으로」, 『중국근현대사연구』 63집, 2014, 198면. 그 결과 임시적 조직으로 기획되었던 거민위원회는 장기간 존속하게 되었을 뿐 아니라 개혁·개방 이후 단웨이가 약화된 이후 다시 한번 도시 주민의 주된 조직 형식으로 부상하게 되었다. 윤형진 「역사적 시각에서 본 중국의 도시 기층조직: 거민위원회를 중심으로」, 『역사비평』 2016년 겨울호 348면.

그러나 거민위원회와 산업별 공회만으로는 베이징 주민을 다 포괄하기 힘들었다. 베이징에 분산성이 높은 산업구조가 자리잡았기 때문으로, 업종별 조직을 통해 도시 주민을 포섭한다는 원칙이 제대로 진전되기 어려웠다. 이것이 지역 차원에 조직된 구(區)공회가 요구된 이유이다. 그래서 지역에 기반한 공회라는 변형된 조직(곧 구區공회)도 신설하지 않을 수 없었다. 그것은 중국공산당이 베이징을 접수·관리하기 전에는 찾아보기 힘든 변화였다. 국가가 직업조직을 만들고 이를 통제하려는 시도는 이전 정권들에서도 끊임없이 나타난 것이었지만, 지역을 단위로 하는 직업조직의 건설은 중공의 통치 아래 등장한 새로운 현상이었다. 이는 모든 노동자들을 포괄하는 노동조합이라는 형식을 통해서 도시 주민을 조직한다는 중공의 방침이 현실적 조건과 타협하면서 만들어낸 결과물이라고 할 수 있다. 이렇게 노동조합이라는 틀을 포기하지 않으면서 지역에 따른 조직이라는 원리를 끌어들인 것은, 가도거민위원회와 가도판사처의 설립과 궤를 같이하는 변화라고도 할 수 있다.[27] 이에 따라 결국 산업공회라는 업종별 조직과 구공회라는 지역별 조직의 이원적 구조가 만들어졌던 것이다.

4. 군중운동의 역할과 군중노선

이상에서 살펴보았듯이 중공은 자신의 권력을 기층사회 속에 확장하기 위해 인민생활의 세부 영역에까지 간여하고자 했고, 그만큼 계획한 일들도 많았다고 할 수 있다. 그런데 그러한 권력 확장 의도에 부응할 만한 자원이 충분치 않았다. 그래서 인민의 자치조직에 군중운동을 결합시켜 해결하고자 했다. 그런데 그 일이 그리 쉽지만은 않았다.

　공산당의 정책에 대해 당시 군중이 어떻게 대응했는지를 알기는 힘들다. 그러나 군중의 공산당에 대한 신임이 (적어도 건국 초기에) 높지 않은 점은 확인된다. 군중들은 공산당 간부에 대해 과거 국민당의 경찰이나 법원과 마찬가지로 두려움을 갖고 있었다. 또한 공산당이 표방한 신민주주의사회 초기의 관대한 정책을 오히려 두려워하는 상황도 벌어졌다. 즉 군중운동을 통해 '나쁜 사람'과의 투쟁에 나서게 되었지만, 공산당이 그들을 쉽게 석방해버림으로써 그들이 다시 나와 보복할 수 있다는 두려움이 존재했다는 말이다. 이른바 군중 속의 '세상이 오래지 않아 변하리라는 생각(變天思想)'이 적극적 참여를 제어하는 요소였다.[28]

　이런 문제점이 한국전쟁으로 조성된 위기의 국면에서 증폭될 위험을 해결하기 위해 중국공산당은 (바로 다음 장에서 상세히 설명될) 항미원조운동과 3반(三反)·5반(五反)운동을 펼쳤다. 그중 한가지 사례만 여기서 들어보자.

　1951년 3월 15일 베이징시의 각계인민대표회의 (상무위원회 격인) 협상위원회 확대회의가 개최되어 반혁명죄 위반자를 처결하는 계획을 토론하였다. 시협상위원회 위원 이외에 시인민정부 위원 및 각 국·처 책임간부, 각 구 협상위원회 주석, 민주당파, 종교계, 소수민족, 공상업계 대공장, 대학교의 대표 등 180명이 참석하였다. 참석자 중 푸런(輔仁)대학 총장 천위안(陳垣)은 이런 회의는 "고대〔三代〕 이래 없었던" 일이고, "매우 성공적으로 열렸다. 사람을 죽이는 문제에서 각계 인민대표의 지지를 얻었고, 이로써 간부에 대한 믿음을 높였다."는 반응을 보였다.[29] 이어서 3월 25일, 베이징시는 199명의 반혁명죄 위반자를 처형하였다. 이 처결방식에 대해 오늘날의 연구자 허하오(何浩)는 "군중의 공포를 일으키지 않았을 뿐만 아니라 각 계층 인민의 열렬한 옹호를 얻어 오히려 중공과 도시 시민의 연계가 강화되었"고, "단순히 사람을 처형하는 것이 아니라 각 개인과 밀접히 상관된 정의질서의 실현과 보호에 관한 것"이라고 의미를 부여한다.[30] 그의 평가는 군중운동이 민의 자치조직과 결합해 거둔 일정한 성과를 부각하는 것이다. 그런데 이와 동시에 (그가 의도하지는 않았겠지만) 국가의 강압적 수단에 도움받고 있다는 특징도 드러낸다. 국가와 민(또는 사회)의 협업(거버넌스)이 국가의 "강압적 수단이 아닌 다양한 목적을 가진 행위자들과의 관계를 통해 사회를 관리하는 것"[31]이라면 그 한계를 내포한 것으로 볼 수 있겠다. 이는 민주연합적 계급으로 구성된 '인민'과 그 적을 구별하는 인민민주 곧 '실질민주'의 특징과 관련된 것으로 나중에 더 깊이 논의되어야 할 주제이다.

5. 도시 재조직 정책의 성과와 전망

이제 베이징에서 시행된 중공의 도시 재조직 정책의 성과에 대해 촘촘히 따져보자.

먼저 이전 정권과의 차이에 대해 정리해보겠다. 접수·관리 초기에 중공이 가 단위에 건립한 국가기구는 이전 정부가 시행한 보(保)의 경계를 유지했다. 파출소와 관할범위를 일치시킨다는 점 역시 그대로였다. 실제로 기존의 보장(保長) 및 갑장(甲長) 들의 처리 방식을 살펴보면, 농촌에서의 지주에 대한 '타도'와는 대조적으로, 짧은 기간이나마 (소수를 체포했지만) 조직을 거의 그대로 유지하면서 중공의 사업에 협력하도록 하였다.[32] 다수를 그대로 쓰는 방식을 유지한 덕에 이들은 국민당 관료, 군대,

특수공작대 등의 검거에 적극적으로 협력하였다. 기존의 보갑 조직이 실질적으로 해체되고, 보갑 인원이 교체된 것은 대개 가정부가 수립되는 시기 전후였다. 그러나 이것은 짧은 시기의 사정이었다.

윤형진은 주민조직의 형식을 둘러싸고 벌어진 '시행착오'를 지적하면서도 그 자체로는 "거대한 사회혁명의 과정"이었다고 평가한다. "중국공산당은 중화인민공화국을 수립한 이후 불과 몇년 만에 도시사회를 재조직함으로써" "거의 모든 도시 주민을 파악하고 이동을 관리하고 표준적인 형식으로 조직화하는 데 성공"한 셈이다.[33] 이는 청말과 민국 시기에 헌정의제를 감당하려 했으나 거듭 실패한 일과 대비된다.

여기서 더 나아가 박상수는 가도거민위원회의 설립은 일종의 '도시 기층사회 거버넌스(이 개념에 대해서는 이 책 377면 참조)'의 구축 과정으로서 더 큰 의미가 있다고 평가한다. 그는 중국의 역대 정부가 국가의 사회 침투에 대한 강한 의욕이 있었으나 수단이 부족해 방치한 일을 중국공산당이 군중의 자치조직을 동원해 해결한 데 주목한다. 여기서 말하는 '자치'란 국가권력으로부터 독립된 자율이나 자결이라기보다는 국가정책(지도)에 대한 '군중의 자발적 호응과 참여'를 뜻한다.[34]

미묘하게 차이가 나는 두 견해는 중공의 기층 조직의 핵심인 거민위원회에 대한 평가에서도 다소 엇갈린다. 박상수는 거민위원회의 설립 과정을 중공에 의한 정치·사회적 '공간'의 창출 과정으로 보면서, 가도(街道) 단위에서 '사회자본'을 활용한 '자치성'의 발양을 통해서 국가권력의 침투 역량의 한계를 보완할 수 있었고, 가도 차원에 국한된 복지공작 등 '일상공작'은 물론 정부가 하달한 '중점공작'에까지 주민 참여가 동원된 과정에서 '거버넌스' 체제의 구축이 이루어졌다고 설명한다.[35] 이에 비해 윤형진은 거민위원회의 '자치' 기능이라는 것은 주로 공공복리에 관한

것이었고, 정치적 성격의 사업에 있어서는 어디까지나 중공의 '지도'를 벗어나지 못했다고 본다.[36]

이런 차이에도 불구하고 두 연구자가 일치하는 점은 적극분자의 역할의 중요성, 특히 여성 참여에 대한 평가이다. 박상수는 적극분자의 '주력군', 곧 가정 부녀들이 집안의 반대와 가사의 부담에도 불구하고 가도공작에 적극 나섰던 동기는 여성 해방〔翻身〕의 '정치의식 제고'와 밀접히 관련된 것이고, 가정 부녀의 적극성이야말로 1950년대 전체를 통하여 지속되는 특성이었다고 본다.[37] 윤형진 역시 여성이 가도(街道) 적극분자의 상당수를 이뤘고, 거민위원회 간부 중에서도 남성보다 훨씬 높은 비중을 차지하고 있었으며, 그중에서도 '노동자의 가족'에 해당하는 여성의 비중이 가장 높았음에 주목한다.[38] 왜냐하면 거민위원회가 직업별 조직인 단웨이의 외부에 존재하는 주민조직이기에 여성이 주도하는 조직이 되기 십상이었기 때문이다. 어쨌든 여성이 "자치조직의 간부로 전면에 등장하는 것 역시 일본 점령기나 전후 국민정부 시기의 주민조직과 건국 초기의 주민조직이 가지는 중요한 차이"였다.[39]

이상에서 살펴본 바와 같이 중공이 도시의 접수·관리에서 성공한 비결은 무엇일까. 윤형진은 거대한 국가를 운영하면서 기층에 대한 통제력을 유지하는 데 활용할 수 있는 자원들이 있었다는 점을 꼽는다. 특히 공공의 목표에 "대중을 동원할 수 있는 이데올로기와 정치문화라든가 저비용으로 움직일 수 있는 헌신적인 간부들"이 중요했다는 것이다.[40]

그래서 이 핵심 자원인 간부 그리고 이데올로기나 정치문화의 문제를 이 책의 기본 주제인 민의 자치조직 및 결집의 경험의 구현 형태가 시기별로 변화하는 양상과 관련해 좀더 깊이 추궁해보고자 한다.

먼저 간부 개인과 혁명의 관계를 묻는 윤리문제이다. 이것은 당시 중공 내부에서 제기된 바 있다. 즉 군사적으로 승리해 베이징에 들어와 '전리품'을 접수·관리하면서 부패 등 여러 문제가 발생하는 사태에 직면했다.(이 때문에 3반·5반운동이 동원되는 과정은 뒤의 4장 참조.) 그래서 승리자가 어떻게 다시 사회기반을 개조함으로써 자신을 개조할 것인가를 문제삼은 것이다. 간부의 주체적 개조와 공작태도의 조정을 통해 조직메커니즘의 지지를 얻을 수 있고 또한 다시 간부의 주체의식을 교정할 수 있다는 논의가 제출되었다. 요컨대 지도자가 어떻게 민중과 한몸이 될 수 있는가의 문제였다. 실제로 '개인은 인민을 위해 복무'한다는 원칙을 지킨다 해도 도시 변혁을 수행하는 과정에서 현실문제에 부닥쳐 개인과 혁명의 관계의 윤리에 대한 토론이 필요해진 상황을 반영한 것이다. 보통은 "엄격한 조직생활, 전체 당원대회, 조사, 민주" 등의 조직메커니즘에 의한 조정, 교정 및 인도가 시행되었다. 이같은 실천 경험이 반복되면서 건국 초기 혁명 분위기가 일정 정도 유지되었다고 한다.[41] (이 문제는 5장에서 다시 다루게 될 군중노선이란 주제와 직결된 것이다.)

그런데 이처럼 간부의 행태가 개인윤리의 차원에 호소됨으로써 얼마나 개조될 수 있었는지 의문이 들 수 있겠다. 이 의문을 해명하는 하나의 방법으로 제도적 차원에서 간부가 얼마나 민의 자발적 조직과 활동에 기여할 수 있는지에 초점을 맞춰보겠다. 여기서 건국 초기 신민주주의의 구현체로서 기층사회에서 구축된 구(區)각계인민대표회의의 구성과 역할이 주목된다.

이 기구는 1953년의 보통선거〔普選〕이후에 각급 인민대표대회(人民代表大會) 체제가 확립되기 이전의 한시적 대의기구였다. 바로 다음 4장에서 한층 더 상세하게 살펴볼 예정이지만 미리 베이징의 사례만 간략히 소개해보자. 베이징 각 구의 각계인민대표회의에서는 주로 민원을 중심으로 대표들의 다양한 제안을 수렴하는 역할을 하였다. 이 기구의 대표를 선출하는 방식을 보면, 지역별로 대표를 뽑는 것이 아니라, 당정의 지명에 의한 '초빙', 당정과 인민단체의 '협상', 인민단체 자신의 '추천'을 통해 선정하다가, 점차 인민단체가 정비됨에 따라 단체 회원의 직접 '선거'가 도입되었다. 또한 가도(街道) 주민의 대표를 선거하는 과정에서 투표의 단위는 개인이 아닌 호(戶)로 규정되었다. 이는 아직 보통선거의 조건이 마련되어 있지 않아 간편한 방식을 채택해서 대표를 선출할 수밖에 없다고 판단한 결과였다. 흥미롭게도 각종 정치활동 등을 통해 두각을 나타낸 일부 적극분자들이 위와 같은 기층의 선거라는 형식을 통해 간부의 일원으로 합류하게 되었다.[42] 적극분자의 간부화 또는 제도권 편입이 이뤄진 것이다.

그런데 건국 초기라는 역사적 조건에서 이루어진 이러한 민의기구의 건설이 당내에서 널리 받아들여진 것 같지 않다. 이 점을 류사오치가 날카롭게 지적한다.

"베이징시 인민민주정권이 좀더 민주화로 나아가야 하는데 이는 군사관제적 조건 아래 진행되는 것이다. 어떤 사람들은 (…) 인민해방군의 군사관제와 인민민주정치의 실행과 발전을 절대 대립하고 피차 서로 용납할 수 없는 것으로 본다. 이런 관점은 완전히 착오이다."[43]

그의 발언을 통해 당 간부가 기층에서 민의 자발적 조직과 활동에 기여한다는 것이 그리 순탄치 않았음을 알 수 있다. 군사관제 시기에 각계인민대표회의를 소집하는 것은 사회질서의 신속한 수립에 장애가 된다고 공산당 안의 완고파들, 특히 군사지도자와 많은 지방 간부들이 반발하는 형편이었기 때문이다.[44]

어쨌든 중화인민공화국이 건국된 지 2~3년 안에 도시 주민을 장악하고 그들을 조직화하는 표준을 만드는 데 성공해 국가의 정당성을 확보하였으니, 오랜 '헌정의제'를 주민자치조직과 군중을 활용해 해결한 셈이다. 특히 적극분자가 제도와 운동을 결합하고, 관료제 밖에서 기층 민의 요구에 부응해 중앙과 지방을 매개한 역할이 주목된다.[●] 이는 청말과 민국 시기의 거듭된 실패와 대비되는 '사회혁명'에 값하는 성취였다.[45]

그러나 민의 자치라는 기준에서 보면 논란의 여지가 있음을 앞의 류사오치 발언은 웅변한다. 도시에서는 국가경제의 활성화를 위해 혼합경제를 시행했다는 점에서 (앞의 2장에서 본) 농촌의 경우보다는 자본주의의 활력을 일정하게 용인했기 때문에 소부르주아지나 민족부르주아지의 역할도 적극적으로 허용되었다. 그러나 한국전쟁을 경계로 자본주의의 열악한 측면과 소극적 작용이 어느정도 과장되게 부각되다보니, 그들의 적극성이 충분히 발휘되기도 전에 계급분화의 정황이 압도해버렸다.[46] 그 바람에 국유화·집단화가 서둘러 강행되면서 혼합경제의 '분업과 합작' 규정에 부합한 사영 상공업자들의 역할마저 무시됨으로써 국가와 민의 협치나 자생 능력을 갖춘 민의 결집을 위한 물적 토대가 약해지고 말았다. 이와 함께 각계인민대표회의에 구현된 연합정치의 제도적 영역도 형해화되었다. 이는 신민주주의 곧 '인민민주전정(專政)', 달리 말하면 형식화된 민주(곧 절차적 민주)가 아니라 실질적 대표성과 협상성을 담보한 '실질민주'를 어떻게 평가할 것인가에 직결된 문제이다. 이에 대한 깊은 논의는 이어지는 4장과 5장에서 이뤄질 것이다.

● Elizabeth J. Perry, "Making Communism Work: Sinicizing a Soviet Governance Practice," *Comparative Studies in Society and History* Vol. 61, No. 3, 2019, 특히 26~27면. 그는 공작대라는 '국가주도 시민참여'를, 구미에서 튼튼한 시민사회가 '민주주의를 작동' 시키듯이 중국에서 '공산주의를 작동'시키는 동력으로 높이 평가한다.

4장

신민주주의사회
: 제도와 운동

앞의 2, 3장에서 보았듯이 농촌에서 도시로 점령지를 넓혀가며 중국 전역을 점차 장악해가던 중공이 구축한 통치질서는 상황과 지역 차이를 고려해 신축성 있게 (어찌 보면 시행착오를 거듭하며) 대응한 정책 구상의 소산이다. 그 기조는 신민주주의혁명의 완수로 '신민주주의사회'●를 건설하겠다는 것이었다.

1949년 중화인민공화국이 성립하면서 중국사회는 신민주주의사회로 접어들었는데 그 핵심을 간단하게 말하면, 공산당의 지도 아래 자본주

● 마오쩌둥이 독창적으로 제기했다는 개념인 '신민주주의사회'에 대해 덩샤오핑의 브레인으로 알려진 경제학자 위광위안(于光遠)은 그 어휘 자체는 자기가 만든 것이라고 한다. 于光远「自序」, 『从"新民主主义社会论"到"社会主义初级阶段论"』, 北京: 人民出版社 1996, 3, 152면. 그러나 이 이론이 항일전 이래 (마오의 문장 등) 문헌적 근거가 있고 공산당 역사 속에서 출현한 일정한 계보가 있는 독창적인 것이라는 주장은 任晓伟「新民主主义社会理论是马克思主义中国化的创新成果: 关于新民主主义社会理论"不能成立说"的学术反思」, 『陕西师范大学学报: 哲学社会科学版』 2012年 第6期, 특히 56면. 그밖에 陈龙「新民主主义社会论研究述评」, 『湖湘论坛』 2012年 第3期 참조.

를 발전시키는 것이다. 그 노선을 좀더 구체적으로 설명하면, 정치 면에서는 공산당 지도하에 각 민주당파와 연합정권을 구성하는 인민민주통일전선, 곧 연합정부론이다. 경제 면에서는 생산력 발전을 핵심으로 하되 국영경제 부문의 주도하에 각종 부문이 병존하여 공동 발전하고 공과 사를 모두 고려하며 노동과 자본에 모두 이익이 되면서 도시와 농촌이 서로 돕는 것 곧 혼합경제론이다. 사상적 측면에서는 민족적이고 과학적이며 대중적인 문화와 교육의 발전, 곧 신민주주의문화론이다.

신민주주의사회를 지탱하는 중요한 두개의 기둥은 연합정부론과 혼합경제론이다. 이제 그 세부 내용에 좀더 깊이 들어가보자. 먼저 연합정부론을 살펴보겠다.

1. 중화인민공화국의 정당성과 연합정부
: 정치협상회의, 각계인민대표회의

중국에 "천하는 망하지 않으나 국가는 망할 수 있다"는 잘 알려진 말이 있다. 중화문명의 불멸과 국가의 흥망을 일컫는다. 1949년에 수립된 국가도 그 흥망을 되풀이해온 것의 하나일까. 그 이전의 역대 왕조들이 '천명'에서, 직전의 중화민국이 (불완전하지만) 입헌제도에서 그 정당성을 구한 것과 달리, 중화인민공화국은 그 성립 과정인 혁명을 통치의 근거로 내세웠다. 1949년을 '건국'으로 표명한 것이 바로 그 단적인 증거이다. '건국'이라는 명칭을 붙인 것은 인민혁명적 성격의 새로움을 강조한다는 뜻이다. 그렇더라도 대외적으로 외국정부의 승인을 받아 정당성을 확보하는 외교적 절차, 또 국내적으로 법적 절차로 정당성을 확보하는 정치과정이 필요했다. 후자를 위해 내전기에 중공이 먼저 주목한 것은 정치협상회의이다.

정치협상회의(약칭 정협)라는 기구는 중공이 창안한 것이 아니다. 그 배경이 있다. 항일전이 종료된 직후 국민당과 공산당이 충칭(重慶)교섭(1945. 8. 28~10. 10)에서 맺은 '쌍십협정(雙十會談紀要)'에 기반해 1946년 1월에 개최된 것이 바로 정협이다. 국민당(8인), 공산당(7인), 청년당(5인), 민주동맹(9인)에 무당파 지식인(9명)까지 총 38명이 참석했다. 정치협상회의의 협의 결과 신정부조직안, 헌법초안 등 5대 결의가 채택되었다. 그리고 '장제스의 지도'를 인정하지만 국·공 양당을 중심으로 하되 민주동맹까지 참가하는 연립정권을 구성하기로 방향을 잡았다. 공산당이 주장한 '연합정부'라는 표현만 안 썼을 뿐 국민당의 주도권을 제한한 이 결의안에 대해 (군사적으로 우세한 처지에 있던) 국민당 내부에서 반발이 컸다. 국민당은 1946년 3월 이 결의를 무시하고 독자적으로 헌법제정 국민대회를 소집하기로 방침을 정했고, 실제로 1946년 11월 개최를 강행해 '중화민국헌법'을 채택했다.

중공은 국민당이 제대로 활용하지 못한 정협을 새로이 구성한 후 그 결정에 따라 통일정부를 세우자고 제안하는 선언문을 1948년 4월 발표하며, 이를 선전과 폭넓은 지지세력 확보에 활용했다. 이에 대해 전국 각지에서 호응하는 여론이 일어났다. 이때는 중공이 북부 주요 도시를 점차 점령하고 곧 베이징 점령까지 코앞에 둔 시점이다. 군사적 승리에 따라 정치적 영역의 확대에 대한 정당성을 확보함으로써 국민정부 타도에 적절히 이용하였던 것이다.

1949년 6월 15~19일 46개 당파와 단체의 대표 662명이 베이징에 모여 신정협 준비회의 제1차 전체회의가 개최되었다. 대표는 선거가 아닌 각계 직능단체의 추천과 공산당과의 사전 협상을 통해 선출되었다.* 거기에서 9월에 열리게 될 정식 신정협에서 통과시킬 임시헌법 격인 '공동강령'과 정부기구안 작성을 위한 준비회 상무위원회가 발족되었다. 그런데 그 주임이 마오쩌둥이 된 사실에서 드러나듯이, 중공은 신정협 준비회의 주도권을 장악하기 위해 나섰다. 7월 11일 '신정협 준비회당조(黨組)'를 설치하고, 8월 27일에 전국정협당조를 설치했다. 그 준비에 바탕해 9월에 정식 정협이 열렸고, 거기에서 긴 토론을 거친 끝에 1949년 10월 1일 하루 전인 9월 30일 정식으로 '중국인민정치협상회의공동강령'과 '중앙인민정부조직법' 등을 채택하고 폐막했다.

'공동강령'은 임시적이긴 하나 국가의 헌법이고 국가의 '골격'인 이상 정부의 정책 집행의 근거였으며 공산당에 합법성·정통성을 제공했다. 그런데 그 초안과 최종본 사이에 중요한 차이가 있다. 초안에는 중화민족연방 조직과 연합독재에 대한 조항이 있었으나, 최종적으로 연방제가 채용되지 않아 한정적인 민족자치에 머물렀고 프롤레타리아독재에 좀더 가까워졌다. 이 사실은 공화국 성립 직전까지도 중공 안에서 주요 문제에 관한 공식 결정이 이뤄지기 쉽지 않았음을 알려준다.[1] 국가명칭조차 '중화민주공화국연방'과 '중화인민민주공화국'이 고려되다가 '중화인민공화국'으로 귀결되었다.[2]

그런데 이 기구가 직접선거를 거치지 않았기에 전국 인민의 의지를 대표할 수 있는가에 대해 당시 논란이 없지 않았다.[3] 그러나 중공은 (주민

---

* 쑹원빈(宋雲彬, 1897~1979, 문필가, 언론인)의 회고에 따르면, "대표 명단은 개회 시 공개적으로 이름을 들어 토론한 것이 아니라, 상무위원이 회의 밖에서 통일전부와 의논해 정한 것이다. 주석단이 그 명단을 선독하고 이의 없으면 바로 통과되었다." 傅国涌『1949年: 中国知识分子的私人记录』, 武汉: 长江文艺出版社 2005, 167면.

개인투표에 의한) 지역대표는 아니지만 각 당파와 인민단체를 망라한 각 직능단체(各界)에서 선출된 대표이므로 전국 인민의 의지를 대표할 수 있다고 주장했다. 이 방침은 중공이 지방 차원의 민의대표기구로 추진한 각계인민대표회의에도 그대로 관철되었다. 이는 청말에서 5·4기를 거쳐 이어져온 각계연합을 바탕으로 한 각계 대표 형식의 민(民)의 결집 경험이 반영된 것이다.[4]

이어서 전국 수준의 의회 격인 정협과 달리 지방 차원의 민의대표기구인 각계인민대표회의 설립 과정을 살펴보겠다.[5] 이것은 좁은 의미에서는 혁명을 위한 동원과 간부 충원의 경로이지만, 넓은 의미에서는 정부를 조직하기 위해서, 나아가 국가 건설을 위해서 절대로 필요한 민의(民意) 획득을 호소하는 장이다.[6]

인민해방군이 점차 더 많은 도시를 장악해가는 1948년 후반 무렵 도시 접수 과정에서 중국공산당은 간부 부족과 접수 간부의 구성 및 공작 방법의 문제에 부딪혔다. 단지 간부의 수만 모자란 것이 아니라 외지에서 온 간부의 현실 파악도 부족한 상황에 직면한 것이다. (이미 앞의 3장에서 확인한 바 있다.) 대부분의 간부는 농촌의 토지개혁 경험에 바탕해 계급투쟁 노선에 치중하는 경향이 강했다. 그래서 가장 먼저 접수된 스자좡(石家莊)에서는 무정부 상태가 초래되기도 했다.

이렇듯 농촌과 다른 군중노선이 필요한 상태에서 중국공산당은 대도시의 사회질서 회복과 생산 발전을 위해 각계좌담회를 열어 정책을 선전하고 인심을 안정시킬 필요가 있었다. 이것이 '각계인민대표회의'의 맹아였다.

본래 중공은 시민참여와 도시관리를 위해 동원하려는 의도에서 1949년 정식으로 각계인민대표회의 준비를 시작했고, 스자좡에서 시일을 앞당겨 1949년 7월 제1차 각계인민대표회의를 소집했다. 일부 대표는 보통선거를 거쳐 선출했다. 그러나 이 형식의 폐단이 지적되었다. 펑전(彭眞)은 베이징을 접수 관리하기 직전 그 일을 담당할 간부들에게 이렇게 말했다. "노동자와 농민이 감히 발언하지 못하는 상황에서 민주는 쉽게 떠돌이(流氓)나 반혁명분자에게 이용당한다. 그러니 도시에 진입한 이후 바로 대표회를 소집하지 말고, 먼저 좌담회를 열어라. 민주 건설은 좌담회로 시작한 후 임시대표회를 열고, 최후에 인민에 의한 보통선거의 대표대회를 소집한다. 현재 먼저 늑대를 때려잡고 적을 숙청하는 것이 가장 중요한 민주 건설이다."[7]

이같은 정책적 고려에서 먼저 한시적이고 부정기적인 각계인민좌담회부터 개최되었다. 이것은 군사관제위원회와 시정부로부터 초빙된 사회 각계의 대표들로 구성되는 일종의 협의기구였다. 그러나 잠시 존재했을 뿐 곧 각계인민대표회의로 전환되었다.

각계인민대표회의는 유동적인 현실에 응급적으로 대응한 특별체제였다. 중공의 의지를 구현한 공작방법, 즉 인민민주전정(專政)·민주집중제·군중노선·통일전선의 성격을 두루 갖춘 기구로서, 자주성은 결핍되었으나 고도의 탄력성이 있었다. 이것은 지주·관료자산계급·반혁명분자 등이 배제된 채 인민(곧 민주적 계급연합)이 선거권과 피선거권을 갖는 기층의 신민주주의조직의 성격이란 점에서 노동자와 농민이 중심인 소련의 쏘비에뜨와 구별된다. 각급 지방 행정 수준에서 인민대표회의가 건설되었는데, 그중 현급이 관건이었고 현 이하는 농회와 농협이 실질적으로 결정적인 역할을 했다. 현급 및 그 이하 기구에 농민의 비중이 컸음은 앞의 2장에서 확인한 대로이다. 현 이상의 기구는 더 많은 각 계층 대표를 흡수했다.

구체적인 구성과 운영에 대해 살펴보자. 각계좌담회와 달리 상설기구인 각계인민대표회의는 매주 한두차례 회의를 열었다. 공회·학교·기관·혁명단체·민주당파·상회 등 단체 대표가 참여했다. 그 대표는 당정의 지명에 의한 '초빙', 당정과 인민단체의 '협상', 인민단체 자신의 '추천'에 의해 선정되다가 점차 인민단체가 정비됨에 따라 단체 회원의 직접 '선거'가 도입되었다. 이렇게 다양한 방식이 혼합되었는데, 각지에 따라 그 혼합비율이 다양했다. 단, 대체로 공산당 대표와 좌익분자가 1/2 이상을 차지해 정부 결의가 통과될 수 있도록 보장하는 안전장치를 만들되 중간분자와 (반동이 아닌) 우익이 합쳐서 1/3을 차지하도록 배려했다.[8]

그 세부에 더 가까이 다가가기 위해 베이징 사례를 들어보겠다. 이 경험은 하나의 정형화된 모델로 집약되어, 이후 다른 도시들에 대한 참조틀이 되었기 때문이다.[9]

베이징의 첫 각계인민대표회의는 1949년 8월 9일부터 14일까지 중산공원(中山公園) 중산탕(中山堂)에서 거행되었다. 산업원료를 어떻게 공급할 것인지, 생산품의 판로는 어떻게 확보할 것인지, 노사관계는 어떻게 조정할 것인지, 도시의 식량은 어떻게 공급할 것인지 등, 경제 활성화를 위한 방안을 모색하는 것이 주요 토의사항이었고, 이밖에 청결이나 위생 문제와 같이 주민들의 일상생활과 관련된 구체적인 문제들도 함께 논의되었다.

1954년 8월에 제1기 베이징시 인민대표대회가 정식 출범하기 전까지 베이징에서는 총 4기의 각계인민대표회의가 구성되었다. 인민대표대회와 같은 보통선거의 원칙이 적용되지는 못했지만, 베이징시 각계인민대표회의는 선출 대표의 비중을 점차 늘리면서 시정부위원회 선출, 시정부 보고 청취 및 승인, 당정 정책 하달, 여론 상달 등 인민대표대회의 기능을 사실상 대행하였다. 인민대표회의 제도를 정권 구성의 근본원리로 삼고 있던 중국공산당으로서는 정식 인민대표대회를 개최하기 전까지 각계인민대표회의를 통하여 정치적 정통성을 확보하려 했던 것이다.

보기에 따라 '새장 속 민주주의'라 평가될 수 있겠으나, 중공은 이 기구를 "형식상 민주가 아니나 실제상 참다운 민주"라고 인식했다. 일종의 '실질민주'의 탐색으로 간주된 이 기구의 실질은 정부가 군중과 유효하게 연결하는 일종의 공작방법을 모색하는 것이다.[10]

그런데 실제 진행 과정에서 드러난 내재적 모순은, 첫째 각 계층 간의 이익 충돌, 둘째 정부의 입장과 민중 자신의 요구 간의 모순이었다. 첫째 문제에 대해서는 정부가 중간에 조정자 역할을 담당했으며, 인민대표회의를 각 대표가 더 넓은 시각에서 제반 사안을 보게 하는 정치교육의 장으로 만들어 해결하고자 했다. 둘째 문제는 내전기에 도시 접수·관리가 이뤄진 상태라 식량 징발과 세수가 줄어들기는커녕 증가한 상황에서 불거진 것이다. 이에 대해서 정부는 당장의 전쟁에 공급을 보증하고 급격한 개혁이 초래할 혼란을 피하기 위해 잠정적으로 국민당 시기에 시행하던 정책을 이용하되 그 수입을 온전히 국가와 인민을 위해 쓰겠다는 방침으로 대응했다. 이런 식으로 민중의 불만이 큰 상황에서 이 기구의 민주적 공간은 단순히 소통과 해석의 장으로서의 기능만을 수행한 것이 아니라 각종 비판적 의견의 출구를 제공한 것이다. 이를 통해 주관주의와 관료주의를 바로잡는 것이 그 기능이라고 중공은 간주했다.

공산당은 이같은 기구가 갖는 편리성과 융통성을 강조하고 형식에 구애받지 않고 현지에 맞게 운영(因地制宜)하라고 지시하는 한편, 중공 중앙은 1949년 7월부터 12월 사이 빈번히 각 지역에 각계인민대표회의를 구성하라고 독촉했다. 그런데 중앙의 지도자와 현지 집행자 사이에 이 제도가 어떤 기능을 할지에 대해 의견이 일치하지 않았고, 그 필요성과 긴박성에 대한 인식 차이도 존재했다. 또한 필요한 분립 원칙이나 독립성을 보장하는 체제가 갖춰지지도 못했다. 대부분의 지방 간부가 이 민주라는 과제에 대해 여전히 낯설어하고 이를 공작방법으로만 간주할수록 그 불안정성이 더 조성되었다. (이 점을 류사오치가 날카롭게 지적했음은 앞의 3장 말미에서 확인한 바 있다.)

이러한 문제점도 불거졌지만, 각계인민대표회의는 '공동강령'(제14조)에 규정되었듯이 보통선거의 실시가 불가능한 상황 속에서 과도기적으로 설립된 것이기 때문에, 1953년 이후 보통선거로 구성된 '인민대표대회'가 마련되자 한시적으로 국가권력기관의 역할을 수행한 그 임무는 종료되었다. 이후 민의기관으로서의 직권은 넘겨주고 지방인민정치협상회의로 개명되어 자문기구로만 남게 되었다. 그러나 그 이전까지 각계인민대표회의는 그것을 구성한 각계라 불린 사회단체의 자율성도 어느정도 유지된 상태에서 연합정부의 성격을 구현하는 기구로서의 역할을 했다. 각계인민대표회의 회의장에 쑨원과 마오의 초상이 나란히 걸렸다는 사실이 이 점을 상징적으로 보여준다.[11]

이제 각계인민대표회의를 대체한 인민대표대회에 대해 살펴볼 차례이다.

1953년 중공 중앙은 인민대표대회를 구성하기 위해 보통선거의 시행을 추진했다. 1954년 3월에서 6월에 걸쳐 전국적으로 (구를 갖지 않은 시급, 대도시의 구 및 향급에서) 실시된 선거를 거쳐,• 1954년 9월 15일 개

• 사전 인구센서스로 확정된 총인구 6억 191만명 중 유권자(18세 이상)는 3억 2381만명이었고, 투표율은 86%였다. 西村成雄 『20世紀中國の政治空間: '中華民族的國民國家'の凝集力』, 東京: 青木書店 2004, 203면.

막된 제1기 전국인민대표대회(약칭 전인대)에서 헌법이 공포되었다(9월 20일). 대표는 직접선거와 간접선거 두가지 방식으로 선출되었다. 향급과 현급 대표는 주민들의 직접선거를 통해, 그 이상의 행정단위에서는 하급 인대 대표가 그 바로 위의 대표를 뽑는—현 대표가 성 대표를, 다시 성 대표가 전국 대표를 선출하는—중층적인 간접선거〔複選〕를 통해 최종적으로 전인대 대표가 결정된다. 그밖에 별도로 주요 인민단체, 인민해방군, 화교, 여성 등 직능대표에게도 전인대 대표의 자리가 할당된다(대표할당제). 따라서 전국인민대표대회는 비록 형식적인 지역대표제이고, 공산당이 후보 추천을 주도하나, 헌법상 '최고 국가권력기관'이며 '국가 입법권을 행사하는 유일한 기관'으로 자리잡아 지금까지 이어지고 있다. (단, 전인대와 성급 지방인대는 입법권, 중대사항 결정권, 인사임명권, 감독권 등 모두 네가지 권한을 행사하나, 현급 및 향급 지방인대는 그중 입법권을 갖지 못한다.)

중국에서 보통선거 방식을 통해 구성된 기구는 '대회'라고 부르고, 협상 방식을 통해 구성된 기구는 '회의'라고 부른다.[12] 각계인민대표회의에서 인민대표대회로의 변화는 선출방식의 차이가 도드라진다. 여기서 '각계'란 어휘가 빠진 것에 주목할 필요가 있으니, 직능대표제가 지역대표제로 바뀐 사정을 반영한다. 즉 대표의 의미가 바뀌었음을 보여주는데, 이것은 곧 연합정부 성격의 변화에 대한 중요한 표징이다. 전자가 각계 인민의 대표체라면 후자는 인민의 대표체이다. 좀더 설명하자면, 전자가 사회 각계의 직능집단을 대표성 창출의 기본 단위로 설정하였고, 후자는 지역사회의 구성원들을 인민이라는 범주로 동일화하여 주로 지역적 구분(거주 공간의 구분)에 대표성을 부여했다. 이원준은 "요컨대 각계인민대표회의 제도는 신민주주의론에 기초한 인민민주통일전선론에 의거했던 반면, 인민대표대회 제도는 1953년의 '과도기 총노선' 선포 이후 본격화된 사회주의 건설 노선에 기초"한 것으로 정리한다. 이 "전환이 이뤄진 시점이 바로 신민주주의 노선을 버리고 사회주의 건설 방침을 공식화한 때"라는 뜻이다.[13]

왜 그때였을까. 이에 대해 1949년부터 51년까지의 2년간 신정권으로서는 한국전쟁으로 인해 물심양면에서 최대한의 동원이 요구되었기에 권력의 집중이 불가피했고, 이에 따라 사회주의체제로의 진입과 당국체제화가 필연적이었다는 견해가 눈길을 끈다. 1951년에는 자산계급이 주도하는 형식적 민주의 결점을 비판하는 일이 당시의 주류적 의견으로 전국에 확산되었다. 이로부터 중공은 전국적으로 민주적 절차에 개의치 않는 자세로 전환하였다.[14]

1953년을 건국 이래 첫번째 관건이 되는 해로 주목하는 첸리췬(錢理群)도 이해에 근본적으로 건국의 방향이 바뀌었다고 평가한다. 그 이듬해인 1954년 중화인민공화국 헌법이 제정되었는데, 건국 초기 건립된 '중앙인민정부위원회' 체제 속의 '연합집정' 기록은 완전히 삭제되었다. 1954년의 헌법은 민주적 협상의 느낌이 약간 남아 있던 연합정부를 당국체제로 재편한 정치체제의 전환을 보여준다는 것이다.•

이제 신민주주의사회의 제도적 장치인 중앙 수준의 정치협상회의와 그 지방판인 각계인민대표회의를 '민의 결집과 자치'라는 흐름에서 다시 짚어볼 필요가 있다. 사회 각계의 직능집단을 대표성 창출의 기본 단위로

• 첸리췬『모택동시대와 포스트모택동시대 1949~2009(상)』, 연광석 옮김, 한울 2012, 80, 94, 97면. 비록 여전히 정협이 존속하지만, 이미 이전의 국회 대행으로부터 자문기구로 역할이 바뀌어 있었다. 마오의 계급통치 노선 확립의 중요한 표지라 하겠다. 이는 회의와 성찰을 불러일으켜 1957년에 청년·학생 민주운동을 이끌었다.

삼은 것은 5·4 이래의 흐름에 부합한다. 여기서 더 나아가 건국 초의 상황에 대응해 '실질적 대표성'과 '협상성'을 갖는, 민중의 절실한 문제를 해결하는 데 도움이 되는 (자산계급의 형식적 또는 절차적 민주와 구별되는) '실질적 민주'라고 평가할 수도 있을 것이다.[15] 그러나 이 기구와 이를 대체한 인민대표대회에서도 법률제도가 완비되지 않았을뿐더러 인민대표대회에서 권력이 당에 과도하게 집중된 문제를 안고 있기에 1957년이 되면 이미 관료주의가 '3대 해악'의 하나로 기층 민간으로부터 비판된 바 있다.[16] 이는 사회주의와 '민주'라는 쟁점이 교차하는 관건적 쟁점으로서 중국의 정치적 상황과 맞물려 (때로는 굴절된 채) 지속되어갔다. 이에 대해서는 뒤의 5장에서 한번 더 다뤄질 것이다.

2. 혼합경제

신민주주의사회를 지탱하는 다른 하나의 기둥이 혼합경제론이다. 이에 대해 살펴볼 차례이다.

건국 초기는 흔히 경제 '회복기'(1949~52)라고도 불린다. 중공이 설정한 회복기의 기본적인 경제 목표는 '공동강령'에 표현된 대로 "신민주주의의 인민경제를 발전"(3조)시키는 것이지 사회주의 경제가 아니었다. 지주제와 관료자본주의에 대한 신민주주의 개혁을 통해 경제를 회복하는 동시에 사회주의로 향한 (길든 짧든) 과도기를 준비하는 것이 과제였다.

전후 중국 경제는 장기에 걸친 전쟁과 인플레이션으로 인해 파탄 지경에 놓여 그 회복이 시급하였다. 생산과 유통의 재건이 지체되었기 때문에 시장에 공급되는 물자가 부족해지고 물가는 상승하는 등 당시의 인플레는 악명이 높았다. (앞의 1장에서 보았듯이) 국민정부가 거액의 내전 비용을 충당하기 위해 재정적자를 마다 않고 그것을 통화 증발로 메우려 한 것이 화근이었다. 따라서 중화인민공화국 건국 초기 과잉된 통화를 회수하는 조치가 취해지는 것은 당연했다. 정부는 국채의 발행(1950년 1월부터 강제 할당), 징세('돌격징수'라 불렸는데 특히 상공업세), 예금 등을 통해서 현금을 흡수했는데, 그중 국채의 역할이 특히 컸다. 주로 부유층으로부터 국채의 형태로 통화가 회수됨으로써 인플레는 일단 극복되었다.[17] 그러나 그에 따라 급격히 물가가 하락하고 금융거래는 위축되었다. 그로 인한 심각한 경제부진으로 상공업이 침체하니 도산과 휴업이 이어졌다. 당연히 실업자도 급증하고 민중의 불만이 커졌다.

중국공산당이 사회주의를 성급히 실현하지 않겠다고 공언했으나, 민간 상공업자들은 불안했다. 실제 중공이 내전기 일부 도시를 접관하면서 중소기업 재산까지 몰수하는 과격한 정책을 추진한 사례도 있다. 이런 소식을 전해들은 일부는 1948년 이후 중공이 우세해지는 판도에서 민간기업 활동이 규제되고 사유재산을 몰수당할 공산이 크다고 보고, 홍콩이나 해외로 떠나는 현상도 나타났다.[18]

이렇게 사회불안이 조성된 상황에서 경기를 회복시키고 불안과 불만을 해소하기 위해 중공은 조정정책을 추진했다.

조정정책은 '5종경제'의 분업과 협력의 틀 안에서 집행되었다. '공동강령'에서 신중국의 경제체제에 대하여 5종경제의 "분업과 협력(分工合作)으로 그 각각의 마땅한 바를 얻어 전체 사회경제 발전을 촉진한다"(26조)고 규정한 바에 따른 것이다. 여기서 말하는 다섯가지 경제란 그 당시 중국의 경제 현실을 국영경제, 합작사 경제, 국가자본주의 경제, 사인(私人)자본주의 경제, (농민과 노동자의) 개체경제의 범주로 인식한 것을 의미한다. 이것들을 바로 사회주의로 개조하지 않고 장기간에 걸쳐 병행한다는 방침을 분명히 한 것이다. 이 병행 방침이 신민주주의 경제로서 곧 '혼합경제'(mixed economy)에 해당한다. 혼합경제란 이질적인 복수의 경제 영역을 혼합하여 동시에 병행하는 경제를 가리킨다. 유용태는 이것이 "특정 정치세력의 전유물이 아니라 2차대전 후 중국 각계가 신국가를 구상하고 실천하는 과정에서 공통적으로 추구한 경제모델로서 소련식 사회주의 경제와 영미식 자본주의 경제의 양극단을 지양하고 그 장점을 종합하여 중용지도(中庸之道)를 살리려 노력한 산물"이라고 평가한다.[19]

그렇다면 조정정책의 주요 내용에는 무엇이 담겨 있을까. 세제를 개정하고 금융을 완화하는 조치 등도 포함되었으나, 주로 상공업의 어려움을 해결하는 정책이 채택되었다. 근본 대책으로 상공업의 '공사(公私) 조정'을 사용함으로써, 특히 민간 상공업에 대해 국영기업과 정부기관이 위탁가공 발주를 함으로써 경기 호전의 원동력으로 삼고자 했다.

경제는 1950년 여름 이후 회복 기조를 갖게 되었다. 그 봄에 실시된 '가공주문'의 확대가 마중물이 되고, 6월 말부터 시작된 한국전쟁에 의한 수요의 증대를 잘 활용한 것이 중요한 요인이었다.[20]

그런데 중공은 혼합경제를 추진하면서, 경제 운영에 민간기업 및 (공산당원이 아닌) 전문가의 협력을 구하고 시장경제 기구를 적극 활용하려고 했다. 그렇지만 실제로 이러한 융화정책을 일관되게 밀고 나가는 일은 쉽지 않았다. 계획·통제에 의존하려는 경향이 강하게 존재했다. 그 바탕에는 중공 지도부 내부의 견해 차이가 있었다. 예컨대 신민주주의사회 단계의 공사 간의 갈등과 관련하여 중공 지도부는 똑같이 그 본질을 무산계급과 자산계급 간의 투쟁이라 규정하면서도 그 해결방법을 달리하였다. 당초 사인자본주의는 보호와 발전의 대상이었던 만큼 류사오치가

'경제적 경쟁'에 의해 해결하려 하여 그것을 경쟁의 대상이자 '사들이는' 대상으로 간주한 것과 달리, 마오쩌둥은 그것을 군중운동의 방법으로 해결하려는 동시에 몰수의 대상임을 분명히 하였다. 요컨대 사인자본주의는 혼합경제의 시행 초부터 '이용·제한·개조'의 대상으로 간주되었던 것이다.[21]

이러한 인식이 한국전쟁을 계기로 5종경제의 혼합 정책에 변화를 가져왔다. 원래 중국의 국영기업은 1949년 당시 관료자본과 적산의 몰수로 형성되었으며 그 비중은 고정자본 기준으로 전체의 80.7%였으나 생산액 기준으로는 26.7%에 불과했다. 그만큼 생산성이 낮았음을 의미하며, 이는 곧 국민당 정부의 유산이라 할 수 있다. 그럼에도 국영경제가 5종경제 중 지도적 지위에 있기에 정부는 국영기업이 위탁 발주를 통해 개인기업을 공사합영기업으로 전환하도록 지도하게 하는 한편, 한국전쟁 기간에는 군중운동방식을 동원해 이를 유도했다. (곧이어 살펴볼) 3반·5반운동은 한국전쟁 기간에 이를 촉진하고 정부정책을 보조하는 군중운동이었다. 그리고 곧 공사합영기업 운영의 지도권을 공산당이 장악하려고 시도했다.

그 결과, 1949~52년의 '조정'을 통해 5종경제 상호관계와 각각의 구성비는 크게 바뀌어 국영경제가 급증하고 사영경제가 급감하였다. 상업 분야에서는 물가 안정의 절박한 필요가 작용한 결과 공·사 비중의 역전 폭이 공업 분야보다 더욱 컸다. 통계수치로 보나 지도방침으로 보나 사회주의를 향한 자본주의 상공업의 개조는 사실상 이때 이미 시작된 셈이다.[22]

이러한 국가정책에 대응하여 일부 사영 상공업자들은 중공업은 국영으로 하되 경공업은 사영에 맡기는 식으로 분업하자는 요구를 제기하였다. 이런 분업은 (앞에서 본 대로) '공동강령'에 명시된 5종경제의 '분업과 합작' 규정에 부합하는 요구였다. 그러나 이 요구는 거부되었다.

한국전쟁으로 촉발된 군중운동을 계기로 사영기업에 대한 정부의 지도가 관철되어가는 동시에 사영경제는 후퇴하고 국영경제가 발전했다. 군중운동에 노동자가 많이 동원되면서 기업 내에서 자본가와 노동자의 힘의 관계가 크게 변했다. 이제 자본가는 기업 외부에 있는 정부나 국영기업뿐만 아니라 그 내부로부터도 감독을 받는 처지가 되었다.[23] 그들은 심리적 압박을 받아 다투어 기업을 정부에 바치기 시작했다. 이로써 사회주의 개조가 앞당겨질 수 있었다.[24]

이제 경제는 3년이란 짧은 회복기를 거쳐 건설기(1953~56)로 들어섰다.

마오쩌둥은 인민공화국 수립 직후 중국 경제의 낙후성을 직시하여 최소 10~15년 뒤에 사회주의로의 개조를 시작한다고 밝혔다. 그러나 1952년 9월 마오의 주도 아래 중공중앙서기처회의는 갑자기 사회주의를 향한 과도기는 인민공화국 수립과 동시에 시작되었다면서 "지금부터 10~15년 내에 개조를 완성한다"는 새 방침을 결정하고 1953년 9월 이를 공표했다. 왜 하필 이때인가에 대해서는, 1952년 말 토지분배를 완료해 지주제를 소멸함으로써 무산계급과 자산계급의 투쟁을 현실화할 수 있게 되었다는 정세 변화를 근거로 제시했다. 그후 이 일정마저 단축하여 1956년 말 "기본적으로 완성되었다"고 선언했다. 이를 혼합경제론의 관점에서 보면 5종의 다종경제를 단일의 국영경제로 전환하는 것을 의미한다.

이후 혼합경제가 신속하게 국영경제로 개조되었다. 농업과 수공업이 모두 합작사 경제로 개조되어 집단화된 것이다. 1953년부터 사회주의 개조는 합작화와 계획구매·판매(統購統銷)라는 두 날개에 힘입어 추진되었다.

혼합경제를 종식하는 조치가 갈수록 가속화된 직접적인 계기는 한국

전쟁의 발발이었다.* 한국전쟁을 겪으면서, 또 겪고 난 후 중국공산당은 국방 강화를 위한 공업화가 더욱더 절박해졌기 때문이다.

한국전쟁이 마오와 같은 지도부에 얼마나 큰 충격을 주었는지는 1953년 9월 그가 량수밍을 비판하는 발언에서 극적으로 드러난다. 량수밍이 농민생활의 개선이 지체되고 있다고 비판하자, 마오는 "농민생활을 개선하는 것은 작은 인정(仁政)이지만, 중공업을 발전시켜 미 제국주의를 타도하는 것은 큰 인정이다. 작은 인정을 행하고 큰 인정을 행하지 않는 것은 미국인을 돕는 것과 같다."고 반박했다.[25]

신민주주의 경제를 사회주의로 개조하는 작업은 1953년 사회주의 공업화를 위한 5년계획과 동시에 추진되었다. 경제 영역에서도 1953년은 관건적 해였다. 그런데 중공은 급속히 개조를 추진하면서도 "그 폐단을 의식하고 신민주주의 혼합경제의 꼬리라도 남겨 보완하려" 했음도[26] 간과해서는 안 된다. 더욱이 다양한 형태의 합작사 실험은 전후 생산력을 회복시키고 계층분화를 방지하는 데 긍정적 역할을 했음도 중시해야 한다.

3. 한국전쟁과 군중운동

앞에서 한국전쟁이 사회주의로의 빠른 전환에 중요한 요인이었다고 강조했다. 이제 그것이 어떻게 영향을 미쳤는지를 군중운동의 역할을 통

---

* 유용태는 중국공산당이 건국과 동시에 이처럼 절박하게 속도전을 추구한 원인으로 '하나의 이론'과 '두개의 우려'에 주목한다. 전자는 레닌과 스탈린의 과도기론이고, 후자는 전자를 신속히 수용하도록 촉진한 중국공산당 지도부의 우려인 '이자성(李自成)의 함정'과 자산계급의 폭동 가능성이다. 유용태 「현대 중국의 혼합경제 구상과 실천, 1940~1956」, 『중국근현대사연구』 74집, 2017, 23면.

해 살펴보려고 한다.[27]

중화인민공화국 건국이 선포된 지 1년도 채 안 된 1950년 6월 25일 한반도에서 전쟁이 발발했다. 당초 이 사태의 추이를 예의주시하던 중공은 연합군이 반격하여 38선을 넘고 평양을 점령한 후 압록강까지 진격해 오자 10월 8일 '중국인민지원군'의 명의로 참전을 결정했다. 국가의 군대가 아닌 인민의 자발적인 지원이라는 의미를 지닌 '인민지원군'의 이름으로 참전하면서, 내부적으로 "미국에 항거하고 조선(북한)을 돕자(抗美援朝), 가족을 보호하고 국가를 지키자(保家衛國)"라는 구호 아래 군중운동을 전개해 국내 문제들을 해결하려 했다. 구호의 전자로는 진영논리를, 후자로는 국가의 안전을 간명하게 표현한 것이다. 그래서 참전과 동시에 반혁명진압운동(약칭 반진운동反鎭運動)과 항미원조운동(抗美援朝運動)이라는 2대 군중운동을 전개했다.

중공은 미국이 한국전쟁을 기회로 대륙 본토까지 쳐들어올지 모른다는 위기감을 느끼고 있었다. 그도 그럴 것이, 미국의 (국방부와 달리) 국무부는 중국 내전의 결과 신중국이 성립하자 중국에서의 기회가 닫힌 것에 비례해 양 진영이 대치하고 있는 한반도가 갖는 최전선으로서의 상징적 가치를 중시해, 미국정부는 한국전쟁 발발 직후 출병을 결정했다.[28] 게다가 장제스정권이 옮겨간 타이완과 바로 마주한 타이완해협에 함대를 파견하고, 중국 둥베이 지역에 대한 정찰과 폭격을 감행했다. 이에 따라 한국전쟁이 제3차 세계대전으로 이어져 마오정권이 붕괴하고 장제스정권이 복귀할 것이라는 이른바 변천(變天)사상이 번질 정도로[29] 중국의 안전을 직접적으로 위협하기도 했다. 그럼에도 불구하고 참전을 둘러싼 중앙정치국 회의에서 마오쩌둥과 한두명을 제외한 거의 모든 위원들이 참전을 반대하거나 신중론을 폈을 정도로 한국전쟁에의 개입은 쉽지 않은 결정이었다. 이렇듯 지도부조차 동의하기 어려웠던 참전이었으니, 일반인이 납득은커녕 공포감을 느끼는 것도 당연했다.[30] 이런 상황에서 한국전쟁의 발발로 '반혁명분자'의 활동이 활발해졌다는 이유를 들어 반진운동이 전개되었다.

한국전쟁이 터지기 전에 치안유지 차원에서 수행된 '초비(剿匪)'(무장한 국민당 잔당세력 소탕)작전은 있었다. 광시(廣西)성의 무장세력 지도자들을 공개 총살한 것은 그 한 사례이다. 그런데 참전 결정과 동시에 전개된 대중운동인 '반진'은 '초비'와 구별된다. 도시에서의 그 대상이 정권에 대한 명확한 저항행위를 보이지 않았음에도 군중운동으로 그것에 타격을 가했고, 그 결과 정권에 대한 구심력을 높이는 작용을 했다.

반진운동도 본래 국민당 세력의 '잔당 처리'이고 사회의 치안질서 회복을 목적으로 한 것이다. 그런데 1950년 6월의 중국공산당 제7기 3중전회(三中全會, 3회 중앙위원회 전체회의)에서는 그들에 대해 '진압과 관용을 결합'한 비교적 온건한 조처를 취했다. 즉 '특무분자'를 색출해 '체포와 신문, 집중개조, 등록과 자수'라는 3종의 방법을 시행했다. 베이징 같은 도시의 치안이 급속하게 좋아졌다는 상황 인식이 널리 퍼져 있기에 가능한 조처였다. 그러나 참전 결정 이후에는 엄격한 조치가 취해졌다.

이와 관련해 초비처럼 내전의 연장에서 치안문제를 처리하는 방식, 예컨대 군사작전이나 공안당국 개입과 달리, 반진운동은 군중운동 방식을 택한 데 주목할 필요가 있다. 군중운동 방식은 법적 조처에 비해 융통성이 있다. 당이나 행정조직뿐만 아니라 각종 매체와 법률 방식으로는 동원하기 어려운 다양한 사회역량을 동원할 수 있기 때문이다.[31]

그 양상을 좀 들여다보자. 깃발 들고 북 치는 식의 형세와 규모가 요란한 군중방식('大張旗鼓)')이 구사되었다. 즉 처형 당일 각계인민대표회의 협상위원회 확대회의를 열어 반진정책과 그 실시 방침을 토론하고, 반혁명분자의 죄악을 폭로하여 참여자 모두가 반혁명에 대한 원한을 강화하게 한 뒤 형을 집행했다. 각계 인민을 동원해 피해자를 고발하는 일이 핵심 절차였다.

베이징에서 1951년 3월 벌어진 제1차 대규모 처형 사례 — 199명의 반혁명분자의 고발과 처형 — 는 이미 3장(이 책 190면)에서 본 바 있다. 대규모 집회에서 진행자가 "우리는 어떻게 해야 하나" 물으면 "총살"이라고 집회 참가자 전원이 답했다. 시당 서기인 펑전이 나서 총살이라고 선언하자 이들은 박수로 호응했고, 그후 피고 전원에게 사형 판결이 내려져 그다음 날 바로 집행되었다. 그 집회에 참석해 사형 판결에 스스로 간여한 지식인이나 상공업계의 인사는 그것을 정당화하고 열렬히 지지하는 태도를 보였다고 한다. 이전의 온정적 태도나 우려가 불식되었고, 많이 처형되면 될수록 오히려 반진의 지지가 높아가는 분위기였다는 설명도 있다.[32]

이제 항미원조운동의 의의에 대해 살펴보자.

반진운동과 더불어 2대 군중운동의 하나였던 항미원조운동의 당초의 목적은 중국의 참전에 대한 민중의 지지와 지원을 얻으려는 것이었다. 그런데 전쟁이 장기화되면서 그 목적과 형태가 변해갔다.

사실, 참전 이전에는 한국전쟁에 대한 보도나 선전이 거의 없었다. 전쟁 발발 직후 베이징, 상하이 등 대도시 은행에서 현금 인출이 잇따랐고 주민들의 생필품 사재기가 성행하였으며 금은 가격이 폭등할 정도로 충격이 미쳤다. 그러다가 참전 결정이 공표되고 당국의 선전활동이 이어지자 일반인들은 당혹했다. 왜 한반도에서 발생한 전쟁에 중국이 참여하는가 의아해했고, 전쟁에 말려드는 것을 꺼리는 풍조조차 널리 존재했다. 또한 세계 최대국 미국에 대한 '공포심리'도 나타났다. 그래서 중공은 미국을 원수시하고(仇視) 경멸하고(鄙視) 경시하는(蔑視) '3시(視)' 활동을 전개했다.

참전 초기(1950. 10~1951. 1)에는 참전을 지지하고 미국을 적대시하는 것이 주목적이었다. 참전한 초기에 전황이 우세하자 민족적 자존심과 애국적 열정이 높아졌다. 그런데 1951년 2월 이후 전세가 불리해지고 미군 철수가 오래 걸릴 것으로 보이자, 항미운동은 비일상적 행사가 아니라 일상적 활동 속의 운동으로 전환되었다. 이 운동을 심화·확대해 시사정치교육을 일상화하고 인민대중의 정치적 자각을 높임으로써 그들이 애국적 열정을 각종 실제 공작에 발휘토록 적극성을 이끌어내고 이를 물질적 힘으로 전환하는 일이 목표로 바뀐 것이다.[33]

'항미원조 보가위국(抗美援朝 保家衛國)'이라는 구호 아래 각종 군중운동이 애국교육·애국공약·애국증산·애국절약 등 '애국'의 이름으로 추진되었다. 잡지를 만들거나 좌담회를 여는 등 다양한 방식이 구사되었다. 주요한 교육내용은 미국의 지원에 의한 일본 무장 반대, 인민지원군과 조선인민군에 대한 지원, 세계화평회의 화평공약 선언과 각항의 결의에 대한 이행 등이었다.

그중 '미국에 의한 일본 재무장 반대'란 슬로건은 일본 침략에 기인하는 원한을 매개로 반미감정을 고양시키려 한 것이어서 특히 주목된다. 임우경은 "가상의 적으로서 미제의 텅 빈 이미지를 일제의 이미지로 채움으로써 일제와 미제를 중첩시키는 과정"이라고 설명한다.[34] 흥미로운 견해이나, 미국과 일본을 하나로 연결하여 적으로 상정하는 것은 더 깊은 맥락이 있음을 알아차려야 한다. 1947년부터 모습을 드러낸 미국의 일본 점령 정책의 변화인 '역코스(reverse course) 정책'에 반대하는 운동 곧 '미국의 일본 지원 반대운동(反美扶日運動)'이 1948년에 전개되었다. 미국이 일본의 경제적 재건을 지원하는 정책에 대해서 중국의 지식인과 청년 들이 반대한 것은 미국의 이 정책이 결과적으로 일본의 부흥을 지원하여, 일본이 중국을 다시 침략하는 길을 열 것이라는 위기감이 어느정도 확산되었다는 증거이다. 중국의 민족해방투쟁의 맥락 속에서 세계 정세를 '식민지·반(半)식민지 대 제국주의'의 대립으로 해석하던 중공은 (1947년 초부터 자리잡기 시작한) 냉전질서에 입각한 진영 간의 경계선보다 제국주의 침략을 감행하는 진영과 이에 저항하는 민족혁명 진영 사이의 대립에 무게를 두는 편이었다. 그래서 중공과 이 운동에 동참한 학생과 지식인 들은 동아시아 국제 정세의 핵심이 '중국에 대한 미 제국주의의 위협'이란 인식을 공유할 수 있었다.[35]

1951년 2월 이후 한반도의 전세가 교착상태에 들어가 전쟁이 길어질 전망이 보이자, 51년 말부터 군중운동은 다음 전쟁(제3차 세계대전)에 대비하는 체제로 정비되었다. 증산·절약운동, 3반운동과 5반운동으로 발전했다. 1951년 12월 1일부터 시작되어 1952년 6월까지 계속된 3반운동은 국영기업이나 정부 또는 군대의 직원·간부·병사에 의한 낭비, 오직(汚職), 관료주의적 행위(3해三害)를 적발하는 운동이다. 1952년 1월부터 6월까지 지속된 5반운동은 '3반'의 근원으로 지목된 민간 상공업자의 뇌물 공여, 탈세, 국가공공재 절도, 부실공사, 국가 경제정보 누설(5독五毒)을 적발하는 운동을 말한다.

'3반'운동은 군의 정예화와 정부기구의 간소화·합리화 그리고 생산부문에 의한 증산·절약을 통해 국방 건설의 자금을 염출하려는 국가의 큰 구도 속에서 발동되었다. 당시 톈진과 스자좡 같은 주요 도시의 공산당 간부 중 사형을 비롯해 엄한 처벌을 받은 사람이 나올 정도로 오직과 낭비가 널리 번져 있었다. 이 사태에 민감하게 반응한 마오는 명말 이자성의 실패가 되풀이될지도 모른다고 염려해, "10년 내 3반을 추진하지 않으면 공산당이 국민당으로 변할지도 모른다"고 강조했다.[36] 당초 정풍운동으로 시작된 '3반'운동은 '반진'운동과 마찬가지로 '요란한 군중운동' 방식을 채용했고, 모든 계층과 광범위한 대중을 끌어들이는 운동으로 발전하였다. 3반운동이 끝난 1952년 6월까지 적발된 관료나 당 간부의 숫자는 전국에서 중대한 안건으로 분류된 사례만도 29만명에 이를 정도였다.[37]

당시 적발된 '3해'를 보면 기관생산, 즉 각급 정부기관 부문의 부업에 관련된 것이 많았다. 어찌 보면, 건국 초기 생활난이나 제도의 미비에서 어쩔 수 없이 발생하는 낭비와 부패도 많았는데, 전쟁이 장기화하고 군사와 경제 건설이 중시되면서 행정비가 삭감되는 형편에서 좀더 부각된 것일 수 있다. 3반운동이 일어나면 상공업자의 '부정행위'가 규탄되는 '5반'운동으로 파급되는 것은 필연적이었다. 사실 '5독'은 국영기업의 가공주문에 관련된 것이 많았다. 특히 한국전쟁이 시작되자 군수품을 중심으로 가공주문이 증대한 것이 그 배경이었다.

이 두 운동은 정부 공무원의 오직, 부르주아지의 부정행위가 만연해진 현상을 바로잡아 증산과 절약을 꾀하자는 것으로 정당화되었다. '3반'·'5반'운동은 참전 이후 상황에서 빚어진 각종 모순을 구조적 문제로서 인식하지 않고 정부기관 인원(특히 국민정부에서 유임留用된 인원)이나 자본가라는 개인의 문제로 축소한 채, 사법기관의 절차를 거치지 않고 대규모 대중운동으로 문제를 극복하려 한 것이다. 이렇게 구조적 문제가 있었지만 정부나 당의 기업활동에 대한 지도권을 확립하게 되고, 나중에 사회주의 개조를 준비하는 전제조건을 만들어냈다. 사영기업에 대한 정부의 지도가 관철되어가는 동시에 사영경제는 후퇴하고 국영경제가 그 비중을 높여갔다.

이것이 바로 군중운동이 일으킨 사회경제적 변화이다. 중공이 사회주의로의 조기 이행을 선택할 때 매우 중요한 물적 기반이 되었다.

이와 더불어 군중운동은 사회 각 부문, 공작 단웨이, 가정, 심지어 개인의 구체적인 행동과 내면세계에까지 큰 영향을 미쳤다. 이 운동에 힘입어 이들은 구미 열강이 중국을 침략해 안겨준 굴욕과 좌절감을 청산하고 민족과 국가에 대한 자신감을 증강시킬 수 있었고, 이와 더불어 광범위한 사회동원과 교육운동을 통해 신정권과의 일체감을 높였다. 물론 이 두가지 측면이 상호작용을 했다.[38] 여기서 중국의 국민 형성이 동아시아 다른 곳에서와 마찬가지로 '냉전적 정체성'에 기반했다는 측면을 간과해서는 안 된다.[39] 그만큼 한국전쟁이 중요한 동인이었다는 사실도 확인할 수 있다. (군중운동의 문제점에 대해서는 바로 다음 장에서 논의될 것이다.)

5장

단명한 신민주주의사회의 의미

1. 신민주주의사회에서 사회주의 총노선으로 전환

1장에서 보았듯이 1949년에 선포된 국가는 '인민공화국'이었다. 그때 부터 신민주주의사회 단계에 진입했다. 중국공산당이 1949년에 (지역정 권을 넘어) 전국에 걸쳐 권력을 장악했으나 당시엔 사회주의의 조기 실 현을 공약하고서는 국민의 지지를 얻을 수 없었다. 신민주주의사회로의 진입, 곧 비자본주의적·비서구적 발전 지향을 공개적으로 선언하여 넓은 지지기반을 확보하였으며, 실제로 국영경제와 사영경제, 합작사 경제의 동시 발전을 추구하고 시장경제 기구를 적극적으로 활용하는 신민주주 의 경제정책이 실시되었다.

그런데 '신민주주의사회'론에 입각한 국가 운영이 적어도 15년간 지속 될 것이라는 애초의 약속은 단기간에 폐기되었다. 중국공산당은 1954년 '과도기 총노선'을 공식 채택하여 신민주주의적 실천을 중단하였고, 마오쩌둥은 1956년 사회주의 개조 사업이 결정적으로 승리했음을 톈안먼에 올라 선언하였다.

이처럼 신민주주의사회의 조기 종결을 서두른 이유는 무엇일까. 쉽게 떠올릴 수 있는 것은 중공 지도층의 정치적 고려에서 나온 기만이나 권모술수라고 설명하는 방식이다. 그런데 이렇게 중공의 권력 장악을 위한 일시적 책략에 불과하다고 본다면, "연합정부를 지지한 중국인 대다수가 마오의 책략에 놀아난 꼴이 된다." 이는 당시의 현실 상황이나 역사적 맥락을 간과한 너무 단순한 설명일 뿐이다.[1] 객관적 상황 변화에 그들이 적응력을 발휘하여 이론적·실천적으로 개입한 결과라고 볼 필요가 있다. 아무리 권모술수라고 해도 일종의 사회경제 발전 과정에서의 현실적 요구가 있기 마련이다.

여기서 이론적·실천적 개입의 동력을 공산당의 행위모델에서 찾는 견해가 눈길을 끈다. 가오왕링(高王凌)은 '권력·통제력·역량에 대한 집착'은 공산당의 일체 행위를 상당 부분 해석하게 해준다고 본다. 그렇다고 간단히 '의지주의자'로 간주해선 안 되고, "역량의 변화, 권력의 강약이 정책과 그 전환"을 결정한 과정을 중시할 것을 제안한다.[2] 마찬가지로 양쿠이쑹(楊奎松)도 세력 간의 역량 대비를 '결정적 요소'로 꼽으며 정치역량의 강약을 비교해 과도기 시기를 길게 할지 짧게 할지 결정했다고 본다.[3] 이를 받아들여 중공이 자신의 역량이 변화했다고 판단한 조건을 정리해보자.

이미 앞장에서 확인했듯이, 건국과정에서 중국 인구의 대다수를 차지하는 농민에 대한 토지분배가 이뤄져 그들의 자급자족적 발전이 가능해졌고, 그 잉여농산물이 도시로 공급되어 중국이 안고 있던 자본 결핍의 압력이 부분적으로나마 완화되었으며, 경제가 상대적으로 안정된 국면에 들어갔다. 그런데 토지분배가 완료된 일부 지역(둥베이성과 산시성)에서 일선 간부와 빈농층의 의사를 반영한 급진파의 요구가 터져나왔다. 도시에서 대체로 1952년 하반기에 '3반운동'과 '5반운동'이 종료되면서 공업에서 국영기업과 공사합영기업이 주도하고 상업에서도 국영경제가 우세한 변화가 일어났다. 또한 역사상 전례없는 국가권력의 고도 집중과 기층사회에 대한 침투가 이뤄졌다. 그러니 중공이 처음 공언한 대로 15년*을 기다릴 것 없이 전력을 기울여 다음 단계로 속도 있게 진입할 수 있는 기반이 갖춰진 셈이다.

그런데 그 방향을 '사회주의 총노선'으로 잡게 된 데는 한국전쟁이 다른 어떤 요인보다도 크게 작용했다. 한국전쟁의 경험으로 미국에 비해 장비가 크게 떨어진다는 판단이 무력으로 권력을 장악한 공산당 정권에 극도로 심각한 위기의식을 초래함으로써 그들로 하여금 중공업 우선 발전전략을 택하게 만들었고, 중국이 1951년 유엔총회에서 침략자로 규정된 결과 서방국가들과의 교역에서 제약을 당하는 봉쇄정책(CHINCOM)을 적용받게 되었다. 세계자본주의체제로부터의 이탈을 강요당한 것이다.⁴ 이 전쟁으로 본래 "중립적으로 민족자본주의를 발전시키려던" 중국에는 소련 진영에 가담하는 선택밖에 남지 않았다. 적어도 1949년 말까지 계속된 미국과의 비밀접촉은 중국과 미국 모두에 '상실된 기회'로 묻혀졌다.**

• 杨奎松 「毛泽东为什么放弃新民主主义: 关于俄国模式的影响问题」, 『近代史研究』 1997年 第4期 180면. 마오는 소련이 10월혁명 이후 12년의 과도기를 고려한 경험에서 배우되 소련보다 낙후한 중국은 좀더 긴 과도기가 필요하다고 판단해 15년을 설정한 것이다.

•• 1949년 봄 이래 중국공산당 지도부가 미국과의 외교관계 수립에 관심을 보인, 적어도 다섯건의 외교적 행동이 있었다. 이삼성 「전후 동아시아 국제질서의 구성과 중국: '동아시아 대분단체제'의 형성과정에서 중국의 구성적 역할」, 『한국정치학회보』 50집 5호, 2016, 172, 174면. 이런 움직임은 미·소의 냉전진영 논리와 다른 중간지대론에 입각한 마오의 외교전략이 바탕에 있었다. 이원준 「중화인민공화국 건국 전 毛澤東의 외교노선 변화와 그 함의」, 『중앙사론』 44집, 2016, 357면.

여러 요인이 한꺼번에 작동한 특수한 해인 1953년을 계기로 중국은 일거에 경제의 고성장 국면에 진입하려 드는 중대한 제도적 변화를 감행했다.[5]

2. 신민주주의 노선의 역사적 의미

이렇게 단명한 신민주주의사회 단계는 과연 어떤 의미가 있는 것일까. 이원준은 "신민주주의 노선의 단명이라는 결과론적 관점에 의거하여 1949년의 중국혁명이 갖는 신민주주의혁명으로서의 성격까지 부정하기는 힘들 것이다"[6]라고 평가한다. 그렇다면 부정하기 힘든 '성격'이란 무엇일까. 그가 더이상 설명하지 않지만 그 가능성을 적극 규명한 견해들이 있으니 들어보자.

유용태는 신민주주의의 유산이 일종의 '꼬리'처럼 그후에도 남아 있었다는 사실을 중시한다. 사영 상공업의 국유화 내지 공사합영화가 몰수가 아닌 '사들이는' 방법으로 이루어짐으로써 그 진행 과정에서 투자금에 대한 연리 5%의 고정이자가 10년간 지급되었다. 사회주의 개조가 '기본완성'('전부완성' 시점은 고정이자 지급이 폐지되는 1966년)을 이룬 직후인 1956~57년에 '자유시장'과 사기업의 '지하공장'을 허용하여 계획경제와 국영경제를 보완하려 시도한 것 등은 당내 온건파의 노력에 의해 구체화된 신민주주의 혼합경제의 요소들이다. 그리고 1979년 시작된 개혁·개방정책은 바로 이들 고정이자를 지급받아온 상공업자(그중 28만 6천여명이 1980년 당시 각종 기업에 종사)가 효모작용을 한 것이라고 본다.●

● 유용태 「현대 중국의 혼합경제 구상과 실천, 1940~1956」, 『중국근현대사연구』 74집, 2017, 32면. 중국혁명에 대한 냉전적 시각에 휘둘려 있던 (20대 시절의) 저자가 이 사실을 리영희

신민주주의 유산의 잔존을 넘어, 이것이 열어놓았지만 실현될 수 없었던 가능성의 현재적 의미도 조명되고 있다. 오늘날 중국에서 사회민주주의 논의가 기대는 배경으로, 또는 류사오치가 추구한 당 영도하의 국가자본주의식 제도모델로서, 아니면 '사회주의 초급단계론'의 선구로서 새삼 열띤 관심사가 되었다.[7] 뿐만 아니라 중국 밖에서도 주목되고 있다. 이남주는 그 기간에 존재한 호조조나 초기 합작사 같은 경제조직은 국가소유로 넘어가는 과도기적 형태의 것이 아니라고 보면서 그같은 역사 경험 자체가 (국가소유와 사적 소유라는 이분법을 넘는) 제3의 경제조직, 이를테면 '공공 활동공간'이 될 수 있다는 가능성을 중시한다.[8] 우리의 시야를 동아시아로 넓혀보면, 20세기 전반 (한국과 베트남도 포함한) 동아시아 사람들이 품었던 연합정부와 혼합경제에 대한 사유는 "탈냉전기 조건에서 돌이켜 성찰하고 새로운 대안의 기억을 되살리는 탐구의 대상"에 값한다.[9]

이러한 견해에 촉발되어 저자는 한걸음 더 들어가 (앞의 프롤로그에서 강조한) 사물을 상대화·역사화하는 관점에서 신민주주의의 의미를 다시 보고자 한다.

먼저 당시 존재하던 중공 지도부 내의 노선 차이가 눈에 들어온다. 마오의 책략이 일방적으로 관철된 것이 아니었다는 얘기이다.

건국 초기 사회주의로의 전환 방식에 대한 당 지도부 안의 이견이 존재했다. 즉 그 전환은 "미래 과제이니 그 속도를 늦춰 현재 체제를 굳혀야 한다"는 측과 "현재는 과도기일 뿐이니 가속해 다음 단계로 발전해야 한다"는 측이 분기했다. 전자가 근본적으로 정확한 것이고, 후자는 사회주

편역의 『8억인과의 대화』(창작과비평사 1977)에 실린 요네자와 히데오(米澤秀夫)의 「중공식 자본가 처리」라는 글에서 처음 대하고 충격을 받은 기억이 새롭다.

의 개조의 어려움, 복잡함 및 장기성에 대한 인식이 부족했다는 개혁·개방 이후의 판단도 있다. 이에 따르면 신민주주의의 지속은 "매우 귀한 탐색인데 이런 탐색의 소리가 사회주의 개조의 걸음을 가속하는 구호에 결국 묻히고 만 것"이 안타까운 일이 된다.[10]

잘 알려진 대로 이 당내 분기란 류사오치(로 대표되는 온건파)와 마오쩌둥(으로 대표되는 급진파) 사이의 대립을 가리킨다. 그런데 '비교적 드러나지 않은 제3의 분기'는 없었을까? 원래 항일전기 신민주주의 문화의 방향으로 제시된 것은 4화(四化, 민족화·과학화·대중화·민주화)였는데 그중 네번째인 민주화가 무시되어간 건국 초기의 상황 속에서 '당내 민주파'라 불릴 만한 그룹의 존재가 없었는지 묻게 되는 것이다.[11]

그런데 중공 내의 서로 다른 사회주의관의 존재 여부를 묻는 이 질문을 그 바깥으로 넓혀 적용해보면, 당시 공산당과 경쟁과 타협을 거듭하던 제3세력, 더 나아가 국민당 좌파를 포함한 다양한 세력의 국가구상(특히 합작과 연합)이 시야에 들어온다. 그리고 신민주주의사회의 핵심인 합작과 연합이 20세기 전반기의 공동영역이었다는 사실도 눈에 밝히 들어온다.

먼저 경제 영역의 합작사에 대한 입장을 살펴보자. 국민당 역시 일찍이 쑨원이 합작사를 중시한 이래 합작사 건설을 장려하고 항일전쟁 승리 후 수립될 '신경제의 기초'로 합작사를 중시하였다. 1937년 당시 국민당 정부하에서 (비록 8~9할이 지역엘리트豪紳와 관리 손에 장악되어 농민의 것이 아니라고 비판당했지만) 농촌합작사가 존재했는데, 지금 개혁노선으로 재조명되고 있다.[12] 또한 중간파인 민주동맹은 사유제도의 기초 위에 합작사와 계획경제 실시를 요구했다. 빈곤문제로 시달리던 중국에서 공업화라는 과제가 중요했기에 사회주의나 계획경제 역시 중시했던 까닭이다. 시장경제를 유지하면서도 사회주의적 경제 운영이 가능한지를 탐구하며 느슨하게 결합한 경제자유주의 그룹은 인민민주주의론이나 신민주주의와의 친화성이 있는 논점도 일정 정도 공유했다.[13] 사실, 국민당이든 공산당이든 낡은 지역엘리트를 타도대상으로 삼은 점에서는 매한가지였다. 단지 토지문제에 대해 공산당이 가장 급진적이고, 국민당(특히 좌파)은 그다음, 제3세력은 가장 보수적이었다.[14]

정치 영역의 연합 역시 당시에 공유의 폭이 넓었다. 20세기 중국의 민주 이념은 줄곧 자유시장 원리에 의거한 자유민주가 아니라 공동체의 가치를 우선하는 공화민주를 지향한 것이었다는 견해가 주목에 값한다.[15] 국민당이 민생을 중시했다는 사실, 제3세력에 속한다 할 많은 자유주의적 지식인들이 경제민주주의를 실행하는 주체로서 연합정부를 지지했다는 사실,[16] 그리고 앞에서(145면) 본 내전기 여론조사 결과가 연합이 시대적 요구였음을 뒷받침한다.

요컨대 (이상과 같은 서술은) 신민주주의가 동시대의 핵심 가치였음을 말해준다. 그런데 이러한 가치를 공유한 중공이 그것을 실천하는 과정에서 군사력과 군중운동을 동시에 동원해 구현하였기에 다른 정치세력들과 구별된다.

따라서 저자는 다음에서 군중운동을 축으로 민주주의의 문제를 재검토해보려고 한다. 이것은 신민주주의가 시대를 넘는 초월적 가치가 있는지 따져 묻는 일이기도 하다.

3. 신민주주의와 '더 좋은' 민주주의의 길

'신민주주의'란 어휘를 들으면 바로 마오와 공산당을 떠올리기 십상이나, 사실 이는 1차대전 이후 정당 중심의 지역대표제 의회정치의 한계가 목도되면서 이를 혁신할 대안으로 세계에서 모색된 여러 유형의 시도를 가리키는 총칭이다. 마오의 신민주주의는 그 하나이다.[17]

그런데 중국의 신민주주의는 '새로운(新的) 민주주의'로 해석해서는 안 되고, 그 핵심이 혁명의 영도권에 있는 단계적·과도적 특성에 착안한 이론이라고 보는 견해가 있다.[18] 과연 그렇게만 볼 수 있는지 따져보기 위해 중공이 추진한 민주주의 즉 '인민민주전정(專政)'부터 검토해보자.

그것은 인민 내부에 대해서는 민주, 그리고 반동파에 대해서는 독재(專政)를 적용하는 양면성을 가진 정치체제이다. 민주는 인민에게만 적용되는 민주이고, 그 실행의 전제는 '비인민'을 도려내고 그에 대해 '독재'를 실행하는 것이다. 그 주체는 인민이나 국가가 아니라 혁명이다. 혁명이 수행되는 과정에서 인민은 주체이자 개조대상이 된다. 정확히 말해 자아를 개조해 혁명표준에 부합하는 민중이 비로소 인민이 되고 혁명정권의 기초를 구성한다. 여기서 말하는 민주란 형식규칙 곧 절차적 민주주의(나 대의제 민주주의)가 아니라 주동적·피동적으로 정치에 참여하는 방식을 가리킨다.[19] (공산당은 일찍부터 선거기피 문화가 있었고 서구 민주주의에 대한 안티테제로서의 의회에 집착했기에 지역대표제보다는 직능대표제를 선호했다.[20])

대안적 민주주의로서 모색된 새로운 정치참여 방식의 골간이 군중운동이다. 그런데 군중운동과 민주주의를 연결시켜 논의할 때 대면하지 않을 수 없는 몇가지 쟁점들이 있다. 이 쟁점들을 이분법적 사고(서구식 민주주의 아니면 독재)에 휘둘리지 않고 당시의 유동하는 역사 속에 놓고 재검토하는 방법을 써보자. 그래야 새로운 민주주의, 또는 '더 좋은' 민주주의를 위한 사유 실험으로 이끄는 사상·경험의 자원을 발굴할 수 있을 터이다.

첫번째 쟁점은 감정동원 문제이다. 사실 국·공 양당은 정치담론과 조직구조가 ── 당국체제가 그 대표적인 공통 특징이다 ── 상당 부분 같지만, 중국 인민의 감정을 환기하는 데서 중요한 차이가 있다. (앞에서 본) 농촌의 토지개혁이나 도시의 군중운동에서 자주 구사된 '감정 고양'(emotion raising)은 중공이 혁명과 건국을 수행하는 데 핵심적인 역할을 했다.[21] 그런데 감정공작의 내재적 위험성을 간과해서는 안 된다. 이론상으로는 그것이 엄격히 통제되어야 하나, 실제에서는 종종 소란을 발생케 했다. 법치와 인권 무시가 폐단으로 곧잘 지적되는 것은 이런 이유에서이다.

그런데 이 지적에 안주하지 말고 다른 각도에서 조명해보면 그 복합성을 좀더 깊이 이해할 수 있게 된다. 이 문제를 (프롤로그에서도 언급했고) 오늘날 널리 관심사로 떠오른 정동(affect)담론의 시각에서 다시 보자. 정서(emotion)나 감정(feeling)과 관련된 몸(존재)의 상태를 가리키는 정동은 신체와 정신, 감성적인 것과 이성적인 것, 의식과 무의식 사이의 경계들을 가로지름으로써 세계를 계속적으로 변형시키는 힘으로 이해된다. 이 변형력이 좋은 쪽으로만 작용하는 것은 아니고, 긍정과 부정 양쪽으로 작용할 수 있다. 그렇다고 해서 사유와 정동이 본질적으로 대립적이거나 이율배반적인 것으로 볼 이유는 없다. 여기서 "정동이 이미 내재된 사유"를 통해 "어떤 상투성에 얽매이지 않으면서 정동의 아나키즘"을 감당할 길을 찾아볼 수 있을지도 모른다.[22]

과연 혁명과 건국의 과정에서 동원된 '감정 고양'이 이 수준에 도달했을까. 당시 군중운동이 "매우 미묘한 균형을 유지하지 못하는 한 쉽사리 실패할 것"임을 촌락의 공작대도 잘 인지하고 있었던 것은 분명하다.* 이와 관련해 군중운동과 구별되는 군중노선을 강조하는 허자오톈(賀照田)의 주장은 시사적이다. 중공의 공식 해석에 따르면, 군중노선은 모든 것이 "군중으로부터 나와 군중 속으로 들어가는" 근본적인 정치노선이자 조직노선을 일컫는다. 그런데 그는 군중노선을 그 구체적 실천과정에서 어떻게 참여자의 "공화 욕구와 공화 능력"이 배양되고 "좀더 나은 정신·심신상태와 좀더 충만한 생활양태"를 양성하는지 주목하는 것으로 이해한다. 더 나아가 "군중노선이 연결하는 것은 영도자·조직자·엘리트와 군중만이 아니라 일과 심신, 개인과 공공 그리고 현재와 인민공화가 진정으로 실현하는 중국 미래이다"라고까지 적극 평가한다.••

그가 '공화'를 언급한 대목이 눈길을 끈다. 잘 알려져 있듯이 공화주의는 국가 사무와 정치를 군주 개인이나 특정 집단의 것이 아니라 공공의 사무로 간주하고, 국민이 정치에 참여할 때의 도덕〔公德〕을 중시한다. 여기서 국민이 정치에 참여할 때의 도덕이란 "진리의 길로서의 도(道)와 도에서 나오는 힘으로서의 덕(德)"이어야 함을 확인해둘 필요가 있다.[23] 군중운동이 과연 이 기준에 부합했는지 점검하는 일은 끽긴하다. 허자오톈이 군중운동과 구별되는 군중노선을 강조한 이유도 여기에 있을 터이다. 달리 말하면, 중국의 인민대중이 제대로 된 마음공부를 수반하지 않은 채 제도개혁을 통해서만 혁명을 이룩하려고 한 것은 아닌지 묻는 시각에서

• 예를 들면 산시(山西)성 루청(潞城)현 장좡(張莊)의 공작대 간부 양기호는 군중집회 중 "높아가는 보복의 분위기에 당혹을 느꼈다. 그는 이성으로써 열광을 눌러야겠다고 작정했다." 윌리엄 힌튼 『翻身』 2권, 강칠성 옮김, 풀빛 1986, 30, 38면.

•• 賀照田「群衆路線的浮沈」, 『革命-後革命: 中國崛起的歷史思想文化省思』, 新竹: 國立交通大學出版社 2020, 164면. 이와 관련해 앞의 2부 3장에서 다룬 간부의 혁명윤리 문제가 쟁점이 된 사정을 떠올려볼 필요가 있다. 그것이 성공했는가 여부와 별도로 윤리문제에 주의가 기울여진 흔적은 중요한 의미를 갖는다.

군중운동의 역사를 되짚어볼 일이다.

아울러 공화주의에서 도덕의 물적 기초인 개인의 독립적 생계도 필요하다고 인식되는 점도 중요하다.[24] 이 점이 중국인의 경험에서 생생하게 드러난 사례를 들어보자. 둥베이 지방의 류빈(劉斌)은 공장 접수 후의 일상생활에서 옌안 시기 군중노선 등의 혁명 경험에 근거해 노동자와 더불어 생활하며 전통적 윤리 관념의 즐거움과 고통을 함께 나누는 감정을 활용했다. 이것을 감정과 윤리의 기초로 삼음으로써 점차 접수 간부와 일반 노동자 사이에 공화 이념의 정체성을 형성했다고 한다. 또다른 사례도 있다. 항미운동에서 군중을 동원할 때 단순히 전면적 선전에만 의존한 게 아니라, 더 심층적으로 노동자의 일상생활 속에서 실천했다. 개별 방문과 좌담 등을 통해 노동자의 주택, 자녀교육, 가정부담 등의 문제에 섬세하게 접근했다. 허하오(何浩)는 이로부터 재산과 권력의 재분배를 피부로 느끼는 군중이 그것을 지키겠다는 동기와 애국이라는 공공의 동기를 결합한 사례를 찾아낸다. 달리 말하면 맹자(孟子)가 일찍이 강조한바 항산(恒産)과 항심(恒心)이 상호 작용하는 사회구조에 착목한 것이다.[25] 이 해석은 항산과 항심의 연관이 끊임없이 국가의 공공성을 환기하는 이념인 공화주의 이념과 통한다는 유용태의 지적과 닿을 듯싶다.[26]

두번째 쟁점은 운동과 제도의 관계이다. 흔히 운동이 제도화를 방해한다고 보기 십상이다. 그런데 운동, 곧 비제도정치와 제도정치가 선순환 관계를 이루며 민주주의의 발전을 이루는 중요한 동력이 될 수 없는 것인지 따져볼 필요가 있다. 비서구지역에서 (구미와 같은) 정당제도가 제대로 정착 발전하지 못한 것은 분명하나, 그 원인을 비제도정치 곧 군중운동의 탓으로 돌리는 것은 몰역사적인 해석이다. 군중운동이 단순히 동원되는 것이 아니라 나라다스리기(治理, 거버넌스)에 참여하는 길을 마련해 새로운 체계를 만드는 데 기여할 수 있다.

이와 관련해 양자의 관계를 비교적 적극 평가하는 리리펑(李里峰)이 말하는 '운동적 거버넌스'(運動式治理, campaign-style of governance) 라는 발상이 눈길을 끈다. 그는 토지개혁에 관한 일련의 연구를 통해 이 같은 운동의 작동방식이 당과 국가가 단기간 내 효과적으로 농촌 민중을 동원하고 농촌다스리기를 구현하는 데 도움이 된다고 논증한다. 동시에 이것이 국가 행정의 정규화와 제도화에 장애로 작용하는 점도 간과하지 않는다. 말하자면 운동적 거버넌스 모델이 직면한 근본적인 곤경도 간과하지 않는다.[27]

리리펑과 기본적으로 같은 입장이나 더 적극적으로 의미를 부여하는 박상수는 "운동이 제도화를 방해했다기보다는 그것을 추동했다"는 입장을 취한다. 1950년대 일상적으로 전개된 대중운동을 사회의 자원을 최대한 동원하기 위한 하나의 '제도적 장치'로까지 간주한다. 초기 활용 가능한 자원이 부족하고 국가제도가 채 갖춰지지 않은 상황에서 대중운동은 국가와 정권의 권력을 신속히 강화하는 데 매우 효과적인 국가-사회 협력의 '거버넌스체제'였다고 평가한다.[28]

그렇다면 건국 초기에 국가제도가 어느정도 갖춰지고 나면 군중운동이 국가에 종속되는 것은 불가피한 것일까. 달리 말하면 운동과 제도의 선순환에 도움이 되지 못하는 것일까. 여기서 군중운동이 기층사회의 행정 효율성이란 점에서 정부와 협치하는 차원을 넘어선 그 어떤 역할을 더 이상 할 수 없었는지 좀더 따져볼 필요가 있다. 정치참여의 확대와 국가의 권한 및 정통성 제고라는 두가지 요구를 한꺼번에 만족할 수 있는 방법을 모색한 오래된 헌정의제에 제대로 부응하려면 정치참여의 확대도 중요하고, 이때 정치적 (효율성보다) 효능감(efficacy)을 매개로 한 자발적 참여가 더 큰 동력이 될 수 있다. 이 관점에서 건국 초기 군중운동이 과연 군중의 참여를 획기적으로 늘리는 나라다스리기(거버넌스)의 개편까지 염두에 뒀는지 물어봄직하다. 그런데 군중운동이 보여준 하향식 성격은 이 물음에 쉽게 긍정적으로 답하지 못하게 한다.

사례를 들어보자. 건국 직후 전국 단위로 조직, 운영된 '신문읽기모임(讀報組)'의 활동은 '자발적 의지-지원'이 공유되며 중국공산당의 군중노선을 극명하게 보여주는 대표적인 학습장이었다. 읽기모임 담당자는 세심한 사전 준비를 통해 단순 낭독에 머물지 않고 친근한 구어체로써 내용을 전달하며 토론을 주도해나갔다. 그런데 이 모임을 이끄는 신문 읽어주는 요원(讀報員)에 의해 토론의 결론 또한 치밀하게 유도되었다는 견해도 있다.● (5·4 시기 개인들의 자발적 결합체인 소단체가 사회변혁의 추동력을 가졌던 것과는 구별된다.)

이것이 기층사회 차원에서 이루어진 군중노선의 실천에서 볼 수 있는 한계라면, 상층 차원의 사례는 신민주주의의 제도적 구현체 ─ 소련의 노·농·병쏘비에뜨와 구별되는 노동자·농민·소부르주아지·민족부르주아지라는 네 혁명계급의 연합 ─ 로 간주되는 (각계)인민대표회의에서 볼 수 있다.

인민대표회의는 당이 '지도'하는 수단을 잘 보유하고 있는 태생적 특징을 갖고 있다. 의사결정기관과 실무활동기관의 간부(상무위원회 위원

● 진세정 「사회주의적 시민 만들기: 1950년대 초기 중국의 집단 신문읽기의 관행을 중심으로」, 『중국근현대사연구』 44집, 2009. 신문읽기모임(讀報組)의 문제는 선전동원네트워크를 통해 형성된 공동의 신념과 인식이 결국 해당 공동체에 소속된 각 개인에게 획일적 공론에 대한 순종뿐 아니라 더 나아가 적극적 동조와 실천을 강요한다는 것이다. 최승현 「중국의 '항미원조운동' 시기 선전동원네트워크의 형성에 관한 연구」, 『한국동북아논총』 83호, 2017, 20면.

장, 부위원장, 비서장 등)를 당원으로 정하고, 당원 대표가 과반수 이상을 차지하도록 하며, 회의 및 상무위원회의 의사결정과 실무활동에 당의 의사를 전달하기 위한 당그룹을 배치하는 조치 등이 아예 갖춰져 있다. 각 단체 등에서 대표를 선출하고 나머지 부분을 공산당이 초청하는 식의 단체선거 및 초청과 보통선거를 병행한 것도 자율성을 제약할 수 있었음은 물론이다. 그것을 대체한 인민대표대회가 대표를 모두 보통선거에 의해 선출하는 지역대표제를 주로 채택하는 등 인민대표회의와 차이가 있지만, 이 기본구조는 그대로 계승되어 중국이 사회주의 단계로 진입한 후 당국체제의 정치적 기반을 형성하였다. 공산당으로서는 사회주의적인 해석에 기반한 의회제도를 통한 '직접민주' 쪽이 민의를 더 잘 반영할 수 있다고 믿고 행동하지만,[29] 그 자율성이 제한된 것임은 간과할 수 없다.

이 점은 이미 당시 기층에서도 일정 정도 감지하고 있었다. 즉 농촌에서 후보자의 사전 조정과 등액선거에 대한 비판의 소리가 불거졌고, 도시에서는 이것 말고도 선거제도의 근간(다단계 간접선거)에 관한 의문을 제기한 사례가 발견된다.[30]

이런 문제는 당국체제에서 통치당이 형식적 절차보다 실질적 정의(정당성)에 부응하여 국가체제 밖에서 국가를 영도하는 구조적 특성으로부터 연유한다. 그런데 통치당이 집정당(執政黨, ruling party)으로 전환하려면 합법적으로 국가에 진입해 그를 운영하는 정당으로서의 논리를 강화해야 한다. 즉 선거절차나 인민대표대회의 결정과 임명절차를 통해 국가에 대한 공산당의 진입을 합법화해야 한다. 그런데 건국 이래 줄곧 선거를 거친 합법적 확인과정을 거치지 못하다가, 이즈음 들어 이 문제가 비로소 일각에서 공론화되기 시작한 형편이다.

그 결과, 당국체제하의 국가가 장기 지속된 '헌정의제'에 부응해 구

(舊)지역엘리트 계층을 없애기는 했으나 그 대신에 새로운 유기적 사회 중간세력이 형성되지 못해 민의 요구와 개인 행위를 제도적으로 표현하고 종합할 수 없었다. 이런 상황에서 국가와 민 사이에 일단 충돌이 발생하면, 충돌은 종종 강렬한 직접적 대항의 성격을 띠게 되고, 국가가 민과의 협치(거버넌스)를 관철하는 합법성의 기초를 크게 약화시킨다.[31] 국가를 어떻게 상대화하고 자기생장 능력이 있는 사회를 만들어낼 수 있는지를 따져 물어야 하는 이유이다.

여기서 5·4기 이래 각계연합에 의해 이루어진 민의 자발적 결집과 자치의 경험, 특히 국민혁명기에 이루어진 위로부터의 동원이자 아래로부터의 참여의 기억을 떠올려볼 가치가 있다. 이는 (당국체제가 확립되기 직전인) 신민주주의사회 단계에서 제도적 싹을 틔웠고, '국가-사회복합체'의 형태로 당국체제가 유지되던 1950년대에도 '사회주의적 민주'를 요구하는 민간운동 형태로 일정 정도 계승되었으며, 1989년 톈안먼사건에서 하나의 분수령을 이루었다. (이에 대해서는 제3부에서 따로 서술될 것이다.)

이 부의 논의를 정리해보자.

중화인민공화국 성립 직후 구현된 신민주주의사회는 반(半)식민지·반(半)봉건사회라는 조건의 제약으로 자본주의 경제가 중요한 의의가 있음을 긍정하는 혼합경제와 동시에 연합정부를 통해 계급연합의 민주를 발전시켜 궁극적으로 사회주의로 이행하는 기반을 다지는 것을 기본 과제로 삼았다. 말하자면 중국 지도층이 '이중과제'론을 집행하는 주체가 되어 그 방향에서 국가 운영을 책임진 새로운 시기라고 할 수 있다. 그 이중과제를 수행할 때 요구되는 긴장이 건국 초기에는 지도층의 노선 갈등의 형태(예컨대 마오쩌둥과 류사오치의 협력과 대립)로 유지될 수 있었다.

그러나 연합정부와 혼합경제의 형태로 이중과제를 수행할 때의 긴장이 1950년대 중반 사회주의 건설이라는 단일과제로 해소되고 말았다. 이렇게 된 근본 원인은 '100년의 자본 결핍'으로 인해 국가자본 위주의 공업화에 과도하게 치중함에 따라, 근대극복을 근대적응 노력과 일치시켜 나라다스리기(治理)의 개편을 효과적으로 수행할 수 있는 기회를 놓쳐버렸기 때문이다. 특히 근대에는 성취함직한 특성(전제정치에 대한 제도화된 견제, 대국주의에 대한 성찰, 시민의 기본적 권리 확보 등) 또한 있는데 그것을 실질적으로 구현하기 힘들었다. 물론 중국이 한국전쟁으로 인해 세계체제로부터 강제 이탈당한 탓으로 근대적응 과제를 수행할 기회가 구조적으로 제약되었다는 사실은 분명하다. 어쨌든 근대극복은 적응의 노력과 일치함으로써만 실효를 지닐 수 있는데 그러하지 못한 것은 분명하다. 그 결과 1957년부터 국민국가의 해방적 측면보다 억압적 측면이 좀더 우세해졌다. (이때부터 중국 특색의 일당전제체제가 성립된 것을 '57년체제'라고 보는 견해도 있다.[32])

그렇다고 해서 1949년 중화인민공화국 성립의 의미가 부정되지는 않는다. 그 획기성은 그 이전 중화민국 시기와의 단절에 있는 것이 아니라, 공산당이 주체가 되어 국가 운영을 책임지되 기층 인민의 자치조직과 군중운동 및 각계인민대표회의를 통해서 정치참여를 일정하게 확대하고 국가의 권한 및 정당성을 제고한다는 장기적 헌정의제를 충족시킬 수 있는 방법을 모색한 새로움(곧 신중국이 표방한 공화의 확충적 실질화)에 있는 것이다. 달리 말하면, 5·4기 이래의 민의 결집과 자치의 경험이 굴절을 겪으면서 계승되었는데, 5·4기에는 운동 차원에서 구현되고 지식청년이 주체가 되어 '민의 발견'에 머문 것과 달리, 신민주주의사회 시기에서는 운동과 제도를 넘나들고 그 주체가 농민을 비롯한 노동자·소부르주아지·민족부르주아지의 계급연합 곧 '인민'이었다는 독특성이 돋보인다. (그 물적 기반이 혼합경제였음은 두말할 필요도 없겠다.) 그런데 5·4기 후반에 이미 드러난 민의 자치조직의 자율성과 혁명당에 대한 종속성 간의 긴장 및 개인의 혁명인생관 내지 혁명수양론에 내장된 자발성과 위계성 간의 긴장이란 문제는 군중운동과 군중노선 안에 여전히 존속했다.

　신민주주의사회에서 나타난 이같은 민의 결집과 자치의 복합성은 오늘날 중국인에게 '자아교정과 평형의 참조점'으로도 새롭게 조명되고 있다.[33] 이것은 중국의 1949년 이후 역사를 다시 보게 하는 '가치의 관제고지'이다. 중국 밖에서도 '1949'는 하나의 **방법**으로 간주될 수 있다.[34] 이를 통해 우리가 주체가 되는 계기를 돌아보는 기회가 찾아온다는 뜻일 터이다. 지금 개인과 국가의 이분법에 사로잡혀 국가 비판이라는 상투적 담론을 고수하는 것도 아니고, 그렇다고 국가의 개입에 대한 탈정치적 협력을 하는 것도 아닌, "국가 개입을 촉구하는 동시에 그런 개입 자체에 정치적으로 개입하는" 민주적이고 대중적인 통제에 대한 새로운 상상과 사유가 절실한 시점이다.[35] "매우 주체적이고 또한 부단한 자기개조의 과정" 곧 '방법'으로 인식되는 1949년은 이에 응답할 것인가.

6장

동아시아 속의 1949년

1949년은 중국 대륙에서만이 아니라 그와 연동하던 동아시아 이웃 사회에도 당연히 강한 영향을 미쳤다. 먼저 내전의 당사자라기보다 외부자에 더 가까운 타이완의 주민들에게 1949년은 어떤 의미였는지 살펴보겠다.

타이완의 1949년

장제스는 패색이 짙어진 1949년 5월 타이완에 도착했고, 중화민국 정부는 12월 8일 타이베이(臺北)로 옮기기로 결정했다. 1950년대 초까지 민간인 60만 명, 군 60만 명, 합계 120여만 명의 대륙인이 타이완으로 이주했다.[1] 타이완에는 그전부터 이주해 와 주로 푸젠성 남부어(閩南語)를 구사하는 이른바 '내성인(內省人)'이라 불리는 주민들이 살고 있었다. 내전에 직접 휘말리지 않았다는 의미에서 그 외부자이기도 한 그들과 달리 표준적인 베이징 발음의 '국어(國語)'를 쓰는 새로운 이주자들은 '외성인(外省人)'으로 불린다. 이들은 내전에 패해 피란 왔다는 의미에서 내전의 당사자요 '실패자'로 간주될 수 있다.

내전에서의 '패자'의 반응은 장제스가 내세운 '반공대륙(反攻大陸)'(또는 '광복대륙光復大陸') 방침의 허와 실에서 엿볼 수 있다. 그는 내전의 '실패'를 만회하고 대륙을 되찾겠다는 명분으로 이러한 방침을 표방하였다. 그러나 실제로는 임박한 것으로 예상되는 중공의 타이완 공세에 대비해 타이완과 정권의 안전을 지키기 위해 유동적인 동아시아 정세, 특히 분단된 한반도의 충돌 위기를 활용하려는 책략성이 짙다. 그는 한국과 필리핀을 끌어들여 지역 차원의 반공동맹을 결성하려고까지 했다.

이것이 그를 비롯한 상층 엘리트의 반응의 일단이라면, 일반 민중은 어떻게 1949를 겪었을까 궁금해진다. 마침 1949년의 60주년을 맞아 그들 '실패자'의 후손임을 영광으로 알고 국공내전이 가져온 희생과 고난을 생생하게 서술한 책이 출간되었다.[2] 간접적 접근이나 이 책을 통해 그 희생과 고난을 엿보기로 한다.

타이완 남부 도시 가오슝(高雄)에서 태어났으나 부친이 국민정부군 고위 군관으로 타이완에 들어왔으니 외성인(또는 '신타이완인')인 룽잉타이(龍應台)는 이 책을 '실패자'인 선대에게 존경을 표하기 위해 썼다. 대륙에서 온 외성인 120만명이 내전과 피란에서 겪은 상처(및 50년간의 일본 식민지 생활을 겪은 600만명의 본성인의 상처)를 보듬는 이 책에 일관하는 입장은 약자에 대한 인도주의적 동정이다. 내전으로 희생당한 사람들의 처참함을 재현하면서 과연 전쟁에 '승자'가 있는지를 신랄하게 묻는다. 더 나아가 그들이 함께 타이완에서 60년간 쌓은 성취를 (전쟁사나 군사사가 아닌) 문명사적 시각에서 '성공자'의 보람으로 자부한다.[3] 이처럼 1949년에 장제스정권이 타이완으로 패퇴한 것을 실패나 치욕으로 해석하지 않고, 역사적 맥락에서 창의적으로 재해석하는 시도는 적어도 타이완에서는 일정한 공감을 얻고 있는 것 같다.•

그런데 룽잉타이가 펼쳐 보이는 1949년의 또다른 해석에 대한 중국 대륙 지식인의 반응은 착잡하다. 가오화(高華)는 이 책이 "1949년 서민이 바다 건너 타이완으로 건너온" 역사를 서술한 중국 근대의 '남도(南渡)' 역사의 드문 성과로 자리매김한다. 이에 스며든 가치의 핵심이 보편적 가치이고, 그 역사관은 '인문적·인도적 사관'이며, 작은 인물들의 삶의 이야기에 초점을 둔 서술방식이 정치가 주도하는 이데올로기에 의한 서술을 효과적으로 넘어선다고 호의적으로 평가한다. 그리고 1949년의 국민정부의 실패 자체가 아니라 그를 딛고 다시 일어나 새로운 가치를 창출한 일에 대한 자부도 인정한다.[4] 이와 달리 양녠췬(楊念群)은 '총알받이(砲灰)사관'이라고 혹평한다. 1949년의 내전은 단순히 인도주의에 입각해 감상적으로 해석할 수 없는 것인데, 룽잉타이는 본질적으로 모든 희생을 똑같은 가치를 가진 비정(悲情)한 이야기로 묘사함으로써 그 전쟁의 줄거리와 참다운 원인을 완전히 해소하고 말았고, 전쟁에 헌신한 병사들을 '총알받이'처럼 허망하게 이용당한 것으로 간주함으로써 각 희생자의 가치와 주체적 역할을 말살한다고 꼬집는다.[5]

타이완 안에서 이 책이 호평을 받지만, 이에 대한 비판의 목소리도 나왔다. 그 '실패자'(이자 외부의 개입자)에 의해 오히려 억압당한 타이완

• 그의 시각과 비슷하게 '1949 예찬'론도 나왔다. 1949년의 격변은 중화문화를 타이완에 가져와 주체적 문화의 건설을 가능하게 한 풍부한 내용과 안정된 장소를 제공했고, 중화문화(특히 유가 전통)가 (민주를 포함한) 현대적 가치를 발전시킬 잠재력을 증명했으며, 대륙에 피드백하여 타이완이 '중국몽'을 전승하는 동시에 개창(開創)할 수 있는 희망을 갖게 했다는 식이다. 楊儒賓 『1949禮讚』, 臺北: 聯經出版社 2015.

본성인과 원주민의 역사 기억을 환기하는 시각이 그것이다. 중층적인 가해/피해의 세계로 이끈다.[6]

여기서 1949년의 공간적 지평을 더 넓히면, 타이완인뿐만 아니라 다른 소수민족들이나 홍콩인 및 해외 화교가 경험한 1949년까지 시야에 들어온다. 내전을 둘러싸고 각각의 부분을 더듬어 찾는 '기억의 전쟁'이 벌어지는 셈인데, 이들이 1949년을 역사화·상대화하는 데 기여함은 두말할 필요도 없겠다.[7]

일본의 1949년

그렇다면 중국과 전쟁을 벌인 일본에서는 1949년 중화인민공화국 성립을 어떻게 인식했을까.[8]

일본이 패전하고 중국에서 철수함에 따라 일본 언론은 중국 정보 입수에 심한 제약을 받게 되어 현장취재가 자유로운 구미 언론에 대부분 의존할 수밖에 없었다. 그런데 서방의 입장에서 중공의 민주주의를 평가하는 기사나 르포가 전해짐으로써 일본 언론은 전쟁 전에 후진국 중국에 대한 멸시의식을 자신들에게 심어준 일본의 '지나통'이나 '지나학자'에게서 벗어날 여건이 생겼다. 게다가 전쟁가해자로서 깊은 속죄의식도 작동하여 '신중국'을 긍정적으로 보는 인식의 변화가 일어났다. 심지어 "전후 일본의 중국사 연구는 재생일본의 '양심의 거점'이라는 도덕적 정당성"을 지닌 것으로 간주하며 중국 현실에 밀착하는 경향까지 생겼다.[9]

이 시기 중국 관련 기사의 최대 관심사는 국·공의 군사력, 정책입안 능력 및 국민의 지지 등을 비교하고 정권의 정통성·정당성이 어디에 있는지 확인하는 것이었다. 외국세력의 물적 지원 없이 초기의 명백한 군사적 열세에도 불구하고 중공이 어떻게 민심을 장악해 전면승리를 거두었을까, 신민주주의를 표방하고 연합정부 체제를 취하는 중화인민공화국이란 어떤 국가인가에 주로 집중했다. 구체적인 주제를 들어보자면, 국내적으로는 토지개혁을 통해 농촌에 지지기반을 굳힌 중공이 지도하는 중국혁명의 실태는 어떠한가, 당내 헤게모니를 장악한 마오란 과연 어떤 인물이고 그 혁명사상은 어떠한가 등이다. 대외적으로는 소련의 종속국에 머물면서 미국과 대결로 나갈 것인가, 아니면 구미 측에 협조노선을 취할 것인가이다.

이 시기 중국담론을 주도한 지식인사회의 주류가 일본공산당을 중심으로 한 사회주의계 친중국파였다는 사실은 주목에 값한다. 마오의 저작인「신민주주의론」「연합정부론」등이 번역되어 중공의 승리 원인, 중국혁명의 성과를 해명하는 권위있는 전거로 주로 인용되었다. 전해들어 알게 된 토지개혁이나 내전에서의 군사적 승리의 동향을 중공의 기초문헌, 특히 마오의 대표적 저작의 문구에 기초해 서술하는 형식이 두드러졌다. 그 결과 중공의 현실에 밀착한 중국지지론이 확산되었다. 이에 비해 국민정부나 국민당군에 초점을 둔 글은 아주 적거나 있다 해도 그에 대해 혹독한 평가를 내렸다. 1949년이면 이미 승패가 드러난 상태였기 때문이다.

요컨대 일본의 패전, 중국내전 및 미·소 냉전이라는 세 겹의 난국 속에서 국제사회에의 복귀를 모색하던 일본이 중국이라는 거울에 자신의 모습을 비춰보면서 일본 미래의 지향과 연결시키고 그 진로를 둘러싸고 갈등하던 시기였다.

1949년의 한국

1948년 8월 한반도 남쪽에 대한민국 정부가, 9월 북쪽에 조선민주주의 인민공화국 정부가 각각 수립되어 (적대적 공존관계를 재생산하는) 분단 체제가 작동하기 시작했다. 이때부터 분단된 한반도에서 두개로 분열된 중국인식이 병존하는 것은 불가피해졌다.

중국공산당은 내전기(1945~49) 만주 지역을 중심으로 북한과 공식·비공식 접촉을 가지면서 인적·물적으로 큰 도움을 얻어 실질적 협조관계를 유지하며 내전을 승리로 이끌었다. 내전 중인 중국공산당에 조선은 "꼭 필요한 협력자이자 반면교사"였다.[10] 중국은 이같은 우호관계의 기반에서 1949년 10월 북한과 상호 승인하는 외교관계를 수립한 데 이어 한국전쟁에 참여하였고 동맹관계까지 맺었다. 그후 남북으로 분단된 한반도에서 중국에 대한 인식이 분열된 것과 마찬가지로, 중국에서도 조선은 '남조선'과 '북조선'으로 분열되고, 북쪽은 '혈맹'으로, 남쪽은 '적대적 자본주의 국가'(혹은 미국의 종속국)로 보는 인식이 지배했다.

여기서는 한반도 남쪽의 대한민국(한국)에 좁혀 좀더 깊이 살펴보겠다. 분단 이후라 해도 한국전쟁 전까지는 건국 방향을 둘러싸고 좌우파가 협력과 갈등을 하는 과정에서 중국혁명에 대한 관심이 높았기에 일간지와 잡지에서 중국 문제를 곧잘 다루었다. 특히 좌파는 「신민주주의론」과 「모순론」「지구전론」 등의 저작을 번역 소개하며 한국의 건국과 좌우합작을 위한 이론 확립 및 그 대중적 보급에 치중했다.* 그러나 여러 정치분

---

* 저자가 갖고 있는 『신민주주의론』의 번역본은 2종이다. 하나는 월북한 중문학자 김일출(金日出)이 번역한 정음문고(正音文庫)본(1948)이고, 다른 하나는 신인사(新人社) 편역의 신인문고(新人文庫)본(1946)이다. 전자에 실린 「역자의 말」에 의하면 그 초역본(抄譯本)

파가 있었고 중국 침략이란 죄의식이 없었기에 일본공산당계 지식인들처럼 마오나 중공의 이론을 교조적으로 수용하지는 않았던 것 같다.

당시 일간지는 한국 통신사들에 의존해 중국에 관한 정보를 입수했다. 이러한 통신사들이 구미의 저명한 통신사들과 직접 계약을 맺어 외신을 받아들임으로써 중국에 관한 다양한 정보를 신속히 입수하여 중국인식을 넓혀준 점은 인정할 만하다. (이 점에서 일본 언론의 형편과 비슷하다.) 그러나 동시에 거의 압도적으로 구미의 정보원에 의존하였다는 한계도 지적하지 않을 수 없다. 게다가 당시 한국 일간지의 중국 보도는 정부의 보도정책으로부터도 제약이 가해졌다. 분단체제하의 남쪽 정부에서는 언론기관의 중국 보도 경향을 통제하려 했던 것 같다.[11]

이러한 제약을 염두에 두고 주요 주제에 대한 기사 내용을 짚어보겠다. 먼저 국민정부에 대한 평가는 '패퇴'한 이유 찾기, 중공에 대한 평가는 '성공'한 이유 찾기가 대세였다. 당시 신문사 중 유일하게 『경향신문』이 1949년에 파견한 중국 현지 특파원인 김병도(金炳道)[12]는 상하이와 광저우 시민의 반응을 취재하여 "중국 5억 인민이 모두 공산주의를 환영은 안했"지만 어쩔 수 없는 사실로 받아들이며, 결국 중공이 헤게모니를 잡게 된 원인이 "국민당 일당 전제정치의 부패상과 미의 대중원조정책이 너무 애매하였다는 것"에 있다고 분석한다.[13]

내전기 중국 정세에 대한 『경향신문』과 『조선일보』의 주된 관심은 중공과 국민정부 가운데 누가 헤게모니를 장악할 것인가에 쏠렸다. 그런데 두 신문 다 1949년의 중공의 승리를 필연적인 것으로 보지 않았다는 사

이 이미 1만여부나 팔렸을 정도로 반향이 커 이번에 정본을 출판한다는 것이다. 해방 공간에 출간된 중국 관련 단행본의 목록과 그에 대한 간단한 논평은 하세봉 『동아시아 역사학의 생산과 유통』, 아세아문화사 2001, 20~25면.

실은 승리와 패퇴의 관점에서 어느정도 벗어나 있었다는 점에서 주목할 가치가 있다.

저자는 두 신문 모두 그들 나름의 중국 정세관이 있었기 때문에 그런 평가를 내렸다는 점을 강조하고 싶다. 중공의 집권에 비판적인 논조를 편 『경향신문』은 더 말할 나위 없지만, 중국혁명이 지닌 사회혁명으로서의 의의를 어느정도 인정한 『조선일보』도 중공이 주도한 혁명의 단기적 필연성은 인정하되 장기적인 전망에 대해서는 회의적이었기 때문이다. 그리하여 『경향신문』은 '제3세력'에 의한 '참된 국민의 정부' 곧 '제3의 새로운 중국'이 출현하기를 기대한다.[14] 『조선일보』는 "중공은 승리를 누려 잠깐 지배를 계속하나 영속은 곤란하며 영속한다고 하면 그것은 변질한 후의 일일 것"이라고 전망한다.[15]

이런 분석과 전망이 나올 수 있었던 데는 한국인이 동시대의 문제로서 중국 정세를 바라보는 주체적 입장이 오랜 기간 이어져왔다는 연유가 있다. 적어도 19세기 말 이래 한국 지식층은 중국의 변혁 과정을 한국의 운명과 직결된 것으로 보아왔고 그래서 중국 사정에 대해 깊이있는 이해를 쌓아왔다. 특히 1930년대에 장제스의 난징정부에 비판적이어서 그 대안을 찾되 그렇다고 공산당을 지지하지도 않은 채 중국혁명은 민중의 힘을 바탕으로 해야 한다는 입장에서 중국혁명의 특질을 '객관적이고도 넓은 시야'로 보도한 한국 언론의 유산[16]은 주목할 가치가 있다. 바로 이 축적에 기반해 한국 언론은 해방 직후 정보의 공급이 열악하고 정부가 제약을 가함에도 불구하고 중국을 한국 문제와 연결시켜* 비교적 장기적 관점에

• 『경향신문』 김병도 기자의 다음과 같은 문장은 이 점을 극명하게 보여준다. "동족상쟁 국토분열이라는 점에서 오늘의 중국의 사태는 우리 한국과 너무나 흡사하다. 기자는 이러한 불명예스러운 것을 한국인 스스로가 반성하고 시정하는 동시에 현재의 중국 사태를 정확

서 분석할 수 있었다고 할 수 있다.

　그러나 바로 이렇게 한국 문제의 연장에서 중국 정세를 파악하는 자세가 동시에 한국인의 중국인식을 제약(또는 왜곡)하는 요인이 되기도 했다는 점을 간과해서는 안 된다. 그것은 냉전적 진영논리가 (아직 한국전쟁 이후처럼 '조건반사적' 반응을 보이게 할 정도로 심각한 편향을 조성하지는 않았지만) 이미 영향을 미치기 시작했다는 뜻이다.

　이제까지 1949년의 중국혁명을 동시대 타이완, 일본, 한반도(특히 한국)에서 어떻게 수용했는지를 간략히 훑어보았다. 그런데 1949년의 의미는 그해의 동시대인이 인식한 것 이상으로 크게 동아시아인의 삶에 영향을 미쳤음을 끝으로 강조하고 싶다. 이 점은 저자가 강조해온 '연동하는 동아시아'의 시각에서 다시 볼 때 밝히 드러난다. 중국혁명의 성공은 한국전쟁을 매개로 해 미국의 일본정책 내지 동아시아정책의 '역코스' ── 당초 구상한 중국 대신 일본을 하위 파트너로 삼고 일본의 전후 개혁을 후진시킴 ── 를 가속시킨 관건적 요인이었는데, 이들 간의 상호작용을 집약적으로 반영하면서 또 촉진한 것이 바로 샌프란시스코체제이다.

　보통 이 체제는 1951년 9월 8일 연합국과 일본 사이에 체결된 샌프란시스코강화조약에 의해 만들어진 지역질서를 가리킨다. 그런데 이는 강화조약의 체결이 중요한 분기점으로 작용했지만 그 이전과 이후에 이 강화조약의 체결과 연관된 여러 역사적 요인들이 상호 작용하면서 만들어낸 것임을 시야에 넣고 이해해야 한다. 이렇게 넓혀 볼 때, 아시아·태평양 지역에서 중국을 비롯한 사회주의권의 영향력 확장을 저지하는 것을 목

───────────────────

히 파악함으로써 우리는 우리의 조국을 구출해낼 수 있다는 것을 확신하는 나머지 이 글을 초하는 바이다."(김병도 『신문기자가 본 중국』, 서울문화사 1950, 6면)

적으로 제2차 세계대전 이후부터 1950년대 중반까지 점진적으로 구축된 안보체제이고, 그 목표인 미국의 동아시아 지배질서의 구축을 위해 조약에 포함된 국가들과 포함되지 않은 국가들 간의 관계를 조정하는 체제로서 특히 특정 국가(한반도의 남·북한 정부와 중화인민공화국 등)를 배제하는 방식으로 구축되었음이 눈에 들어온다.

이 체제의 정착으로 동아시아 냉전질서가 평화를 가져온 것으로 이해되기 쉽다. 그러나 중화인민공화국의 성립과 한국전쟁의 쌍방향적 상호작용이 시작된 시점부터 이전의 '제국·식민 분단'이 냉전 분단 및 한반도 분단과 중첩된 동아시아 분단구조가 강화되어 오늘에까지 이어지고,• 한반도나 중국의 입장에서 보면 그 평화가 냉전질서 속에서 이루어진 (열전이란 형식을 포함한) '징벌적 평화'였음도 결코 간과해서는 안 된다. 뿐만 아니라 식민주의와 전쟁의 결과로 만들어진 이 지역의 갈등 요인들을 적절하게 해결하지 않고 미봉함에 따라 남겨진 분단, 역사문제, 그리고 영유권 갈등 등의 문제들이 아직까지 작동하고 있다. 이로 인한 대립과 적대가 샌프란시스코체제의 작동에 중요한 동력을 제공해왔다. 그렇기 때문에 이 체제가 1970년대 미·중 화해로 해체의 위기를 겪으면서도 와해되지 않고 '완화'된 채 지금껏 지속되는 것은 1953년의 한반도 정전협정과 그것이 진화한 분단체제, 그리고 분단체제의 버팀목 중 하나가 된 '한·일 1965년체제'의 탓이라고 하겠다.[17] 이처럼 1949년의 중국혁명은 긴밀하게 연동하는 동아시아의 관건적 사건으로 아직도 살아 있다.

• 저자가 제기한 '동아시아 분단구조'라는 발상(이 책 제1부 6장 129면의 각주 참조)을 20세기 후반기에 적용하면서, 서재정의 견해를 수용해 이전의 견해를 일부 보강했다. 그는 '동북아시아 분단'과 냉전 분단 및 국지적 분단(한반도 분단과 중국-타이완 분단)이 중첩되어 완결된 것이 동북아 전후체제인 '중층적 분단체제'라고 본다. 서재정 「한반도와 아시아: 식민, 냉전, 전지구화의 중첩과 지역화」, 『황해문화』 2015년 겨울호 참조.

제3부

1989

군중자치의 순간

1장

일지로 본 톈안먼사건

1. 6월 4일, 재난의 터로 변한 톈안먼광장[1]

학생을 비롯한 시민들이 톈안먼광장을 점거해 시위를 벌인 지 20일이 다 되어가는 6월 3일 오후 4시 당과 정부 수뇌부는 긴급회의를 열었다. 그날밤 9시부터 계엄군과 무장경찰이 베이징에서 발생한 '반혁명폭란'을 진압하는 행동에 돌입하기로 방침을 정하고 이들이 4일 새벽 1시에 톈안먼광장에 도달해 6시까지 소개를 완수한다는 등 5개항을 결의했다. 그때까지 구사된 어휘인 '동란'이 아니라 '폭란'(즉 폭동과 난동)이란 한 단계 더 심각해진 용어가 처음 사용되었다.

6시 30분 베이징시 인민정부와 계엄부대 지휘부는 '긴급통고'를 발표했다. 전체 시민은 경각심을 높여 지금부터 거리로 나가지 말고 톈안먼광장에 접근하지 말 것을 요구했다.

계엄군이 광장에 나타나기 직전, 시위대 내부에서는 대처방안에 대해

설왕설래했다. 무장을 해 대항하자는 움직임도 있었다. 그 착잡한 상황을 단적으로 보여주는 장면을 보자.

노동자자치조직인 베이징노동자(首都工人)자치연합회(약칭 공자련工自聯)의 대표 격 인물 한둥팡(韓東方)이 연설했다.

"동지 여러분, 최후의 순간이 다가왔습니다. 우리 결사대(廿死隊)는 냉정해야 한다는 점을 잊지 마시기 바랍니다. 우리는 군인들을 설득해야 합니다. 우리의 최고 원칙은 헌법입니다. 우리는 평화적이고 합리적이며 비폭력적이어야 합니다."

학생지도자 우얼카이시(吾爾開希)가 이어 연설했다.

"인민은 헌법에 따라 저항할 정당한 권리를 부여받았습니다. 유혈진압에 직면한 바로 지금이야말로 스스로를 지키는 용기를 보여줍시다."

그러자 한둥팡이 끼어들었다. "우리의 비폭력 원칙을 잊지 마세요……" 잠시 연설이 끊겼던 우얼카이시가 계속 말했다. "저항과 비폭력은 서로 충돌되지 않습니다."[2]

한편, 계엄군이 톈안먼광장으로 점차 다가올 즈음 그곳에서는 학생지도부가 주관한 민주대학 개학식 행사가 「민주의 신」 조각상* 밑에서 열리고 있었다. 광장에 머무는 시위 참여자들의 민주에 대한 이해를 높이기 위해 마련된 프로그램이었다. 시위 총지휘자 차이링(柴玲)은 "새벽이 다

• 조각상의 명칭은 미국의 「자유의 여신」상을 본뜬 '민주의 여신'으로 많이 알려져 있다. 그런데 이를 제작한 중앙미술대 학생들은 「자유의 여신」을 모방하는 것 자체가 논란의 대상이라 혁명적 사실주의 계열 작품인 「노동자와 집단농장 여성」(소련의 여류 조각가인 베라 무히나Vera Mukhina 작)을 참고했다고 한다. 이 책에서는 당시 불린 대로 '민주의 신'으로 명칭을 통일했다. 이 제작과정에 대해서는 Han Minzhu, *Cries for Democracy: Writings & Speeches from the 1989 Chinese Democracy Movement*, New Jersey: Princeton University Press 1990, 343~44면 참조.

텐안먼광장에 세워진 「민주의 신」.

가올수록 어둠은 더 짙어진다. 어둠이 걷히면 곧 새로운 공화국이 탄생할 것이다."라고 선포했다. 명예교장인 저명한 지식인 옌자치(嚴家其)는 총성이 멀리서 들리는 환경이지만 도도하게 민주와 자유 개념에 대해 45분에 달하는 강연을 했다. 그는 강연을 마치고 다른 지식인들과 함께 광장을 떠났다. 개학식은 6월 3일 밤 10시쯤 시작해 4일 새벽 0시 50분에 종료되었다.

바로 그 무렵 계엄군이 이미 광장으로 진군해 오며 포위를 조이고 있었다. 학생지도부의 일부는 철수를 제안했으나, 차이링은 천막 안에서 울기만 할 뿐 어찌할 바 몰라 했다. 그 남편인 베이징대 대학원생 펑충더(封從德)가 실질적인 총지휘자로 나섰다.

자정이 좀 지나 두대의 장갑차가 다가왔으나 광장 외곽에서 시위대를 지켜보던 시민의 반발에 밀려 돌아갔다. 1시가 좀 못 되어 계엄군은 신호탄과 섬광탄을 쏘았다. 그 직후 주력분대가 광장에 나타났다. 그리고 인민대회당의 모든 문이 갑자기 열리며 병사들이 그 안에서 쏟아져 나왔다. 시위대는 이제 물샐틈없이 포위되었다. 병사들은 명령을 기다리면서 일부는 군가를 불러 군기를 유지하려 했고, 외곽에서 지켜보는 시민들은 「인터내셔널」가를 부르며 응수했다.

6월 4일 1시 30분 베이징시 인민정부와 계엄군 지휘부는 확성기를 통해 긴급통고를 발표했다. 중화인민공화국을 전복하고 사회주의 제도를 타도하려는 '반혁명폭란'에 반격하려고 하니, 광장의 시민과 학생은 즉각 철수하라, 그러지 않으면 안전을 보장하지 못한다고 통고했다. 그 소리를 들은 많은 시민과 학생 들은 철수를 시작했다. 공자련 지휘부도 떠나기 시작했다. 3시경 3천명 정도 남은 사람들이 인민영웅기념비 주변에 모여들었다.

철수를 할 것인가 말 것인가를 둘러싸고 지도부 안에서 쟁론이 벌어졌다. 차이링은 마이크로 "학생 여러분, 진정하세요. 철수할 사람은 철수하고 원하지 않는 사람은 나와 함께 남아 톈안먼을 지켜요. (…) 지금이 최후의 때입니다!"라고 울음 섞인 음성으로 외쳤다.

이때 '단식 사군자'의 조정 역할이 발휘되었다. 6월 2일 오후부터 학생 지도부의 선배 격인 류샤오보(劉曉波, 당시 베이징사범대학 강사, 2010년 노벨평화상 수상), 허우더젠(侯德健, 1983년에 대륙으로 건너간 타이완 출신의 록가수), 저우둬(周舵, 베이징 四通集團公社 간부), 가오신(高新, 『北京師大週刊』 편집장) 네 명(흔히 광장의 '사군자'로 불림)이 뒤늦게 단식에 참여했으니, 이제 하루 남짓 단식한 셈이다. 텐트 속에 조용히 머물던 네명 중 류샤오보가 최후의 한 명이 떠날 때까지 자기들은 철수하지 않겠다고 마이크를 통해 약속했다.

그들은 선배로서 책임을 다할 때가 왔다고 판단하고, 계속 철수를 거부하는 차이링·펑충더 등 지휘부를 만나 설득했으나, 지휘부조차 철수를 결정할 수 없고, 전체 학생에게 가부를 정하도록 해야 한다는 답만 들었다. 이제 더이상 끌 시간이 없다고 판단한 저우둬가 「용의 후예(龍的傳人)」라는 노래를 부른 가수로 대중에게 인기 높던 허우더젠과 함께 담판에 나섰다. 대략 3시 30분경 안전을 위해 백색 가운을 입은 두명의 의사를 동반하고 구급차를 이용해 계엄군 주둔지로 갔다. 어둠속에 백색 셔츠를 깃발 삼아 들고 가 계엄군 정치위원 지신궈(季新國)와 협상했다. 학생들을 데리고 철수할 테니 발포하지 말고 퇴로를 열어달라고 요구했다. 그가 상부와 협의하는 동안* 초조히 기다리다가, 마침내 승낙을 받았다.

4시쯤 광장은 이미 전등이 다 꺼졌고 달빛조차 없는 암흑이었다. 칠흑같은 어둠속에 공포가 한 사람 한 사람에게 엄습했다. 시위대는 누가 지휘하지도 않았는데 일제히 「인터내셔널」가를 소리 높여 불렀다.

> 깨어라 노동자의 군대 굴레를 벗어던져라
> 정의는 분화구의 불길처럼 힘차게 타온다
> 대지의 저주받은 땅에 새 세계를 펼칠 때
> 어떠한 낡은 쇠사슬도 우리를 막지 못해
>
> (후렴) 들어라 최후 결전 투쟁의 외침을
> 민중이여 해방의 깃발 아래 서자

---

* 리펑(李鵬)과 양상쿤(楊尚昆) 등은 국무원 비서장을 통해 계엄군 지휘부가 보낸 긴급보고를 받고 유혈사태를 막기 위해 평화적인 철수 요청에 즉각 동의했다. 조영남 『톈안먼사건: 덩샤오핑 시대의 중국 3』, 민음사 2016, 216면.

역사의 참된 주인 승리를 위하여

참 자유 평등 그 길로 힘차게 나가자

인터내셔널 깃발 아래 전진 또 전진●

중국공산당의 영웅들이 영화 속에서 봉기할 때 부르거나 연주해 익숙한 노래를 지금 젊은이들이 인민군과 마주하고 부르는 아이러니가 연출된 것이다.

철수를 보장받고 암흑을 뚫고 돌아온 두 사람은 차이링과 펑충더 등에게 학생들이 계엄군의 조건을 받아들이고 철수하도록 통지하라고 권했다. 학생지도부는 아무런 결정도 못했다. 4시 30분쯤 되자 상당히 많은 수가 이미 떠났다. 계엄군은 스피커로 최후통첩을 하면서 철수를 재촉했다.

더이상 망설일 겨를이 없었다. 허우더젠이 마이크를 잡고 개인적 판단으로 협상에 나선 경과와 그 결과를 알리면서 중국의 민주와 미래의 씨앗을 보존하기 위해 철수할 것을 간곡히 권유했다. 담판의 내용을 미리 알 수 없었던 시위대 일부가 계속 반발해 시간이 흘러갔다. 총지휘자 차이링이 아무런 말도 않자, 펑충더가 책임을 떠맡았다. 그는 마이크를 들고 구두로 표결하자고 선포했다. 그가 셋까지 세고 나면 시위대가 일제히 고함을 질러 '철수(撤退)'냐 '버티기(堅守)'냐를 밝혀 함성 크기로 결정하자고 제안했다. 하나, 둘, 셋을 외치자 함성이 울려퍼졌다. 어느 쪽의 함성이 큰지 분간하기 어려운 형편이었으나, 펑충더는 '철수'를 외치는 소리가 더 크다고 선포했다.

● 1980년대 한국 민중운동 진영에서는 '역사의 새 주인'이란 곡목으로 알려져 있었다. 지금 불리는 노래는 김정환 시인이 번안하여 『메아리』 9집(새길출판사 1989, 264~65면)에 실린 「인터내셔널」이다. 이 책에서는 이 가사를 인용했다.

256 제3부

철수가 시작되었다. 일부 학생은 여전히 버텼다. 대부분의 학생이 철수하기 시작한 지 몇분 안 되어 광장에 모든 전등이 켜지며 군대가 행동을 개시하였다. 탱크와 장갑차가 「민주의 신」상과 천막 등을 깔아뭉갰다. 일부 군인들은 인민영웅기념비를 향해 진격해 학생방송대의 스피커에 사격을 가했다. 학생들은 각 대학의 깃발 아래 다섯명 내지 열명씩 질서 있게 철수했다. 연도에서 울면서 고함치거나 「인터내셔널」가를 부르면서 해산했다. 일부는 "파시스트"란 구호를 외치면서 시내에서 산발적으로 시위를 벌여 군인의 사격을 받았다.

5시 40분경 톈안먼 소개 과정이 마무리되었다. 군대는 일체의 흔적을 지우고 광장을 평상시로 돌리기 위해 노력했다. 도망간 학생들이 남긴 물건을 전부 한데 모아 태웠다. 공교롭게도 그때 비가 와 검정 물이 불타버린 물건에서 흘러나와 광장의 지면을 검게 물들였다.[3] 이로써 4월 16일부터 7주간 지속된 시위는 진압으로 파국을 맞았다.

6월 4일 새벽이 밝았다. 축제와 해방의 광장 톈안먼이 재난의 유적으로 바뀐 날이었다.

이상이 '톈안먼학살'이라고도 서방에서 부르는 '6·4사건'의 주요 면모이다.• 도대체 그 7주간 어떤 일이, 왜 일어났는가. 다음에서는 베이징에

• 역사적 평가가 일단락되지 않은 논쟁적인 사건이 늘 그렇듯이 이 사건을 가리키는 용어도 여러가지이다. (89)톈안먼민주운동, 6·4사건, 톈안먼사건 등이 비교적 많이 쓰이는 편이다. 89톈안먼민주운동은 긍정적 함의를 담은 용어로 그 이전 1976년에 발생한 (1차)톈안먼민주운동과 구별하기 위해 89년을 앞에 붙이기도 한다. 6·4사건은 6월 3일에 이어 4일에 절정을 이룬 폭력적 진압을 강조한 용어이다. 이 책에서는 민주운동과 진압의 전과정을 포괄하는 용어로 톈안먼사건을 주로 쓰되, 문맥에 따라 다른 용어들도 혼용했다. 중국공산당은 후진타오(胡錦濤) 시대처럼 비교적 중립적인 표현인 '정치풍파(政治風波)'를 사용한 적도 있지만, 시진핑 시대에 들어와 (1989년에 사용된 표현인) '동란'이나 '반혁명폭란'이라

서의 주요 행위자들의 동향에 중점을 두고 그 경과를 일지식으로 정리해 보겠다.

2. 후야오방 추도와 학생자치조직[4]

6·4사건이라는 비극의 직접적인 발단을 찾자면 4월 15일로 거슬러올 라가야 한다.

그날 아침 7시 53분 중공 전 총서기 후야오방(胡耀邦)이 심장병으로 타 계했다. 1987년 면직당해 정계에서 물러나 있던 그는 개혁파의 대표적 지 도자로 중요한 역할을 할 것이라고 학생과 지식인을 비롯한 중국인에게 신망이 자못 높았다. 이 부음을 전해들은 베이징의 학생들은 4월 15일 오 후부터 여러 대학 캠퍼스, 그리고 톈안먼광장에 조화와 추모글귀(輓聯) 를 걸었다.

4월 17일 중국정법대학에서 온 수백명의 시위대가 선발대가 되어 톈안 먼에 도착해 헌화했다. 그날밤 늦게 베이징대학 남학생 기숙사 여기저기 서 식판을 두드리는 소리가 퍼졌다. 이것은 학생들이 시위를 할 때 나타 나는, '행동개시'를 뜻하는 익숙한 관행이다. 누가 먼저 시작했는지도 모 르고, 특정한 지휘자가 없었는데도 그들은 자발적으로 숙소를 나와 대오 를 만들어 교문을 나섰다. 2천여명의 시위대가 인민대학 앞을 지나자 합 류하는 학생이 늘어 3천여명이 톈안먼광장에 도착했다.[5]

날이 바뀌어 18일 새벽, 학생대오가 광장에 모였을 때, 어떤 학생이 인

는 적대적인 용어를 함께 사용한다. 공산당의 1989년 톈안먼운동에 대한 성격 규정은 변하 지 않은 셈이다.

민영웅기념비에 올라가 '중국혼'이란 현수막과 후야오방 사진을 걸었다. 그때 7개조 요구사항이 채택되었다. 후야오방에 대한 정확한 평가, 언론 자유 보장, 교육경비 증액과 지식인 대우 개선, 인민생활 수준의 안정 보장과 제고, 학생들의 추도행위 인정 등이 주요 내용이다. 학생들은 이 요구사항이 적힌 문서를 근처에 위치한 전국인민대회당에 들고 가 상무위원회가 접수하기를 요청했다.[6] 그날 정오쯤 되니 시위대를 둘러싼 사람들이 점점 늘었고, 많은 시민들이 빵과 음료수를 연좌시위 중인 학생들에게 주었다.

그날 톈안먼광장에서 시위하던 학생들의 일부는 밤이 되자 최고 지도층의 거주지 중난하이(中南海)의 입구인 신화먼(新華門)으로 몰려가 연좌시위를 벌였다. 밤새 시위가 계속되어 하루가 또 지나 19일이 되었다. 새벽 4시쯤 봄철이라도 날이 추워 밤새 경찰과 대치하던 시위대가 300명만 남자, 경찰은 이들을 강제 해산시켰다. 이 과정에서 일부 학생들이 경찰이 휘두른 혁대와 구둣발에 부상을 입었다. 이것이 언론에 '충격 신화먼(衝擊新華門)'이라 보도된 사건이다. 이 일을 계기로 시위는 단순한 후야오방 추모 활동과 대학의 범위를 넘는 본격적인 민주화 시위로 전환한다.

그때까지 학생들의 산발적인 활동이 이어졌지만, 이제 운동을 조직적으로 이끌기 위한 자치조직이 출현했다. (뒤에 다시 설명되듯이) 베이징대학에서 이미 왕단(王丹) 등에 의해 설립된 학생동아리 '민주살롱' 19차 모임(1천명의 학생 참석)이 예정대로 4월 19일 열렸다. 그 자리에서 참석자들은 그간의 학생운동이 지도와 통일 행동이 결여되어 실패했다고 반성하고 현존하는 베이징대학학생회를 대체해 대학 내 민주운동을 지도할 기구로 베이징대학학생자치연합회 주비위원회를 설립할 것을 결의했다.[7] 며칠 이내에 다른 주요 대학에서도 이와 유사한 조직이 출현했다.

한편 당정은 21일, 추도회를 다음 날 인민대회당에서 연다고 선포했다. 공식 추도식이 열리기 전날인 21일 20여개 대학의 학생이 베이징사대에 집결했다가 인민대회당이 위치한 톈안먼광장을 향해 출발했다. 밤 10시쯤 5만명의 학생시위대가 톈안먼광장 집결을 마치고, 추도회 참가를 준비하며 새벽을 기다렸다.

4월 22일 후야오방의 추도식이 톈안먼광장 서쪽 인민대회당에서 당정 요인들이 모인 가운데 거행되었다. 추도회가 열리는 시간에 학생은 대회당 밖에서 다양한 활동을 전개했는데 그중 유명한 사건이 세명의 학생(정법대학 저우융쥔周勇軍, 베이징대학 궈하이펑郭海峰·장즈융張智勇)이 인민대회당 계단에 청원서를 들고 서서 접수해줄 것과 국무원 총리 리펑(李鵬) 면담을 요청한 일이다. 그 안에서 누군가 나와 접수해줄 것을 한참 기다려도 반응이 없자 그들은 흥분해 계단에 무릎 꿇고 두 손으로 청원서를 받들어 올렸다. 마치 전통시대 황제에게 상소하는 진언(進言) 퍼포먼스를 재현한 것으로 보여 서방 언론에서 주목되었다. 그런데 어떤 반응이 있기는커녕 군경이 학생들을 몰아냈다.

학생들은 실망과 분노의 감정이 교차하기 시작했다.[8] 광장에서 각자의 학교로 돌아오는 길에 여러 학교의 학생들은 이구동성으로 "동맹휴교"라는 구호를 외쳤다.

4월 24일 베이징대학학생자치연합회 주비위원회가 재조직되었고, 4월 25일 베이징고교학생자치연합회(약칭 고자련高自聯) 각교대표회의가 정법대학에서 열렸다. 22일 새벽 광장에서 야영하던 중 각교 대표가 임시소집회의를 열어 저우융쥔을 대표(主席)로, 왕단과 우얼카이시 등을 상임위위원으로 선출했다. 이로써 학생들의 조직적 활동의 기반이 갖춰진 셈이다. (그러나 아래 서술, 특히 2장에서 보게 되듯이 학생조직은 분열된 채 일관된 지도력을 발휘할 수 없었다.)

3. 4·26사설, 동맹휴교와 대중 가세

4월 25일 고자련 대표회의가 진행되던 중간에 그들은 방송을 통해 그 다음 날 간행될 『인민일보』의 사설 내용을 접하게 되었다. 그 소식을 듣고 즉석에서 27일 긴급히 베이징시 전체 범위의 대시위를 전개해 그에 강력하게 항의하기로 결의했다.

4월 26일자 『인민일보』 사설 「반드시 깃발 선명하게 동란에 반대하자 (必須旗幟鮮明地反對動亂)」(약칭 「4·26사설」)는 학생들의 추도행위를 표방한 활동이 "계획적인 음모이고 동란"이라고 규정하고 "그 실질은 근본적으로 중국공산당의 영도를 부정하고 사회주의 제도를 부정하는" "엄중한 정치투쟁"으로 못박았다. 이 조치는 그때 북한을 공식 방문 중인 당서기 자오쯔양(趙紫陽)을 대신해 리펑이 주도한 것인데, 물론 배후에 덩샤오핑의 입김이 작용한 것은 두말할 나위가 없다. 이렇게 결정하게 되기까지 당정 지도부 내부의 인식 차이, 즉 자오쯔양 등 급진개혁파와 리펑 등 온건개혁파의 미묘한 정치적 셈법도 복잡하게 작용한 것으로 보인다.•

어쨌든 학생의 입장에서는 '동란'으로 규정되면 반드시 '추수 후의 결산(秋後算帳)'이 벌어질 것이고 자신들은 그로 인해 취업이 되지 않는 등 상당한 불이익을 당하게 될 것이 염려되었으나,' 이보다 자신들의 사심 없

• 왕단은 이를 리펑이 발동한 자오쯔양 그룹 등에 대한 '정변'의 신호탄으로 해석한다. 王丹 『王丹回憶錄: 從六四到流亡』, 臺北: 時報文化出版 2012, 188면.

는 도덕적 정당성이 손상된 데 대한 엘리트로서의 분노가 더 컸을 것이다. 1980년대의 민주화운동에 대해 이제까지 당정이 보여준 반응과 전혀 다른, 예상치 못한 사태였다. 이 사설은 모순을 격화시켰고, 학생운동의 성격도 추도의 의미를 벗어나 전시민이 참여하는 방향으로 크게 전환했다.

4월 27일, 이 사설에 격노한 약 10만명의 학생이 다시 캠퍼스를 벗어나 거리에서 시위하면서 톈안먼에 집결했다. 학생들은 '동란' 규정을 철회하고 그들의 행동을 '애국민주운동'으로 인정해줄 것을 요구했다. 정부가 이 요구를 받아들이지 않았기에, '철회 대 유지'라는 대립각이 세워졌다.

이때 학생시위를 지켜보던 시민들이 처음으로 지지를 보내『인민일보』에 동조하지 않음을 표현했다. 당시 학생운동을 지지하던 지식인의 하나인 바오쭌신(包遵信)은 "이번 4·27시위로 민주운동의 새로운 차원에 도달했다. 수십만명의 대학생이 거리에 나가 시위했고, 조직이 잘되고 기율이 있으며 구호와 목표도 명료하고 매우 책략적이었다. 이것은 수준 높은 것이었으니 그 규모와 영향에서도 모두 5·4를 초월했다."고 평가했을 정도로 성취감에 고무되었다. 그날 베이징대학 건물에 "인민은 당신들에게 감사한다, 역사는 영원히 이날을 기억할 것이다"라는 문구가 크게 쓰인 현수막이 걸렸다.[10]

이같은 사태의 전개를 지켜본 국무원은 강경 일변도로 대처하지 않고 학생과 대화하겠다는 의사를 표명했다. 4월 29일 오전 국무원 대변인 위안무(袁木)가 정부 고위 관리 몇명을 대동하고 베이징의 16개 대학에서 온 45명의 학생과 대화를 진행했다. 위안무가 4월 26일자 사설은 단지 학생을 뒤에서 조종하는 '배후세력(黑手)'를 겨냥한 것일 뿐이라고 밝혔다. 시위대를 대표한 학생들은 이번 대화의 절차와 참가자의 대표성에 대해 문제를 제기했다. 참석한 학생 대부분이 기존 학생회 대표나 공산주의청년단 간부들이고 학생자치조직 대표는 극소수였기 때문이다. 게다가 대등한 입장에서의 대화라기보다 정부 대변인이 학생대표를 상대로 훈계조로 말하고, TV와 신문을 위해 기자회견을 하는 방식으로 진행된 데 대해 분노했다. 고자련은 성명을 발표해 이같은 대화를 인정할 수 없다고 선언하고, 당국이 학생자치회와 직접 대화할 것을 호소했다. 첫 대화는 학생들에게 불신만 키운 채 끝났다.

이런 대화의 성과에 대해 당정 지도부 내부에서 상반된 반응이 나타나는 상황에서 고자련은 대화를 준비하는 한편, 5월 2일 기자회견을 갖고 전국 대학의 동맹휴교를 호소하며 정부에 대화를 요구했다. 또한 청원서를 전인대 상무위원회와 국무원 등에 보내, 5월 3일 정오까지 답변이 없으면 5월 4일 시위를 계속하겠다고 알렸다.[11]

5월 3일, 고자련은 별도로 20여 개 대학 대표가 공동으로 '대학생대화대표단(高校學生對話代表團)'(단장 중국정법대학 샹샤오지項小吉)을 구성하고 이를 정법대학에 두기로 했다. 그런데 같은 날 오전, 위안무가 기자회견을 해 학생들의 대화 요구를 거절한다고 밝혔다. 그러자 그날 오후 고자련은 베이징사대에서 대표회의를 열고 소속 47개교 자치학생회 대다수의 동의(찬성 41표, 반대 5표, 기권 1표)를 거쳐, 4일 시위를 전개해 5·4운동 70주년을 기념하기로 정했다.[12] 고자련은 정부와 대화를 하면서, 「4·26사설」에 드러난 '동란' 규정의 철회와 고자련의 합법 지위 인정을 중시했다.

5월 4일 고자련이 조직한 학생시위대는 시내를 관통해 순차적으로 톈안먼에 도착했다. 먼저 도착한 그룹에서 누군가 인민영웅기념비에 기어 올라가 '베이징고교학생자치연합회' 글자가 붉은색으로 선명한 깃발을 걸었다. 3시쯤 인민영웅기념비 북측 계단에서 집회가 시작되었다.

여기에는 베이징 소재 대학뿐만 아니라 톈진의 난카이(南開)대학 등 20여개 외지 대학의 학생들도 각자의 깃발을 들고 참가했고, 베이징 소재 신문사 기자들도 '수도(首都)신문공작자' 깃발을 앞세우고 참여했다.

학생들은 「5·4선언」을 발표해, 학생운동의 목적이 "단지 하나, 중국의 현대화 실현"임을 밝히고, 자신들의 활동이 "5·4운동 이래 최대의 애국 운동"임을 선언했다. 이어서 고자련이 결정한 주요 사항을 공포했다. 첫째 베이징 52개 대학은 5월 5일부터 수업에 복귀한다, 둘째 대화단을 통해 대화를 추진한다, 셋째 베이징 시내에서 강연활동을 벌여 5·4청원활동을 시민에게 소개한다는 등의 내용이었다.

학생들이 광장에서 집회를 열던 그때 자오쯔양은 아시아개발은행 제22차 연례회의에 참석한 대표들을 향해 연설하면서 「5·4담화」를 발표했다. 많은 대학생을 포함한 다수 대중이 민주정치를 추진하고 탐오부패를 처벌하길 요구하며 교육과 과학을 발전시키기를 희망하는 것인데, 이는 바로 공산당의 주장이고, 공산당의 마음은 인민의 마음과 같다고 강조했다. 요컨대 학생운동을 긍정하고 중국에는 '동란'이 일어나지 않을 것임을 강조했다. 당연히 학생과 시민 대다수는 매우 긍정적으로 반응했으나, 일선의 당정 간부들은 당혹했고, 리펑 등 보수파는 반발했다.

5월 4일 이후 앞의 주요 대학 이외에는 대부분의 대학이 수업을 재개했다. 시위에 참여한 학생들은 놀러 다닌다든가 해 이미 운동은 그들의 관심 밖으로 밀려났다. 이로써 보면 정부의 양보정책, 특히 자오쯔양의 강연은 "사실 매우 성공적"이었다고 해석될 수 있을지도 모른다.[13]

이런 상황을 타개해 운동의 동력을 만들기 위해 일부 급진적 학생들이 (5월 15일부터 17일까지 예정된 소련공산당 서기장 고르바초프의 중국 공식 방문 기간을 염두에 두고) 단식이란 극단적인 전략을 감행했다. 이미 청원, 연좌, 거리시위, 동맹휴교, 대화의 방식을 다 써보았으나, 당국이 돌아보지 않은 상황에서 여론을 끌기 위해서는 비폭력적이며 자신의 신체를 훼손하는 마지막 수단인 단식밖에 없다고 판단한 것이다.[14]

4. 단식, 그리고 분열과 알선

5월 11일 우얼카이시, 왕단, 차이링 등 여섯명의 학생 활동가들이 단식투쟁 방식을 채택하기로 결정했다. 이들은 고자련 지도부에 속했지만, 고자련 상무위원회는 이들의 단식에 반대했다. 정부와의 대화에 중점을 둬야 한다는 판단에서였다. 그러나 단식은 강행되었다.

5월 13일 오전 베이징대, 베이징사대, 정법대 등 주요 대학에 고자련 명의의 「단식서」와 「단식선언」이 게시되었다. 9시 30분 베이징대학 학생자치주비회가 단식행동방안을 교내 방송으로 알렸다. 정오 베이징대학 학생식당에서는 첸리췬(錢理群) 등 소장 교수들이 단식투쟁에 나서는 학생들을 위해 '최후의 오찬'을 제공했다. 오후 2시 베이징대 대오가 출발했다.[15]

대부분의 시위자들이 톈안먼광장에 모인 이후 기념비 앞에 '단식(絶食)'이란 깃발을 내걸었다. 차이링이 단식 학생들을 대표해 (나중에 명문으로 평가되는) 「단식서」를 낭독했다.

"안녕히 계시라, 사랑하는 사람이여, 몸조심하시라! 아쉽지만 어쩔 수 없이 고별한다.

안녕히 계시라, 부모여! 아이들이 충효 둘 다를 잘할 수는 없음을 용서하시라.

안녕히 계시라, 인민이여! 우리가 이렇게 부득이한 방식으로 충성함을 허락하시라.

우리의 생명으로 쓴 맹세는 반드시 공화국의 하늘을 맑게 할 것이다.”
로 마무리되는 「단식서」가 낭독되고 나서, 한명의 대학생이 '고자련'의 「단식선언」을 선창하자 단식 학생들이 복창했다. 여기에 그들의 요구가 선명히 드러난다.

첫째, 정부가 베이징 대학교들의 대화대표단과 실질적이고 구체적이며 진정으로 평등한 대화를 신속하게 진행할 것을 요구한다.

둘째, 정부가 학생운동을 올바로 규정하고(正名), 아울러 공정하게 평가하며 애국민주적 학생운동으로 긍정해줄 것을 요구한다.*

오후 5시 40분 단식이 개시되었다. 참여자 수는 최종적으로 3천여명이 되었다. 학생이 대규모로 광장을 점거하기 시작한 것이다. 오후 6시 고자련의 왕단·왕차오화(王超華)·마사오팡(馬少方) 3인이 중국역사박물관 서측 계단에서 내외신 기자회견을 가졌다. “이번 단식청원활동은 동료들이 목적을 달성하기 전까지 결코 중단하지 않겠다고 결정했다”고 선언했다.**

---

* 두 문건의 전문은 張良 編著 『中國'六四'眞相(下)』, 香港: 明鏡出版社 2001, 375~79면. 그 번역문은 조영남, 앞의 책 129~33면에 상세한데, 여기 인용한 문장은 저자가 원문에 따라 일부 수정을 가했다. 사족이지만, 역사적 문건으로 평가되는 「단식서」는 차이링이 쓰고 낭독한 것으로 알려졌으나, 1991년 여름에 열린 망명자 세미나에서 실제 집필자는 바이멍(白夢, 광장 지휘부 방송총편집, 베이징대학 작가반 학생)이었음이 밝혀졌다. 차이링은 자기가 쓴 초안을 그가 다듬은 것이라고 주장한다. 林澄「'天安門事件': パリ秘密會議の全容」,『現代』1991年 10月 號 314면.

** 張良 編著, 앞의 책 381면. 단식투쟁을 처음 제기한 장본인의 하나인 왕단은 단식투쟁이 톈안먼광장의 섬거로 이어져 오래 지속될 것을 예상하지 못했다고 회고한다. 그가 예상한 시나리오는 정부가 동원한 경찰이 학생들을 바로 각 학교로 보내면 학생들은 거기에서 제각기 단식을 하며 학교별 자치기구를 강화하는 것이었다. 王丹, 앞의 책 205면.

이러한 사태 진전에 당황한 당정 지도부는 5월 14일 고위 정부대표단을 보내 학생운동 지도부와 긴급대화를 가졌다. 원래 톈안먼과 인민대회당에서 15일 중국을 방문하는 고르바초프의 환영의식을 거행하려고 했기에 톈안먼을 학생들이 계속 점거하도록 방관할 수가 없는 사정도 작용했다. 그러나 참석한 학생들이 각자 의견을 제출해 회담장이 혼란에 빠졌다. 그날밤 학생들이 대화를 거부하고 단식을 계속했다. 5월 15일 세계 언론의 주목을 받으며 고르바초프가 베이징에 도착했다. 원래의 계획이 바뀌어 환영의식이 수도공항에서 간략하게 거행되었다. 톈안먼을 당국으로부터 장악함으로써 학생들은 "체제의 정당성에 치명적 모욕을 줬다."[16]

　　5월 14일, 『광명일보(光明日報)』 기자 다이칭(戴晴)의 주도 아래 저명한 작가와 학자 12명이 단식 중인 학생들에게 보내는 「긴급호소」를 발표했다. 그 주요 내용은 당 중앙이 이번 학생운동을 애국민주운동으로 선포할 것을 요구하고, 학생조직이 민주적 선거과정을 거친 합법조직임을 인정하며, 폭력진압은 역사의 죄인이 되는 것이라고 경고하는 것이었다. 이와 동시에 학생들에게 잠시 톈안먼광장에서 철수할 것을 요구했다. 이 내용은 15일 CCTV 등 주요 매체에서 보도되었다.

　　5월 15일, 오후 3만여명의 베이징 지식계 인사가 학생을 성원하기 위해 시위에 참여했다. 수도지식계연합회 명의의 「5·16성명」도 학생운동을 평화적으로 해결할 것, 학생자치조직의 합법성을 인정할 것, 반부패를 위한 정치개혁을 할 것, 개혁의 핵심인 언론자유 보장, '동란' 규정을 바로잡을 것, 배후세력 언급은 착오라는 6개 조항을 제기했다.

　　5월 17일, 베이징 각계 100만여명의 민중이 시위에 참여하여 학생을 성원하면서 단식 학생에 대한 관심을 표명하였다. 노동자, 지식인, 일반 시민뿐만 아니라, 당정기구, 예컨대 중앙당교 중앙선전부, 국무원 각 부서의 인원들도 참여했고, 베이징의 6개 대학 교수들도 가담했다. 유명한 영화배우 장원(姜文)을 비롯한 수백명의 연예계 인사들도 거리에 나섰다.[17]

특히 노동자의 참여가 주목된다. 중국의 근간으로서 농민과 달리 단웨이체제로 특혜를 받은(이에 대해서는 다음 절에서 상세히 설명) 도시 노동자가 5월 17, 18일 단웨이 명칭을 밝힌 깃발을 들고 참여했다. 예를 들면 베이징기중기공장(起重機廠)의 1천명이 넘는 대오가 "학생이 굶으니 형님은 마음이 아프다"는 플래카드를 들고 가담했다. 노동자 참여는 소속 단웨이나 노조 간부가 조직했고 일반적으로 단웨이 지도자의 묵인을 얻었다. 그 지도자는 시위 참여자가 깃발, 표어 제작 재료, 통신설비, 버스 같은 차량 등 시설이나 자원을 사용하는 것을 허용했다.[18] 학생 단식 지지시위는 기존 단웨이구조에 의존한 것으로 체제의 일부가 참가한 의미를 지녀서 학생들은 고무되었다.[19]

공식 노조인 중화전국총공회(약칭 전총)는 학생운동에 대한 지지를 표명했다. 「현 사태에 관한 5가지 성명」을 발표하면서, 전국인민대표대회를 앞당겨 소집하고 정부와 노동자가 직접 대화를 하라고 요구했다.[20]

한편, 당정은 타협과 강경 대응 사이를 오가는 불안정한 대처를 하는 듯이 보였다. 5월 18일 총리 리펑이 처음이자 마지막으로 인민대회당에서 학생대표들과 대화를 가졌다. 왕단·우얼카이시·왕차오화 등 학생지도자와 회견했다. 그의 목적은 단식을 중단시켜 불상사를 막는 동시에 곧 있을 계엄을 위한 명분을 쌓는 데 있었다. 이날 대화는 서로의 입장의 거리를 드러낸 채 끝나고 말았다.

이제 학생 측이 단식을 투쟁전략으로 택한 이상 (결과적으로 보면) 극단적 해결만 남았을 뿐이다. 5월 17일, 심야에 정치국 상임위원회가 덩샤오핑 거처에서 열렸다. 자오쯔양은 「4·26사설」의 수정을 다시 한번 공식 제기했다. 그러나 덩샤오핑을 위시한 주요 참석자는 이에 반대했다. 이어서 계엄 실시 문제를 둘러싸고 토론했는데 그다음 날 새벽까지 합의를 이루지 못함에 따라 투표가 치러졌다. 결국 상임위원회는 학생들에게 양보하자는 자오쯔양의 제안을 부결하고 계엄을 발동하기로 사실상 결정했다. 자오쯔양은 그에 따라 제출한 사표가 반려되긴 했지만 사실상 활동정지에 들어간 것이나 다름없었다.

5. 계엄과 단식 재강행, 그리고 좌절된 중재

5월 19일, 새벽 4시 자오쯔양은 원자바오(溫家寶) 등을 대동하고 광장을 직접 방문해 학생들과 만났다. 그의 마지막 공개 석상 출현인 셈이었다. 그는 학생들에 둘러싸여 메가폰을 잡고 즉석연설을 했다. "학생 여러분, 우리가 너무 늦게 왔다. 학생들에게 미안하다."로 시작된 연설에서 단식 중단을 호소하면서 그러면 "정부는 이로 인해 여러분과의 대화 문을 닫지 않을 것이다"라고 힘줘 설득했다. 말을 마치고 학생들에게 절을 했고, 학생들은 박수를 쳐 호응했다.[21]

그날밤 10시에 개최된 '중앙 및 베이징시 당·정·군 간부대회'에서 공식적인 계엄령 선포가 결정되었다. 그날 국무원 총리 자격으로 리펑이 계엄령을 선포했는데, 그것은 베이징시 전체가 아닌 일부 지역에 해당하는 '부분계엄'이었다. 전체 지역의 계엄은 전국인민대표대회 상무위원회만이 결정할 수 있기에 총리의 권한 안에서 할 수 있는 조치를 취한 것이다.[22]

같은 날, 톈안먼광장에는 계엄 결정과 자오쯔양의 실각 소식이 미리 전해지면서 긴장이 조성되었다. 정부가 계엄령을 공식 선포하기도 전에 곧 계엄이 선포될 것임을 알고 있었던 학생지도부는 단식을 중단하여 정부에 계엄의 구실을 주지 않으려 했다. 그래서 투표로 단식 중지 여부를 결정하기로 했다. 압도적으로 단식 중단 지지표가 많았다. 고자련은 '학생운동의 소리' 방송을 통해 단식을 중단하고 연좌농성에 돌입한다는 긴급통지를 발표했다. 20일 새벽 고자련과 학생대화단은 연합기자회견을 열고, 단식 종식 결정을 기자단에 공표했다. 9시경 CCTV가 정규방송을 중지하고 단식 중단 결정을 보도했다. 학생지도부는 이것이 거대한 승리로서 단식 중지가 계엄의 비합법성을 드러낼 것으로 기대했다. 그러나 일부 학생들은 단식을 계속했다.

5월 20일 오전 11시 계엄령이 정식 선포되어 일반인에게도 알려졌다. 베이징노동자자치연합회(약칭 工自聯)는 즉각 긴급회의를 소집하여 '노동자결사대'를 조직하고 기자회견을 열어 「수도노동자선언」을 선포했다. 정부가 24시간 안에 단식 학생들의 요구사항을 무조건적으로 수용하지 않으면 20일 정오부터 시 전체 노동자가 24시간 파업에 나설 것이며 사태의 추이를 보아 다음 행동을 결정하겠다는 내용이었다.[23]

21일, 군대가 곧 들어온다는 소문이 돌자, 차이링과 펑충더 등 단식을 주도하던 지도부 주요 인물은 모두 도피했다. 그런데 베이징에 들어온 계엄군이 베이징 시민과 학생에 의해 저지당해 톈안먼에 도저히 접근할 수 없었다.

23일, 결국 군대는 베이징 교외로 철수했다. 유혈사태를 피하려는 상부의 지시도 있었지만, 일반 병사들의 소극적인 분위기도 작용했다. 한 병사의 회고에 의하면, 대부분의 병사는 10대 후반의 농촌 출신 청년들로서 무슨 일을 하게 될지도 모른 채 지방에서 동원되었고, 수도인 베이징에 와본 적 없는 사람들이 많아 "두려워하기는커녕 좋은 구경을 할 기회로 생각"했다. 그런데 진입을 막는 학생과 시민의 주장을 듣고 충격을 받았으며 그들의 발언에 영향을 받기도 했다.[24]

5월 23일, 저명한 지식인들과 기존 학생조직 등 여러 자치조직의 대표들을 포괄한 '수도각계애국헌법수호연석회의(首都各界愛國維憲聯席會議)'(약칭 연석회의)가 결성되었다. 이미 18일부터 (다음의 2장 3절에 설명될) 1970년대 말 민주운동을 주도한 선배 격인 천쯔밍(陳子明)·왕쥔타오(王軍濤) 등 지식인들이 학생대표와 정세를 토론하는 모임을 가졌는데, 계엄령이 선포되자 이를 염려한 지식인들이 직접 학생운동에 개입하기 위해 조직을 만든 것이다. 거기에는 류샤오보·간양(甘陽) 등 지식인과 왕단·차이링·우얼카이시 등 학생대표 그리고 그밖의 공자련 등 자치단체가 참여했다.

25일, 광장에는 계속 100만명에 달하는 인파가 모여들어 시위를 지지했다. 그중 눈에 띄는 두개의 사건이 일어났다. 하나는 광장 서쪽에서 이미 비공개로 활동하던 '공자련'이 제 모습을 드러낸 것이다. 다른 하나는 그날밤 타이완의 가수 허우더젠과 베이징의 그룹사운드 '오월천(五月天)'이 광장에서 록음악 합동공연을 한 것이다.

27일, 오전 '연석회의'는 광장 철수 문제를 토론하고 철수를 결정했다. 오후 왕단은 연석회의를 대표해 5월 30일을 기해 시위를 종료하고 학교로 돌아가 학원민주와 전국 순회강연 등의 방식으로 민주운동을 계속한다는 결정을 광장 지휘부의 방송을 통해 알렸다. 그런데 이 결정은 공포되자마자 바로 뒤집혔다. 차이링이 바로 발언에 나서 이 '연석회의'의 성명은 어디까지나 건의일 뿐이고, 광장의 전체 학생이 최후의 결정자가 되어야 한다고 주장했다. 그후 현장에 있던 300여개 대학의 대표가 '톈안먼광장의회회의'의 형태로 표결에 참여했는데, 대부분의 대표가 철수계획에 반대했다.* 이 회의에 참여한 인원은 유동적인 것이었을 뿐만 아니라, 회의 자체도 급진파와 아직 정력이 충만한 외지의 신참자가 좌우했다. 그러니 국면을 완화하려는 노력이 먹히기 어려운 상황이었다. 어떤 의미에서 광장에서 영향력을 유지할 수 있는 유일한 길은 급진적 입장을 계속 유지하는 것이었다고도 볼 수 있다.[25]

이런 결과가 빚어진 데는 톈안먼에서 시위하던 학생들의 구성상의 변화가 크게 작용했다. 5월 말이 되면 처음에 시위에 참여한 학생들 가운데 대부분은 이미 집으로 돌아가서 톈안먼을 지킨 다수의 학생들은 새로 온 사람들이었다. 특히 외지 학생의 증가에 힘입어 운동이 확산되었다. 5월 16일부터 26일 사이 대략 17만 2천명의 외지 학생이 기차를 타고 베이징에 모여들었고, 되돌아간 사람은 8만 6천명에 불과했다. 돌아가는 사람들에게는 모두 공짜 기차표가 주어졌다. 20일 이후 베이징 학생은 점점 더 운동에 염증을 느껴 광장을 떠나고, 외지 학생이 광장의 주력군이 되었는데 참여한 지 얼마 안 된 그들은 철수를 반대했다. 그 무렵, 광장에서 밤을 세우는 사람이 5월 중순에 비해 급속히 줄어들어 5월 말에는 1만명 안팎 정도인데 그것도 90% 이상이 외지 학생이었다.

톈안먼광장에서의 단식투쟁은 5월 말 들어 힘들어져갔다. 이 사정은

• 이 번복은 일차적으로 차이링 등이 마음을 바꿔 계속 시위를 고집했기 때문이다. 연석회의에 참여해 그 결정에 동의한 차이링이 광장에 돌아와 마음을 바꾸게 된 것은 그녀가 신뢰한 참모인 난징대 학생 리루(李錄)의 격분에 찬 반대에 부닥쳤고 그로 인해 자신도 생각이 바뀐 때문이라고 훗날 스스로 회고했다. 柴玲『一心一意向自由: 柴玲回憶』, 香港: 田園書屋 2011, 175~77면. 그 남편도 부부가 중요 결정을 할 때 리루의 견해에 귀기울였다고 회고한다. 封從德『天安門之爭: '六四'的關鍵內情』, Ontario: 明鏡出版社 1998, 138~39면.

시위대의 재정문제에서 잘 드러난다.

단식 지휘부는 자기의 자금계통이 있고, 각 대학 모두 각자의 자금 출처가 있으며, 다양한 기부금도 제각기 소속이 있었는데, 시위가 절정일 때 광장에서 쓰인 비용은 수백만 위안에 달했다. 단식 기간 쓰인 자금의 출처는 개인기부 및 중국정부나 각종 공공기관의 원조였다. 공식 노조인 전총도 적십자를 통해 10만 위안을 기부했다.*

광장에서 사용된 자원은 대부분 국가나 정부 단웨이에서 온 것이라는 사실이 눈길을 당긴다. 정부의 묵인과 베이징시 정부의 명령 아래 적십자사, 각 시립병원, 각종 진료소 구급대 등이 모두 동원되어 단식 중 혼절한 사람을 현장에서 치료하거나 병원에 호송했다. 각 학교 당국도 후원했다. 무료로 학교 차량을 이용하도록 했고, 베이징 이외에서 온 학생에게 식료품을 제공했다. 그러다보니 이들이 다 먹거나 마시지도 않은 채 버리는 식음료가 한때 넘쳐났다. 정부가 지대한 노력을 기울여 학생을 도운 이유는 사망한 학생이 나타나지 않게 하고, 광장이 비위생적으로 되어 전염병이 발생하지 않도록 하려는 배려에서였다.

그러나 계엄 후 대부분의 국유기업이나 정부기구는 학생에 대한 자금 지원을 중단했다. 뿐만 아니라 학생조직에 재정관리 체계가 없어 사적으로 자금이 사용된다는 추문이 무성해져 더욱 기부가 줄어드는 상황에서 학생들은 주로 해외 화인(홍콩)의 지원에 의존했다. 홍콩자금의 지지가 없었다면 톈안먼 점거는 불가능했다. 게다가 당시 톈안먼은 '뜨거운 날씨'와 똥·오줌, 그리고 쓰레기 썩는 악취로 견디기 힘들 정도로 투쟁 조건이 악화되었다. 그래서 5월 말이 되면서 광장을 떠나는 사람이 많아졌다.[26]

---

* 계엄군의 진압 이후 전총의 책임자인 서기는 파면당했다. 장윤미 「89운동과 독립노조: 베이징 노동자자치연합회를 중심으로」, 『중소연구』 36권 2호, 2012, 135면.

이런 견뎌내기 어려운 여건에서 학생지도부는 분위기를 쇄신하고 활력을 불어넣기 위해 새로운 이벤트를 벌이는 시도도 했다. 5월 30일 「민주의 신」상을 제막해 광장에 세웠다. 정오에 열린 제막식에서 한 여학생이 "민주의 신! 70년 전, 우리의 선배들은 일찍이 너의 이름을 높이 불렀다" "민주의 신, 너는 1989년 중국의 민주화 물결의 영혼이다"[27]라는 내용의 「'민주의 신' 선언」을 낭독했다. 이어서 베이징의 남녀 시민이 군중 속에서 불려와 테이프 자르기를 했고, 중앙음악학원 학생들이 베토벤교향곡 9번의 「환희의 찬가」와 「인터내셔널」가 등을 합창했다.[28] 이 조각상은 곧 명물이 되어 일반 시민들도 구경을 나왔을 정도였다.

6월 2일, 오후 4시 광장의 '사군자'의 단식선언식이 인민영웅기념비 앞에서 열렸다. 이것은 연석회의의 토론을 거친 행동이었다. 그들은 「6·2단식선언」을 발표했다. 자신들이 단식하는 이유는 리펑정부의 '비이성적인 군사폭력'에 저항하기 위함일 뿐만 아니라, 자신들이 오랫동안 나약함으로 범했던 잘못을 행동으로 참회하기 위해서임을 밝혔다. 또한 사태를 '동란'으로 만든 정부의 잘못은 물론 자신들 내부 조직의 혼란과 효율적이고 민주적인 절차의 결핍을 범한 학생의 잘못을 모두 지적했다.

「민주의 신」 건립과 '사군자'의 단식은 퇴조기에 처한 광장의 시위자에게 커다란 격려가 되었다. 특히 허우더젠은 유명한 대중가수여서 그만큼 더 주목을 받았다. 또한 학생지도부가 비민주적이고 부패했다는 혐의도 씻고 민주에 대한 이해를 높이기 위해 6월 3일 광장에 민주대학(저명한 지식인 옌자치가 명예교장)을 세우기로 결정했다.

6. 강제진압과 항의시위 종식

5월 중순 계엄령 선포 직후 베이징 진입을 시도했다가 교외로 물러난 바 있던 군대가 5월 말부터 2차 군사행동을 개시했다. 일개 사단이 이미 5월 26일 평복을 입고 대중교통이나 민간버스로 위장된 차량을 이용해 시내로 진입했다.

6월 2일과 3일, 시위대와 군경 사이의 작은 충돌이 여러곳에서 벌어졌다. 6월 2일, 계엄 전까지 학생시위를 지지하던 전총은 베이징 공자련을 불법조직이라고 비난하는 성명을 발표하고, 노동자들이 단결해 정부 진압을 지지해야 한다고 호소했다.[29] 그러나 톈안먼광장의 '공자련' 지휘부는 3일 오후 5시경 시민과 학생에게 식칼, 철곤(鐵棍), 쇠사슬과 죽창 등 '자위무기'를 나눠주었고, 확성기를 통해 "현재 사태는 비상긴급"의 상황이니 "무기를 들고 리펑 반혁명정부를 무너뜨리자"고 호소했다. 고자련과 공자련의 확성기가 곳곳에서 발생한 공안경찰과 군중의 충돌 소식을 전하면서 불안한 분위기가 번졌다.

6월 3일 오후 4시 당정 지도부는 긴급회의를 열어 대책에 대해 의논했다. 리펑은 "어젯밤부터 수도에서는 사실상 이미 반혁명폭란이 발생했다. 소수의 반혁명분자가 유언비어를 퍼트리면서 공공연히 계엄을 위반했다. 오늘밤 우리는 단호한 조치를 취해 반혁명폭란을 진정시켜야 한다."고 모두 발언을 했다. 양상쿤(楊尙昆)은 "가급적 총기 사용을 피하고 만부득이한 경우가 아니고는 결코 총을 사용해선 안 된다. 여기서 다시 한번 특별히 강조해 말하는데 톈안먼광장에서 유혈사건이 결코 발생해서는 안 된다. (…) 광장에서 한명도 살해해서는 안 된다. 이것은 내 개인의 의견만이 아니라 덩샤오핑 동지의 의견을 대신하는 것이기도 하다."

고 강조했다.[30]

6월 4일 날이 밝자, 밤새 유혈진압의 참상을 겪은 베이징 각 학교 학생들은 추모행사를 열고 진압에 항의하는 호소 활동을 전개했다. 그날 고자련 명의의 전단은 다음과 같이 호소했다.

"파시스트식의 잔혹한 도살은 전국 인민을 참을 수 없게 하였다. 선혈(鮮血)은 백류(白流)가 될 수 없고, 투쟁은 멈출 수 없다. 그러나 학생 여러분 동포 여러분, 우리는 폭력을 폭력으로 대항하려는 시도를 결코 하지 않을 것이다. (…) 다시 한번 호소한다. 첫째 도시 각계 인민은 '삼파(三罷)'를 실행한다, 둘째 전체 인민은 은행에서 예금을 찾는다, 셋째 각종 방식으로 전국 인민에게 선전하여 진상을 알린다."[31]

그날밤 베이징시 시장 천시퉁(陳希同)은 담화를 발표했다. 6월 3일 새벽부터 소규모 폭도가 베이징에서 '반혁명폭란'을 일으켰기에 사회주의 제도와 인민정권을 지키고 인민의 재산과 생명의 안전을 보장하기 위해 반혁명폭란의 진압에 나섰다는 내용이었다.

그날 전국 63개 도시에서 일요일임에도 아랑곳없이 크고 작은 규모의 시위가 발생했다. 5일부터 10일 사이에도 181개 도시에서 시위가 이어졌다. 톈안먼에서의 진압에 대한 반발이 전국적으로 확산된 것이다. 지방 곳곳의 시위에서는 학생들뿐만 아니라 노동자들을 비롯해 아주 다양한 직업과 계층의 대중들이 시위에 참여했다. 그 기간 희생자는 학생보다 노동자 같은 일반 시민들이 더 많았다.[32]

6월 9일 중공 군사위 주석 덩샤오핑이 진압 이후 처음으로 공개 석상에 나타나 진압 부대를 방문하여 치하하며 정부가 이미 반혁명폭란을 진압했다고 선언했다. 그리고 "이것은 국제적인 대(大)기후와 중국 자신의 소(小)기후가 결정한 것으로, 반드시 올 것이었고, 사람의 의지로 옮길 수 있는 것이 아니었으며, 그저 시간의 문제, 규모의 문제였을 뿐"인데, 온갖 풍파를 겪은 오랜 동지들이 건재한 지금 닥친 게 유리하다고 털어놓았다.[33]

여기서 쟁점 하나를 정리해두지 않을 수 없다. 톈안먼 진압작전 중 유혈사태가 있었는가, 있었다면 그 규모는 어느 정도인가. 6월 4일 새벽 톈안먼에서 많은 사상자가 발생했고, 심지어 탱크가 사람을 깔아 죽인 일도 있다는 소식이 중국 안에서는 물론 해외 보도에서도 전해졌다. 그런데 이것이 사실이 아님은 곧 밝혀졌다. (이 경위에 대한 상세한 설명은 5장에서 이뤄질 것이다.) 사상자는 진압군이 톈안먼으로 진입하는 연도에서, 그리고 진압한 이후 발생한 것으로 확인된다. 톈안먼으로 향하는 시내 연도에서 돌멩이가 비오듯 쏟아지고, 각종 장애물 및 곤봉과 쇠파이프를 갖춘 시민의 저항이 거세게 펼쳐지면서 군인과 시민 양쪽 다 피해가 심했다. 높은 사망률은 부대의 명령과 시민의 격렬한 반격 사이에서 병사들이 통제력을 잃었기 때문으로 추정된다.[34] 사망자 규모는 최대로 잡으면 4천 명이고(칭화대학 학생자치회 발표), 정부 발표로는 최소 규모인 241명(군경 23명, 민간인 218명인데 민간인 중 학생은 51명, 나머지 시민)으로 다양한 '주장'이 있다.[35]

계엄령은 한참 뒤인 1990년 1월 10일 공식 해제되었다. 계엄 기간에 주요 시위지도부 인물들이 체포되어 투옥당했다. 국민에 대한 정치교육도 강도 높게 진행되었으니, 적어도 400만명의 당원이 조사를 받았고, 저항운동에 참여한 적이 있는 사람은 자신의 행위에 대한 긴 자백서를 쓰고 진압을 지지한다는 입장을 밝혀야 했다.[36] 21명의 수배자 중 7명이 홍콩 지원세력(홍콩 정치가, 목사, 서방 외교관, 암흑가 인물黑幫 등)의 알선으로 이루어진 '노란참새작전(黃雀行動)' 덕에 홍콩을 거쳐 구미로 망명했다.[37]

그런데 덩샤오핑이 공식 석상에 등장한 6월 9일 즈음에는 이미 베이징 등 주요 도시는 일상으로 돌아갔다. 이 돌변을 짐작할 수 있는 일화를 들어보겠다. 당시 진압군의 병사였던 천광(陳光)이 속한 부대는 6월 4일 작전을 마치고 다시 두가지 임무를 부여받았다. '반혁명분자'를 수색·체포하는 것과 진압행동에 대한 여론 무마였다. 베이징에 두달 더 주둔하면서 여러 학교나 거민위원회를 방문하여 반혁명폭동 진압의 역할에 대해 설명했다. 뜻밖에도 전쟁영웅처럼 대접을 받아 놀랐다. 1989년 6월의 정신적 상처로 줄곧 이 사건을 소재로 창작하는 화가가 된 그는 이같은 시민의 극적인 태도 변화를 "어떤 댓가를 치르든 승리자의 편에 서려는 것" 곧 중국인의 생존방식으로 해석한다.• 그러나 이것은 단순한 인상비평이라 해야겠다. 톈안먼사건 경과를 일지(日誌) 형식으로 서술하는 것을 넘어선 좀더 깊은 분석이 필요한 까닭이 여기에 있다. 다음 장들에서 이 일을 수행할 것이다.

• 林慕蓮(Louisa Lim) 『重返天安門』, 新北: 八旗文化 2019, 67~68면. 천광만이 그런 견해를 가진 것이 아니다. 린무렌(林慕蓮) 자신도 중국 전체를 휩쓴 '망각 증세'는 정부의 억압 탓으로만 돌릴 수 없고, 인민도 공범이 되었으니 "망각은 일종의 생존기제이자 환경 속에서 습득한 천성"이라고 꼬집는다(312면).

2장

왜 일어났을까

: 구조와 행위 주체

1. 개혁·개방기, 변화하는 사회경제구조와 일상생활

제2부에서 보았듯이 적어도 15년은 지속될 것으로 예상된 신민주주의 사회 단계가 급속히 종료되면서 예상 못한 많은 문제들이 불거졌다. 짧은 기간에 사회주의로 이행하겠다는 중공의 계획이 내외적으로 많은 어려움에 직면했기 때문이다. 이를 극복하고자 10~15년 안에 영국과 미국의 국력을 따라잡자는 대약진운동(1958~60)을 펼치면서 이와 짝을 이뤄 합작사를 집단농장 격인 인민공사로 전환하는 모험을 감행했지만, 참담한 실패로 끝났다. (최소 1천만명에서 최대 4천만명으로 추정되는 아사자가 나왔다.) 중국은 이후 짧은 조정기를 거쳤다가, 다시 문화대혁명(1966~76)이라는 더 큰 격동에 휘말렸다.

이제 톈안먼사건이 발생하게 된 구조적 조건을 이해하기 위해 중국이 개혁·개방에 착수하기 전인 1970년대의 사회경제구조에 집중해보자.[1] 이 시기에 중국 경제의 낙후성은 뚜렷했다. 경제가 전혀 발전하지 않았던 것은 아니다. 그러나 1960년대 중반부터 1970년대 초반까지 경제는 매우 불안정했고, 일본이나 타이완 또는 한국의 급성장에 비교해보면 크게 뒤처졌다.

농업생산의 침체는 특히 심각했다. 식량 확보를 중시했기에 농업생산이 완만하지만 발전은 했으나, 1950년대에 비해 경지면적당 농업생산성이 크게 향상되지 않았다. 인구 증가의 영향으로 국민 1인당 미곡소비량은 오히려 감소했다. 대약진 시기의 수천호나 되던 대규모 집단경영은 (일부 국영농장을 제외하고는) 1970년대에 이미 크게 축소되었지만, 인민공사의 기초 조직인 생산대(生産隊)가 30호 안팎의 자연촌 규모로 공동 작업을 하는 생산의 주체였다. 저조한 농업생산은 공업 분야를 충분한 식량과 원료로 뒷받침하지 못했기에 공업화를 제약할 수밖에 없었다. (인민공사가 완전히 해체된 것은 1983년에 들어가서이다.)

공업 분야 역시 아시아 이웃 국가에 비교하면 별로 발전하지 못했다. 중국은 물론 원자폭탄·수소폭탄·핵미사일 개발에 성공했으며, 세계 정상급 대형 프레스기계나 발전기 제조에 성공하는 등 뛰어난 공업기술이 육성되었다. 그러나 전반적으로 공업의 설비가 낡아서 생산성이 낮고, 자동화나 인력 절감에서 뒤처지는 등 문제가 심각했다. 특히 국가가 중점적으로 지원한 국영기업의 낮은 생산성이 골칫거리였다. 대기업의 노동자 1인당 생산액은 중소기업의 그것과 거의 같았다.

그렇지만 경제성장률 자체가 (1967~68년에 문화대혁명이 절정이었던지라 후퇴했다가) 1970~71년에 급격히 신장했다는 사실을 간과해서는 안 된다. 그런데 그 성장의 실질적 내용은 군수 확대와 전시체제 강화였지, 생활물자의 생산과 공급은 그 전에 비해도 크게 뒤졌다.* 한마디로 대약진 시기의 식량위기와 같은 예외적 경우를 제외하면, 의식주 면에서 최소한의 생활은 보장될 만했지만, 중국 인민들이 생활을 즐기기에는 거리가 멀었다. 내구소비재라고는 재봉틀·라디오·자전거가 고작이었다. 생산제일주의가 강조되면서 서비스산업은 억제되어 민중의 생활은 불편했다.

이런 구조적 조건 속에서 1976년 9월 9일 마오쩌둥(毛澤東)이 세상을 떠나고, 이른바 화궈펑(華國鋒) 체제가 잠시 들어섰다. 그에 뒤이은 덩샤오핑체제는 정치적 불안정과 경제적 침체라는 이중적 곤경에 직면했다. 1978년 거행된 공산당 제11기 3회 중앙위 전체회의(三中全會, 12월 18~22일)는 덩샤오핑체제의 새로운 방향을 제시한 역사적 회의였다. 공산당은 개혁·개방을 선언하고 농업·공업·국방·과학기술의 4개 현대화 노선을 채택하였다. 그리고 문화대혁명에 대한 평가에서 마오쩌둥의 과오를 부분적으로 인정하였으며, 정치적 사건과 관련된 인물들을 1978년에서 1981년에 걸쳐 점차 복권시켰다. 바야흐로 개혁·개방시대로 진입한 것이다.

'제2의 혁명'으로도 불리는 그 시대적 의미를 이해하기 위해 그것이 초래한 사회경제구조의 주요 변화에 대해 간략하나마 살펴보자.

개혁정책의 일환으로 시작된 농촌의 경제개혁은 농민들에게 새로운 기회를 제공했다. 기존의 집체농업의 주체인 인민공사가 해체되고 호별영농(戶別營農)으로 전환하여 각 농가가 이곳을 개별적으로 경작할 수

• GDP 성장률은 1953~66년 연평균 8.2%, 1967~76년 6.8%, 1977~82년 8.9%였다. 그런데 1953년부터 1978년까지 총자본 형성은 연평균 10.4%로 성장해 13배가 증가한 반면, 가계소비는 연평균 4.3%씩 늘어나 세배의 증가에 그칠 정도로 불균형이 심했다. 백승욱 「중국적 사회주의의 모색: 대약진에서 문화대혁명으로」, 중국근현대사학회 엮음 『중국근현대사강의』, 한울 2019, 312면.

있는 토지사용권을 부여받았다. 게다가 소규모 노동집약적 농촌공업기업이라고 할 수 있는 향진(鄉鎭)기업이 곳곳에서 폭발적으로 성장하여 농민들은 거기에서 일하며 임금을 받을 수 있었다. 이러한 여건이 주어지자 농촌지역의 소득은 급증할 수 있었다. 그런데 이처럼 농업에서 활력이 되찾아지고 향진기업의 공업생산 효율이 제고되는 변화에 대응해 중앙은행은 매년 화폐발행량을 늘렸다. 생산 증가와 화폐 증가는 유통 영역에 커다란 영향을 미쳐, 정부는 가격개혁에 나서지 않을 수 없었다.

농촌보다 좀 늦게 도시에서도 개혁이 시도되었다. 하지만 도시는 농촌과는 달리 여전히 국유기업 중심 체제였기에 부분적으로 시장이 도입되는 과정에서 여러 문제가 발생할 수밖에 없었다. 도시개혁의 초점은 국유기업들을 자율적인 이윤 창출 단위로 바꾸고 그들 간의 경쟁을 촉진하는 것이었다. 이에 대응해 각 기업들은 노동자들을 위한 복지정책을 축소하고 종신고용을 점차 단기 계약노동으로 대체하기 시작했다.

당시 도시지역에서 시도된 '가격개혁'은 도시민들의 일상적 삶에 강도 높은 충격을 가했다. 그때까지 시행된 계획경제 아래서 가격통제는 도시 주민에게 생활을 보장해주었다. 이 점은 당시 농가가 생산과 소비의 기본 단위였던 농촌경제의 형편과 크게 달랐다. 1984년에 시행된, 이중가격제인 '쌍궤제(雙軌制)'는 상품유통에서 국가가 결정하는 계획가격과 시장원리에 따른 시장가격 두가지 모두가 사용되도록 허용하였다. 이것은 상품에 대한 국가의 고정가격을 점차 폐지한 후 그 가격을 시장가격에 따르도록 하려는, 당시의 개혁 단계에 맞춰 시행된 과도기적 정책이었다. 그런데 이로 인해 계획가격을 통한 상품유통이 줄어들고 비싼 시장가격으로 재화가 유통되기 시작하자 수요가 늘어나는 상황에서 물가가 크게 뛰는 인플레이션 현상이 나타나기 시작했다. 격심한 인플레이션이 발생하자 대중들의 불만이 높아질 것은 뻔했다.

그런데 이 높은 인플레라는 경제적 변화만 해도 도시민으로서는 이전에 겪어보지 못한 악조건인데, 여기에 특권관료층의 부패가 중첩되어 심각한 사회문제로 비화되었다. 원자재를 포함해 하나의 상품에 계획가격과 시장가격이 병존하는 상황에서 이른바 '관다오(官倒)'라는 부패 현상이 번져갔다. 많은 국가기관이나 단체 또는 국영기업의 관료나 당 간부들이 자신들의 권력과 지위를 활용하여 싼 계획가격으로 재화를 확보하여 비싼 시장가격으로 내다 파는 불법전매행위를 저지르는 현상이 나타난 것이다. 사실 관료의 특권에 대한 인민의 불만은 이때 처음 발생한 것이 아니다. 1950~60년대에 '관료가 된다'는 말은 혁명이데올로기의 영향으로 폄하의 의미를 갖고 있었다. 중국공산당의 공식 문건에서도 간부를 '관료'라고 칭하는 것은 기피되어왔다. 특히 문화대혁명 시기에 관료의 특권에 대한 비판이 거세었다.[2] 이렇게 뿌리깊게 잠재한 심리와 감정이 있는 판에, 1980년대 이중가격제의 시행으로 간부특권화 현상이 한층더 구조화되어 심각해진 것이다.

그 실상을 들여다보자. 이중가격제가 실시된 1984년부터 1985년 사이여러 경제특구와 도시에서 다양한 부패행위가 만연하였는데, 특히 관료들을 비롯해 그와 인맥(關係)을 가진 이들이 투기·밀수·시가조작 등에 손을 댔다. 물자분배와 이중가격제가 시행된 것 이외에 외환매매 역시 공정가격과 시장가격으로 나뉘었고, 은행대출 역시 고시금리와 시장금리로 나뉘었다.[3] 이 틈새를 이용해 관료들은 직권을 남용하여 벌이는 불법전매 또는 투기로 부를 앞서서 축적했고, 그들의 자녀 역시 특혜를 요령껏 활용했다. 예를 하나만 들어보자. 남부 하이난(海南)에서는 군 간부와 그 자녀들이 면세항에서 토요따 자동차 8만 9천대, 텔레비전 290만대, 비디오레코드 25만 2천대, 오토바이 12만 2천대 등을 수입하여 국내 시장에 고가로 재판매하기 위해 미국 화폐 12억 5천만 달러나 되는 은행대출을 받은 죄로 체포되는 사건이 벌어졌다.[4]

이 정도로 부패한 관료들과 인플레이션에 시달리는 일반 시민들 사이에 빈부격차가 심해지는 상황에서 1988년 정부가 인플레이션을 통제하기 위해 긴축정책을 실시하자 도시민들의 생활수준은 더욱더 악화되었다. 이러한 기회의 불평등에 대한 날카로운 인식이 도시 주민들 사이에서 널리 퍼져간 것은 당연한 일이었다.

이러한 여건에서 노동자들과 일반 시민들의 분노는 더욱더 커지고, 사회적 동요는 심해질 수밖에 없었다. 물론 이런 정책 변화 과정에 주민이 참여하거나 국가가 그들의 동의를 구하는 절차를 밟은 적은 없었다. 그러니 사회공정을 요구하는 등 민주적 방식으로 사회이익을 재조직할 것을 원하는 목소리가 높아지는 것은 자연스러웠다. 여기에서 1989년에 도시 주민이 톈안먼시위에 동조하거나 직접 가담한 원인을 읽을 수 있으며 이 참여가 '민주의 의미'를 갖는다는 점을 확인할 수 있다.[5]

이제 톈안먼시위의 주역인 학생과 노동자의 일상생활의 변화를 좀더 세밀히 살펴보자.

도시 노동자의 삶의 조건 변화

당시 노동자의 일상생활의 변화를 추적하려면 단웨이제도의 개혁을 눈여겨봐야 한다. 이는 그들의 삶을 국가가 규정한 구조적 조건이었다.

단웨이는 기본적으로 기업, 학교, 병원, 각종 협회, 사회단체, 각급 행정기관 등 사람들의 직장을 가리킨다. 그런데 중국에서 단웨이는 (제2부

3장에서 보았듯이) 단순히 직장에 그치는 것이 아니라, 도시 주민이 소속된 직장에 기초한 기층사회 관리체제라는 특성이 있다. 국가는 단웨이 내부에 설치된 공산당 조직을 통해서 인민을 정치적으로 조직·지배·동원하였다. 또한 소속된 인원들에게 급여는 물론이고, 식량·의료·교육·주택 등 생활에 필요한 사회적·경제적 자원과 서비스를 제공했다. 이 시기 도시 주민들은 장애인·퇴역군인·실업자 등 극소수의 인원을 제외하고 사실상 모두가 단웨이에 소속되어 있었기 때문에 이를 벗어나서는 생활 자체가 불가능했다.

단웨이제가 이토록 중요한 사회체제의 기반이 된 이유는, 건국 초기부터 국가가 자본집약적 중공업 위주의 발전전략을 추구하려 했기 때문이다. 도시지역의 노동자계급에게 단웨이제를 통해 상대적으로 높은 임금과 사회경제적 보장을 제공하고 도시의 각종 사회, 경제, 문화 인프라에 집중적인 투자를 했다. 그러기 위해 호구제도에 기초해 농민의 도시 이주를 막는 도·농 이원분리구조를 유지해 그로부터 추출한 가용자원을 도시 중공업 부문에 최우선적으로 투자하는 발전전략이 1978년 개혁·개방 직전까지 지속되었다.●

개혁 초기인 1980년대만 해도 도시지역의 주민들은 그것을 벗어나서는 생존이 힘들 정도로 단웨이는 그들의 삶의 모든 것을 지배하고 있었다. 그런데 개혁의 중점이 서서히 농촌에서 도시지역으로 옮겨가면서 국유기업의 개혁이 착수되었다. 그것은 산업구조 조정과 소유권 개혁이라

● 박철현 「중국에서 도시민이 된다는 것: 위계적 시민권과 서열화」, 박철현 엮음 『도시로 읽는 현대중국 2: 개혁기』, 역사비평사 2017, 82~83면. 도시 주민과 달리, 농민은 인민공사에 소속되었으며, 자급자족의 원칙에 따라 소속 인민공사의 당해 연도 생산량을 개인의 노동점수에 따라 분배받았기 때문에 도시 노동자처럼 국가에서 제공해주는 급여나 보장은 없었다.

는 두 방향으로 진행되었다. 이러한 개혁이 도시사회를 지배하던 단웨이 체제의 약화를 가져오는 것은 불가피했다.* 기업(곧 단웨이) 소속 노동자들의 지위가 '공장의 주인'에서 '계약에 기초한 임금노동자'로 전환되는 단초가 열린 것이다.

노동자 권리의 실질적 변화가 국유기업 개혁과 더불어 전면에 드러나기 시작했다. 국유기업 개혁의 전체적인 방향이 공장장의 권한을 확대하고 노동자의 사회경제적 권리를 박탈하는 쪽으로 잡혔다. 공장장책임제가 도입된 뒤 대다수의 공장장들이 직권을 남용하여 경제적 징벌과 행정제재로 노동자들을 엄격하게 관리하기 시작했다. 위탁경영권(承包權)을 획득한 기업경영자는 자신이 위탁경영을 하기 때문에 모두 자신의 말을 들어야 한다며 고압적 태도를 보였다. 일련의 개혁정책의 영향으로 고정직은 경직되고 비효율적인 낡은 제도, 계약직은 경제에 활기를 불어넣는 새로운 제도의 상징이라는 식의 사회적 인식이 확대되었다.

사실 1978년 개혁·개방 직전까지 노동자들은 종신고용이 보장되고(鐵飯碗), 깎이지 않는 임금을 받으며(鐵工資), 간부의 지위도 고정불변인 혜택을 누렸다(鐵交椅). 이렇게 사회주의체제에서 일종의 특혜를 받아온 체제지지층이었던 그들로서는 이제껏 겪어보지 못한 세상을 경험하게 된 셈이다.[6]

이렇듯 인플레 상황에서 도시 노동자가 느끼는 불만은 각별한 의미를 갖는다. 톈안먼시위 기간에 공자련이 제기한 핵심 강령에 "국유기업에

• 특히 1998년에 단행된 공유제 주택제도의 폐지는 주민들의 단웨이 소속감을 결정적으로 약화시켰다. 1992년 베이징을 마지막으로 시민에 대한 식량배급제가 폐지되었고, 1998년 단웨이에 의한 복지주택의 공급도 중단되었다. 단 호구를 기준으로 구분하는 도시-농촌 이원구조는 기본적으로 유지되고 있다.

대한 통제권과 작업장 민주"가 들어간 사정이 이해될 것이다. (이에 대해서는 다음 3장에서 좀더 상세히 설명된다.)

대학생의 삶의 조건 변화

1980년대 후반 이래의 대학생 생활의 특징을 보여주는 열쇠말로 흔히 '염학풍조(厭學風潮)'가 지목된다.[7]

당시 대학생의 정서나 의식의 특징으로 가장 많이 거론된 것이 바로 수업에 대한 무관심이다. 그 원인은 당연히 여러가지가 지목되나 가장 두드러진 것은 '신공부무용론(新讀書無用論)'이라는 경향이다. 문화대혁명기에 잦았던 외부의 정치적 압력에 의해 공부할 수 없었다는 '구공부무용론(舊讀書無用論)'과 대비되어 학생들 스스로 자각해 공부하지 않으려고 하는 것을 가리킨다. 개혁이 초래한 변화가 그런 풍조를 조장하였다. 특히 경제개혁이 진행되면 될수록 국가로부터 고정급을 받는 지식층의 경제적 지위는 상대적으로 하락하였다. 당이 공식적으로 지식인을 9개 계층 중 세번째로 인정해 지식층의 독자적 역할이 부각되기 시작했지만 소득과 사회적 지위 간의 불균형이 극심했다. 게다가 전통사회의 지식인과 달리 민중의 지지도 받고 있지 못해 그들의 불만은 가중되고 있었다.[8] 그러니 학생에게 학업동기가 부여되기 힘들 수밖에 없었다. 당시 "가난한 사람은 교수, 바보 같은 사람은 박사"라는 말이 떠돌았다 한다.[9]

이런 현상을 제대로 이해하려면 중국 건국 초 이래 형성된 노동력 관리체계를 잠시 돌아볼 필요가 있다. 국가가 통일적으로 신규 배출 노동력을 취합하여 통일적으로 배분하는 제도(統包統配)가 시행되었다. 1949년에 벌써 대학 졸업생에 대해 통일적 직업분배가 실시된 것이다. 그후 줄곧 유지되어온 이 직업할당 정책은 대학 졸업생은 누구든 취업을 보장해주었다. 학생뿐만 아니라 교수, 더 나아가 대학이라는 단웨이제도 자체가 말하자면 국가가 제공하는 '거대한 철밥통(大鐵飯)'에 기대고 있었던 셈이다. 그러니 교수의 교육방법이 새로워질 리 없고, 학업동기가 낮은 학생들은 강의를 빼먹거나, 출석한다 해도 수강태도가 태만하기 짝이 없었다.

사실, 1985년부터 추진된 대학개혁은 이 문제를 타개하는 데 목적이 있었다. 그 방향은 크게 보아 대학생의 등록, 직업배당 및 교과목 편성에 대한 대학의 재량권을 어느정도 부여하고 재정적 자율성을 상당 부분 허용함과 동시에 학문적 질에 대한 책임을 부과하는 것이었다. 한마디로 말해, 사회주의적 교육체계에 시장논리가 도입됨으로써 조성된 이 새로운 교육환경은 중국 대학을 변혁의 소용돌이로 몰아넣었다.

대학에서 개혁이 진행되었지만 염학풍조가 쉽게 수그러들기는커녕 더 악화되어갔다. 대학생의 일상생활을 규정한 구조적 조건의 하나인 직업할당제도의 개혁은 그 악화의 주요인이었다.

1980년대 중기 이후 학생은 졸업 후 마음에 드는 직장을 찾기 곤란해졌다. 단순히 1978년 대학이 다시 열린 이후 신입생의 대폭 증가로 지식인의 지위가 하락했기 때문만은 아니다. 개혁 초기인 1981~83년에만 해도 문화대혁명의 여파로 고급인력이 많이 부족해 통일적 직업분배가 가능했던 데 비해, 84~87년에는 학생을 고용하려는 단웨이와 대학 간의 협의가 허용되었다. 그런데 88~89년에는 대부분의 대학이 전폭적으로 취업을 책임지게 되어 직업할당제도를 개혁하는 방편으로 이른바 '쌍향선택(雙向選擇)' 제도가 도입되었다.[10] 앞에서 본 이중가격제가 그렇듯이, 이 정책도 인력시장이 아직 제대로 형성되지 않은 당시의 조건에서 과도기적으로 채택된 것이다. 어느정도 경쟁메커니즘을 도입해 학생의 학업동기를 유발하려는 정책으로서 종래와 달리 수요자(用人單位)와 공급자(학생) 쌍방이 모두 발언권을 갖는다. 이 개혁이 가속화되면 일정 범위 안에서는 학생의 자주적 선택이 허용될 것으로 기대되었다.

이러한 새로운 취업정책을 학생들이 반길 수도 있었지만 문제점 또한 적지 않았다. 1988~89년은 경제가 침체된 시기라 취업 알선이 어려웠다. 게다가 인력시장이 제 구실을 할 수 없기에 정보도 부족했고 졸업생과 취업기관 모두 이 제도에 대한 의구심을 떨치기 어려웠던 것 같다. 개혁이 추진될수록 명문 종합대 졸업생을 선호하고 전문대나 일반 지방대 출신은 홀대하는 경향이 강해졌다. 무엇보다 학생들은 사회적 연결망('關係')이 더 중요한 요인으로 작용해 새 취업정책이 뒷문(後門)정책으로 변질되기 십상이었기에 공정한 경쟁을 위한 환경이 보장되지 않는 현실에 불만을 품었다. 결혼 후의 출산이 염려되어 여학생이 곧잘 배제되는 것도 문제고, 성적대로 좋은 직장이 결정되지 않는다는 것이 치명적인 한계였다. 이러니 취업제도의 개혁이 곧바로 학업동기를 유인하기는 쉽지 않을 것이다. 이런 여건에서 '염학풍조'가 극성을 부렸다. 학생은 날로 학습 의욕을 잃고, 많은 시간을 마작, 포커나, 토플 준비 아니면 디스코나 연애에 빠져 보냈다.

이런 상황에 비춰보면, 톈안먼시위에 참여한 학생들은 두 유형으로 나눌 수 있다. 하나는 (바로 아래에서 다룰) 소수 분자로 민주라는 가치를 이 운동의 목표로 삼은 유형이다. 다른 하나는 대부분의 참여 학생에 해당하는데, 확산되는 시장경제에 적응하기 힘들어한 유형이다.[11] 직업할당제도를 개혁하는 방편으로 채택된 '쌍향선택' 제도로 인해 분출된, 출신 계층에 따른 취업의 불균등에 대한 학생의 불만이나 실업에 대한 불안에 더해, 고급 간부 등 사회적 상층의 특권에 대한 반발 및 지식인의 낮은 지위에 대한 불만이 톈안먼사건에 학생(과 지식인)이 참여하게 된 요인으로 지목되는 연유이다.

2. 당정의 정당성 약화와 신계몽주의 확산

1966~76년에 걸친 문화대혁명을 겪고, 공산당의 정당성은 크게 훼손되어 위기에 처했다. 그런데 1976년 정권을 잡은 덩샤오핑은 유명한 「역사결의」를 통해 문혁은 '10년의 재난'으로 규정해 극복의 대상으로 삼되 마오쩌둥의 역사적 평가는 공과를 구별해 긍정에 무게를 두었다. 그리고 수정된 '당장(黨章)'에서도 맑스·레닌-마오사상을 계승하려는 뜻을 밝혔다. 이것은 그 자신을 포함한 혁명세대의 역사적 정통성을 긍정하는 태도에서 나온 조치였다. 그들 당정 고위층은 1980년대 들어와서도 여전히 공산주의 이데올로기에 충성했다.

1980년대 후반에 국가 고위층은 공산주의 이데올로기와 일체화되어 있는 것과 달리, 대부분의 학생과 베이징 주민의 정부에 대한 평가는 정부가 경제와 도덕 측면에서 어떤 성취를 보여주는가에 의존했다. 국민의 직접선거라는 법적 절차로 선출된 정부가 아닌 공산당 정부로서는 그 개혁의 정당성의 주요 기반을 집정효율에 끊임없이 의존할 수밖에 없었다.[12] 덩샤오핑의 실용주의 노선은 그런 입장을 압축적으로 보여준다. 이것은 10년의 소란을 겪은 후 사람들이 끊임없는 운동과 투쟁에 대해 극도로 피로감을 느껴 안정과 정상적 생활질서의 회복을 갈망하며 뚜렷한 물질생활의 개선을 희망하고 있는 시대정신에 적절히 대응한 것이라고 볼 수 있다. 한마디로 일상생활의 긍정과 행복이 정부 성과 평가의 기준이 된다.[13] 그런데 바로 앞에서 보았듯이 개혁의 진행 과정에서 나타난 사회경제적 혼란, 특히 부패는 이 기준에 비춰볼 때 집권층의 '만성적 도덕 위기'를 드러낸 것으로 간주되어 바로 정치적 위기를 발효시키기 쉬웠다. 이같은 개혁의 도덕적 결과가 톈안먼사건으로 표출되었다.

이와 같은 국가의 정당성에 대한 당정과 일반 국민의 인식 차이는 당시 지식인 엘리트와 학생층의 의식세계와 정서에 깊이 영향을 미친 문화담론에서 더 선명하게 드러난다.

문화대혁명이 종결되고 나서 중국인들이 발견한 것은 서구와 중국 사이에 놓인 발전의 낙차였다. 이로 인해 중국이 지구상에서 생존이 불가능할지도 모른다는 이른바 '구적(球籍) 박탈'의 위기감이 높아졌다. 이 현상은 당시 처음 나타난 것은 아니다. 서구 열강에 침략당한 청말에 이미 출현한 담론이었다. 이것이 당시 유행한 표현인 '우환(憂患)의식'의 형태로 다시 1980년대 중국 지식인들을 사로잡았다.[14]

1980년대 후반 지식인사회를 달군 '구적열(球籍熱)'(곧 지구에서의 중국의 역할에 대한 열띤 관심)은 "세계가 중국에 옐로우카드를 보이며 경고한다, 중국인 모두 동원해야 한다" "일어나라, '구적'을 잃지 않으려는 사람들이여"라는 문구를 유행시켰다. 1988년 여름이면 이러한 토론이 이미 새로운 사회열풍을 일으켰다.[15]

이 사회열풍은 문화담론에 반영되는 동시에 이에 의해 확산되었다. 문화담론의 부상은 문화대혁명에 대한 반성을 거쳐 등장한 개혁·개방 이후의 새로운 시대에 부합하는 중국문화는 무엇인가에 대한 고민의 소산이다. 마오쩌둥 사회주의의 실패와 문혁이라는 비극의 원인을 문화에서, 좀 더 정확하게는 중국 전통문화의 봉건성에서 찾는 역사인식이 발양한 '문화열'이 뜨거웠다.* 물론 이런 현상 역시 이때 처음 나타난 것은 아니다.

문화의 개조로 역사변혁을 이끈다는 중국 지식인의 전통적 사유법에 기반한 것으로 5·4운동기의 신문화운동에서도 부상된 바 있음은 이미 제1부에서 확인하였다.

1980년대 문화담론의 핵심은 계몽과 서구의 재발견이었다. 이른바 계몽주의 지식인이 재등장한 셈이다. 1980년대는 5·4시대에 이은 '새로운 전면적 서구화'의 시대가 되었다. 그들에게 서구와 근대화는 하나이고 전통 역시 단일한 봉건적 유물이었다. 그때의 쟁점은 '현대화'였다.

이 점을 아주 단순화해서 또렷이 보여주는 문화현상이 「황허(黃河)의 엘레지(河殤)」 열풍이다. 1988년 6월 CCTV에 방영되어 중국사회에 뜨거운 논쟁을 불러일으킨 총 여섯편의 다큐멘터리는 1980년대 (신)계몽주의의 급진화를 상징하는 동시에 1980년대 중국 지식인들의 계몽주의적 인식의 극한을 보여준다. 화면에 되풀이 교차되는 이미지는 낙후한 황색문명(곧 내륙문명이자 중화문명)과 흥기하는 남색문명(곧 해양문명이자 서구문명)이다. 황허와 만리장성을 낙후한 문명의 상징으로 묘사하는 동시에 남색의 해양문명과 민주화를 학습대상으로 제시하는 매우 선명한 대비가 충격적이다. 지금의 시각에서 보면, 서구에 물신주의적으로 경도된 시대이자, 옥시덴탈리즘에 빠진 시대[16]로 비칠 수 있겠으나, 당시의 중국 지식인들에게는 절박한 우환의식의 표현이 아닐 수 없다.

이런 문화인식의 확산 정도는 대학가의 '강연(講座)열'에도 그대로 반

• 이욱연 『포스트 사회주의 시대 중국 지성: '중국' 재발견의 길』, 서강대학교출판부 2017, 84면. 1980년대의 '문화열'이 그에 앞선 시기의 사회주의적 민주의 논쟁들과 달리 당대 중국사회 성격에 대한 문제제기와 분리된 채 당시 사회를 봉건적이라고 규정함으로써 민주주의 문제를 부분적으로 제기하는 데 그쳤다는 견해도 있다. 백승욱 「중국에서 '사회주의적 민주' 논쟁을 통해서 본 아래로부터 비판적 사상 형성의 굴곡」, 『마르크스주의 연구』 6권 3호, 2009, 146면.

영되었다. 1988년과 89년 초 베이징대학에서는 하루 사이에도 몇차례 강연이 열려 일부 학생들은 대부분의 시간을 여기에 뺏기느라 정규강의에 참석하지도 않았다.[17] 언론기관이 당정에 의해 통제된 여건에서 전국 대학에서 유행한 초청강좌는 새로운 의사소통의 매개체였다. 이런 분위기를 엿볼 수 있는 사례가 있다. 당시 계몽주의의 전도사로 '청년의 스승(靑年導師)'이라 불린 물리학자 팡리즈(方勵之)는 전국적으로 인기 높은 강사였으니, 그의 새 저서 『우주의 창생(宇宙的創生)』 저자 싸인회가 1988년 11월 4일 베이징대학에서 열리자, 단번에 337부가 팔렸다. 11월 9일 '물리학과 미학'이란 제목을 내건 그의 강연이 열렸는데 300~400명을 수용하는 강의실인데도 청중이 넘쳐 입장을 못한 학생들이 적지 않았다. 물론 공개된 강연제목과 달리 팡리즈는 유머를 섞어가며 시사적인 풍자를 서슴지 않아 청중의 열기는 뜨거웠다.[18]

여기서 특히 주목할 만한 또다른 매개체는 당정이 전국의 '영도기관'이나 대학의 '영도간부'에게 배포하는 '내부 자료'이다. 팡리즈의 주요 강연내용을 활자화하고 한데 묶어 그의 '그릇된 부르주아 자유화사상'이 청년·학생들에게 '불량한 영향'을 조성하지 않도록 지도하는 자료로 보냈는데, 역설적으로 이를 통해 많은 지식인들은 그와 같은 체제비판론자들의 견해를 접할 수 있었다. 그중에서 동조하는 사람들도 적잖이 나왔음을 민두기는 직접 관찰했다.[19] 왕단이 1987년 초 처음으로 팡리즈의 글을 읽은 뒤 지적 충격을 받고 관심 갖게 된 계기도 다름 아닌 대학교수인 아버지가 집에 갖고 온 그에 대한 비판자료를 우연히 읽게 된 것이었다.[20]

그들 급진적 계몽주의 지식인은 마오식 사회주의에 대한 비판과 현대화 추구라는 목표를 개혁·개방 정권(특히 자오쯔양 그룹)과 일정 정도 공유하면서 협조적 관계를 유지하여 '문화열' 확산에 영향을 미쳤다.

(「황허의 엘레지」의 제작과 방영은 그 대표적인 사례이다.) 그러나 현대적 개혁의 폭과 방향을 둘러싸고 양자는 분열하고 대립할 소지를 안고 있었다. 양자 사이에 균열이 일어나는 계기, 그 문화적 상징이 「황허의 엘레지」였다면, 그 정치적 상징은 1989년의 톈안먼사건이다.[21]

3. 학습되는 민주운동의 경험

이상에서 살펴본 사회경제구조와 정신구조의 변화에 이어서 이번에는 그 구조 속에서 변혁을 추구한 행위자에 대해 주목할 차례이다. 1989년 톈안먼사건에 합류된 민주운동의 경험세계에 대해 점검해볼 것이다.

첸리췬(錢理群)에 따르면, 중화인민공화국의 역사에서 세차례의 민주운동 또는 민간저항운동의 고조기가 있었다. 첫째는 1957년 민주운동이다. 둘째는 이것을 계승·발전한 1978~80년의 민주운동이다. 그리고 세번째가 바로 1989년의 톈안먼민주운동이다.[22] 그는 이 세번째 고조기의 전조인 1978~80년의 민주운동이 문화대혁명 후기 민간사상의 자연적 연속이자 발전이라는 흥미로운 주장을 한다. 이제 이들이 어떻게 계승되는지 차례대로 살펴보자.

1957년 5·19민주운동

1957년 5·4운동 38주년을 기념하는 『광명일보』 사설은 '백화제방(百花齊放) 백가쟁명(百家爭鳴)' 방침을 담대히 관철하라는 명제를 제기했다. 중공이 대약진운동의 폐단을 교정하기 위해 당외 지식인사회에 당의 잘못을 가차없이 비판해달라 하는 군중운동(정풍운동 '整風運動')이 시작된 것이다. 사상의 자유를 마음껏 표현하라는 '백화제방 백가쟁명'의 분위기 속에서 정치비판에 더욱 열정적이었을 청년·학생들은 자신들의 의견을 개진할 수단을 스스로 찾았다. 그것이 대자보(大字報)이다. 가장 먼저 대자보가 출현한 곳은 베이징대학이었다.[23]

베이징대학을 중심으로 한 학원민주운동, 곧 1957년 5·19민주운동은 아주 돌발적으로 발생했다. 5월 19일 아침 한 학생이 막 열린 신민주주의 청년단 3차 전국대표대회[24]의 대표 선출 과정이 민주적이지 않다는 내용의 벽보를 써 붙였다. 곧이어 다른 학생이 대자보를 붙여 벽면에 민주의 광장을 만들어 치열한 논쟁을 전개하고 정풍에 협조하자고 제안하였다. 같은 날 저녁 시 한편이 적힌 대자보가 출현했다. 제목은 「때가 왔다(是時候了)」.

"나의 시는 하나의 횃불 / 세상의 울타리를 불태워버리네 / 그 빛은 가릴 수 없어 / 그 불씨는 '5·4'에서 왔기에"[25]

이 시는 당시 마오의 당국체제 아래 억압받는다고 느낀 일부 학생들의 호응을 불러일으켰다. 이른바 '민주의 벽(民主壁)'이 빠르게 탄생했다.

1957년 5월 19일부터 7월 9일까지 약 50일 동안 베이징대학 캠퍼스 안에는 수천수만의 대자보가 붙었다고 한다. 이것이 나중에 '5·19운동'이라 불린 민주운동이다. 그러나 당국은 즉각 대학의 '민주의 벽'에 대한 뉴스를 차단했다. 그러자 학생들은 대자보의 내용을 베껴 주위에 전파하는 '민주릴레이'를 전개했다. 민주의 불이 전국 각 대학 캠퍼스에 전달되었다.

이 운동의 요구는 베이징대학 등사본 간행물 『광장』 「발간사」에 집중적으로 표현되어 있다. 1919년 5·4운동이 제기한 '가치의 재평가' 구호와 근접했다. 1957년 베이징대학 학생들은 사회주의 시대에 또 하나의 5·4운동을 일으키고자 한 것이다.* 학생들은 이 운동을 통해 두가지 지향을 표출했다. 하나는 청년들이 모든 속박에서 벗어나 사상해방을 쟁취하는 계몽운동('동방문예부흥의 서막')이고, 다른 하나는 '아래로부터 사회주의 민주를 확대하는 정치운동'이라는 의미 부여이다. 요컨대 그들은 사상운동이자 정치운동을 추진하고자 했다. 이 두 지향은 모두 5·4의 계몽과 민주 정신의 의식적 재구성이라 할 만하다.

그들이 품은 이상은 '진정한 사회주의'라는 사실이 특히 주목된다. 봉건적 기초 위에서 생성된 전형적이지 못한 사회주의가 아니라 민주를 사회주의의 본질로 삼는 이념이다. 구체적으로 공산당의 권력 독점으로 인한 법제와 인권 유린을 공격하며 인민주권을 주창하는 동시에 사회주의 체제 아래의 특권계급을 비판하며 사회주의 공유제를 역설했다.

이런 민주에 대한 인식은, 그들의 민주를 절차적 민주에 불과한 것으로 간주하는 마오를 비롯한 중공 지도부의 견해와 대립하기에 불가피하게 '반우파투쟁'의 대상으로 탄압당했다. 이른바 '반우파투쟁'이 벌어지면서 '백화제방 백가쟁명'에 참여한 지식인들은 '우파'로 몰려 박해를 받았다. '5·19운동'에 참여한 베이징대학의 학생들을 비롯한 수많은 청년·학생들도 마찬가지 처지에 몰렸다. 그러나 그들이 당시 제창한 "민간 사회 민주주의 사조는 한줄기 내재적 발전의 흐름"을 갖는다.[26] 이어서 두번째 고조기로 옮겨가자.

• 1958년 후스는 베이징대학 개교 60주년 교우회에서 그 전해 베이징대학에서 전개된 운동을 거론하면서 '신5·4'라 불렀다. 첸리췬 『모택동시대와 포스트모택동시대 1949~2009(상)』, 연광석 옮김, 한울 2012, 172면.

1978~80년 4·5민주운동과 인민대표대회 선거 경선 참가

두번째 고조기는 '시단(西單) 민주의 벽'에서 시작되었다. 1976년 청명절(4월 5일)을 맞아, 한달 전 사망한 저우언라이(周恩來)를 기리는 10만 명 이상의 베이징 시민이 톈안먼에서 모여 추모시위를 벌이다가 탄압을 당했다. 이것이 (제1의 톈안먼사건으로도 불리는) '4·5민주운동'이다. 1978년 9월, 그 사건의 복권을 요구하기 위해 민중이 대자보를 베이징 번화가 시단의 도로 벽에 붙였다. 이를 통해 당시 집권세력인 화궈펑체제에 불만을 표시했던 것이다. 이 사건은 '시단(西單) 민주의 벽'이라는 명칭으로 곧 널리 알려졌다. 이로부터 1957년 베이징대학 '민주의 벽'과 맥을 같이함을 알 수 있다.

'시단 민주의 벽', 그리고 그에 이은 민간잡지의 활기가 바로 두번째 고조기를 상징한다. 베이징에서 출간된 민간잡지만도 55종에 달하는데, 이들 잡지에 공통적인 사상 경향은 세개의 열쇠말 곧 '민주' '인민' '중국'으로 정리된다. 여기에는 문혁 후기에 축적된 사회주의 민주와 인민 권리를 주요 내용으로 하는 사회변혁의 요구 및 중화민족 부흥의 기대가 짙게 작용한다.[27]

그때 다투어 간행된 여러 민간잡지 가운데 널리 주목된 것은 쉬원리(徐文立)의 『45논단』, 1978년 말 천쯔밍(陳子明)·왕쥔타오(王軍濤) 등이 만든 민간 독립월간 『베이징의 봄』 등인데, 이보다 더 과감한 주장을 편 것은 『탐색(探索)』이다. 창간호에 편집장 웨이징성(魏京生)이 쓴 「제5의 현대화」를 게재했는데, 골자는 당정이 주창한 4개 현대화를 제대로 구현하려면 '제5의 현대화' 곧 정치민주화를 병행해야 한다는 과감한 제안을 한 것이다. 이 용어가 시대적 요구를 간명하게 압축해 곧 그를 대표적 민주인사로서 유명하게 만들었다.

마오가 사망한 뒤 권력에 복귀한 덩샤오핑은 처음에는 '민주의 벽' 운동을 지지했고, 이 움직임을 정치적 반대파인 화궈펑정부를 견제하는 데 활용했다. 그리하여 4·5운동이 '혁명적 사건'으로 재분류되었다. 말하자면 '실용주의적 동맹'이었던 셈이다. 그러나 덩샤오핑은 1978년 12월 화궈펑과의 권력투쟁에서 승기를 잡은 뒤 태도가 달라졌다. 마침 웨이징성이 "민주냐 새로운 독재냐(要民主還是要新的獨裁)"는 대자보를 붙이자 탄압에 나섰다.

이와 같은 경과는 현대화를 지지하는 세력 가운데 체제 내에서 '4개 현대화'를 주장하는 측과 체제 밖에서 4개 현대화에 추가하여 정치민주화를 주장하는 측이 있었음을 말해준다. 그리고 후자는 무산계급 민주 또는 사회주의 민주를 추구하는 그룹과 자유민주 혹은 헌정민주를 추구하는 그룹으로 나뉜다.[28]

두번째 고조기의 또 하나의 상징은 대학가에서 나타난 기층 인민대표대회 선거 경선 참가 활동이다.[29]

1980년 9월부터 81년 1월까지 진행된 베이징대학 경선운동은 학생들의 민주의식을 자극했다. 상하이 등 다른 지역에서도 나타난 일련의 경선운동은 1970년대 말의 '민주의 벽'과 민간간행물 운동의 연속이었고, 80년대 학생민주운동의 단초를 열었다. 개혁정책의 일환으로 구(區)와 현(縣)의 인민대표 선거가 부분적으로 개방되었다. 이 기회를 활용해 자신들의 대표를 헌정민주의 핵심인 경선을 통해 선출하는 행위의 정치적 의미는 컸다. 또한, (1980년처럼 캠퍼스에서 공개적으로 경선이 이뤄지지는 않았지만) 1987년 베이징대학 물리학과 학생들은 투표를 감행해 팡리즈의 부인인 리수셴(李淑嫻) 교수를 하이뎬구(海澱區) 인민대표로 선출한 일도 일어났다.

그렇다면 당시 민주운동이 제기한 사상적 지향은 무엇이었을까. 그 사상적 의의는 두가지로 집약된다. 첫째, 마오가 제시하고 덩샤오핑에 의해 계승·발전된 부국강병, 그리고 인민에게 국가 발전을 위해 희생을 요구하는 발전노선에 대해 질의한 것이다. 둘째, 구미 현대화 노선에 대해 성찰한 것이다. 돌아보면, 1980년의 중국은 사상적 교차로에 선 것이나 다름없었다. 전면적 개혁을 추진해 사회의 총체적 현대화를 실현하며 인간의 전면적 발전을 촉진할 것인가, 아니면 부국강병을 발전목표로 삼아 그 결과 분배의 양극화와 정신적 위기를 필연적으로 초래하는 생산력 발전의 경제 위주 개혁을 추진할 것인가를 선택해야 할 시점이었다. 결국 중국의 현실은 후자, 곧 국가 주도, 경제 위주의 개혁으로 귀결되었고, 그 결과 톈안먼사건이 발생하기에 이르렀다.[30]

그렇다면 전자를 추구한 세력, 곧 민간 사상가들은 두번째 고조기를 거치면서 1980년대를 어떻게 경험했을까. 주로 문혁 중에 대학을 졸업한 일군의 사람들과 대학원 재학 중이었던 이들 그리고 문혁 시기 독학의 성과에 힘입어 연구기관에 진출한 중년 및 청년들이 주축인 그들은 기층 생활을 한 경험이 있었고, 대다수는 문혁 후기 민간 사상가에 속했다.[31] 문혁 시기에 '아래로부터의 문혁'을 주도한 일부 세력(이른바 극좌파)은 1970년대 초부터 자기비판 과정을 거친 후 문혁의 이상에 비춰 굴절된 현실을 전면적으로 비판하며 '사회주의적 민주'를 요구하는 새로운 운동을 전개했다. 그들이 만든 '독립 연구소조'가 전국에 20~30개나 존재했다. 이렇게 중국 민주운동의 사상적 계보를 형성하는 일익을 담당한 것이다.[32] 그들의 활동공간인 수많은 지하살롱이 해체되었음에도 불구하고 그들은 부단히 민간간행물을 창간하고, 1980년대 계몽주의를 주도했다.

그들이 직면한 과제는 어떻게 개혁에 대한 참여권을 얻어내 중국공산당이 주도하는 위로부터의 개혁운동과 광범위한 민중이 참여하는 아래로부터의 개혁운동을 결합시키는가였다. 그들은 개혁·개방에 대한 공산당의 주도권에 도전할 뜻은 없었고 그저 독립적인 참여권과 감독권을 요구할 뿐이었다. 그런데 중국의 민간 개혁역량이 개혁에 참여할 때는 반드시 자체의 '독립적 활동'이 있어 스스로의 '독립자주적 역량'에 바탕해야 했다.

여기서 우리는 체제 안과 밖의 활동을 일단 구별하면서 또 결합하고자 한 천쯔밍의 견해에 귀기울여볼 필요가 있다. 1980년대 중기의 시점에서 '체제'란 정치상 일당독재(專政)체제, 경제상 계획경제체제, 사회관리상 기층 조직인 단웨이체제라는 세 영역이 하나로 연결된 복합체를 가리킨다. 물론 그 핵심은 정치체제이다. 그런데 1981년 2월 중공 중앙 국무원 9호 문건이 발표되어 일체의 민간출판물과 민간조직이 '불법'으로 선포되면서 체제 밖의 순수 민간운동단체는 더이상 존재할 수 없었기에 새로운 민주운동은 기존 체제의 주변지대에서 '주변운동'으로 움틀 수밖에 없었다. 1980년대 중반이 되면 (지하조직이 아니더라도) 돈이나 연줄(關係)로 최소한 체제 안에서 합법 신분을 얻을 수 있고 일종의 정규단웨이의 '종속단웨이(掛靠單位)'가 될 수 있는 틈새가 생겼다.

그들은 1986년부터 직장을 떠나 지식분자계층으로서 독립을 추구하거나, 정치중립적 공무원 계층이나 민간 기업가 계층의 성장을 돕고자 했다. 체제 밖에서 합법적으로 생존하기 위해 '민간사회에 뿌리내리기', 또는 체제 내 개혁파와 합력해 현 체제를 철저하게 개혁하기 위해 진력했다. 정리하자면, 체제 내 노선의 목표는 싱크탱크이고, 체제 밖 노선의 목표는 민간 '사상거점(思想庫)'이었다. 어떤 방식을 택하든 모두 체제 안의 경계에 있는 주변으로서 체제의 안과 밖을 넘나들면서 서로 다른 위치에서 서로 다른 방식의 주변운동으로 1980년대 계몽주의와 중국 민주화에 기여하고자 한 셈이다.[33]

그렇다면 그들은 1989년 운동과 어떻게 연결되는가? 80년대 중·후반기 이미 지식계의 주류이자 공공여론 주도 그룹이었기에 '89톈안먼민주운동' 세대의 정치적 성장과 정체성 형성에 그들의 '주변운동'이 문화 영역에서 담론권력을 행사했다고 볼 수 있다. 앞에서 본 신계몽주의와 문화열은 그 좋은 증거이다. 그뿐만 아니라 인맥상의 연결도 어느정도 존재했다고 추정할 수 있다. 이 사실을 보여주는 작은 일화가 있다. 베이징대학 학생동아리 민주살롱은 1989년 3월 8일 열린 제10차 강연 연사로 런완팅 (任畹町)을 초청했다. 그는 시단 '민주의 벽' 운동으로 체포되어 형을 산 인물로서 출옥 후 체제 밖에서 힘겹게 민주운동을 전개하고 있었다. 민주살롱의 운영자인 학생지도자 왕단은 그 사건을 아는 베이징대 학생들이 거의 없을 정도로 두 세대가 단절되어 있기에 그를 부른 것이다.[34] (두 세대의 연관은 다음 장에서 더 설명된다.)

그렇다면 1978~80년 민주운동 참여자들이 1989년 시위의 배후세력, 정부에서 일컫는 '흑수(黑手)'의 일부인가? 중국어 표현으로 흑수란 남을 조정할 수 있을 정도로 커진 사람을 뜻한다.[35] 그들 가운데 일부(예컨대 사회경제연구소의 천쯔밍과 왕쥔타오 등)가 시위 초기 필요한 자금을 대고 학생지도부가 시위전략을 짜는 데 도움을 준 것은 분명하다.* 또한

---

* 陳子華「我所知道的 '社經所'」, 陳子華 等著『浴火重生: '天安門黑手'備忘錄』, New York: 明鏡出版社 2004, 470~72면. 1989년 4월 23일, 천쯔밍은 왕단과 학생운동의 형세와 전망을 토론한 뒤 3천 위안의 활동비를 제공했다. 같은 날, 류강(劉剛)은 고자련(高自聯) 창립에 간여해 저우융쥔을 초대 주석으로 추천했다. 그는 이미 학생 신분이 아니지만 발기인 자격으로 고자련 활동에 깊이 간여했다.

5월 '연석회의'를 구성해 학생들을 지도하려 한 사실은 앞에서 확인한 바 있다. 이렇듯 그 인맥이 일부 개입했고 그 이념과 경험이 1989년의 시위 지도부에 부분적으로 학습되기는 했지만, 그들은 현장의 학생지도부를 지도할 능력을 제대로 갖추고 있지 못했다. 게다가 오히려 그들의 조언이 거부당한 사실에서 드러나듯이, 그들의 영향력은 제한적이었다. 바로 다음 장에서 상세히 설명된다. 따라서 중공이 그들을 흑수로 규정하고 학생 운동그룹 배후에 조직적 세력이 있다고 본 것은 내부에 대한 정확한 지식이 없었던데다가 모든 운동의 배후에 조직이 있기 마련이라는 자신의 경험 즉 편견에 사로잡힌 까닭이다.[36] 한마디로 체제저항세력을 고립시키기 위해 그들을 외부 세력의 하수인으로 모는 흔히 볼 수 있는 '음모'론이라 하겠다.

3장

누가,무엇을어떻게요구했나

1. 운동의 주체: 학생지도자와 취약한 조직 기반

이제 본격적으로 운동 주체의 문제에 대해 살펴볼 차례가 되었다. 먼저 당시 중국 안팎에서 비상한 관심의 초점이 된 학생지도자 개인부터 들여 다보자. 그중 몇 명의 참여 동기 내지 과정이 눈을 끈다.

베이징대학 왕단(王丹)의 경력은 비교적 독특하다. 계엄군의 진압 후 21명의 학생 수배자 명단의 제1호가 된 그는 부모가 다 대학에 근무하는 지식인 가정에서 태어나 중등교육 과정에서부터 정치문제에 관심을 가 졌고, 1987년 가을 대학에 들어와 캠퍼스 권익운동에 참여하다가 1980년 대 민주운동에 참여한 베이징대학 선배 류강(劉剛)이 만든 시사토론 동 아리 '잔디밭살롱(草地沙龍)'의 운영에 적극 간여했다. 이어서 이를 이 어받은 자유토론 동아리 '민주살롱(民主沙龍)'을 주도해 공개강연을 주 최했다. 1978~80년 민주운동을 이끈 선배들이나 팡리즈 부부 등 학내외의 민주인사들과 연결망을 만들고 학내에서 민주의식 확산을 이끌어갔다. 그때 그의 관심은 보통선거를 추진하고 언론자유를 돌파구로 삼아 민주화를 추진하는 데 모아져 있었다. 그가 주도한 민주살롱은 그 영향력이 베이징대학을 넘어 다른 대학에도 모범으로 인식되었다.[1] 이러한 그의 경력을 보면, 4월 톈안먼시위에 참여하게 된 맥락이 자연스럽게 이해된다. 그런데 1980년대 당시 학생지도자들 사이에서는 드문 사례인 듯하다.

당시 해외 언론매체의 총아였던 수배자 제2호인 우얼카이시(吾爾開希)는 중등 학교에서 학내 비리를 고발하는 등 현실참여에 적극적인 성향을 가졌으나, 베이징사범대학 입학 이후 왕단처럼 자생적 조직활동을 한 것 같지는 않다. 위구르족으로서 '타고난 선동가' 기질을 가진 그가 베이징사대 학생들을 이끌고 톈안먼으로 가게 된 것은 "일순간의 결정이지 어떤 정치적 고려가 아니었다"고 훗날 스스로 회고할 정도로 즉흥적인 결과이다. 그는 동료 학생들이 캠퍼스에 모여 우왕좌왕하고 어찌할 바 몰라 하는 집단적 나약함이 혐오스러워 전면에 나섰다고 한다. 충동적이고 연극적인 면모로 톈안먼시위 때 군중을 휘어잡는 역량을 발휘하는 동시에 잦은 돌출행동으로 물의를 빚기도 했다.[2]

수배자 19호인 칭화대학의 장밍(張銘) 역시 피동적으로 역사의 현장에 끌려들어간 사례이다. 4월 18일 호기심에 이끌려 친구들과 신화먼 앞에 가 학생들이 정좌하고 농성하는 모습을 보게 되었는데, 학생들이 아무런 책략적 사고도 없이 행동하는 데 실망했다. 자기가 개입하면 좀더 전략적인 방식을 구사할 수 있을 것 같아 나섰다고 한다. 그 일로 지명수배가 되었다가 투옥되었다.[3]

톈안먼광장에서 단식투쟁의 처음과 끝을 주도한 수배자 13호 평충더(封從德)와 4호인 차이링(柴玲)의 경우도 참여동기가 유사하다. 베이징대학 대학원생인 펑충더는 유학 준비 중 후야오방이 사망한 4월 15일 우연히 캠퍼스에서 대자보를 읽고 컴퓨터도 고장난 참이라 참여하게 되었고,[4] 그의 아내인 베이징사대 대학원생 차이링 역시 4월 22일 후야오방 추도회에 단순한 추도의 뜻을 갖고 남편을 따라 참여했다가 경찰이 학생을 폭행하는 것을 목도한 후 자신이 이전에 겪은 트라우마가 떠올라 몇시간 만에 인생이 달라졌다고 한다.[5]

비록 다섯명의 사례를 살펴본 데 불과하나, 당시 학생지도자들은 일부만 개별 학교 차원의 작은 시위나 교내 학습 동아리를 통해 성장했을 뿐이다. 대개는 조직적 활동을 경험하는 등의 사전 준비가 부족한 채 참여했다.

그럼에도 (앞에서 보았듯이) 시위 초기 바로 15개 대학 대표로 구성된 고자련(高自聯)을 즉각 설립하는 등 자발적 학생자치결사체를 구성하였고 이를 통해 운동을 지휘한 것은 분명 의미 깊다. 그러나 이 기구가 "운동 전체의 의제와 전략을 만들어낼 수 있는 의사결정기관"[6]으로서의 역할을 감당한 것은 아니었다. 물론 당시 대학에서 허용한 학생조직 이외에 각 학교를 대표하는 자치조직이나 대학 간 연합자치조직의 설립이 불가능했던 여건임을 감안하더라도, 이들은 비교적 많은 학생들로부터 선출방식을 통해 대표성을 부여받은 베이징대학을 빼고는 대개의 대학의 경우 대표성이 낮았다는 취약점은 분명하다. 게다가 톈안먼광장에서 단식 중 설립된 광장보위사령부 및 베이징 밖에서 온 참여학생들(내지 그들의 조직인 외지고교학생자치연합회外地高校學生自治聯合會)과의 경쟁에 시달려 신축성 있는 전략을 짜고 기율 잡힌 운동을 진행할 수 없었다. 대표성의 취약성은 1989민주운동의 내재적 한계라 아니할 수 없다. "학생들은 민주를 요구했으나 자기 단체 안에서 민주의 원칙을 관철할 수 없었고 소수가 다수에 복종한다는 개념을 완전히 무시했다"[7]는 혹평도 나올 법하다. 그런데 수배자 14호인 왕차오화(王超華)의 회고에 따르면, 학생대표들은 항상 (적어도 외양상이라도) 민주적 절차인 투표행위를 거쳐 결정하려고 노력했다고 한다.* 그럼에도 불구하고 민주적 기초가 결여된 학생조직의 실제와 외부에 알려진 이미지 사이에 거리가 있었고, 학생지도자와 학생운동 사이에 영향력을 발휘할 강대한 학생조직이 없다보니 지도자 개인의 역량과 명성이 조직을 대체하는 폐단이 빚어졌다.[8] 톈안먼 시위가 100만명 이상 참여하는 민중운동으로 확장되었을 때 그들이 실수를 거듭하는 것은 불가피했다.[9]

2. 군중동원의 자원들

그렇다면 도대체 어떻게 광장으로 그토록 많은 참여자들을 끌어모을 수 있었을까. 이에 대한 답을 찾기 위해서 먼저 그들이 활용한 다양한 문화자원에 주목할 필요가 있다.

민중에게 신망있는 인물의 장례식이나 추도회를 이용해 저항운동을 일으킨 역사적 경험은 1949년 이후에도 되풀이 나타났음을 앞에서 이미 확인했다. 후야오방 추도식도 그러한 의례라는 전통자원을 활용한 것이다. 그 단적인 예로 관심을 끈 것이 4월 22일 학생대표 세명이 인민대회당 앞 계단에 무릎을 꿇고 청원문을 머리 위에 들고 마치 백성이 황제에게 상소문을 바치는 듯한 장면을 연출한 일이다. 그 현장을 지켜본 우얼카이

• 이 책 제1부 3장(73면)에서 소개되듯이 이처럼 관심있는 사람을 추천하는 간접선거방식은 5·4운동기에 '運動選擧的方式'이라고 불렸다.

시는 그것은 일종의 봉건적 작태로서 나약함만 드러냈을 뿐이라고 비판했다.[10] 그러나 당시 시위자들이 과거에 갇혀 유교사회의 지식인 역할을 단순히 재현한 것은 아니다. 전통적 형식을 빌려 자유가 없고 의사소통의 길이 막혔음을 역설적으로 보여주려 한 무의식적 연출 행위가 아니었을까.

이처럼 오래된 형식에 새로운 내용을 담는 행위는 5·4운동의 기억을 되풀이 활용한 사례에서도 아주 잘 드러난다.

5·4운동이 일어나기 전에 국경행사의 장소였던 톈안먼이 1919년 저항의 상징으로 다시 태어났다. 그후 1949년에 다시 경축의 장소가 되었고, 1984년 건국 35주년의 날 개혁·개방의 성과를 자축하는 경축의 열기가 뜨거웠다.* 그리고 1976년 4·5민주운동의 장소로 되살아난 경험이 쌓여 있었기에 1989년에 당연히 시위대의 집결지가 될 수 있었다.

5·4기의 자원으로서 다시 활용된 기숙사 네트워크의 역할도 단연 돋보인다. 1장에서 베이징대학 사례에서 보았듯이(67~68면 참조) 1989년에도 기숙사는 학생 동원에 결정적 역할을 했다. 또 5·4기에는 학생동아리와 잡지의 간행이 붐을 이뤘고 기숙사 말고 이것들도 주체 형성의 중요한 고리가 되었지만, 1989년에는 동아리와 잡지가 그다지 활발하지 못했다. 5·4기의 베이징정부와 달리 1989년의 그것은 통제가 엄격했기 때문이다.

그런데 '가치고지'로서의 5·4의 기억은 1989년에도 생생하게 되살아났다. 베이징대학의 왕단이 1989년 초에는 잡지 『신5·4(新五四)』를 창간

---

* 1984년 10월 1일 쾌청한 날씨 속에 펼쳐진 경축 퍼레이드 중 누군가가 친근감을 표시하는 "덩샤오핑 안녕(小平您好)"이라는 플래카드를 들고 지나가 화제가 되었다. 그날밤 불꽃놀이와 댄스파티가 톈안먼광장에서 화려했다. Richard Gordon & Carma Hinton, "The Gate of Heavenly Peace"(1995년작 다큐멘터리, 공식 웹사이트인 http://tsquare.tv에서 구할 수 있음)에서 캡처.

했다. 70년 전 5·4운동의 계보를 계승한다는 뚜렷한 목표를 갖고 지난날 대학생이 완성하고자 했으나 미처 완성하지 못한 과제를 그 발상지인 베이징대학에서 자신들의 손으로 완수하겠다는 의지의 표현이었다.[11] 때마침 1989년은 프랑스혁명 200주년, 5·4운동 70주년, 중화인민공화국 건국 40주년이라는 세개의 기념해가 겹쳤기에 변혁에 대한 기대가 높았다.

문화대혁명의 경험도 중요한 역할을 했다. 앞에서 보았듯이 두번째 민주운동 고조기의 인맥과 그들의 지향이 대체로 문화대혁명의 경험과 밀접한 연관이 있었다. 그뿐만 아니라 문혁기에 유행한 단식이란 전술[12]은 많은 군중의 유례없는 동조를 끌어내는 데 결정적 역할을 했다. 전국 군중의 공동 행동을 위한 '연락하는 관계 만들기(串聯)'라는 운동전략도 되살아났다. 또다른 문혁기 특징인 '대민주'(마오 집권 시기 헌법에도 들어간 적 있는 무정부에 가까운 직접민주주의)의 형식인 '4대' 곧 크게 외치기(大鳴)·자유롭게 발언하기(大放)·자유롭게 토론하기(大辯論)·자유롭게 게시하기(大字報)[13]도 광장에서 되살아났다. (이와 동시에 당정의 지도층에 문혁 악몽을 상기시켜 탄압의 빌미도 되었다.)

물론 여기에 새로운 요소도 덧붙여졌다. 학생들은 정부기관들이 통제하는 것보다 더 빨리 팩스 같은 신기술에 적응했고, 대학가 주변에서 복사기를 널리 사용했다. 톈안먼광장에서 바로 간이 인쇄기(등사기)를 이용해 유인물을 직접 찍어내기도 했다.[14] 심지어 문건들을 미국 대학의 중국인 유학생에게 팩스로 보내 재편집을 거쳐 다시 국내에 반입하는 방식까지 도입되었다.[15]

외국의 운동 경험도 서슴없이 수용했다. 텔레비전에서 본 한국의 반정부세력이 이용한 머리띠나, 필리핀에서 피플파워를 과시한 반마르코스 활동가들이 애용했던 V자 표시도 모방했다.[16] 홍콩 등 해외 화인의 물질적·정신적 지원은 크게 도움이 되었거니와, 해외 여론도 든든한 지원세력이 되었다. 일부 학생지도자는 의사 표현을 위해 외국 특파원들을 적극 활용하기도 했다.

이보다 더 흥미로운 현상은 톈안먼광장이 한때 '도시의 우드스톡'으로 변한 것이다. 로큰롤(Rock and Roll)이라는 본격적 팝음악이 1960년대 말 미국에서 저항을 발산하는 창구 역할을 한 바 있는데, 뒤늦게 1989년 중국에서도 일종의 자유화의 표현방식이 되었다. 1969년에 대규모로 열린 '우드스톡 페스티벌'(The Woodstock Music and Art Fair)을 연상시키듯, 5월 25일 인기 높은 팝가수 허우더젠(侯德健)과 다른 뮤지션들이 톈안먼에서 연주회를 가졌다. 그 음악회에 참가한 사람들은 "완전히 열광해 자아해방"의 몰입감을 느꼈다.[17] 힌턴(Carma Hinton) 등이 제작한 다큐멘터리 「톈안먼」(The Gate of Heavenly Peace)에서 그 열기를 물씬 느낄 수 있다. 허우더젠은 "나는 아직 해방되지 않았다"고 외치는 참석자들에게서 자아해방운동의 의미를 읽어낸다.[18]

톈안먼광장의 시위 자체가 일부 참여자에게는 해방 공간이 되었다. 학생운동 지도자 장밍은 "마음의 우드스톡(Woodstock of the mind) 같은 정서"였다고 회고한다.[19] 더 생생한 묘사는 당시 경찰대 학생(가명 웨이양수 魏陽樹)의 회고에서 나온다. "그해 봄의 광장은 축제"였다. 태양 아래에서 밥 먹고 담배 피우며 수다 떨다가 텐트나 버스에서 잤다. "지금에 비하면 오락이 없던 시기에 생각도 못할 정도로 자극적이었다. 당시 18, 19세 학생이라면 재미로 온 사람이 전체의 5할, 아니 8할일지도 모른다. 나는 그중 하나였다."[20] 톈안먼광장은 적어도 5월 19일 전까지는 분명히 축제와 해방의 공간이었다. 5월 30일 세워진 「민주의 신」상이라는 볼거리가 엄청난 수의 군중을 동원했다. 톈안먼광장은 분명히 카니발적 효과를 조성하며 스펙터클을 제공했다.

이러한 다양한 자원이 시위에 대한 방관자나 소극적 참여자까지 쉽게 참여시키는 촉매 역할을 한 것은 당연하다.

3. 운동지도부의 전략을 둘러싼 쟁점들

그런데 이렇게 대규모의 군중을 동원해낸 운동이 왜 파국적인 참살로 끝나고 말았을까. 예상치 못한 결말을 맞았기에 시위를 주도한 당사자들의 회고와 성찰은 물론이고, 관찰자 내지 연구자 들의 분석도 적지 않다. (비극적 결말에 대한 당사자들끼리의 책임 전가를 포함해) 몇가지 쟁점을 둘러싸고 논란이 분분하다. 이것은 운동의 성격 규명, 더 나아가 중국 민주주의의 전망과 직결되므로 그 속사정을 들여다보고 싶어진다.

톈안먼사건에 관심을 갖는 누구나 궁금해하는 첫번째 쟁점은 학생들이 톈안먼시위 과정에서 정부와의 협상을 통해 더 일찍 광장에서 철수할 수는 없었는가이다. 이 물음의 이면에는 그랬다면 유혈사태를 피할 수 있지 않았을까 하는 가정이 깔려 있다. 여기에는 자칫하면 유혈사태를 초래한 책임을 탄압 당사자인 정부가 아닌 학생에게 돌리는 논의로 변질될 위험이 있다. 이 위험을 벗어나면서도 성찰적으로 접근하기 위한 길은, "학생에겐 오류, 정부에는 죄(學生有謬 政府有罪)"가 있다는 두개의 명제를 동시에 전제로 깔고 당시 학생지도부의 과오를 돌아보는 작업을 수행하는 것이 아닐까 싶다.[21]

사실 협상을 수행하려면 학생운동 지도부가 그것을 감당할 수 있는 실력과 자격을 갖췄어야 하는데, 학생자치조직들이 운동의 진행 과정에서 급조되어 매우 느슨했음은 이미 앞에서 본 대로이다. 군중운동의 '자발성'과 그로부터 분출하는 감정 표현을 '자각적 조직'의 의사 표시로 응축시켜 현장의 운동 방향을 틀어쥘 능력을 제대로 갖출 수 없었다. 게다가 자발성에 기초한 해방감에 도취되어 그나마 있던 학생대표 조직의 기층 민주질서마저 무시한 의사결정이 곧잘 이뤄졌다. (바로 뒤에서 보게 되듯이) 단식을 결정하는 과정이 바로 그러했다.[22]

그렇다면 이들 학생 활동가 주변에는 선배들로 구성된 핵심 집단이 존재했고[23] 학생들을 이끌 수 있었는가? 1970년대부터 기층사회 민주운동을 주도해온 인물들이 (앞에서 보았듯이) 1989년 학생지도부에 개인적으로 영향을 미쳤고, 톈안먼시위 과정에 개입한 것은 분명하다. (그래서 나중에 '배후의 검은 세력'으로 몰린 것이다.) 조직적인 차원에서 개입한 예로는 천쯔밍(陳子明)과 왕쥔타오(王軍濤)가 여러 사회단체를 엮어 설립한 '수도각계애국헌법수호연석회의'(약칭 연석회의)를 들 수 있다. 그러나 이 기구조차 내부 구성원의 민주적 절차를 거쳐 정당성을 위임받은 것 같은 자격을 갖춘 기구가 아니었다. 그뿐만 아니라 적당한 시기를 봐서 약점이 드러나기 전에 광장에서 철수해야 할 때가 언제인지를 판단할 능력, 더 나아가 그 시점이 적절한 때임을 군중에게 설득할 수 있는 정치적 영도력 또는 군중심리 장악 역량이 결핍되어 있었다.

이것은 중국 민주운동의 역사적 맥락과 관련이 있다. 문화대혁명 중기에서 1980년대 말까지 (80년대 초 잠깐 경선을 통해 인민대표대회 대표를 선출한 경우 빼고는) 중국의 민주운동은 대부분 소수 엘리트 주도의 운동과 돌발적 군중운동 사이에서 동요했다. 그리고 엘리트들이 운동에 참여하는 주요 방식은 뜻 맞는 사람끼리의 단체를 통한 이름 드러내기('出名') 유형이었다. 반면에 80년대에 대학생이 거리에 나가 시위하는 양상은 익명형이거나, 조직이 전혀 개입되지 않은 것이거나, 극단적인 비밀시위의 형식을 취한 것이었다. 한마디로 민주적 조직의 기초가 결여되었다. 때문에 학생들은 그동안 위로부터 동원되는 데('運動群衆') 익숙했지, 밑으로부터 '군중을 이끈'(群衆運動) 경험이 부족한 상태에서 '4·27대시위' 이래 학생운동에서 다양한 계층이 참여하는 군중운동으로, 베이징의 운동에서 전국운동으로 전환하는 상황에 부닥쳤던 것이다.[24]

그렇다면 애초부터 대화는 불가능했고, 또 시도되지 않았는가? 5월 4일 이후 학생들은 정부와의 대화, 사실상 '정치협상'을 원했다. 그들의 시위는 정부를 대화에 끌어내기 위한 수단이었다. 5월 5일 베이징 시내 각 대학 학생의 추천을 받아 구성된 '대학생대화대표단'은 첫 모임을 갖고, 정부와의 상설 대화창구로 나설 것임을 발표했다(단장 중국정법대학 대학원생 샹샤오지項小吉, 부단장 베이징대학 선퉁沈彤).[25] 이 기구는 동란 규정 철폐와 고자련의 합법성 인정이란 두개의 핵심 요구사항을 얻어내기 위해 정부에 대화를 요구했다. 그러나 온건과 강경을 오가며 입장을 정리하지 못하던 당정 영도자들은 대화에 선뜻 나서지 않았다. 그러다가 단식투쟁과 고르바초프의 방중을 앞두고 몇차례 본격적인 대화가 이어졌지만, 합의에 이르지 못했다. 학생운동의 재평가와 학생조직의 합법성 인정이라는 두개의 요구조건을 수용하지 않으면 시위를 멈추게 할 수 없었는데, 단식 중지와 광장 철수가 목적인 당국은 양보가 불가하다는 태도였다. 여기에 당국과 학생 간의 대화 참석자 대표성 문제에 대한 서로 다른 시각도 작용했다. 당국은 누가 진정 학생들을 대표하고 학생들을 철수시킬 능력이 있는지 알아차릴 수가 없었다. 반면에 단식 돌입 시점에 이미 학생지도부가 세 조직(고자련, 대화단, 단식대)으로 나뉘었기에 학생대표들로서는 어느 쪽이 학생들을 대표한다고 정부가 판단하는 것인지 문제삼지 않을 수 없었다.

두번째로 점검해볼 쟁점은 단식투쟁은 적절한 책략이었는가이다. 그것이 베이징 주민의 유례없는 규모의 동조를 끌어내었을 뿐만 아니라 운동을 전국적인 것으로 만든 전술이었던 것은 분명하다. 그런데 그 결과가 파국적이었기에 불가피하게 논란의 뜨거운 쟁점이 되어왔다. 여기서 짧게나마 그 세부 경과를 되짚어보자.

단식투쟁 돌입은 5월 11일 학생지도자 왕단·우얼카이시·차이링 등 여섯명이 결정했다. 그들은 고자련 지도부였지만 고자련의 조직적 결정에 따른 것은 아니었다. 오히려 고자련 상무위원회는 이를 반대했다. 그럼에도 왜 그때 단식을 감행했을까. 표면적으로는 고르바초프 방중 시기(5월 15~17일)에 맞춰 정부를 압박하기 위해서였다. 그러나 그 이면에는 '5·4집회' 이후 학생들이 복교하면서 운동이 퇴조에 들어갔기에 동력 확보를 위한 의도가 작용했다.

그러나 당시 현장에서는 그런 파국을 막기 위해 여러 집단의 다양한 노력이 있었다는 사실을 간과해서는 안 된다. 먼저 고자련은 단식 결정이 공포되기 전에는 단식에 들어가지 말 것을 '권유'할 방침이었다. 동시에 학생에게 영향력을 미칠 수 있는 저명한 지식계 인사들에게 철수를 '호소'할 방도를 모색했다. 단식 발기인 중 왕단과 우얼카이시는 처음부터 담판을 통한 정부와의 모종의 타협을 고려했으나, 차이링 등 강경파는 근본적으로 정부와의 교섭을 고려하지 않았다.[26] 당시 당정 영도층 안에서 개혁파인 자오쯔양 측이 학생과 시민의 지지를 기반으로 정치적 주도권을 장악하고 덩샤오핑과 원로들을 설득하여 정치개혁을 추진하려 한다는 소문이 널리 퍼졌다.[27] 그런 정세의 틈새를 지렛대로 삼아 학생과 당국의 대화가 실제 자오쯔양을 매개로 학생들이 원하는 정치개혁에 박차를 가할 수도, 거꾸로 정치분파의 경쟁에 이용만 당할 수도 있는 복잡한 국면이었다. 그러니 이 점을 경계한 대화 거부 측의 입장*을 간단히 비판하기는 힘들다. 실제로 자오쯔양의 비서장으로 나중에 문책되어 투옥된 바오퉁(鮑彤)은 5월 말 자오쯔양의 실각이 사실상 덩샤오핑 측에 의한 '정변'이라고 주장하기도 했을 정도로 당시는 소용돌이가 치는 유동적인 정치 계절이었다.[28]

그 와중에 명사들의 중재 노력도 있었다. 5월 14일 『광명일보』의 저명한 기자이자 작가인 다이칭(戴晴) 주도 아래 12명의 지식인이 중재에 나섰다. 그들은 당 통일전선부 부장과 사전 조율하고, 그날밤 8시 광장을 방문해 「긴급호소」를 낭독했다. 그리고 학생들에게 임시 철수해 중산(中山)공원에 머물 것을 설득했다. 그러나 청중들은 유세객에 속지 말자고 외치며, 자신들의 「단식선언」을 낭독할 뿐이었다. 여기서 눈여겨볼 것은, 이들 지식인이 광장에 나서서 연설할 때 '광장 분위기'에 눌려 위축되고 말아, 자신들이 원래 갖고 있던 원칙이나 이념을 제대로 표현하지 못하고 "우리는 당신들에게 배우려고 한다!" "우리는 당신들과 함께한다!"는 구호를 외치는 데 그쳤다는 점이다. 그들은 자신들의 시도가 실패했음을 인정하지 않을 수 없었다.[29]

어쨌든 단식은 학생지도부 대화파와 당정 지도부 온건세력의 대화 노력을 저지했고, 그들의 리더십에 타격을 가한 효과를 거두었다. 자오쯔양이 학생들을 자기 목적에 이용할 길을 봉쇄하는 것이 목적이었다면 이를 달성한 셈이다. 이런 의미에서 단식은 "정치적 행동을 위한 탈정치적 운반체"(a de-politicized vehicle for political action)였다.[30] 그러나 5월 20일

• 펑충더와 차이링의 입장이다. 封從德 『天安門之爭: '六四'的關鍵內情』(Ontario: 明鏡出版社 2010)에서 일관되게 주장한다.

이후 이미 계엄이 내려진 상황에서는 의미가 없었다.

이제는 광장의 단식단과 계엄을 선포한 정부 양측이 부닥치는 길만 남았다. 그렇다면 "단식농성자들은 대중 사이에서 커다란 공감을 끌어냈지만, 학생들의 자치조직을 약화시키고 관심의 중심을 차지함으로써 소수의 언론스타들이 탄생하고 이들이 전체 운동을 자신의 유명세로 이끌다가 결국 운동의 사망을 불러"온 것에 불과한가.[31] 이 해석은 지나치다. 학생 측으로서는 톈안먼에서 단식을 벌이는 대규모의 군중운동, 말하자면 '호랑이 등'에 올라탄 이상 쉽게 내릴 수가 없는 상황이었던 것이다.

단식을 발의한 당사자의 하나인 왕단은 훗날 돌아보면서, 단식투쟁이 그 시점에서 필요했던 것은 분명한데 사전에 사상과 행동에서 제대로 준비되지 않은 것을 자책한다.[32] 사실, 단식 결정과 강행이 비록 군중심리의 추수였지만, 이를 통해서만 지도부가 광장에서 군중을 이끌 영도력을 계속 확보할 수 있었기에 계엄 이후 운동이 점차 더 과격화로 치달을 수밖에 없었던 면도 분명히 존재했다.[33]

그러나 단식이 군중을 동원한 것은 단순한 인도주의적 공감의 발로 때문만은 아니다. 4·27시위의 성공, 그리고 계엄령 발포 이후 베이징 등 여러 곳에서 대중들이 용감하게 거리에 나서 지원하는 투쟁을 계속한 것과 내재적으로 연관시켜 더 넓은 시야에서 봐야 옳다.[34] 점차 "다양한 운동주체들이 서로 교류하고 연대하며 진화해나간"[35] 역량이 단식으로 분출되었는데, 안타깝게도 학생을 포함한 어느 세력도 그것을 적절히 조절해 공동의 목표로 이끌어나가는 운동의 조직적 힘과 전략을 갖추지 못했다.

4. 운동 주체의 확산과 노동자 연대

　이제 또다른 쟁점인 운동 주체의 확산을 검토해볼 차례이다. 학생은 다른 사회세력과 연대하고자 했고, 또 그렇게 할 수 있었는가이다. 1919년 5·4운동을 성공으로 이끄는 결정적 역할을 수행한 것은 학생·상인·노동자의 민중연합, 곧 삼파(三罷)투쟁이었다. 그런데 그로부터 70년 뒤의 톈안먼운동은 이 점에서 어떠한 성과를 보였는가.

　개혁정책 시행 이후 도시에서 새롭게 출현한 자영업자인 개인상공업자, 즉 개체호(個體戶)가 1989년의 시위에 참여한 현상은 이채롭다. 그들은 지원금과 물자를 제공했을 뿐만 아니라, 오토바이를 타고 베이징을 누벼 '나는 호랑이부대(飛虎隊)'라 불렸는데, 각종 소식을 수집 배포하는 역할을 담당했다. 그들은 돈은 그런대로 벌었지만 사회적 지위가 없었기에, 운동참여 같은 공익활동을 통해 사회적인 인정을 받고 싶어 참여했을지도 모른다.[36] 좀더 근원적으로는 그즈음 세수구조가 조정되고 권력의 시장화 같은 요소가 출현하여 상업계층의 구조에 변화가 생기기 시작함으로써 기존의 개인상공업자의 이익이 감소한 사회조건이 형성되었기에 학생운동을 지지한 것일 수 있다.[37]

　이보다 더 주목받는 관심사는 노동계급과의 연대이다.

　노동자 개개인의 시위 참여는 초기부터 이뤄졌다. 나중에 베이징의 노동자자치조직인 공자련을 주도하게 될 인물인 한둥팡(韓東方)은 4월 16일 톈안먼광장을 지나다 우연히 학생들의 민주주의에 대한 토론을 들었다. 그때 경영과 이윤에 대한 통제, 즉 작업장 민주주의에 대한 생각이 먼저 머리에 떠올랐다고 회고한다.[38] 19일 밤 신화먼사건을 지켜보고 격분을 느낀 그를 포함한 몇몇 노동자들이 노동자자치조직을 만들어 학생을 보호하는 활동을 전개하기로 뜻을 모았다.

4월 21일 상임위와 주비위원회를 거쳐서 베이징노동자자치연합회(공자련)가 출범했다. 그러나 구성원 서로의 실명을 묻지 않을 정도로 조심했고 단체명을 공개적으로 내세우지 않은 채 학생들과 따로 톈안먼광장 한쪽에 자리잡고 시위에 동참했다. 5월 들어가 '강령'을 제정했으며, '임시장정'을 통과시켰다. 이로써 조직의 틀을 비로소 갖출 수 있었다.

이것은 단웨이제도 아래 조직된 기존의 공식 노조가 아니라 독립노조였다. 그러나 국가권력에 대립하며 체제 밖에서 갑자기 등장한 것이 아니라, 기존의 공식 노조와 노동기관, 학생들과의 연계 속에 스스로 위치를 정립하면서 독립적인 조직화의 길을 걸었다. 당국체제와 연결된 중국사회의 구조적 특징이 반영된 탓이다. 그러나 조직활동 그 자체보다 그들의 정서나 정치지향에서 "건국 이래 새로운 형태의 정치적 지향"이 출현했다는 면에서 의의는 자못 크다.[39]

이러한 노동자 조직의 출현에 대해 학생지도부는 처음에는 거리를 두었다. 일차적으로는 학생운동의 순수성을 유지하려는 엘리트주의의 산물이나, 두 세력의 연대에 민감한 정부에 강경진압의 구실을 주지 않으려는 고려도 작용했다.[40] 그런데 시위 진행 과정에서 점차 학생지도부가 노동자에 접근했다. 조직적 연대의 단초는 한둥팡과 베이징대학 법학과 박사생 리진진(李進進)의 만남에서 열렸다. 5월 19일 아침 인민영웅기념비 앞에서 두 사람이 만났다. 리진진은 폴란드의 민주화를 이끈 연대자유노조 지도자 바웬사(Lech Wałęsa) 같은 사람을 찾았는데 한둥팡이 혹 적임자가 아닐까 궁금해했다.[41] 그후 그는 공자련 설립에 깊이 간여해 법률고문이 되었고, 공자련의 문건 대부분이 그가 쓴 것이라고도 한다. 또한 고자련 초대 주석인 저우융쥔(周勇軍)이 공자련의 조직부장을 맡아 학생들에게 기부된 돈을 가져다주는 등 학생지도부가 운영자금에도 상당 부분 간여한 것으로 보인다.[42] 그렇다고 해서 공자련이 학생운동의 '파생물'이라고 보는 것은 지나치다.[43]

톈안먼광장으로 계엄군이 진입할 것이 예상되자 학생들이 위험을 느끼고 운동의 동력이 떨어진 시점인 5월 말 학생지도부가 노동운동가 그룹에 적극 접근했다. 5월 30일 왕단은 "앞으로 투쟁의 힘을 교내 민주 건설에 두고 학생자치회 조직의 합법화와 민주살롱 및 새로운 사회단체 조직을 계속해서 요구할 것이다. 사회 각 영역에서 모두 자신의 조직 설립을 요구할 것이며, 지식인동맹, 독립노조, 농민회 등을 조직하고 바웬사 같은 인물을 찾을 것이다."라고 연설했다.[44]

노동자의 지원은 독립노조 차원에서만 이뤄진 것이 아니다. 기존 단웨이 조직 차원의 협력이나, 전국 노동조직인 전총의 지원도 중요한 역할을 했다. 단웨이 중심의 노동자 참여도 주목된다. 이들은 각 단웨이의 깃발을 내세우고 참여했는데, 분명히 마오 시대보다는 일상생활에 미치는 단웨이의 통제력이 약화되어 공동 참여 시의 정치적 염려가 줄기도 했고 진퇴를 함께하면 안전이 더 보장되었기 때문이다. 그뿐만 아니다. 밤에는 노동자 개인이 단웨이와 관계없이 독립적으로 참여했다. 주목할 만한 변화가 아닐 수 없다.[45]

4·27시위 이후, 특히 5월 20일 계엄 선포 이후 광범위한 군중연합이 출현했다. 톈안먼시위의 양상이 바뀐 것이다. 이런 진화 과정에 힘입어 6월 4일 유혈진압이 있던 당일 고자련은 전단지를 살포해 도시 각계 인민의 삼파(三罷)투쟁 같은 시민연합 차원의 저항을 호소할 수 있었다.(앞의 3부 1장 275~76면 참조)

6월 4일 진압 이후 10일까지 전국 주요 도시에서 시위가 이어졌다. 공자련의 기치가 다시 등장했다.[46] 그들은 무차별하게 폭행당한 베이징의 희생자들을 위해 군인들에 맞서 인류와 공동체를 지키려 한 것이다.[47] 이 과정에 노동자를 비롯한 일반 대중이 참여했고, 그로 인한 희생이 컸음은 잘 알려진 사실이다. 학생지도자들은 감옥에 보내졌지만, 적어도 6월에만 27명의 노동자 활동가들이 처형당했고 그중 14명이 공자련 구성원이었다.[48]

이상에서 확인했듯이 "다양한 운동주체들이 서로 교류하고 연대하며 진화해나간" 군중연합의 출현은 6·4진압에 대한 중국정부의 공식 발표 내용에 압축적으로 묘사되어 있다.

"이번 동란의 특징은 단지 대학이나 베이징 지역에 국한되지 않고 사회 전체 전국 각지로 확산되었다는 점에 있다. 후야오방 동지 추도식이 끝나자 일부 사람들이 중학교·공장·상점·농촌으로 들어가 서로 교류하고(串聯) 거리에서 연설을 행하고 전단을 뿌리고 표어를 붙이고 모금을 벌이면서 사태를 확대했다."[49]

이렇듯 '전국적인 대교류(串聯)'를 통해 여러 계층이 형성한 민중연합은 (5·4기의 각계 단체로 구성된 각계연합이라기보다) 운동의 참여자들이 단웨이에 의존하면서도 개별적으로 참여한, 달리 말하면 단웨이와 개인의 의지가 교직된 각계 민중의 자발적인 연합이라 할 수 있겠다.

5. 무엇을 요구했나: 주체의 민주 인식 문제

이제 마지막 쟁점인 학생을 중심으로 한 군중연합이라는 시위 주체가 무엇을 추구하였을까라는 궁금증을 풀어볼 차례가 되었다.

우선 우회적으로 시위세력이 무엇을 추구했다고 당정이 보는지부터 살펴보자. 톈안먼사건을 '반혁명폭란'으로 당초 규정한 데서 알 수 있듯이 반사회주의 곧 '반체제적 폭동'이었다는 것이 지금까지의 중국공산당의 기본 입장이다. 그런데 흥미롭게도 서방세계 또한 대체적으로 사회주의체제를 변혁하고자 한 '반체제운동'으로 평가한다. 양자가 '반체제'로 간주한다는 점에서는 닮은꼴이다. 전자가 이 용어를 적대적 의미로 사용하고 그들을 억압하는 반면 후자는 이 용어를 동정적 의미로 사용하고 그들을 지지하는 차이가 있지만 말이다.[50]

중국 밖에서는 그들이 추구한 것이 구미식 자유민주주의인 듯 설명하는 시각이 1989년의 시점에서는 물론이고 그후도 일정한 영향력이 있다. 광장에 내세워진 「민주의 신」상이 뉴욕의 「자유의 여신」상을 모방한 것으로 인식된 것도 그 상징적 예이거니와, 학생지도자인 우얼카이시가 서방 언론에 "우리는 나이키 운동화, 여자친구를 술집에 데려갈 수 있는 많은 자유시간, 누군가와 어떤 주제든 토론할 자유, 사회의 존경을 원한다"[51]고 밝힌 일화도 그런 해석에 힘을 실어주었다. 그런데 그들의 서방인식, 특히 시장과 투표로 상징되는 '미국의 꿈'의 이미지는 실제에 근거한 것이라기보다 자기 사회를 비판적으로 비춰보는 기준, 달리 말하면 '거울 효과'가 작용한 것이다. (마치 1970~80년대 한국의 저항세력이 공산권을 '거울'로 삼았듯이 말이다.•) 그러다보니 당시 중국 지식층의 젊은 이들에는 '민주주의사회'와 '풍요로운 사회'의 이미지를 단순히 등치시

• 저자가 1990년대 초 미국에서 만난 중국 사회과학원 소속 30대 중반의 사회학자는 사석에서 당시 한국 운동권의 계급혁명론을 이해하기 힘들다고 말하면서 자기네 사회주의와 우리 자본주의를 교환하자고 농담처럼 말할 정도로 자기 체제에 대한 불신이 심각했다. 권태선·백영서 「오늘의 중국현실과 지식인」, 『창작과비평』 1991년 가을호 359면.

켜 이해하는 사람들이 많았던 것처럼 보인다.[52]

그런데 이런 해석이 "다양한 운동주체들이 서로 교류하고 연대하며 진화해나간" 군중연합의 지향을 다 포착하는 것일까. 이 물음을 규명하기 위해 시위 주체가 내세운 구체적인 요구사항을 하나하나 검토하는 방식을 택해보고자 한다.

먼저 시위에 참여한 학생들의 요구를 살펴보겠다. 그들이 시위를 감행하면서 대화를 요구한 당초부터 내세운 요구조건은 3개 항이다. 첫째 이번 학생운동에 대한 성격 평가(동란 규정의 철회와 고자련의 합법성 인정), 둘째 관료의 부정과 부패를 야기한 정치체제 개혁, 셋째 헌법이 규정한 자유권리(특히 언론·출판·결사의 자유) 보장 요구이다. 이 요구의 바탕에 깔려 있는 이념을 민주주의라고 한다면, 캘훈(C. Calhoun)이 관찰한 대로 "시민적 자유의 느슨한 개념과 부패 종식이 그들의 민주적 상상력 속에 밀접히 결합된 것이다."[53]

1989년 직전까지 중국 대학생들이 생각하는 민주주의에 대한 인식은 매우 착종된 것이다. 보편적인 민주주의가 가장 잘 실현되고 있는 곳은 중국 사회주의가 아니라 미국을 위시한 구미 자유주의체제의 국가임을 인정하듯이 민주주의의 보편적인 요소를 중시하면서, 동시에 사회주의적 특징(예컨대 '민주집중제'나 '다당합작제')도 옹호하는 모습을 보여주었다.[54]

때마침 1989년 중국에 체류하고 있던 캘훈은 톈안먼광장의 현장에서 시위 참여 학생들에 대한 설문조사를 직접 진행하여 톈안먼시위 학생들의 민주주의에 대한 인식을 분석했다. 그에 따르면 응답 학생들은 민주주의체제의 특징으로 정확한 뉴스 보도(89%), 표현의 자유(83%), 자유선거(68%), 결사의 자유(47%), 부패 근절(38%)을 순차적으로 우선시했다.

응답자의 68%가 자유선거를 꼽고 있으나 이는 임기를 가진 정부 지도자의 정기적인 교체를 의미했지 (서방이 기대하는) 다당제와는 거리가 있었다. 질문을 달리 해 학생운동의 목적을 물었더니 부패 척결이 가장 높은 비율(71%)을 차지했고 정확한 뉴스 보도(69%), 표현의 자유(51%)가 그 뒤를 이었다.[55]

그런데 시위 진행 과정에서 학생들이 정부와 협상하면서 이런 요구와 민주주의에 대한 이해가 점점 더 '동란' 규정 취소로 좁게 집중되어버렸다. 그런데 달리 보면 (위에 제시된 세가지 요구사항에서 드러나듯이) 학생의 요구가 민주나 자유처럼 아주 일반적이거나 부패 척결처럼 너무 구체적인 것이어서 개별 집단의 실제 이해관계와 직접 연관되지 않았기 때문에 누구나 운동에 일체감을 갖기 쉬웠을지도 모른다.[56]

그렇다면 일반 시민은 무엇을 요구했을까. 처음에는 '부패 종식'과 '관다오 반대(反官倒)'의 요구로 시작했으나, 단식 기간에 통일된 구호가 하나는 "애들을 살리자(救救孩子)"나 "학생을 성원하자(聲援學生)"이고, 다른 하나는 대화요구였다. 전자는 누구라도 거부할 수 없는 인도주의적 기치로 이미 뜨거워진 시민이 참여할 가능성을 제공했고, 후자는 대화에 참여한 후의 열린 정치요구를 반영한다.[57]

이에 비해 노동자의 요구는 개혁정책의 사회경제적 부작용에 민감했다. 일화를 하나 소개해보자. 시위 기간 광장에서 목도된 일부 노동자들이 마오의 초상화를 든 장면이 있다. 그들이 원한 것은 "마오가 아니라 마오 시대의 물가였다."[58] 물가가 폭등한 현실을 상징적으로 비판한 퍼포먼스라 하겠다. 이런 정서는 독립노조인 공자련의 문건에 압축적으로 표현되어 있다. 그들은 "독재관료의 장기 통치로 물가폭등이 조성되고 인민 생활 수준이 직선적으로 하락"했다고 지적했다. 공자련의 '임시장정'의 핵심 강령은 민주주의에 대한 한층 더 명료하고 구체적인 인식을 보여준다. 즉 국유기업에 대한 통제권과 작업장 내의 민주를 요구하고(4항), 공산당의 통치에 반대하는 것이 아니라 그것을 감독하는 기능을 갖길 원하며(3항), 사회주의 헌법과 법률의 보호 아래 합법적인 수단으로 조직의 자치성을 유지하길 요구한다(1항과 5항).[59]

그들은 1980년대의 인플레에 대해서도 그 나름의 이해방식이 있었다. 즉 이중가격제나 자유시장의 부족 때문이 아니라 부패하고 이기적인 관료 탓이라고 파악하였다. 그래서 부패하고 비민주적인 정부에 비판하는 학생운동에 쉽게 동조하고, 이를 적극 지원할 수 있었다.[60]

개혁정책에 대한 노동자의 비판적 인식은 학생의 인식과 온도차가 생길 수 있다. 학생은 시장을 낡은 체제를 개혁할 수 있는 혁신적 제도라고 보는 반면, 노동자는 1980년대 들어 시장화 과정을 겪었기에 시장을 자신들의 기득권을 빼앗는 것으로 인식하는 경향이 있었다. 이러한 인식의 차이가 갈등의 요소로 실제 작동했는지는 확실치 않다. 1989년 광장에서 이 갈등은 전면에 부각되지 않아 서로 연대할 수 있었다. 표현 형식에서는 노동자가 기본적으로 학생들을 성원했고, 자신의 목소리를 비교적 적게 냈기 때문이다.[*] 게다가 학생이 내세운 민주와 자유는 기존 체제의 도덕적 정의에 활력을 불어넣을 "우산 슬로건 또는 기껏해야 추상적 개념"이었고,[61] 학생과 노동자를 포함한 군중연합이 추구한 정당성은 체계적 이념이라기보다 '밑으로부터의 민주자치' 또는 '민의 자유로운 결집(公民

---

[*] 왕후이 외 『고뇌하는 중국: 현대 중국 지식인의 담론과 중국현실』, 장영석·안치영 옮김, 길 2006, 442면. 왕차오화는 리민치(李民騏) 같은 신좌파 지식인이 훗날 학생과 노동자 사이의 모순을 강조하는 것은 학문적 분석이 결여된 것이라고 비판한다. 그 당시 노동자계급은 아직 자신들의 주장을 하지 않기 때문이다(같은 책 443면). 그러나 다른 차원이지만, 노동자들이 광장에서 학생지도부로부터 소외당한 데 대한 불만은 분명히 존재했다.

自主聯合)'에 의한 정치참여에 기초한 것이었다.[62] 그들이 광장에서 경험한 민주에 대한 정서이자 인식의 골간이 바로 그러했다.

이것이 가치 차원에서 군중연합의 접착제로 작용했다면, 제도 차원에서는 민주의 구현체로 간주된 인민대표대회에 대한 기대가 같은 작용을 했다. (위에서 본) 각계연합의 결집체인 '연석회의'의 기구 명칭에 '헌법수호'가 들어가 있듯이 시위자나 그 동조자들은 중화인민공화국 체제가 허용한 범위의 임계점에서 변혁을 추구하고자 헌법상 최고 권력기구인 전인대의 역할을 강조했다.

학생들은 시위 초기에 만든 7개조 청원문을 전인대 상무위원회에 접수시켰고, 고자련과 공자련의 연합성명(1항)에서 "인민대표대회는 즉각 임시대회를 열어 국무원 총리 리펑과 국가 주석 양상쿤(楊尚昆)을 파면하고 그밖의 인민의 적인 현 정부 관원의 법적 책임을 물을 것"을 요구했다.[63] 공식 노조인 중화전국총공회도 학생운동에 대한 지지를 표명하면서, 전국인민대표대회를 앞당겨 소집하고 정부와 노동자의 직접 대화를 요구했다. 미국유학생회도 전인대 상무위원장 완리(萬里)에게 보내는 「공개서한」에서 현 정부가 인민의 신임을 잃었으니 임시로 전인대가 헌법(61, 62조)에 규정된 권력을 발휘해 현 정부를 개편하고 사태를 수습하라고 요청했다.[64] 베이징 각계연합체인 '연석회의'도 전인대에 조속히 특별회의를 열어 인민의 의사에 따라 공정하게 리펑 일파를 처리해줄 것을 호소했다.[65]

이렇게 여러 세력의 기대를 집중적으로 받은 전인대는 어떤 반응을 보였을까. 5월 21일 전국인민대표대회 상무위원회 위원 57명이 연명해 외유 중인 완리가 방문일정을 앞당겨 귀국해 긴급회의를 열어 계엄령을 다시 심의해주기를 요구했다. 5월 13일부터 25일까지 미국과 캐나다를 방문하는 중이던 완리는 톈안먼운동을 "민주운동"이요 "애국적 행동"으로 인정

하는 담화를 『인민일보』 5월 19일자를 통해 전했다.[66] 학생들은 긴급회의
가 열리기만 하면 계엄령이 부결될 것으로 예상했다. 그런 상황에서 완리
가 미리 귀국은 했으나, 학생들이 환영 준비를 한 베이징으로 바로 오지 않
고 상하이로 갔다. 휴양한다는 명분을 내세웠으나, 사실은 정치적 동료인
자오쯔양의 지지를 버린 것이나 다름없었다.[67] 그는 이미 해외에서 조기
귀국을 요청하는 자오쯔양의 전문과 조기 귀국을 반대하는 리펑의 전문을
동시에 받았는데, 덩샤오핑의 동의 아래 보내진 후자를 선택한 바 있다.[68]

전인대를 중시하기는 덩샤오핑도 매한가지였다. 그에게 전인대는 6월
4일 진압을 결정하기 전에 해결하지 않을 수 없는 최후 장애, 달리 말하면
'치명적인 우환(心腹之患)'이었다. 사태가 처리된 후 중공 통치의 정당성
의 심층에 직결될 법적 절차였기 때문이다. 완리의 태도를 확인하고, 이
런 상황에서는 6월 20일로 예정된 전인대 상무위원회를 개최할 수 없게
되었다는 공식 발표가 나온 뒤에야 계엄군 투입을 결정했다.[69] 다양한 단
체가 요구한 인민대표대회는 끝내 소집되지 않았다. 시위 주체의 편에 서
지 않은 것이다.

1989민주운동의 특징은 1949년 건국 이래 처음으로 전국적으로 전계
층이 자발적으로 참여한 자치조직들이 출현했고, 이것은 '사회민주화'의
도정에서 관건적인 일보 전진으로 간주된다는 것이다.[70] 좀더 긴 시간대
에서 보면, 5·4운동기부터 시작된 공화의 확충적 실질화라는 새로운 민
주주의의 실험을 개혁·개방기의 맥락에서 인민주권 구현이라는 형태로
표현한 시도였다.

그런데 5·4운동기와 마찬가지로 농민을 끌어들일 수 없었고, 전인대라
는 사회주의 중국의 헌법 틀 안에서 제도화되지 못했다. 전인대의 중요성
을 절감했음에도, 1980년대 초 제기된 바 있는 전인대 개혁을 포함한 당

정과 사회세력 간의 관계 재조정안 같은 구상이나 요구조차 1989년에는 나오지 않았다.* 따라서 톈안먼운동의 역사적 의의는 참다운 민주에 대한 "창조적인 상상과 그를 실험할 수 있는 기회"를 열어준 것에서 찾아야 할 터이다.[71] 1980년대 한국의 광주민주화운동이 그러했듯이, 해방광장에서 분출된 대중들의 상상과 이상의 결합은 현존하는 상징 질서의 좌표를 바꾸는 유토피아적 환상이었다. 톈안먼광장이 '해방광장'으로 바뀌었을 때, 유토피아 곧 "'없는 곳'(outopia)이자 '좋은 곳'(eutopia)은 바로 그곳에서 꿈틀대었다."[72]

그러나 이런 성격을 마냥 미화할 일은 아니다. 이 광장의 열광은 일시적으로 분출된 것이다. 이것이 가라앉으면 일상적 안정과 행복 추구가 그 자리를 찾아들기 마련이다. 첸리췬은 이 곡절을 명료하게 표현한다. "(문혁기) 10년의 소란을 겪은 후 사람들이 끊임없는 운동과 투쟁에 대해 극도로 피로감을 느껴 안정과 정상적 생활질서의 회복을 갈망하며 뚜렷한 물질생활의 개선을 희망하고 있음을" 당시 톈안먼광장의 지도자들은 알지 못했던 것이다.[73] 6·4사건이 지난 지 1주일 만에 베이징 주민이 일상으로 돌아가 사람들을 놀라게 한 비밀은 여기에 있지 않을까.

• 1980년 10월 중공중앙정책연구실 연구원 랴오가이룽(廖蓋隆)이 작성한 「중공 '경신(庚申)개혁' 방안」에는 인민대표대회를 양원으로 나눠 하나는 지역대표로 구성된 '지역원', 다른 하나는 직능대표로 구성된 '사회원'으로 개편하는 구상이 담겨 있다. 후자를 위해 농회를 비롯한 각종 직업단체의 결성을 허용하고 그 자율성을 보장하자는 것이다. 그후 제기된 정치개혁 논의는 당과 사회세력 간의 관계에서 당의 독점적 지위를 인정할 것인지 여부를 둘러싸고 점진노선과 급진노선으로 갈렸다. 이에 대해서는 유용태 『직업대표제, 근대중국의 민주유산』, 서울대학교출판문화원 2011, 408~11면; 첸리췬 『모택동시대와 포스트모택동시대 1949~2009(하)』, 연광석 옮김, 한울 2012, 282면 참조. 5·4 직후 국회의 대안으로 국민회의 소집론이 나왔듯이, 1989년에 학생들의 요구가 받아들여졌다면 전인대 개혁 같은 정치개혁안이 바로 초점이 되었을 것 같다.

4장

어떻게 기억되는가

바로 3장 마지막에 제시된 성격 규정을 떠올린다면, 톈안먼운동은 실패한 혁명일 수밖에 없다. 사실 당시의 동구처럼 공산당 정권을 뒤엎고 탈사회주의로 이행한 급격한 변화를 가져온 것도 아니다.[1] 성공의 기준을 좁게 잡아 시위 주체들이 당시 요구한 것, 즉 평등한 대화와 1989년 운동의 정당한 평가라는 두개의 목표로 한정하더라도 역시 결과는 실패이다.

그렇다고 '숭고한 실패'(noble failure)[2]라고 보기도 쉽지 않다. 그것이 실패했다면 단지 진압됐기 때문이 아니라 계속 학습되면서 장기적 변혁의 역량으로 전화되지 못하기 때문일 터이다. 1989년 운동을 직접 계승하는 사회운동이 중국에서 눈에 띄지 않는다. 중공이 경제성장을 가속하는 동시에 '안정우선주의(穩定壓倒一切)'를 호소하여 정당성을 확보하는 과정에서● 당국체제가 일정한 변화를 보이는 틈새 ── 분권화와 법제 강화

● 페리 앤더슨(Perry Anderson)은 1989년 이후 경제성장이 공산당의 정당화 이데올로기가 되었다고 보았는데, 왕차오화는 이것은 절반만 본 것이라고 비판한다. 나머지 절반은 (문

등——를 활용해 소규모 분산적인 권리보호운동이 계속 이어지고 있는 정도이다. 이런 움직임이 급진적 체제전환을 요구하지 않는 한 중앙정부에 의해 일정하게 허용되는 형세이다.•

　오늘날 중국 지식인이나 청년·학생이 (5·4운동기에 성취감을 추동력으로 하여 자발적 조직을 통해 민중과 결합하던 양상과 달리) 민중의 자생적 항의운동과 결합하는 일은 쉽지 않다. 노동자와 학생의 연대의 움직임은 톈안먼사건과 같은 커다란 대중운동으로 발전할까봐 (문화대혁명의 악몽 속에) 엄히 금지되고 있다.[3] 이런 현실에서 톈안먼사건을 기억하는 사람들이 비관적 전망을 갖게 되는 것은 자연스러울지도 모른다.•• 류샤오보(劉曉波)는 자작시에서 6·4사건을 "잊혀진 황량한 무덤(一座被遺忘所荒凉的墳墓)"으로 냉정하게 묘사한다. 그러나 깊은 절망을 느끼면서도 "절망 속에서 유일하게 내게 희망을 주는 것은 바로 망령을 기억하는 일(在絶望

혁의 혼란이 반복되지 않는) 정치적 안정의 호소로서, 자유화를 덮는 가장 편리한 도구가 되었다는 것이다. Wang Chaohua, "The Party and Its Success Story: A Response to 'Two Revolutions'," *New Left Review* No. 91, Jan.-Feb. 2015, 29면.

• Shih-Diing Liu, "The new contentious sequence since Tiananmen," *Third World Quarterly* Vol. 36, No. 11, 2015. 와서스트롬은 1989년의 민주와 자유 요구에 중국체제가 공적·사적 영역에서 덜 간섭하는 것을 포함한다면 이는 1990년 이후 적어도 부분적으로 실현되었다고 본다. 사실 중국 지도부가 경제성장을 위해 필요한 제도 개선에 힘을 기울였고, 이에 따라 사회조직의 기능이 확대되고 민감한 정치적 사안을 제외한 다양한 활동이 보장되면서 국가가 일상생활에 덜 개입하였다는 사실이 그의 주장의 근거로 제시된다. Jeffrey N. Wasserstrom, "Student Protests in Fin-de-Siècle China," *New Left Review* No. 237, Sept.-Oct. 1999, 73, 76면.

•• 이와 관련해, 톈안먼사건이 중국판 유럽의 1848년 또는 1968년, 즉 "이상주의적 반역정신의 마지막 폭발"이었는가라고 묻는 리어우판(李歐梵)의 문제제기가 흥미롭다. 그 사건에 뒤따른 것은 "물질적 향수의 무절제한 추구와 자기만족적인 체제 안정이었고, 이는 사건이 일어날 때의 정신과는 완전히 상반되는 것"인 셈이다(왕후이 외 『고뇌하는 중국: 현대 중국 지식인의 담론과 중국현실』, 장영석·안치영 옮김, 길 2006, 437면).

中/唯一給予我希望的/就是記住亡靈)"이라고 분연(奮然)히 다짐한다.[4]

그렇다면 1989년 광장에서 시위 참여자들, "다양한 운동주체들이 서로 교류하고 연대하며 진화해나간 운동" 과정에서 형성된 광범위한 군중연합이 언뜻 경험한 "창조적인 상상과 그를 실험할 수 있는 기회" 또는 '해방광장'의 기억은 그후 어떤 흔적을 남긴 것일까. 또한 이름없이 죽어간 노동자와 시민은 기억되고나 있는 것일까.

1. 분열된 기억: 자유주의와 신좌파의 담론

톈안먼사건에 대한 논의는 중국에서는 금기시되어 바깥에서 다소간 진행된 편이다. 그 사건의 진상(특히 사상자 수 등)이 충분히 밝혀져 있지 않은 등 규명되어야 할 쟁점은 너무 많다. 이런 점들이 온전히 규명되려면 적어도 공문서의 기밀 해제와 희생자 복권 같은 정부의 해금 조치가 이뤄지는 그때를 기다려야 할 것이다.

그런데 톈안먼사건 30주년이 막 지난 지금 되돌아보면 그간 (재)기억의 축적은 일정 정도 이뤄지면서, 동시에 분열도 발생했다. 좁은 범위에서는 당시 시위를 주도한 학생지도자들 사이에서의 '기억의 전쟁'이다.[5] 다양한 계층이 참여한 시위 기간 여러 직능의 자치단체들이 지도부를 구성했으나 최후 결정권은 학생이 장악했다. 그 과정에서 단식과 철수 등의 문제로 이견이 드러나기도 했다는 사실이 (앞장에서 보았듯이) 당시 주도자들의 회고담을 통해 어느정도 드러났다.*

---

* 기본적으로 광장 철수를 거부한 펑충더(封從德)와 차이링이 한편, 왕단과 왕차오화가 다른 한편인 논쟁 구도가 존재하며, 그리고 학생과 노동자의 갈등의 존재 여부를 둘러싼 논

이제는 좀더 큰 범위의 기억의 분열에 집중하려고 한다. 주로 1990년대 이래 사상논쟁에 개입되어 있는 두 흐름인 자유주의파와 신좌파의 견해를 중심으로 살펴보려고 한다.* 중국의 현 단계 평가 및 미래 전망에 시사를 얻기 위해서이다. 주로 중국 대륙은 물론이고 그 바깥에도 영향이 큰 대표적 인물 각 한명에 집중할 것이다.

중국은 1992년 덩샤오핑의 선부론(先富論)을 기치로 (1978년부터 구미가 주도하는 세계자본주의 질서에 재접속한) 개혁·개방의 가속화를 선언한 남순강화(南巡講話)와 장쩌민(江澤民)체제 등장 이후 본격적인 '사회주의 시장경제 시대'로 들어갔다. 이른바 '중국 특색적 사회주의'로 불리는 아무도 가보지 않은 길로 접어든 것이다. 그때부터 현대화 추세가 놀라운 속도로 진행되면서 중국의 지식인사회는 구미에 대한 물신주의적 접근에서 벗어나기 시작했다. 그때의 쟁점은 '현대성'이었다. (1980년대의) '현대화'를 넘어 현대성 자체에 대한 비판적 질문과 재구성을 시도하였던 것이다. 1990년대에 신계몽주의의 현대화 논리는 톈안먼사건을 겪고 빠른 속도로 세계화와 시장화가 진행된 상황에서 사회주의 시장경제를 지지하는 자유주의 담론(주로 경제자유주의)으로 표출되어 기득권을 지키는 체제이데올로기로 인식되기도 했다. 점차 체제 안으로 포섭되었다는 뜻이다. 바로 이런 경향을 치고 나온 것이 신좌파이다. 급격한 현대화로 인한 갖가지 부작용이 속출하는 가운데 그에 대한 낭만적 환상이 깨지면서 그것을 중국식 신자유주의로 규정하는 비판적 인식이 등장한

<hr />

란도 있다.

* 톈안먼사건에 대한 견해를 두 흐름으로 파악한 구도는 하남석 「중국 지식인들의 1989 천안문사건 재해석: 자유민주주의운동론과 신좌파적 해석을 중심으로」(『중소연구』 40권 1호, 2016)에 크게 시사받았다. 단, 그는 '자유주의파'라 하지 않고 '자유민주주의운동론'이라고 지칭하나, 저자는 현재 흔히 통용되는 용어를 활용해 '자유주의파'라 했다.

것이다. 잘 알려진 자유주의자와 신좌파의 대립으로 신계몽주의 대오가 분화되었다.[6]

두 파가 등장한 배경은 이쯤 설명하고, 먼저 자유주의파가 톈안먼사건을 어떻게 기억하는지 살펴보겠다. 그들은 그것을 자유민주주의 운동의 일환으로 기억하고 싶어한다. 1989년 톈안먼사건 당시 운동을 이끈 주역으로서 학생 수배자 1호였던 왕단(王丹)은 톈안먼사건을 자유화와 민주화의 씨앗으로 소중히 여긴다. 그리고 이 씨앗이 공산당의 유혈진압을 겪은 중국 지식인과 인민 들을 각성시켰으며 그 이후 독재정치에 저항하는 자유민주주의 사상을 중국 대중에게 뿌리내리게 했다고 의미를 부여한다.[7]

그에 대해서는 이미 많은 논의가 있으니, 이 책에서는 류사오보에 밀착해 살펴보려고 한다. 왕단이 두차례 감옥생활을 하다가 해외로 망명해 계속 활동하고 있는 인물이라면, 그는 톈안먼시위의 거의 끝 무렵 단식투쟁에 가담한 '사군자'의 하나로 한때 투옥되었다가 석방된 이후 국내에 계속 남아 활동했다. 2010년 10월 인권옹호를 위해 오랜 기간 비폭력주의적으로 노력한 공로로 노벨평화상을 수상한 덕에 중국 안팎에서 널리 알려진 그는 자신을 톈안먼사태와 투옥 중 '요행히 살아남은 자(幸存者)'로 자처한다. 마치 '6·4라는 기억의 바늘'이 몸을 찌르고 있는 듯 망각에 맞서는 기억의 투쟁을 끈질기게 전개했다.[8] 그러니 줄곧 탄압을 받을 수밖에 없었는데, 심지어 그가 사망한(2017) 뒤에도 묘역이 성지가 될까 꺼린 당국은 '기억의 장'을 없애기 위해 강제로 유해를 화장하고 바다에 뿌리게 했다.[9]

그의 기억과 인식을 조금 정리해보자. 왕단과 마찬가지로 그 역시 1980년대 이래의 민주화운동의 흐름을 중시하며 그 연장에서 일어난 1989민주운동은 청년·학생이 '가두정치'의 방법으로 민주화 요구를 내

걸어 사회 각층의 광범한 지지를 얻었고, 이 동력에 힘입은 당내 개명적 개혁파와 관민협력 관계를 유지해 정치개혁을 추진할 수 있는 기초를 확보했다고 분석한다. 그런데 아쉽게도 당내 개혁파와 자유주의적 지식인 사회는 총체적으로 미성숙해서 정치적 기백과 정세를 조작하는 지혜를 갖추지 못했을 뿐만 아니라 돌발적 사건에 기민하게 대응해 자발적인 민중운동을 조절할 능력을 보여주지 못했다. 그들은 조직상의 능력과 기교, 전략상의 성숙한 사려를 결여해 거대한 민간 자원을 낭비하고 그 귀한 기회를 당내 완고파에게 넘겨주고 말았다고 반성한다. 그후 정치의 경직화와 경제의 고속 발전이라는 파행적 개혁이 전면화되는데, 경제개혁도 권력의 시장화와 특권관료(權官)의 사유화를 수반한 '독재자본주의', 달리 말하면 권력과 자본이 동맹한 '약탈자본주의'를 성장시킴으로써 부패가 없어지기는커녕 오히려 각급 특권관료의 가족이 폭리를 취하는 집단으로 발전했다고 비판한다.

1949년에 건립된 '신중국'이 무늬만 '인민공화국'이지 실제로는 '당천하'라고 주장할 정도로 집권세력을 신랄하게 비판하지만, 그가 추구하는 개혁의 방안은 "급진적인 정권교체를 통한 사회 재건"이 아니다. 그것은 자유민주를 추구하는 민간의 힘, 곧 권리를 침해받은 각 계층이 도의적인 공통인식의 기초 위에서 서로 지원하는 공민권 옹호의 동맹을 형성하여 "점진적인 사회변화를 통해서 정권교체를 유도하는 것", 즉 "성숙한 시민사회를 이룩한 후 합법성이 결여된 정권을 변화시키는" "진정한 개혁"의 길이다.[10]

톈안먼사건에 대한 자유주의파의 이와 같은 인식을 속 깊이 이해하려면 1980년대를 주도한 신계몽주의 사조를 떠올려야 한다. 그것이 톈안먼에 모여든 젊은 대학생들의 이론적·정서적 자양분이었기 때문이다. 마치

5·4운동기 학생들이 신문화의 세례를 받아 정치행동에 나섰듯이 말이다.

1980년대는 제2의 5·4시대 혹은 신계몽주의 시대로 규정된다. 개혁·개방정책으로 변혁 — '조용한 혁명' — 이 진행되기 시작한 1980년대 중국 지식인사회를 주도한 담론은 '신계몽주의'였다. 그 조류를 아주 극적으로 보여주는 것이 「황허의 엘레지」 현상이다(이 책 292면 참조). 저자도 1989년 서울에서 어렵사리 구해 보고 정체된 중국문화에 대비하여 서구문화를 미화하는 단순대비에 충격을 받은 기억이 새롭다. 1991년 4월 미국에서 열린 그 작품 시사회와 토론회에 참석해 그때 망명 중인 원작자 쑤샤오캉(蘇曉康)의 얘기를 직접 들은 적이 있다. 그는 미국에 건너와 부정적인 요소를 많이 보고 자신이 구미문화를 너무 이상화하지 않았나 반성하게 되었지만 그럼에도 여전히 구미문명을 도입하는 것만이 중국이 발전할 수 있는 길이라는 소신을 갖고 있다고 솔직히 털어놓았다. 그 무렵 저자가 미국에서 만난 젊은 중국 방문학자들은 대체로 공감하는 분위기였다.[11]

이같은 역사적·문화적 맥락 속에서 발언하고 현실에 개입한 자유주의파는 현 중국체제를 전체주의 국가로 규정한다. 그리고 앞으로 공산당 일당독재의 통치체제를 끝내고 중국이 나아가야 할 방향은 구미모델의 다당제를 기반으로 한 의회민주주의와 개인의 권리를 보장하는 완전한 시장경제라고 전망한다. 이 정치개혁 구상을 가장 잘 보여주는 인물이 체제밖에 위치한 류샤오보이다. 그런데 자유주의파 안에도 개인 간 편차가 있다. 그와 달리 체제 안에 위치하여 온건해지면서 문화보수주의적 경향을 갖는 사람들도 있다. 말하자면 자유주의의 '중국화'(또는 '토착화')를 추구하는 정치개혁 구상을 다듬는 길을 걷는 것이다.[12]

이제는 톈안먼사건에 대한 신좌파의 기억을 보자. 신좌파는 1990년대 이래의 개혁·개방을 중국식 신자유주의 개혁으로 규정해 비판하고, 인민민주주의에 대해 적극적으로 해석하며, 마오와 문화대혁명의 유산을 비판적으로 재수용하는 등의 특징을 지닌 그룹이라 정리될 수 있다.

그 대표 격인 왕후이(汪暉)의 사유를 조금 더 깊이 들여다보자. 그는 톈안먼시위에 참여해 6월 3일 밤 톈안먼광장에 있었고 진압 직후 산시(山西)성 농촌에서의 재교육을 거쳐 학계로 돌아온 경험을 갖고 있다.[13] 그가 볼 때, 1989년 사회운동의 주체는 단지 학생만이 아니며, 노동자, 개인상공업자, 국가 간부, 교사, 심지어는 언론사 같은 국가기구의 인원들을 포함한 광범위한 사회역량 곧 중·대도시의 각 계층이 자발적으로 운동에 참여한 것이다. 그들을 동원한 이데올로기는 구미적인 의미에서 민주와 자유의 가치를 포함하는 동시에 일상생활의 평등의식도 지니고 있었다. 이 평등의식은 심지어 사회주의 이데올로기의 영향도 많이 받은 것인바, 대중이 요구한 민주란 다당제나 의회제같이 법률적으로 정해진 제도가 아니라 "종합적인 사회적 가치"였다. 요컨대 당시 운동에 참여했던 여러 사회계층의 다양한 요구사항들을 보면 1989년 사회운동의 의의는 "다중적"인 것이다. 그것은 "구시대에 대한 고별이자 동시에 신시대의 내재적 사회모순에 대한 항의"이고, "민주와 자유에 대한 (학생과 지식인의) 요구이자 사회 평등과 공정에 대한 (노동자와 그밖의 시민계층의) 요구"이기도 하다. 게다가 운동 과정에서 표출된 민주와 평등에 대한 요구와 국가이데올로기 간에 미묘한 상호 중첩 관계가 존재해 "운동 자체가 모종의 합법성"을 갖게 됨으로써 확산이 가능했다. 학생운동세력이 자신들의 저항을 '애국운동'으로 인정해줄 것을 요구조건으로 내세운 것은 그런 맥락에서였다.•

• 5·4 이래 모든 학생운동을 관통하는 성격으로서의 애국주의를 특히 주목한 와서스트럼은 1989년 톈안먼사건과 관련해 중국 관방도 서구 미디어도 이를 인정하지 않는다는 점에서

그렇다면 실패한 이유는 무엇인가. 그는 직접적 원인이 국가의 폭력적인 진압이라고 분명히 못박으면서도, 간접적인 원인도 간과하지 않는다. 즉 사회운동을 이끈 주체가 민주정치에 대한 요구와 운동에 참여한 사회 각 계층의 평등에 대한 요구 사이에 다리를 놓을 능력이 없었고, 안정된 사회역량을 형성하여 그들 간의 취약한 상호관계를 제도화할 수 없었기에 실패로 돌아간 것이다. 달리 말하면, 사회운동에 참여한 각 계층이 모두 (정치개혁과 경제개혁을 포함한) 개혁과 민주화를 지지하였지만, 개혁에 대한 그들의 기대와 이해, 그리고 개혁과정에서의 이익관계는 서로 충돌하기 십상이었다. 광대한 민중이 기대하는 개혁, 그들이 이상으로 여기는 민주와 법제화는 정치와 법률구조를 재구성하여 사회적 공정과 경제생활의 민주화를 보장하자는 원론적 수준에 머물렀지, 잘 짜여진 어떤 제도 모델이 제시된 단계는 아니었다는 뜻이다.

톈안먼사태 이후에 대해서는 어떻게 평가하는가. 당정이 주도하는 경제정책이 사회의 불안정을 조성하여 톈안먼사태를 촉발했지만, 이 사태 이후 불안정을 넘어 안정이 회복됨으로써 국가권력이 다시 사회로 확장되는 합법적 근거를 확보했다고 해석한다. 중국은 국가권력 구조를 그대로 유지하는 가운데 1992년 남순강화 이후 급진적인 시장화 과정을 추진하였고, 적극적인 국가정책의 주도 아래 세계경제체제에 편입되었다. 이런 구조적 조건 아래 국가가 경제개혁을 가속화해 자신의 정당성의 위기를 극복하는 과정에서 중국 신자유주의의 패권적 지위는 자리잡았다. 이렇게 변화해가는 현실을 비판하려는 것이 그가 1990년대 이후 현실에 대응하는 기본 자세이다.[14]

는 같다고 본다. Jeffrey N. Wasserstrom, 앞의 글 59~60면.

물론 왕후이 이외의 신좌파 지식인들도 각자의 목소리를 낸다. 서구 언론에서 주목한 학생층이 아닌 노동자들의 역할에 특히 주목하는 것이 왕사오광(王紹光)이다. 또 노동자계급을 축으로 분석한다는 점에서 그와 유사한 관점을 제기하는 인물이 리민치(李民騏)이다.[15]

이처럼 노동계급 중심으로 톈안먼사건을 기억하는 것은 분명히 그 사건의 또다른 한 측면을 일깨우는 것이며, 사건 진압 이후 지금까지도 지속되는 중국공산당의 노동계급에 대한 강력한 통제를 설명하는 데에도 유용하다. 하지만 당시 이 사건을 전적으로 왕사오광이나 리민치처럼 해석하기는 힘들다. (앞에서 이미 확인했듯이) 학생과 지식인들 중 일부는 비록 불완전한 이해에서 비롯된 것일지라도 구미 자본주의사회를 이상적인 체제로 상상하기도 했다. 또한 대중들이 좀더 민주적이고 공평한 사회를 열망하고 요구한 것은 분명하지만 국가와 당을 거부하지도 않았고 그 상의 스펙트럼은 왕후이가 말했듯이 '다중적인 것'이었기 때문이다. 왕차오화는 당시 노동자가 신자유주의에 저항하고 본래의 사회주의로 돌아가려고 했다고 보는 신좌파의 주장은 노동자의 상황을 "단순화한 오독"이라고도 주장한다.[16]

어쨌든, 톈안먼사건이 자유주의파든 신좌파든 가릴 것 없이 누구에게나 하나의 분수령이었던 것은 틀림없다. 1980년대는 당정의 지도층뿐만 아니라 지식인들도 개혁·개방정책의 불확실성 때문에 동요하던 — 개방(放)과 억압(收) 정책의 지그재그 — 시기였고, 1988년과 1989년은 그 절정이었다. 1989운동은 체제전환이라는 중국의 과도기적 상황을 매우 집약적으로 보여준다.

이러한 과도기적 성격은 저자가 강조하는 이중과제론의 관점에서 보면, 그 수행에 요구되는 긴장을 감당하기 점점 힘들어져 근대의 이중과제 사이에서 동요한 나머지 그 막다른 골목에 다다른 시기였다는 뜻이다. 이 복잡한 국면에 톈안먼사건은 어찌 보면 '고르디우스의 매듭'(Gordian knot)으로 제시되었고, 그 매듭을 과감하게 자른 것은 (학생 측이 아닌) 당정이었다. 매듭은 풀렸으되, 그 고통의 댓가인 개인적이고 공적인 트라우마는 심각했다. 그것은 또한 중화인민공화국의 급진적 변혁의 트라우마이기도 했다. 그 고통이 "(탈)사회주의의 임종의 고통인가, 권위적 자본주의의 탄생의 진통인가"는 별개의 문제다.[17]

톈안먼사건이라는 위기 상황을 무력진압으로 돌파한 중국 지도부는 그것을 '반혁명폭란'으로 규정하고 제한적인 정치개혁과 반부패투쟁, 애국주의 운동의 전개 등을 통해 국내 안정을 도모하는 한편, 경제발전이 사회적 안정의 기초라고 판단해 개혁·개방정책에 중단 없이 박차를 가함으로써 약화된 정당성을 확보하려고 애썼다. 그러면서 톈안먼시위의 무력진압 직후에는 그에 대한 관방(官方)의 기억을 교육하다가, 1991년을 지나면서 망각을 강요했다. 그뒤의 역사는 남순강화의 기조를 계승한 장쩌민정부 출현 이후의 급속한 경제성장 과정에서 '소비하는 자유가 민주의 요구를 압도'했음을 보여준다.[18] 톈안먼사건이라는 역사의 전환점 자체가 중국 인민의 사회주의적 민주에 대한 추구를 좌절시키고 지구적 자본주의 혹은 신자유주의적 체제에 중국을 편입시키는 결과를 낳게 되었다고 신좌파가 판단한 것은 그 점을 꿰뚫은 것이다.[19]

저자의 문제의식에서 바꿔 말하면, 이중과제의 긴장이 풀려 자본주의적 논리에 포섭될 가능성이 커져버린 것이다.* 근대적응에 대한 관심이

---

* 이남주는 '사회주의 초급단계론'은 적어도 이론상으로는 근대극복을 위한 이론틀의 잠재력을 갖고 있으나, '사회주의 초급단계론'의 실천이 이 잠재력을 발현할 수 있는가는 두고 봐야 할 문제라고 전망한다. 李南周「新民主主義的歷史經驗及社會主義初級階段論的

넘친 나머지 근대에는 바람직하지 않은 특성들(예컨대 세계체제의 위계적 성격, 구미모델의 문제점 등)도 있음을 간과한 자유주의파나, 그 반대로 근대극복에 대한 관심은 넘치나 근대에는 성취함직한 특성(전제정치에 대한 제도화된 견제, 중국중심주의에 대한 근본적 성찰, 표현의 자유 같은 시민의 기본권 확보 등)이 있음을 소홀히 한 신좌파 모두가 공통적으로 안고 있는 문제는 각각의 구상을 실현할 주체가 명확하지 않다는 것이다.

자유주의파의 경우, 톈안먼사건을 유혈 진압한 당-국가를 전제주의로 거부하는 일관성을 유지할 수 있다. 그런데 2000년대 들어 자유주의는 한편으로 시장논리를 줄곧 지지하여 결과적으로 관방의 개혁이데올로기에 기여하면서 다른 한편으로 개인(으로 구성된 '공민사회')의 권리 보호라는 저항적 이념의 기반이 되어 국가권력을 견제하는 비판적 기능을 떠안는 양면성을 갖게 된다.[20] 그래서 일부의 자유주의자들은 점차 온건화되어가면서도 체제 안에서 사회적 약자의 이익 보호 등 현실문제에 개입하고 여론을 환기하는 식으로 합법적으로 사회문제를 비판하는 '공공 지식인'으로서 대중의 호응을 어느정도 얻는다. 다른 일부는 체제 밖에서 톈안먼사건의 재평가나 정치민주화와 인권을 주창하는 반체제인사로 활동한다.[21] 후자의 대표적 인물이 다름 아닌 류샤오보이다. 그는 "자유를 갈망한 사람은 죽더라도 영혼은 저항 속에서 살아남는다"고 말하면서, '죽은 자와의 공투(共鬪)'를 죽기 직전까지 멈추지 않았다.[22]

그러나 그와 같은 반체제적 자유주의자가 중국 내부에서 폭넓은 연대를 동원하는 데는 취약하다. 같은 자유주의 진영 안에서도 서구모델의 정

理論含義」, 賀照田·高士明 主編『人間思想』第3輯, 臺北: 人間出版社 2015, 173면.

치적 자유와 민주화를 공세적으로 요구하다보니 사회경제적 권리에 대해 소홀해진다고 비판하는 소리가 나온다. 게다가 미래 구상의 주체로 기대하는 중산층이 중국 현실에서 권위주의체제를 지지하면서 동시에 더 많은 정치적 민주화를 요구하는 이중성을 보이는 상황이다. 중국 현실에서 정치적 민주화만으로는 대중적 지지를 확보하는 데 한계가 분명하다.•

이에 비해, 신좌파의 경우, 톈안먼사건 유혈진압의 당사자이자 (신자유주의적 정책을 사회에 강제해왔다고) 자신들이 적극 비판해온 당-국가를 다시 긍정적으로 끌어안아야 하는 모순을 안고 있다. 소득재분배 같은 경제에 대한 국가 개입을 정당화하면서 당국체제를 (자유주의자에 비해) 인정하거나 최소한 묵인했다. 게다가 민중의 입장에서 구미형 민주주의와 자본주의의 대안을 모색한다고 하나 대안적 정치체제를 제시하는 데까지 나아가지 못해 그들의 새로운 정치적 구상을 누가, 어떤 제도적 통로로 실현해야 하는지가 여전히 추상적이고 공백으로 남아 있다.••무엇보다 자유주의자와 달리 신좌파 속에서 톈안먼사건의 기억은 날로 옅어지고 있는 듯하다.

그들처럼 톈안먼사건을 직접 경험한 선배 세대도 그러하니 5·4운동기 이래 새로운 역사를 향한 추동력으로 중시되어온 청년마저 "더이상의 적극적인 가치를 체현할 수 없는 상태에서 실질적으로 해체되기에 이

• 이민자 「중국 민주화와 류샤오보」, 『중소연구』 34권 4호, 2011, 45면. 자유주의자 친후이(秦暉)는 자신이 08헌장에 서명하지 않은 이유를 위와 같이 밝히며 류샤오보를 공개적으로 비판했다.
•• 이종화·장윤미 「중국 정치개혁에 관한 자유주의 논의의 비교 연구」, 『중소연구』 35권 4호, 2012, 106면; 하남석, 앞의 글 77면. 백승욱은 신좌파인 왕후이의 경우, 민주의 함의가 모호하고 그 주체에 대한 본격적인 탐구가 부족하다고 비판한다. 백승욱 「중국 지식인은 '중국굴기'를 어떻게 말하는가: 왕후이의 「중국굴기의 경험과 도전」에 부쳐」, 『황해문화』 2011년 가을호 308면.

른"* 오늘날 톈안먼사건이 역사의 망각에 잠기는 것은 아닌가 우려되기도 한다.**

이쯤 해서 저자는 톈안먼사건의 부정적 효과에 대해 언급하지 않을 수 없다. 강제진압 후 정치적으로 민감한 영역에 대한 발언을 기피하게 만들어 민간의 정치적 발언권이 가속적으로 상실되었다.[23] 역사 속의 5·4운동기 학생층이 성취감을 맛보고 1919년 하반기부터 사회변혁운동에 적극 나선 것과 대조적이다. 동시대의 타이완이나 한국의 학생운동이 강력한 영향력을 지녔던 것에 비하면, 중국 청년들의 무관심은 중국사회의 성숙이나 고등교육의 대중화(대학진학률의 상승)에 의해 생긴 것이 아니라, 과거 학생운동의 좌절 체험이 너무 강해서일 것이란 지적도 귀담아볼 일이다.***

이렇듯 부정적 영향을 드리웠음에도 불구하고, 톈안먼사건을 역사의 망각에서 건져내 각자의 미래 중국이 갈 곳을 가리키는 이정표로서 집단적으로 기억하고 (혹은 대안기억으로 기리고) 싶은 욕망이 사라진 것은 아니다. 비록 그때의 경험과 운동의 긍정적 요소와 한계에 대한 깊은 성찰을 진행함으로써 의미있는 사상적 자원으로 아직 만들어내지 못하고 있으나, 톈안먼은 (대륙 안팎의) 중국인에 의해 '기억의 장소'로서 다양

• 이정훈 「頤和園의 黃昏, '6·4 천안문세대'의 '靑春'을 위한 追念」, 『중국현대문학』 50호, 2009, 162면. 그는 폭증한 대학생 숫자로 인해 구직에 목을 매야 하는 현재의 중국 젊은이가 '靑年'이라기보다는 그냥 '젊은이(年輕人)'에 불과하다고 본다.

•• 영국의 『파이낸셜타임즈』(Financial Times)는 중국 젊은이들이 돈벌이에만 신경을 써 미·중 무역전쟁을 잘 알지만 톈안먼사태 등 민주화에는 관심이 없다고 꼬집었다. 「미, 30주년 맞아 인권 강력 공세 … 중 "내정 간섭 중단하라" 반발」, 『국민일보』 2019. 6. 5.

••• 安田峰俊 『八九六四: '天安門事件'は再び起きるか』, 東京: 角川書店 2018, 298면. 그는 일본도 중국과 다소 비슷한데 이 점은 중·일 양국 사회에서 의외의 공통점일지도 모른다고 진단한다.

한 예술장르에서 (재)기억되고 있다. 1989민주운동이 해외 화인(특히 홍콩)을 포함한 '범민족적 중국인(Chinese)의 운동'이었다는 중요한 성격을 상기한다면 그 의미는 한층 더 커진다.

2. 은유적 역사기술 속의 톈안먼사건

톈안먼시위가 무력으로 진압된 이후 지금까지 중국에서 톈안먼사건은 금기의 대상이다. 예외적으로 수난자 가족모임인 '톈안먼 어머니들(天安門的母親們)'이 위험을 무릅쓰고 수난자의 명부나 증언을 모은다든가, 2013년 제10기 전인대의 전체 대표에게 공개서한을 발송한 활동이 있긴 하다. 그러나 톈안먼에 대한 발언이나 추모의 어떤 표현도 처벌을 감수해야 한다. 관련 어휘들은 인터넷 검색이 제한되어 있다. 그래서 중국 네티즌은 검열을 피하기 위해 6월 4일 대신 '5월 35일'이라는 가상의 날짜를 암호처럼 사용하기도 한다.

이같은 상황은 1990년대 이래 중국정부가 톈안먼사건에 대해서 당정의 공식 기억만 허용하고 다른 기억은 억압함으로써 망각을 조성하는 고도의 전략을 시행한 결과이다. 구체적으로 페리 링크(Perry Link)가 말한 '밀기'(push)와 '당기기'(pull) 전술, 곧 '채찍'과 '당근'이 동시에 구사되었다. '밀기'에는 (바로 앞의) 조치들과 강도 높은 애국주의 정치교육이 포함되고, '당기기'에는 갖가지 회유책뿐만 아니라 국가의 모든 역량을 경제발전에 집중시킨 덕에 중국사회에 만연한 돈벌이와 물질주의 문화까지 망라된다. 그러다보니 중국 대륙에서는 그것이 점점 잊혀지고, 설사 언급된다 하더라도 금기와 자기검열은 내면화되었다. 그렇다면 중국에는 현 사회가 "청년들이 이상을 위해 희생한 사회임을 상상할 수도 없는 세대"만 남게 된 것일까.[24] 그러나 매우 제약된 현실 속에서지만 비공식적이고도 사적인 방식으로 자신의 역사적 기억과 상처가 다뤄지는 것까지 막을 수는 없다. 바로 이 움직임은 강요된 망각과 싸우는 예술인들의 창작품 속에서 엿볼 수 있다.

영화계에서는 러우예(婁燁) 감독의 영화「여름궁전(頤和園)」(2006)[25]처럼 "때로는 망각을 거부하는 것이야말로 현재에 대한 저항을 표출하는 가장 효과적인 형식일 수 있으며 또한 매우 유효적절한 현재적 개입의 수단일 수 있"음을 보여주는 작품도 있지만[26] 드문 사례이다. 영화보다 한층 더 비공식적이고도 사적인 방식으로 자신의 역사적 기억과 상처를 잘 표현할 수 있는 장르가 연극와 미술이다. 이제 그들의 창작활동으로 찾아가보자.

연극 속의 톈안먼: 기억의 연극화

6·4사건을 겪고 난 중국 연극계는 창작활동 자체가 감소하고, 중국 현실을 반영하는 작품들이 사라지면서 일순간 침체기에 접어들었다. 그러나 중국 본토에서 기억 행위가 전혀 시도되지 않은 것은 아니다.[27]

중국 본토 연극인 멍징후이(孟京輝)의「나는 ×××를 사랑한다」와 머우썬(牟森)의「제로 공문서(零檔案)」는 중국정부의 헤게모니와 정책에 반발한 기억 행위를 연출하였다. 두 작품이 창작된 1994년은 경직된 분위기를 완화하고 시장경제를 촉진하기 위해 덩샤오핑이 남순강화를 한 직후(1992)이긴 했으나, 그럼에도 불구하고 '은유적 기법'이 구사될 수밖에 없었다. 이들 작품에서 톈안먼사건은 스토리(story)가 해체된 대신, 말하기

(telling)에 대한 강박으로 표상된다.

이 두 작품이 중국 대륙에 거주하는 '남은 자의 시선'이라면, 이들보다 더 자유로울 터인 해외의 '관찰자의 시선'도 의미 깊다.

2015년 봄 한국에서도 공연된[28] 미국의 극작가 루시 커크우드(Lucy Kirkwood)의 「차이메리카」(Chimerica)는 톈안먼사건이 발발한 지 25년이나 지난 2014년이라는 창작 시점에서 시간적 거리를 두고 관찰자로서 기억하는 문제를 다룬다. 그는 그 거리감에 입각하여 각 기억 주체 간의 상이한 기억 양상을 스토리로 구성하며 기억에 영향을 미치는 사회적 틀을 조망한다.

이 작품은 톈안먼사건을 기록한 다양한 영상이나 사진들 중 가장 유명한, 6월 5일 진압군의 탱크를 맨몸으로 마주한 일명 '탱크맨' 사진으로부터 시작된다. 그 장면을 인근 호텔 15층 방에서 촬영한 미국 사진기자 조 스코필드가 사진 속 남자는 누구이며, 사건 후 그는 어떻게 되었을까가 궁금해, 탱크맨의 정체를 추적하는 과정을 따라가는 구도로 이야기가 진행된다. 실제의 탱크맨은 중국 안팎에서 이름 없는 영웅으로 불리며 강한 호기심을 불러일으킨 사람인데,* 이 작품에서 조가 마침내 찾아낸 인물은 탱크를 맨몸으로 막아섰던 인물이 아니라 그 사람을 차마 탱크로 밀어붙이지 못한 탱크 운전수일 뿐이다. 그리고 그가 그렇게 찾아 헤매던 탱크맨은 바로 그와 가장 가까이 지낸 중국인 친구 장린이었음이 마지막에 드러나는 설정이다. 사실(fact)이라고 믿었던 사진은 각 기억 주체의 해

---

* 그가 한때 미국 시사주간지 『타임』(Time)이 선정한 '20세기 지도자 및 혁명가 20인'에 포함되자 그의 신원과 근황이 새삼 관심을 끈 적도 있다. 그의 이름이 왕웨이린(王維林)인 것만 드러나고, 1998년 4월 현재 체포되지 않은 채 계속 은신 중인 것으로 외부에 전해졌다. 「'탱크앞' 中 민주화 투사는 王維林」, 『문화일보』 1998. 4. 7. 현재 타이완에 체류 중이란 설도 있다.

석과정을 통해 자신에게 필요한 의미로 재구성된다는 메시지이다. 이로부터 직접 사건을 목도하고 사진을 찍은 주체인 조 또한 벗어날 수 없다. 사진 속 탱크맨과 마주한 장린의 모습이 마지막으로 암전되며 막이 내려져 긴 여운을 남긴다.[29]

중국(차이나)과 미국(아메리카)의 합성어인 '차이메리카'를 제목으로 삼은 데서 작가의 주제의식이 선명히 드러난다. 그는 이 작품을 통해 중국정부의 탄압을 고발하는 동시에 정의로 포장된 미국의 속물성과 맹목성의 폐해도 꼬집는다. 더 나아가 중국정부를 비롯한 국가세력뿐만 아니라 개개인의 속물성과 정의를 향한 맹목적 확신 또한 진실을 가리고 억압한다는 사실도 폭로한다. 그는 "진실을 막고 있는 다양한 기억 주체의 얽히고설킨 이해관계를 지적하는 데 그치지 않고 기억 주체 간의 상호이해와 소통을 시도"하는데, 이같은 "맹목성에 대한 경계와 소통이 바로 관찰자로서의 작가가 꿈꾸는 대안적 기억"이라고 해석된다.[30]

연극이 만들어낸 대안적 기억에는 현실에서 실현하지 못했으나 실현해내고 싶은 이상이 담겨 있다. 이를 살펴보는 과정에서 톈안먼사건은 한층 더 복합적이고 입체적으로 재구성되었고, 종결된 사건이 아닌 현재진행형의 기억으로 소환된다.

미술 속의 톈안먼: 기억의 미술화

연극계보다 더 많은 작품이 미술계에서 창작되었다. 톈안먼사건은 중국 미술계에도 엄청난 충격을 주었다. 그럼에도 개인적인 경험과 기억으로 인해 발동된 '역사적 트라우마'를 성찰하거나 극복하기 위한 개인의 실천적 행위로서 은유적 역사기술의 표현방식을 구사해 창작한 작가들이 적지 않았다. 중국의 '실험미술'(新潮, 아방가르드)로 분류되는 그들의 작품이 보여주는 조형적 특징은 히스테릭할 정도로 빈번하고도 반복적으로 역사적 기호가 등장한다는 것이다. 그들은 이 기법을 활용해 다양한 종류의 기억 — 집단기억, 개인기억, 침묵된 기억, 억압된 기억, 가해자 및 피해자의 기억 — 을 표현하고자 했다.[31]

1980년대부터 사회주의 리얼리즘에 도전한 급진적 실험미술은 톈안먼사건으로 제약을 받았다. 그러나 1990년대 이후 냉소적 현실주의(玩世現實主義, Cynical Realism), 정치 팝아트(政治波普, Political Pop)로 불리는 새로운 스타일의 갈래는 1980년대의 미술과 달리 반체제적인 도전을 직접 표방하지 않으면서 현실에 대한 조소와 풍자의 태도를 취하였다.[32]

저자가 특히 주목하는 것은 전자인데 그 대표적인 작가로 팡리쥔(方力鈞, 1963년생)과 웨민쥔(岳敏君, 1962년생)이 있다. 냉소적 현실주의는 톈안먼사태 이후 만연한 정치·문화적 상실감을 반영하여 특유의 조롱 섞인 유머를 주된 표현방식으로 삼는다. 그 사건 이후 확연하게 달라진 중국 실험미술 작품에서 유독 붉은색, 마오쩌둥, 홍위병, 톈안먼과 같은 역사적 기호들이 집중적이고도 집단적인 형태로 반복해 등장하는 것은 매우 흥미로운 현상이다.

웨민쥔의 「사형집행」을 골라 직접 감상해보자. 사형 집행을 희극적으로 연기하고 있는 복제된 우상들이 톈안먼을 둘러싼 붉은 벽 아래 서 있다. 이 작품을 접한 관람자는 작품 속 우상들의 우스꽝스러운 연기가 톈안먼사태와 같은 역사적 사건에서 자행된 살인과 폭력을 암시하는 것임을 곧 알아차리게 된다. 또한 톈안먼광장이 내려다보이는 누각에 오른 관광객의 장난 섞인 모습을 희화한 다른 작품들에서도 풍자의 메시지가 물씬 드러난다. 이렇듯 작가가 끊임없이 작품 속에서 톈안먼, 자금성(紫禁

웨민쥔 「사형집행」(*Execution*, 유성페인트, 1995년작).

城) 등과 같은 역사적 장소에 복제된 우상을 나열하는 것은 다름 아닌 작가 개인이 겪은 억압된 역사에 대한 트라우마의 발현으로 이해된다.[33]

텐안먼사태라는 역사적 사건에 대한 작가들의 경험과 기억이 형상화된 중국 현대미술은 역사와 다양한 방식으로 연결될 수 있는 풍부한 가능성을 보여준다. 기억이 대상을 정확하게 재현해서가 아니라 사건이 당사자와 훗날 사람들에게 어떻게 감정적으로 받아들여지고 수용되었는지를 보여주기 때문이다.

여기서 저자는 텐안먼사건을 겪은 뒤 아카데미즘을 버리고 전위적인 퍼포먼스와 설치작업 등 각종 매체를 활용하는 예술가로 전향한 쑹둥(宋冬, 1966년생)을 떠올리지 않을 수 없다. 1996년에 그는 텐안먼에서 신비성을 제거하는 풍자적인 경향에서 벗어나 광장으로 초점을 옮겨 「입김(哈氣)」이라는 퍼포먼스/사진프로젝트(사진 촬영은 그의 부인)를 기획했다.[34]

조명에 둘러싸인 텐안먼을 뒤로하고 섭씨 영하 9도의 매서운 추위에서 쑹둥은 아무도 없는 광장에 미동도 없이 엎드린 채 40분 동안 시멘트 바

쑹둥 「입김」(*Breathing*, 1996년작).

닥에 입김을 불어넣었다. 그의 입김이 닿는 차가운 바닥에는 서서히 얇은 얼음막이 생기기 시작했고, 그가 숨을 내쉴 때마다 얼음은 무미건조한 콘크리트 바닥 위에서 빛나고 있었지만, 다음 날 아침이 오기도 전에 아무런 흔적도 남기지 않고 사라졌다. 민중에게 절대권력을 보여주는 의례의 공식 장소에서 그가 보여준 잠깐의 영향력은 매우 사적인 것이 되어버렸다.[35] 그의 이 초기작품을, 7년 전의 실패한 민주운동을 기념하기 위한 퍼포먼스이자, 그 자리에서 희생당한 학생들을 기리는 사적인 헌사로 감상할 수도 있을 것이다.

그는 그후 자금성 바로 뒤에 위치한 얼어붙은 허우하이(后海) 호수의 얼음판 위에 엎드려 두번째 '입김' 퍼포먼스를 했다. 섭씨 영하 8도의 날씨에서 얼음판에 닿자마자 얼어버린 그의 입김이 사라지기는 이번에도 마찬가지였다. 그러나 그 입김은 공기 중으로 사라졌다기보다 큰 호수의 일부가 되어 녹아서 호숫물에 합류하든 아니면 얼어붙든 어떤 형태로라도 계속 존재한다고 볼 수도 있다. "그 한 사람의 호흡이 만든 얼음 조각이 사라진 것이 아니라 공기의 일부가 되고 더 큰 호수로 스며들어 어디선가 흐르고 있다"고 해석된다.[36]

이와 같은 중국의 실험미술 작품이 관람자로 하여금 더 많은 역사적 기억을 맞닥뜨릴 수 있게 함으로써 그들이 과거의 상흔의 굴레에서 벗어나 자신의 기억을 자유롭게 표현할 수 있으리라 기대할 수 있다. 그러나 쉬울 성싶지는 않다. 일차적으로는 검열과 억압이라는 정치·사회적 상황 탓이다. 1989년 농촌 출신의 병사로 톈안먼 진압작전에 참여했다가 "영원히 회복할 수 없는 순진함"을 잃는 인생의 분수령을 경험한 후 화가가 된 천광(陳光)은 동료들의 염려에도 아랑곳없이 톈안먼사건을 형상화하는 작품을 줄곧 그린다. 금기를 타파하는 예술가로서 돈을 벌거나 공개 전시를 할 수 없는데도 과연 "인민으로 하여금 대다수가 기억하지 못하는 사건을 정시(正視)하게 할 수 있을까?"라는 풀지 못할 질문을 하면서 말이다.[37]

그가 걷는 길과 달리, 구미 미술작품의 일부 취향에 영합하고 시장경제 논리에 편승하거나 공익 광고나 독립다큐멘터리 같은 미술 형식을 통해 정치와 경제 그리고 사회 비판에 중심을 둔 표현방식을 구사함으로써 특히 구미 미술계의 주목을 받아 성공할 수 있는 길도 이미 깔려 있다.[38] 따라서 이런 창작기법은 자신의 기억을 자유롭게 표현하는 데 양날의 칼로 작용할 수 있다 하겠다. 어떤 길을 가든, 그들이 선택한 은유적 역사기술의 표현방식이 단순히 미술 양식의 범주에 머무르지 않고, 픽션과 논픽션을 가로지르는 새로운 의미의 진정성을 획득할 수 있으리라고 조심스럽게 전망해본다.

　이상에서 살펴본 연극이나 미술 장르는 기록이라는 제한된 방식으로는 도달하기 어려운 체험이나 감정을 생생하게 느낄 수 있게 해주면서 톈안먼사건의 역사에 대한 생동감을 고양시킨다. 그렇게만 된다면, 국가권력에 의해 집단기억으로 재편집된 개인의 역사적 기억을 재구성하는 기회가 주어질 것이다. 이를 통해 현재를 사는 우리는 자신이 직접 겪거나 전해들은 역사에 대한 진지하고도 자발적인 회고와 성찰을 수행할 수 있지 않을까.[39]

5장

동아시아인이 기억하는 톈안먼사건

이제 다시 시간을 1989년으로 거슬러올라가 그때 중국의 이웃 사회에 톈안먼사건은 어떤 의미가 있었는지 점검해보자. 타이완의 반응은 간단히 살펴보고, 주로 일본과 한국에서 톈안먼사건을 어떻게 관찰하고 기억하였을까에 중심을 두려고 한다.

타이완인과 톈안먼사건

타이완해협을 마주하고 중국과 분단된 타이완에서 톈안먼사건은 당연히 열띤 관심을 끌었다.

먼저 당시 국민당 정권의 반응을 보면, 그들에게는 공산당 일당독재를 공격할 더없이 좋은 정치적 선전의 기회였다. 대륙을 향해 '정치적 반공(反攻)'의 태도를 취하며 자신의 '도덕적 우위(道德高度)'를 표방했다. 친정부계 언론이 이에 보조를 맞추었음은 물론이다.

대학가에서는 톈안먼시위를 지지하는 서명·모금·시위를 하는 한편으로 학원 안에서의 풀뿌리 민주를 구현하는 운동을 벌였다. 학계와 문화계에서는 마침 5·4운동 70주년에 일어난 사건이기에 5·4운동에 대한 활기차고 다양한 기념활동과 연관해 '신5·4'로서 다투어 다루었다.

그러나 톈안먼사건이 유혈진압으로 종결되면서 급속히 관심이 식고 그 여파는 미미했다. 타이완은 1987년 오랜 계엄령을 해제하면서 국민당 일당독재에서 이미 민주화의 길로 들어섰기에 이 사건이 타이완의 민주정치 발전의 과정에 별다른 영향을 미칠 수는 없었다. 더욱이 타이완의 민주화는 (타이완의식의 성장에 기반한) 본토화와 중첩되었기에 6·4의 사상문화적 과제가 지속적으로 공감을 얻기란 힘들었다.[1]

일본인이 본 톈안먼사건

일본인에게 관련 정보를 일차적으로 제공해준 매체인 주요 일간지가 어떻게 보도했는지에 관심이 간다. 여러 일간지 중 서로 다른 논조를 펴는 『아사히신문(朝日新聞)』과 『요미우리신문(讀賣新聞)』을 골라 각각의 관련 사설에 중점을 둬 비교해보려고 한다.

물론 사설보다는 사실 보도 기사(및 현장사진)가 독자들이 사태의 진상을 알고 그에 대한 이미지를 형성하는 데 더 큰 영향력을 발휘할 것이다. 그러나 당시 혼란 속에서 핵심 정보(특히 당정 고위층 내부 소식과 시위 주도자의 동향)에 접근하기 어려운데다, 너무 단편적 편린들을 다양하게 보도하면서 진상에 대한 독자들의 접근을 오히려 방해하기 쉬웠다.

예를 들면, 핵심 관심사였던 무력진압의 진상, 특히 사망자의 규모는 그때는 물론이고 지금도 정확히 파악하기 어렵다. 당시는 '광장의 학살'

설이 전문(傳聞)에 기초해 세계에 확산되었다. 그러나 적어도 광장 철수 과정에서는 학살이라는 최악의 사태는 없었다는 사실이 곧 확인되었다. 시민과 군인이 충돌해 양측에 많은 사상자가 나온 것은 톈안먼에 진입하기 직전, 그리고 진압 이후 베이징과 전국 주요 도시 여러곳에서였다. 그럼에도 불구하고 이런 사실이 일본을 비롯한 서방 언론에서 오랫동안 수용되지 않았다. 추적해보면, '학살 전설'이 확산된 직접적 계기는 현장을 이미 떠난 차이링이 중국 국내 은신 중 녹음해 홍콩에 보냄으로써 공개된 육성메시지에서 200명 이상, 또는 4천명 이상이 죽었다고 들었다며 울음 섞인 목소리로 밝힌 (간접)증언이었다. 그러나 시위지도자들 중 (그를 포함한) 해외 망명자들이 1991년 여름 빠리에서 모인 비공개 회의에서 광장 안에서의 학살은 목격한 바 없다는 점에는 의견이 일치했다는 사실이 알려졌지만[2] 별로 주목받지는 못했다.

여기서 차이링 같은 개인의 역할을 탓하기보다는 서방 미디어가 민주화 운동에 동조하며 중공의 취약성을 드러내는 데 몰두한 분위기가 더 강하게 영향을 미쳤다고 봐야 옳을 것이다. 그날 새벽 광장에 머문 몇 안 되는 미디어 종사자인 『아사히신문』 기자가 거기에서는 사상자가 없었다는 기사를 보냈는데, 처음에는 비교적 냉정하게 보도하던 이 신문도 토오꾜오 본사의 판단에 따라 '학살'이라는 미디어의 대세에 합류했을 정도였다.[3]

따라서 여기에서는 두 신문 사설의 논조에 집중하려고 한다. 흥미롭게도 몇가지 공통점이 눈에 띈다.

첫째, 두 신문 모두 베이징정부의 무력진압이 초래한 유혈사태에 대해 깊이 유감을 표하며 더이상 악화되지 않길 요망한다.[4] 둘째, 무력탄압이란 해결책을 선택한 이유를 권력 수뇌부 내부의 갈등의 소산으로 보았다.[5] 셋째, 때마침 동구권의 폴란드에서 시행된 '자유선거'와 겹쳐 보면서, '복수정당'제의 도입이 사태의 해결책일 수 있음을 제시한다.[6] 넷째, 중·일 우호관계의 유지라는 관점에서 중국의 안정과 개혁·개방정책의 지속을 요망한다.[7]

그런데 『요미우리신문』의 경우, 중·일 경제관계의 역사적 특수성에 착목한 점이 도드라진다. 즉 미국의 원조에서는 상대국의 전략적 가치나 정권의 민주화정책이 중시되는 것과 달리, 중국에 대한 일본의 원조는 "전후의 배상과 수출진흥정책이 결합되어 있고, 원조의 의도를 적극적으로 명시하기 어려운 역사가 있다"고 전제하면서, 일본의 원조와 관련해 '정책대화'를 할 필요가 있다고 주장한다.[8] 이 신문의 기반이 경제계임을 염두에 두면 이는 쉽게 이해되는데, 톈안먼사건으로 중·일관계가 더이상 악화되어서는 안 된다는 매우 실용적인 고려가 짙게 배어 있지 싶다.

일간지에 이어서, 주로 지식인의 중국인식에 영향이 큰 논단의 반응에 대해 살펴보겠다.

이 주제를 집중분석한 바바 키미히꼬(馬場公彦)에 따르면, 일본의 대부분의 잡지들은 1989년 4~5월의 학생·노동자·지식인들의 민주화 요구 움직임을 일본 독자에게 적극 전달했다. 각 잡지의 논조가 어떠하든 관계없이 대개 운동에 대한 뜨거운 동조와 중국의 변화에 대한 강한 기대가 공통적으로 깔려 있다. 그 공감과 기대는 무력진압을 명령한 당 원로들의 행위를 '전제·봉건·독재정치'라고 비판하게 만들었고, 인민해방군이 제압에 나서자 비판은 강한 분노로 바뀌었다. 민주화운동에 호응해 상승한 체온이 강한 실망과 격렬한 분노의 논조에 그대로 반영된 것이다. 달리 말하면 후야오방의 죽음에서 시작된 민주화운동에서 일본 논단이 주목한 초점은 항상 권력이 아니라 민주화운동을 추진한 학생과 개혁파 지식인이었다. 그러다보니 최종적으로 무력진압을 선택한 당 수뇌부의 결정

에 찬동을 표한다든가 이해를 보인다든가 하는 기사가 적어도 그때에는 거의 없었다.[9]

여기서 우리가 주목할 점은, 일본과 중국이 국교정상화를 한 1972년 이후 중국담론의 생산에서 중국전문가가 차지하는 비중이 점차 증대하다가 이들이 담론 생산을 과점화하는 경향이 두드러졌다는 사실이다. 그러다보니 점차 일본이라는 지역적 특징이 줄어들고 어느 나라에서나 통하는 중국론이 성행했다. 이전에는 일본인은 어찌해야 하는가라는 국민으로서의 관심에 따라 중국을 묻는 것이 주였다면, 이 시기에는 일본인이라기보다 일본국, 좀더 좁히면 일본정부는 어찌해야 하나라는 외교방침, 곧 중국정책에 대한 물음으로 전환했다.[10] 그러니 톈안먼사건에 대한 논의도 주로 그들 전문가가 담당하는 것은 자연스러웠다. (이 점은 뒤에서 보게 될 한국의 논의가 노동운동 진영까지 참여한 폭넓은 영역에서 이뤄진 양상과 조금 다르다.)

그렇다면 그들의 논의에는 어떤 특징이 있었을까. 이 점을 극명하게 보여주는 두 전문가의 사례를 잠시 분석해보자. 중국의 정세 분석과 전망을 마치 일기예보처럼 다루는 태도가 흥미로우면서도 사회과학적 분석의 특징을 잘 보여준다.

나까지마 미네오(中嶋嶺雄)는 톈안먼민주화운동의 고양을 '4~5월혁명'으로 부르고, 학생들의 운동의 본질은 "공산당의 지배에 대한 정면으로부터의 도전이고, 대항혁명(counter-revolution)"이라고 규정했다. 그는 톈안먼사건이라는 암전(暗轉)을 거쳐 다시 가까운 장래에 민주화운동이 중국의 사회주의 일당독재를 변혁할 것이라고 예보한다.* 이에 비해

---

* 그는 다른 글에서 중국 당국의 무력진압을 히틀러나 스딸린 이상의 야만적인 것이라고 규탄하며 중국 사회주의 정권의 붕괴를 예언했다. 中嶋嶺雄 『中國の悲劇』, 東京: 講談社

카가미 미쯔유끼(加々美光行)는 유럽세계와는 다른 아시아적 요소를 강조하면서 소련 안팎의 주변 민족들의 동향, 그리고 중국사회 내부의 방대한 농민인구나 비식자층의 민주화운동에 대한 반응에 주목하는 관점 또는 '아시아사회주의'의 시각에서 앞으로의 동향을 전망해야 한다고 강조한다. 민주화운동을 거친다 해도 여전히 흐린 날씨가 계속될 것이라는 예보도 곁들인다.

그런데 톈안먼사태 직후 국가붕괴론과 경제파탄론이 일본 논단을 휩쓸었지만, 중국은 경제발전을 가속화했다. 전문가들의 예측이 뒤집히고 암전된 구도가 다시 반전한 셈이다. 결국, 중국 경제가 회복되자 1991년 일본정부가 구미에 앞서 중국에 대한 경제제재를 해제하는 일련의 과정을 거쳐 1992년 천황 방중에 이르는 추이에 대응해, 일본 논단의 중국론도 변화한다. 톈안먼사건에 대한 관심은 점점 더 희미해져갔다.[11]

한국인의 반응

한국은 톈안먼사건에 대한 공감의 온도가 높았다. 1980년 광주시민의 민주화운동을 군사정부가 무력으로 진압한 사건을 겪었으며, 더 올라가면 1960년 학생을 비롯한 시민들이 이승만정권을 무너뜨린 반독재운동인 4·19혁명이 유혈진압을 수반했음을 경험한 바 있기 때문이다. 한국 일간지가 그 경험을 떠올리며[12] 톈안먼사건에 비상한 관심을 보였다. 서로 다른 논조를 펴는 주요 일간지 가운데 보수적인 경향이 강한 『동아일보』

1989, 39면. 그의 이런 자세는 학자로서 마땅히 해야 할 "진상의 규명은커녕 학살 전설로 매스컴 보도 이상으로 정치선전에 열을 올렸다고 비판된다." 村田忠禧「'天安門廣場の 虐殺'傳說の創出·傳播とその破綻」, 『史潮』36號, 1995, 9면.

『조선일보』 그리고 진보적인 논조의 『한겨레신문』을 비교해보겠다.

　한국 일간지 역시 톈안먼사태에 대한 사실 보도에서 객관성을 충분히 확보할 수 있는 여건이 아니었다.[•] "북경 발포 천명 이상 사망" "칠흑 속 탱크굉음 천안문광장 덮어"(『동아일보』 1989. 6. 5) 식의 표제로 관련 사실을 보도했다. 『한겨레신문』이 이례적으로 5일자 호외를 발행해 상세한 속보를 전했다.

　이제 세 일간지의 사설을 좀더 섬세하게 읽어보자. 기본적으로 세 신문 모두 사태를 비극적으로 보고 시위 주도층에 동정적인 시각을 가진 점은 공통적이나, 냉전적 시각에서 본 것인지, 아니면 좀더 실상에 다가서려 했는지의 차이가 있다. 『동아일보』는 진압 주도 세력을 '반동보수'로 규정하고, "이로써 덩은 천명을 잃었"으며, 그간 한국정부가 신데탕트의 기류를 타고 중국 러시를 보였으나 이에 제동을 걸어야 한다고 주장한다. "이제 환상은 버리"고 중국 사회주의의 실체를 냉철하게 가늠하며, "대중 관계를 재검토해야 한다"고 권고한다.[13] 『조선일보』는 덩샤오핑 등 지도부가 "중국 사회주의의 조직적 기반을 스스로 허물어뜨렸"고, 학생·지식인·근로자·시민들이 요구한 것은 사회주의 정권의 퇴진이 아니라 "일차적으로는 사회주의적 민주화와 부정 척결, 특권 철폐"였으며, 일부는 다소 성급하게 서구식 민주주의를 부르짖었지만, "대세는 사회주의체제하에서의 자유화·민주화 개혁"이었다고 분석한다. 그리고 "중국 민주화운동은 이제부터가 시작이다"라고 전망한다.[14]

　『한겨레신문』은 "민중은 총칼 딛고 일어나 승리할 것"이라는 부제의 사설에서 "학생들의 요구가 너무나 정당"하다고 평가하고, "위기는 학생

[•] 일본 언론과 달리 한·중 양국 간 국교정상화(1992)가 이뤄지기 전이라 상주 특파원을 베이징에 둘 수 없었다.

들의 데모로 시작된 것"이 아니라 그들이 그렇게 나서지 않을 수 없었던 배경에서 비롯된 것인데, 역사를 움직이는 원동력인 인민이 "멀지 않아 덩샤오핑과 리펑을 타도하기 위해 봉기할 것"으로 전망한다.[15] 그런데 점차 "베이징시 정상 회복"을 전하는 등 냉정하게 보도하면서(6. 10), 다른 일간지 논조에 비해 이례적인 심층해설을 싣기도 했다.

이 기명 해설에서 "이번 정치개혁투쟁이 조직적이라기보다는 다분히 자연발생적인 성격이 짙었고" 노동자를 비롯한 일반 시민들과의 조직적 연계 없이 진행된 한계를 지적한다. 이번 학생투쟁이 당내 노선투쟁을 촉발시켜 '개혁촉진파'의 패배와 '개혁신중파'의 승리로 귀결되었고, 학생의 요구가 일목요연하지는 않지만 빈번히 등장한 항목은 부정부패 척결, 민주주의, 자유, 언론자유 등 매우 추상적인 것인데, 이것이 서방에는 당연할지 몰라도 당의 지도와 사회주의 노선에 대한 정면도전으로 비친 것은 당정으로서는 "어쩌면 당연한 일"이라는 평가도 내린다. 앞으로 획기적인 제도개혁 없이 인심 수습은 어려울 듯한데, 강경파들은 이번 '동란'을 진압하지 않으면 중국공산당의 장래는 없다고 생각할지 모르나, "이제부터 인민의 신뢰를 회복하지 못하는 한 중국공산당의 장래는 어둡다고 할 수밖에 없다"고 전망한다.[16]

시위를 주도한 학생층의 조직적·이념적 문제점을 지적하는 동시에 당정 지도부 내부의 분파를 '개혁촉진파'와 '개혁신중파'로 규정하고 그들의 서로 다른 대응과 그로 인한 귀결에 주목한 입체적 시각은 지금까지 축적된 회고나 연구성과에 비춰봐도 빛이 바래지 않는다.

이런 시각이 나온 배경에는 당시 한국 논단의 자장이 작용한 것으로 짐작된다. 먼저 눈에 들어오는 것은 그 글보다 두주 앞서 같은 지면에 실린 민두기의 외부기고 칼럼이다. 그는 이 글에서 길게는 5·4운동 이래의 역사적 과제, 짧게는 1980년대 이래의 민주운동의 과제라는 맥락에서 톈안 먼시위를 파악하는 긴 호흡을 보여준다. 이와 동시에 그 시점에 중국 권력층에 정치개혁과 경제개혁 수행의 완급이라는 방법을 둘러싸고 갈등이 벌어지고 있는 정세를 날카롭게 분석한다. 그리고 이 갈등이 권력투쟁과 얽힐 때 "본래의 의도 이상으로 차이가 커지거나 사실 이상으로 확대되어버릴 수 있다"고 전망한다.[17] 주로 단기적 정세 분석과 예측에 치중한 다른 지면의 정치학자들의 논평[18]들과 구별되는 중국사연구자의 이런 안목이 일정하게 영향을 미쳤을 것으로 보인다.

또다른 하나의 요인은 노동 진영의 관련 논의이다. 1980년대 이래 한국의 민족민중운동 진영 내부에는 다양한 정파가 존재했고, 그 시점에는 그 영향이 여전히 컸기에 톈안먼사건(을 포함한 국내외 정세)를 분석하는 시각에서도 서로 다른 차이를 보였다. 여기에서 그 근거로 진압과 시위의 성격에 대한 노동운동 진영의 서로 다른 관점을 대비해보겠다.

첫째 유형은 진압에 대해, 학생시위가 '반동적인' 것이었으며, 공산당의 대응은 '본질적으로 정당한 것'인데 대응의 전술적 오류가 있었을 뿐이라고 본다. 그리고 시위 성격에 대해, 성장한 소자산가 상층의 요구를 대변하는 이른바 개방·개방정책을 확대시킴으로써 지식인의 처우 개선을 이루거나, 민주화를 통해 소자산가의 정치적 영역을 보장하려는 것이라고 분석한다.[19]

지금 돌아보면 언뜻 이해가 안 될 정도로 매우 이색적인 관점이 아닐 수 없다. 물론 이와 다른 관점도 제기되었다. 두번째 유형은 진압에 대해, "인민의 정치개혁과 민주화 요구에 대한 무차별한 살상을 자행"한 것이고, "돌이킬 수 없는 범죄행위"요 "사회주의와 인민에 대한 배신행위"라고 평가한다. 앞으로의 전망에 대해 당이 인민 앞에 새로이 서야 하고, 학살책임자 처단과 민주화와 정치개혁을 추진하며, 사회주의 전반의 개혁을 실질적으로 펼쳐나갈 수 있는 세력이 자리잡아가도록 해야 한다고 주장한다.[20]

세번째 유형을 하나 더 들어보겠다. 진압에 대해, 공산당과 정부가 적극적인 대응을 유보한 결과, 시위는 걷잡을 수 없이 확산되었고 시위의 자산계급 자유화운동으로서의 성격이 증폭되었으며 결국 유혈진압이 불가피했다고 평가한다. 그 시위 성격에 대해서는 자산계급 자유화운동이라는 하나의 측면과 더불어, 개혁정책의 문제점 특히 고율의 인플레와 당원 및 일부 간부의 부정부패에 따른 인민의 불만과 분노가 폭발한 것, 즉 기본적으로 사회주의 틀 안에서의 대중운동이라는 또다른 측면이 얽혀 있는 두가지 성격의 시위로 규정한다. 그 전망에 대해서 당은 경제체제의 정비 정돈 및 정치체제의 개혁과 함께 혁명정신과 공산당의 영도력을 강화하는 등 사회주의 정신문명 건설에 박차를 가해야 할 것이라고 주장한다.[21]

이러한 견해는 당시 사회과학계가 주도한 중국 연구의 주류적 관점과는 거리가 있었고, 학계나 논단에 큰 영향을 미치지는 못했다. 그러나 일부 비판적인 소장 중국연구자들이 그 이념적 자장 속에서 중국 사태를 분석한 사례가 보여주듯이,[22] 진보적 지식인들의 담론에 다소간 공유하는 부분이 있었던 사실은 부인할 수 없다. 그들에게는 중국 자체에 대한 실사구시적 분석보다 그것이 한국의 변혁운동에서 갖는 함의를 끄집어내는 일이 더 시급한 실천적 관심사였다. 중국은 (앞에서 본 일본 지식인들의 중국인식이 그러했듯이) 자신을 비춰보는 '거울'이었다.

그런데 시간이 지날수록 톈안먼사건에 대한 관심 자체가 희미해져만 갔다. 1주년이 된 1990년 6월의 시점에 이미 중국정부가 정치범을 석방하는 등 완화 조치를 취한 것에 기대를 걸며, 중국의 민주화로 동북아에

안정과 경제발전이 이루어져야 한다고 전망한다. 곧 베이징에서 열리게 될 아시안게임에 관심이 쏠린다.[23] 그리고 이듬해인 1992년 중국과 한국은 공식으로 국교를 정상화했다.

그러나 5·18 광주민주화운동을 경험한 한국에서는 1989민주운동을 이에 겹쳐 보면서 아시아의 민주화운동으로서 다시 기억하려는 활동이 간헐적으로 나타났다. 예를 들면, 그러한 활동의 일환으로 톈안먼사건 9주기이자 5·18운동 18주기를 맞은 1998년에 리처드 고든(Richard Gordon)과 카르마 힌턴(Carma Hinton)이 제작한 다큐멘터리 「톈안먼」(The Gate of Heavenly Peace)이 한국에서 상영되었다. 그런데 이 작품은 그 전해 제2회 서울다큐멘터리 영상제(Q채널 주관)의 오프닝작으로 선정되었다가 취소되어 영상제 심사위원 등이 사퇴하는 해프닝이 벌어진 적이 있다. 주한 중국대사관의 압력이 있었는지는 밝혀지지 않았으나, 주최 측이 중국 진출에 대한 불이익을 우려한 결과였음은 분명해 보인다.[24]

이렇게 한국에서 톈안먼사건을 (재)기억하는 데 중국의 존재가 그늘을 드리우는 사정은 그 30주년을 막 지난 오늘날까지 이어진다. 한국인의 의식과 일상생활에 대국 중국의 존재감이 스며들어 있다는 뜻이겠다.[25]

그런데 2019년 홍콩에서 민주화운동이 거세지자 한국 미디어에서 홍콩 사태의 추이를 분석 전망하면서 톈안먼사태의 기억이 일반인에게도 다시 되살아났다. "홍콩에 대한 최악의 시나리오는 30년 전 톈안먼사태의 재연"이란 식으로 한국인에게 이미지화되어 있음을 엿본 셈이다.[26]

이러한 타이완, 한국 및 일본의 반향은 서로 고립된 것이 아니었으니 구조적 맥락에서 형성되었음에 관심을 가져야 한다. 이제 그 표면에서 좀 더 들어가 세계적이고 동아시아적인 차원의 변화와 연결시켜 검토해보겠다.

먼저 세계경제 질서의 재조정에 주목해보자. 1970년대 이래 세계자본주의는 위기에 직면했다. 서구에서의 생산성 신장의 둔화로 경제질서의 재편과 확대가 불가피했다. 그런데 러시아와 동유럽의 경우 세계경제의 구조조정(신자유주의적 지구화)의 영향을 받으며 그 여파로 무너진 반면, 그보다 10년 앞서 경제적 개혁·개방을 점진적으로 추진한 중국은 그 흐름을 타고 새로운 제조업의 기지로 떠오르며 개혁 초기에 성장 기반을 마련해 충격을 흡수하는 데 용이했다.[27] 여기서 동아시아 경제의 지역적 특성이 주목된다. 한국·타이완·홍콩·싱가폴 등 '네마리 용'을 중심으로 하는 동아시아 신흥공업경제지역(NIEs)이 거대한 생산·소비시장이 되어 계속 팽창함으로써 주변 아세안국가뿐만 아니라 중국과의 연계를 강화하였다. 이들은 노동비용의 상승으로 산업경쟁력의 한계를 느끼면서 생산의 지리적 재배치를 모색하는 시점이었기에 중국이 절실히 필요했다.[28]

이러한 동아시아 지역경제의 변화와 중첩되어 세계 차원의 냉전질서가 붕괴하면서 동아시아 분단구조도 동요하였다. 그러나 동유럽에서 사회주의 국가들이 잇따라 몰락하는 극적 사건의 연쇄에 비하면 서방이 보기에 "변두리에서 벌어진 촌극"[29]이었을지 모를 사태를 1989년에 중국이 겪었지만, 중국은 몰락하기는커녕 오히려 부상한 반면 미국은 경제 쇠퇴로 헤게모니가 약화되면서 동아시아 분단구조는 유지되었다. 그 분단선 양측의 경제 의존이 심화되면서도 지정학적 갈등은 여전하고 이념의 대립도 (공산주의와 자본주의라는 경제사회체제의 차이에 주로 기인한 냉전 이념 간의 갈등에서) 민주주의와 권위주의라는 (문명 차원의) 가치관의 대립으로 전화되었다. 중국정부가 톈안먼사건을 유혈로 진압하고 권위주의적 지배를 오히려 강화했기 때문이다.[30]

이처럼 톈안먼사건의 발생과 이에 대한 중국정부의 대응방식은 동아시아 분단구조가 동요하는 과정에서 그것이 존속하는 데 (중국이 의도하지 않았더라도) 기여하는 지역적 효과를 낳았다. 오늘날 우리가 목도하는 혐중 정서와 인식이 출현한 맥락의 일면을 여기에서도 찾아볼 수 있다.

에필로그

중국현대사는 '반(半)식민성'(및 그 잔재)에 저항하는 100년의 변혁 과정이다. 이는 근대적응과 근대극복의 이중과제를 유지하는 긴장이 무너졌다 복원되는 양상이 되풀이된 과정이기도 하다.

돌이켜보면 그 100년간 톈안먼이 1919년에는 저항의 장소, 1949년에는 경축의 장소, 그리고 1989년에는 다시 저항의 장소로 바뀌었다. 그런데 그곳에 머물렀던 행위 주체들은 모두 근대가 적응과 극복의 '단일기획'일 수밖에 없음을 일정 정도 문제의식으로 갖고 있었다는 공통점이 있다.

5·4운동기는 자각된 지식청년 곧 '신청년'이 이중과제 수행의 주체로 부상한 시기였다. 그들이 톈안먼에서 형성한 저항의 의례는 중앙정부의 정당성을 비판하는 데 그치지 않고 민의를 대변하는 (제도가 아닌) 관행이랄까 운동으로서 정당성을 갖게 되었다.

그들은 세계체제와 접속된 상황에 민감했다. 제1차 세계대전으로 노출된 유럽문명과 자본주의 경제의 위기에다가 신해혁명의 굴절, 곧 공화

(혁명)의 위기도 중첩해서 경험했기에 낡은 정치, 심지어 국가에도 회의적이었다. 그래서 신문화를 통한 발본적 변혁을 추구했고, 그 추동력을 자각된 개인들의 자발적 결합체인 소단체에서 구하려 했다. 이는 개인과 국가의 이분법을 넘어 민주적 집단주체가 사회를 발견하고 개조하는 길이자, '세계적 공리'를 실천하는 길이기도 했다.

그런데 신청년은 5·4의 영향 속에 구상하고 실천한 소단체가 좌절되자, '평민'을 발견해 지식인들의 윤리적 쇄신과 정치권력의 정당성 재해석의 근거를 갖출 뿐만 아니라, 직접 그들 속에 들어가 그들을 동원해 정치적 정당성을 실질적으로 확보하려고 했다. 그러려면 그 활동을 지속시킬 포괄적인 이념과 조직적인 후원이 불가피하게 필요해, 이념과 조직을 제공하는 공산당과 국민당이 연합해(제1차 국공합작) 1923년부터 추진한 반제·반군벌 국민혁명에 참여하였다. 그들 중 일부는 '사회변혁적 자아'로서의 정체성을 기반으로 개인수양과 사회변혁을 겸하는 '직업혁명가'로 전환하여 민중을 새로운 정치세력으로 동원하는 주축이 되었다. 공화의 확충적 실질화라는 새로운 민주주의의 실험운동의 주체가 형성된 셈이다. 특히 민의 자치와 결집의 방식으로 실천한 각계연합의 국민대회와 이를 민의대변기구로 제도화하려는 국민회의운동은 비록 그 자체로 제도화되지는 못한 한계가 있지만 당-국가와 사회의 관계를 (직능대표의 형태로) 제도화하는 과제의 중요성을 일깨운 새로운 경험이었다. 구미의 대의제가 아닌 새로운 민주주의의 길로서 근대극복의 계기를 품은 것이었다.

그런데 5·4기에 대두된 각계민중연합의 역량이 국민혁명 과정에서 조직된 세력으로 성장하면서 그 안에 계급분화가 나타났고, 국민회의 구상에는 직능집단 말고도 국민당과 공산당 같은 정당도 포함되었기 때문에 그들이 국민회의 구상을 제도화할 능력 — 가장 중요하게는 군사력 — 을 갖지 못한 한은, 외부 세력 특히 혁명정당에 종속될 한계를 안고 있었다. 그러니 이를 통해 국·공 양당이 국민국가 건설을 추구한 과정에서 드러낸 '해방과 억압의 양면성'을 역사적 맥락에서 조망할 수 있다.

톈안먼이 축제의 장이 된 것은 1949년 10월 1일이었다. 그때부터 지금까지 10월 1일은 건국을 기념하는 국경절로, 톈안먼에서 그 경축의례가 매년 거행되어오고 있다. 그날 선포된 중화인민공화국은 중국이 신민주주의사회로 진입하였음을 의미한다. 그 주체는 공산당의 지도를 받는 '인민' 곧 노동자·농민·소부르주아지·민족부르주아지의 계급연합체이다. 그들은 연합정부와 혼합경제를 신민주주의사회의 핵심으로 추진하였다.

자본주의를 발전시키면서 동시에 이를 극복하려는 신민주주의사회 단계에서 '이중과제'를 수행할 때 요구되는 긴장이 지도층의 노선 갈등 형태(예컨대 마오쩌둥과 류사오치의 협력과 대립)로 유지될 수 있었다. 즉 신민주주의사회가 하나의 독자적 '단계'인지 단순한 '과도기'인지를 둘러싸고 논쟁이 내연(內燃)했다. 그런데 중국은 한국전쟁에 참전함으로써 샌프란시스코체제에서 배제당하고 세계체제로부터 봉쇄되어 자립갱생이 강제되었다. 이런 여건에서 신민주주의사회 단계를 좀더 유지해야 한다는 류사오치 노선과 사회주의로의 전환을 앞당기려는 마오쩌둥 노선의 대립에서 마오가 승리함으로써 그 긴장은 더 오래 지속되지 못한 채 1950년대 중반 사회주의 건설이라는 단일과제로 해소되고 말았다. 물론 중국이 세계체제로부터 배제당한 조건에서 사회주의적 본원축적을 추진한 탓으로 근대적응의 과제를 수행할 물적 기반이 구조적으로 제약되었다는 사실은 분명하다. 국가와 민의 협치나 자생 능력을 갖춘 민의 결집을 위한 불적 토대가 약해지고 말았다. 그러다보니 국가는 (때로는 폭력을 수반한) 군중운동의 동원에 되풀이 의존하는 불안정성을 보일 수밖에 없었고, 각계인민대표회의에 구현된 연합정치의 제도적 영역도 형해화되었다. 그로 인해 1953년에 이미 국민국가의 해방적 측면보다 억압적 측면이 (1957년 이후처럼) 좀더 우세해지는 징후가 나타났다.

그렇다고 해서 1949년 중화인민공화국 성립의 의미가 부정되지는 않는다. 그 획기성은 그 이전 민국 시기와의 단절에 있다기보다, 5·4기 이래 굴절을 겪으면서도 이어져온 이중과제 수행의 연장에서 공산당이 그 중심이 되어 국가 운영을 책임지되 인민의 자치조직과 군중운동의 동시 지원을 받아 기층사회에서 인민을 조직화하는 제도의 표준을 만드는 데 성공한 신민주주의사회의 새로움에 있는 것이다. 이는 물적 기반에 근거해 공화의 확충적 실질화를 이룩한 중요한 단계임은 분명하다. 비록 인민이 (지주 등) 반혁명세력을 배제한 혁명계급연합의 사회였기에 공민(국민)의 일부(곧 적)가 배제되었지만, 장기적 시간대에서 보면 헌정의제, 곧 정치참여를 일정하게 확대하는 동시에 국가의 권한 및 정통성을 제고하는 일에 성과를 올린 것이었다. 여기에 농민이 참여한 것은 5·4운동이나 톈안먼민주운동과 확연히 다른 특성이다.

1989년 봄, 톈안먼은 다시 저항의 장소로 바뀌었다. 1970년대 중·미수교로 샌프란시스코체제가 이완된 조건에서 세계체제에 재접속한 중국은 1978년부터 개혁·개방을 추진하면서 세계체제의 일부로서 생산의 지리적 재배치를 모색하던 동아시아 생산네트워크의 자원을 특히 풍부하게 조달받아 당정은 '사회주의 초급단계론'을 제시할 수 있었고, 이전의 신민주주의사회라는 역사적 유산을 재평가하였다. 자연스럽게 '이중과제' 수행의 긴장이 다시 요청되었다. 그런데 당정 지도층뿐만 아니라 청년·

학생과 지식인 들도 그 사이에서 동요하면서, 근대적응을 위해 성취해야 할 특성들을 어디까지 추구해야 할 것인가 —— 경제적 차원에 국한할 것인가, 아니면 사상과 정치제도 등의 차원까지 확대할 것인가 —— 를 둘러싸고 논란이 벌어졌다. 특히 청년·학생과 지식인들 사이에 개혁·개방의 공간에서 구미를 모델로 한 근대성의 지표들을 추종하려는 (근대적응에 치중한) 욕구가 급상승했고 여기에 중국혁명과 사회주의적 과거로부터 이어져온 '사회주의적 민주'에 대한 열망이 뒤얽혔는데, 그들은 이 중층적 가치를 구현하기 위해 톈안먼에 모여 5·4운동의 기억을 되살리는 저항운동을 벌였다. 이는 지구적 차원의 신자유주의 확산에 대응한 사회주의권의 몰락과 개혁·개방 이후의 중국 국내 차원의 변화가 중첩된 결과였다.

물론 톈안먼운동은 실패한 사건이다. 그러나 1989년에 잠깐 보였던 군중연합의 형태로 표출된 민의 자치와 결집의 경험은 이중과제를 수행할 주체가 잠시 나타난 순간으로 기억될 수 있겠다. 전국적으로 각계각층의 참여자들이 단웨이에 의존하면서도 개별적으로 참여한, 달리 말하면 단웨이와 개인의 의지가 교직된 군중의 자발적 운동이자 자치조직이 집단적으로 경험되었다. 좀더 긴 시간대에서 다시 보면, 5·4운동기부터 시작된 공화의 확충적 실질화라는 실험이 개혁·개방기의 맥락에서 인민주권의 중요성을 집단적으로 다시 일깨운 형태로 추구된 것이다. 물론 이것이 당시 요구되었듯이 전인대라는 사회주의 중국의 헌법 틀 안으로 수렴되어 제도화되지 못했을 뿐만 아니라, 계속 학습되면서 장기적 변혁의 운동 역량으로 전화되지도 못했다. 그러나 민중의 입장에서 자본주의의 대안과 '더 좋은' 민주주의를 모색하려면 1989년에 잠깐 보였던 민의 자치와 결집의 의의와 한계를 정면으로 대면하는 데서 출발하지 않으면 안 될 것이다.

이렇게 보면, 20세기 역사가 반복된 듯하나 실은 질적으로 크게 변화했다. 이 책은, 100년의 변혁기에 나타난 국민국가의 해방과 억압의 양면성을 민의 자치와 결집의 경험을 기준으로 따져 물으면서, 장기적인 헌정의제에 부응하는 방법을 모색한 중국인의 이론적·실천적 노력이 일직선적이라기보다 (단절을 포함한) 나선형의 형태(곧 공화의 확충적 실질화)로 진전해왔음을 보여주려고 했다. 이 궤적이 '국민국가와 제국을 겸하는' 현재의 중국에서 제국의 유산인 팽창과 관용 중 어느 것이 앞으로 주도하게 될지에 어느정도 영향을 미치지 않을까 예상해본다. 물론 그 미래는 중국인들이 이 경로를 얼마나 학습할 수 있는가에 달렸다.

이제 이 책의 「프롤로그」에서 제기된 쟁점으로 돌아가보자. 거기서 일반인은 물론이고 전문가들의 중국에 대한 관심사가 "중국공산당은 계속 집권할 수 있을까" 그리고 "미국과 중국 사이에 낀 한국이 어떤 선택을 해야 할까"라는 물음에 집중된다고 소개한 바 있다. 그리고 이런 질문에 제대로 된 답을 찾기 위해서는 중국에서 중시되는 '두개의 100년'론을 우리도 예의주시하지 않을 수 없다고 했다. 그렇다면 이제까지 전 3부에 걸쳐 세가지 사건을 통해 본 100년의 변혁의 역사는 이에 대해 무엇을 말해주는가?

역사연구자인 저자로서는 이런 유의 물음에 직접적인 답을 내는 데 익숙하지 않다. 그렇다고 피할 수만도 없으니 에둘러서라도 나름으로 답을 찾는 길을 가보고자 한다.

먼저 두번째 물음부터 다뤄보자. 앞으로 20~30년이라는 시간대에서 전망되는 아시아 지역질서의 시나리오를 제시하는 조영남은 미국 주도의 현행 질서가 유지되는 시나리오나 중국 중심의 위계체제, 곧 중화질서(Pax Sinica)가 재현되는 시나리오보다는 '중층적이고 복합적인 혼합질서'가 출현하는 시나리오가 실현 가능성이 높을 것으로 예상한다. 즉 "2030년 무렵까지는 중국의 부상과 함께 기존의 아시아 지역질서가 변화하는 과도기"가 될 것이고, "2040~50년 무렵에는" 여러 세력이 "중층적인 영역에서 양자 및 다자로 복합적으로 얽혀 경쟁과 협력을 반복하는 새로운 질서가 등장할 것이다."[1]

과연 그의 전망이 맞을 것인지는 그때 가봐야 알 터이나, 이로부터 촉발되어 더 생각해볼 점 두가지에 대해 논평하겠다. 하나는 그의 전망대로라면 한반도(특히 중견국인 한국)의 역할이 분명히 중요해지리라는 사실이다. 이는 미국과 중국이라는 강대국 사이에서 단순히 전략적 가치를 저울질하는 차원에 그칠 일이 아니다. 권력이행기라 일컬어지는 강대국 정치의 소용돌이 속에서 한국은 냉전시대처럼 어느 한쪽에 모든 것을 걸기보다는 이행기다운 자율성을 확보해야 한다. 한·중관계에 한정해 말하면 그것은 (중국이 우리에게 무엇인가가 아니라) **중국에게 우리가 무엇인가**로 물음을 바꾸는 일이다. 질문이 바뀌면 다른 사유의 길이 열리는 법이다. 동아시아 근현대사의 모순이 응결된 '핵심현장'의 하나인 한반도 남북이 지금처럼 분단된 상태를 점진적이고 단계적이며 평화적으로 극복하면서 (느슨한 국가연합으로 시작하는) 복합국가의 길을 간다면,[2] 그리고 그 과정에서 한반도 주민의 삶의 질을 개선하는 좀더 평화롭고 생태친화적이며 인간다운 체제를 한반도에서 수립한다면 평화와 공생의 동아시아를 위한 선순환의 촉매가 될 것임은 물론이고 세계체제의 변혁에 일정하게 기여할 것이다. 그럴 경우 중국에 대한 한반도의 비중은 한층 더 커질 것이 확실하다.

이와 더불어, 어떤 중국인가라는 문제를 늘 고려해야 한다는 점도 강조하고 싶다. 이는 첫번째 물음, 즉 "중국공산당은 계속 집권할 수 있을까"
와 연결되는데, 이 역시 "**어떤 성격의 중국공산당인가**"로 질문이 바뀌어야
한다.

그것이 붕괴할지 여부에 대해서는 많은 의견들이 이미 넘치게 나와 있
다. 그런데 진지한 관찰자라면 대체로 중국공산당이 문제는 안고 있더라
도 가까운 미래에 쉽게 붕괴할 리 없다고 전망하는 편이다.* 저자 역시 그
렇게 본다. 그렇다면 그 근거는 무엇인가. 이 큰 문제를 풀기 위해, 공산당
의 통치능력, 대안세력의 부재, 그리고 여전히 해소되지 않은 내셔널리즘
의 '위기의식'이라는 세 요소를 기준으로 삼아** 더 깊이 따져보겠다.

먼저 통치능력에 대해. 페리(E. Perry)는 구미에 성행하는 중국붕괴론
을 비판하면서 숱한 도전을 권력의 재생 자원으로 전환해온 중국체제의
무실주의(務實主義)적 나라다스리기(治理) 능력에 주목한다.[3] 이것은 '적
응력 있는 거버넌스'(adaptive governance)로 불린다. 그 기원은 중국공
산당 100년의 역사, 특히 게릴라식 정책스타일(作風)에 거슬러올라가는
데, 이는 오늘날 공산당의 정책결정의 탄력성과 역동성에 기여해왔다.***

• 최근 붕괴론으로 선회한 것으로 알려진 샴보(David Shambaugh)조차 "나는 붕괴가 임박
했다고 예측한 것이 아니라 중국 정권이 장기간에 걸쳐 쇠퇴하고 있다고 말한 것"이라고
분명히 밝힌다. 데이비드 샴보 『중국의 미래』, 최지희 옮김, 한국경제신문 2018, 177면. 그
밖에 "중국은 헐되 망하지 않는다(中國潰而不崩)"라는 진단도 있다. 何清漣·程曉農 『中
國: 潰而不崩』, 新北: 八旗文化 2017 참조.

•• 강진아 「G2시대의 중국 사회주의: 역사적 관점에서 본 중국의 개혁개방」, 『역사비평』
2014년 봄호 300면. 그는 앞의 세 요소를 중국에서 경제성장이 정치적 민주화로 이어지지
않는 이유로 설명하나, 저자는 이게 바로 현 공산당체제가 존속되는 근거라고 본다.

••• 그 특성은 변화지향적인 "'push-and-seize' style" 즉 정체된 현상을 한계까지 끊임없
이 밀어붙이고 그 상황을 자신에게 유리하게 변화시킬 수 있는 가능한 모든 기회를 장
악한 것을 말한다. Sebastian Heilmann and Elizabeth Perry, eds., *Mao's Invisible Hand:
The Political Foundations of Adaptive Governance in China*, Cambridge, Mass.: Harvard

중국이 변화하는 상황을 감당할 수 있는 자원과 능력을 갖고 있다는 얘기이다. 2013년에 중국정부는 이 능력을 사회와의 관계로 더욱더 확장하기 위해 '국가치리(治理)체계'와 '치리능력'의 현대화를 제출한 바 있다. 그때부터 열띤 관심사가 되어 다양한 토론이 이뤄지고 있는데, 역사 속의 치리 경험에까지 논의가 확산되고 있다.[4] 그런데 '적응력 있는 거버넌스'는 '적응'의 진화와 쇠퇴가 교직된 리드미컬한 변화를 수반한 것이란 데까지 관심이 미쳐야 한다.[*] 어떤 공산당인가를 물어야 할 이유가 여기에도 있다. (이 책 제3부는 톈안먼사건으로 이 적응의 진화와 쇠퇴가 응축된 양상을 특히 잘 보여준다.)

그다음으로 내셔널리즘의 '위기의식'에 대해. 5·4기 이래, 특히 항일전쟁 시기나 냉전 시기에 대해서야 더 설명이 필요없겠지만, G2 시대가 거론되는 오늘날도 여전히 작동한다. '중국몽'을 내세우는 배후에는 지난 100년의 국치를 씻고 역사를 고쳐 쓰겠다는 정서가 깔려 있다. 그러다보니 근대적응에 몰두한 시기에는 부정적으로 평가되던 중국의 특수성이 요즈음 오히려 성공의 비결로 재인식되고 있다. 예컨대 중국 학계에서 '문명'을 중국의 성공을 가능하게 한 역량의 바탕으로 드높이는 담론

University Asia Center 2011, 10, 13면. 중국이 코로나19를 통제할 수 있었던 것은 일당제 덕이 아니라 위기에 적절히 대응할 수 있는 정치체제의 탄력성과 적응성 때문이라는 분석도 있다. 최종적인 통제의 성공에 대해 이렇게 평가한다 해서 그 특징에 내재된 초기 대응 실패의 메커니즘을 간과하는 것은 아니다. 조영남 「중국의 코로나19 대응 분석: 중앙의 지도체계와 선전 활동을 중심으로」, 『중소연구』 44권 2호, 2020.

• 샴보는 (저자가 말한 적응의 진화와 쇠퇴가 아니라) 중국공산당이 쇠퇴와 적응의 동시 진행을 통해 현재까지 생명을 유지하고 있음을 이전 저서에서 주목한 바 있다. David Shambaugh, *China's Communist Party: Atrophy and Adaptation*, Washington, D.C.: Woodrow Wilson Center Press 2008. 그런데 앞의 370면 첫번째 각주의 새 저서에서는 좀 더 비관적 입장을 채택해 시진핑정권 이후 '장기적 쇠퇴'의 길로 들어섰다고 본다.

상하이 푸단(復旦)대학 교정에 세워진 '중국 몽' 홍보 입간판. "중국의 꿈 나의 꿈"이란 표어가 눈길을 끈다. 2019년 5월 10일 저자가 촬영.

이 성행 중이다. 당국체제에 대해서도 서구형 민주주의의 대안으로서 문명적 설명이 덧칠해진다.[*] 이럴 때 중국 특수성 또는 예외성이 늘 강조되나, 그럴수록 중국이 세계체제에 기초한 국가간체계의 일원으로서 (특히 신자유주의적 지구화에 의존해) 발전해온 엄연한 실체적 위치가 간과되기 십상이다. 그러나 5·4와 제1차 세계대전의 관계, 중화인민공화국 성립과 한국전쟁의 상호작용, 톈안먼사건에 영향을 미친 '대기후'와 '소기후'의 중첩을 돌아보면, 중국은 지구사 속의 일부로서 변화해왔고 또 변화해

---

* 谢茂松「从文明的视野理解中国共产党一党执政」,『开放时代』总第277期, 2018年 第1期; 李放春「毛泽东"理一分殊"思想发微」,『开放时代』总第279期, 2018年 第3期. 일당제는 유가 사대부의 일원(一元)정치에 기원하고, 송·명대 이학(理學)의 보편적인 원리와 개별적인 원리 사이에 일치성이 있다는 '이일분수(理一分殊)'로 명쾌하게 해명될 수 있다는 식이다.

갈 것임이 분명하다. 그러니 위기의식은 언제든 소환되어 애국주의에 연료를 공급할 수 있다.

끝으로 대안세력의 부재에 대해. 중국은 (다당경쟁제가 아닌) 다당합작제를 적어도 형식상으로는 유지하기에, 8개 '민주당파'가 실재하고 다양한 직능집단도 활동하나 이들은 (당국체제에서) 당에 종속된 처지라서 제도적 측면에서 대안세력이라기에는 턱없이 부족하다. 그러나 이 책에서 줄곧 강조된 '민의 결집과 자치'의 경험이 학습되고 점증되어온 만큼 이들이 운동과 제도 차원에서 어떤 변혁을 일으킬지는 주목에 값할 것이다. 중국에서 뜨거운 관심사인 '강한 국가'이자 '강한 사회'의 길[5]은 여기에서 찾아야 할 것이다.

이런 문제들을 염두에 두면서 "어떤 성격의 중국공산당이 계속 집권할 수 있을까"라는 물음으로 옮겨가자. 이남주가 세계체제와 관련지어 중국 정치사회세력의 재배치 방식을 예상해본 아래와 같은 시나리오는 우리에게 논의의 실마리를 제공한다.[6] 샴보(David Shambaugh)의 네개의 길과 비교해보면 좀더 설명력이 커질 것이다.[7]

첫째, 공산당 통치의 정당성이 약화되면서 반중공사회연합이 강화되는 경로이다. 둘째, 공산당 내 개혁파와 자유주의적 사회세력의 연합이 강화되는 경로이다. 셋째, 자본주의적 축적방식을 지속시키기 위해 대내외적으로 권력의 억압적 성격이 강화되는 경로이다. 첫번째 경로는 중국 공산당이 여전히 다른 정치세력의 도전을 허용하지 않는 수준의 통치능력을 유지하고 있기에 가능성이 낮고, 만약 이 경로가 현실화된다면 세계체제를 혼란에 몰아넣을 우려가 높다고 이남주는 전망한다. 두번째 경로는 두 사람 다 실현가능성을 낮게 보는 점에서는 일치하나, 샴보가 바람직한 것으로 권하는 '준민주주의'(semi-democracy)의 길인 데 비해, 이남주는 자유주의적 논리와 자본축적의 확장이 공존하기 힘들 것으로 본다. 세번째 경로는 현재의 상황에 해당하는데 두 사람 모두 바람직하지 않다고 본다. 샴보는 이를 '경성권위주의'의 길로 간주하고, 더 악화되면 '신전체주의'의 길로 퇴보할 수 있다고 한다.

마지막으로 이남주는 공산당과 좌파 사이의 연합이 강화되는 네번째 경로를 제시한다. 셋째 경로가 갖는 한계가 뚜렷해지는 조건에서 발전노선의 전환을 위해 새로운 정치사회연합이 출현하여 대안적 사회경제모델의 발전을 추진할 가능성을 말한다. 샴보의 '연성권위주의'와는 다른 길일 터인데, 중국 내에서 '좌'의 혁신 곧 (그들이 표방하는) '인민민주'의 실현 여부가 그 관건이다.

여기서는 네 경로를 더 찬찬히 평가하기보다 이 책을 관통하는 주제인 민의 결집과 자치의 시각에서 전체적으로 논평하고 싶다. 특히 공산당이 1949년에 승리한 비결로 간주되는 '인민민주'와 군중노선을 기준으로 지금 중국에서 논의되는 '중국 특색의' 민주주의를 비평해보려고 한다.

'중국 특색의' 민주주의는 주로 공산당 영도의 인민민주이고, 제도적으로 인민대표대회와 정치협상회의, 다당합작, 민족구역 자치제도 및 기층 민주제도로 구현된다. 그렇기 때문에 중국 밖에서는 사실상 '중국 특색의 권위주의' 담론이라고 평가되기도 한다.[8] 그러나 1950년대 이래 사회주의 내부에서의 비판, 특히 당 외부의 대중운동과 지식인으로부터 형성된 비판적 사상인 '사회주의 민주'(곧 민주주의와 사회주의의 결합)의 흐름 또한 굴절되면서도 이어져왔다.

이처럼 '사회주의'와 '민주' 담론이 교차되어온 중국적 맥락을 서구식 민주주의나 '중국 특색적' 민주주의나의 이원대립의 자장에서, 그것도 제도 차원에 한정해 평가하는 것은 피상적 이해방식이다. 이를 벗어나 유동하는 중국 내부를 들여다보는 사유의 단서를 찾기 위해 허자오텐의 주장을 검토해보려고 한다. 그는 인민민주를 실현하려면 공공영역에 참여하려는 인민의 의지와 능력을 북돋우고 공공조직 발전에 도움을 줄 수 있는 실천방안이 강구되어야 하며, '인민군중은 자신이 자신을 해방해야 한다'는 원칙을 구현할 수 있도록 사회의 공공조직들에 더 많은 활동과 발전 공간을 제공해야 한다고 제안한다.* 요컨대 군중노선에서 영감을 얻어 인민민주를 살리는 방식으로 공화의 실질적 확충의 길을 모색하는 것이다.

그런데 그를 포함한 중국 지식인의 관련 논의에서는 '인민'을 미분화된 집단으로 파악하는 경향이 강하다. 인민이란 어휘가 항일전기 경험에 기초해 특별한 정감을 갖는 어휘임을 감안하더라도, 그 물적 기반의 변화를 응시하지 않고서는 그들의 담론이 (특히 중국 대륙 밖에서) 폭넓은 호소력을 갖기 어려울 것 같다. 지금 중국은 '중국형 신자유주의'라 불리는 상황에 도달했고, 인민 내부의 소득 불평등 수준이 미국에 더 가깝다고 지적될 정도로 양극화가 심각한 형편이다.** 그럼에도 여전히 인민담

---

* 허자오텐·이남주 대담 「중국혁명, 역사인가 현재인가」, 『창작과비평』 2019년 가을호 296면. 1979년 이후 계속 수정된 '당장(黨章)'에서 군중의 자발성과 군중노선의 중요성을 강조한 핵심 내용이 삭제되는 변화를 겪은 이후 당의 동원과 군중의 물질이익이 중시되었다고 한다(289면).

** 피케티는 중국이 1980년대에는 스웨덴과 같은 가장 평등한 유럽 나라들에 가까웠지만 2010년대에 불평등 수준이 매우 악화되었다고 본다. 토마 피케티 『자본과 이데올로기』, 안준범 옮김, 문학동네 2020, 678면. 이런 내용이 중국 당국으로서는 불편한 듯 그의 이 신작 저서 중문판에서 불평등에 대한 부분을 삭제해달라고 출판사가 요구하자 그가 거부함으로써 중문판이 출간되지 못할 것 같다고 한다(「'중국 불평등' 파헤친 피케티 신작, 검열로 중국서 막혀」, 『한겨레』 2020. 9. 1). 한편 하비는 그런 불평등을 '중국 특색적' 신자유주의라고 설명한다. 권위주의적 중앙집권 통제와 결합되어 신자유주의적 요소들을 끊임없이 편입시키는 특정한 유형의 시장경제를 가리킨다. 그로 인한 "구조적 불균등은 상이한 계

론 —— 비록 군중 기초를 확대한 '3개 대표'에 압축되었듯이 자본가와 중간계층을 비롯한 사회 각 계급을 포용하는 변화를 보였지만● —— 이 주도하고 있다. 인민자치도 당의 영도와 연관된다는 전제 아래서만 성립되고, (시민公民사회와 다른) '인민사회'도 '인민의 공동체'에 바탕하고 공동체 건설과 관련될 때만 존립하며 그 평가 기준으로 형식(또는 절차)보다 결과가 중시된다.9 그러다보니 그에 참여하는 것도 정치적 효능감보다는 정치적 효율성(곧 업적 정통성)을 높이기 위해서이기 십상이다.

그러나 저자는 인민민주와 군중노선을 업그레이드하기 위해서는 정치적 효능감(efficacy), 곧 자신의 정치적 행동이 실제 정치에 영향을 미치고 있다는 믿음이나 피부감각이 개인의 자발적 참여와 자치조직의 원동력임을 강조하고 싶다. (100년의 변혁 속에 나타난 민의 결집과 자치의 궤적이 웅변해주지 않는가.) 인민자치는 '작은 일(小事)', 관료체계는 '큰일(大事)'을 담당하는 식의 분화를 통해 국가통치(治理)의 비용을 줄이고 국가의 사회관리 능력과 문제해결 능력을 제고시킨다는 사고에 그쳐서는10 정치적 효능감이 작동되는 데 한계가 있다. 물적 기반의 변화에 대응해 인민의 참여를 획기적으로 늘리는 '거버넌스'●●의 개편 곧 나라다스리

급, 사회계층, 지역 간 소득격차로 재빠르게 전환하여 급속한 사회적 양극화를 야기했다"고 진단한다. David Harvey, *A Brief History of Neoliberalism*, Oxford: Oxford University Press 2005, 120, 142~43, 151면.

● 공산당 16기 전체대회(2002. 12)에서 '3개 대표' 곧 선진문화, 선진생산력, 인민의 물질적 이익을 대표한다는 내용을 '당장(黨章)'에 삽입했다. 당이 각 계층의 이익을 조정할 수 있고 안정-성장-발전이라는 국가목표를 효율적으로 추진하기 위해서였다. 이희옥 「"3개 대표론"과 중국사회주의의 변화」, 『중국학연구』 26집, 2003.

●● 영어의 'governance'와 'government'는 원래 '다스림(政)'을 뜻하는 동의어다. 후자가 공권력을 갖고 다스리는 '정부'라는 뜻으로 자주 쓰임에 따라, 더 넓은 의미의 여러가지 다스림을 가리킬 때 '거버넌스'란 어휘를 택하기도 한다. 예컨대 기업이 다스려지는 방식을 'corporate governance'라고 하며, 정부가 일방적으로 통치하지 않고 시민사회의 여러 세

기의 새로운 체계에까지 생각이 미쳐봄직한 때이다.

이 시도가 반드시 체제변혁을 전제할 이유는 없다. 톈안먼시위 주동자였고 지금은 홍콩에서 대륙의 노동운동을 지원하는 한둥팡과 대륙에서 신향촌건설운동을 추진하는 원톄쥔(溫鐵軍)의 이념과 활동은 당국체제의 틀 안에서 밑으로부터의 변혁을 추구한다. 한둥팡은 노동자의 '집단적 협상력'을 증강해 작업장 민주주의를 얻어내면 폭넓은 사회민주화를 이끌어 체제의 변화에 영향을 미칠 수 있다고 기대한다. 원톄쥔은 정치개혁을 제창하지 않고도 농민의 경제력과 민주역량을 높여 밑으로부터의 합작사적 경제민주화를 건설할 수 있다고 믿는다. 그들이 당정이 추진하는 민족주의적 의제나 성장·소비 우선의 국가발전주의를 넘어설 새로운 나라다스리기의 체계를 짜는 동력을 얼마나 제공할 수 있을지 아직은 잘 모르겠다. 그렇지만 개혁과 혁명의 이분법을 넘어 "어떤 성격의 중국공산당인가"에 대한 열린 사유를 계발하는 바는 분명하다.[11]

여기에 덧붙여, 저자는 나라다스리기의 새로운 체계를 구상하고 실천할 때 정치적 효능감을 보장하는 인민 개개인의 자발성도 숙고해야 할 과제임을 강조하고 싶다. 때마침 지금 중국에서 '신혁명사'가 대두하면서

력과 협동하고 합의해서 나라를 다스리는 정치행태를 거버넌스라 칭하면서 우리 사회에서 '협치(協治)'로 옮기기도 한다. 그러나 협치는 거버넌스의 특정 용법에 대한 해석이지 정확한 번역은 아니다.(백낙청 『거버넌스에 관하여』, 『창비주간논평』 2008. 12. 30.) 중국에서는 본래 '통치'보다 '처리(處理)'나 '관리'를 의미한 '치리(治理)'가 거버넌스의 번역어로 쓰인다. 이 어휘가 2000년대에 들어와 국가의 사회관리·공공관리를 위한 핵심 단어로 등장했다. "치리를 좀더 많이 통치를 좀더 적게"라는 입장과 공공관리의 시장화·사유화에 반대하며 정부의 치리가 필요하다는 입장이 갈린다.(王绍光 「治理研究: 正本清源」, 『开放时代』 总第278期, 2018年 第2期) 저자는 '민의 결집과 자치'의 역사 경험을 계승한 거버넌스의 개편, 곧 인민 참여를 획기적으로 늘리는 (개인과 국가의 체질을 혁신하는) '나라다스리기'의 새로운 체계를 강조한다.

혁명의 문명사적 함의에 착안하여 '개인 내면의 심성'을 중시하는 경향
도 나타난다. 개인의 인격이 '사회적 영성(靈性)'으로까지 나아갈 때 비
로소 혁명이 중국사회의 변혁을 진정으로 추동할 수 있다는 견해이다.[12]
그런데 개인이 자신에 내재된 초월성을 확립하기 위해서는 개인의 노력
만으로는 어렵고 당의 지도를 받아야 하고 그럼으로써 총체적인 사회변
혁을 이룩할 수 있다고 강조된다. 또한 조직된 군중인 인민이 정치 주체
가 되는 '인민사회'를 구현함으로써 '강한 국가'와 '강한 사회'를 동시에
이룩할 수 있다고 전망된다. '사회적 영성'을 매개로 개인과 사회의 관계
를 새롭게 해석하려고 시도했으나, 기존의 혁명수양론의 구도에 머문 느
낌이다. 이래서는 혁명수양론에 내재된 자발성과 위계성 사이의 긴장이
란 문제를 창의적으로 해결하기 어려울 것이고, 개인의 정치적 효능감을
이끌어내기에는 더더욱 미흡하다.

　개인수양 과정에서 형성된 새로운 자아가 (지구적 규모의 신자유주의
가 조성한) 불평등한 사회구조를 꿰뚫어볼 수 있는 능력까지 갖춘 (사회
변혁적 자아의 고양된 형태인) 사회적 영성을 집단적으로 회복하여야
'개인들이 힘 있는 주체가 되고 세력화된 민주주의', 곧 한층 급진적인
'강화된 민주주의'(empowered democracy)로의 길로 들어설 수 있다.•
여기에서 이 개념을 인용한 것은 민주주의에 대한 새로운 실험에 대한 관
심을 촉구하기 위해서이다. 지금 세계에서는 '진정한 민주주의'의 다양
한 실험이 진행되고 있다. 참여와 탈중앙집중에 중점을 둔 '참여사회주

• 정치적·경제적으로 억압되어온 개인이나 집단이 역량을 강화함으로써 사회의 변혁
을 추구하기 위해 급진적 자유주의이자 비국가주의적 사회주의 프로그램을 추진하는
'empowered democracy'는 로베르토 웅거(Roberto Unger)의 개념이다. 좀더 상세한 내
용은 로베르토 M. 웅거 『정치: 운명을 거스르는 이론』, 김정오 옮김, 창비 2015 참조.

의'의 세계적 결합이라는 제안[13]도 그 일부이다. 이러한 지구적 차원의 흐름에 적극 동참해 이념적·제도적 실험을 과감하게 해볼 만한다.

여기서 공동영역(commons) 담론은 새로운 사유의 길로 이끈다. 공동영역은 단순히 공유지나 공유자원 같은 것이 아니며, "공동체의 구성원들이 스스로 정치의 주체라는 자각 속에서 국가와 공적인 공간을 장악하고 변화시키려는 노력 그 자체"[14]가 핵심이다. 즉 이 공동체의 구성원이란 '소속'된 사람들이 아니라 공동영역을 창출하고 확장하는 과정에서 스스로가 정치의 주체임을 자각하고 변화의 노력을 수행하는 참여자들을 지칭한다. 여기서도 배제가 일어날 수 있지만 "이때의 배제는 억압이 아니며 '포함'의 대립물조차 아닌, 실현을 기다리는 대기 상태의 잠재성이다." 이로부터 "국가를 비롯한 공동체를 다시 사유하고 협동적 창조, 곧 정치적 우애를 통해 집단주체성을 적극적으로 재구성"하는 것이 '더 좋은' 민주주의의 과제임이 도출된다.[15] 팬데믹 시대를 맞아 국가의 개입을 촉구하는 동시에 그런 개입 자체에 정치적으로 개입하는 민주주의적 집단주체성의 메커니즘이 더욱더 중요해지고 있다는 뜻이다.

100년의 변혁기 중국에서는 5·4기 이래의 민의 자치와 결집의 궤적에 드러난 각종 구상과 실천 — 각성된 개인의 사회개혁 통로인 소단체 및 직능별 대표로 구성된 국민회의 구상과 운동, 연합정부와 혼합경제의 신민주주의, 1950년대 이래 민간 차원에서 추구된 '사회주의 민주'가 굴절되면서도 이어진 1989년의 밑으로부터의 민주자치 — 이 점증적으로 누적되었다. 이에 비평적으로 개입해 이를 재구성하는 것은 공화의 확충적 실질화의 미래를 위한 의미있는 작업이 아닐 수 없다.

이제 앞으로 중국이 민의 결집과 자치의 경로를 학습하면서 (팬데믹 사태를 겪으며 더욱더 체감된) 문명의 대전환기를 맞은 이 시대적 요구

중국 어디서나 볼 수 있는 '사회주의 핵심 가치' 홍보물. 12개 가치가 위로부터 국가, 사회, 개인 차원별로 네개씩 나열되어 있다. 2019년 5월 10일 저자가 촬영.

에 부응하는 대안문명의 조건을 창발적으로 갖추기를 기대한다. 그러기 위해서는 중국 바깥의 사상과 경험도 기꺼이 학습해야 할 것이다. 이런 뜻에서 저자는 중국 ─ 물론 다른 나라들도 ─ 이 그 길을 가는 데 참고가 될 만한 담론을 소개하고 싶다. 그것은 세가지 치교(治敎, 다스리고 교화함)의 길이다. 즉 덕치(德治), 정치(政治)와 더불어 '도치(道治)'까지 아울러야 한다.

여기서 '정'에 의한 다스림이란 동서양의 각종 현실정치 및 법치에 해당하는 셈이고 '덕'에 의한 다스림은 유가적 예도정치의 주된 수단인 지도자의 덕치를 뜻하는 반면, '도치'는 민중 각자가 도인의 경지에 이름으로써 자연스럽게 원만한 세상을 이룬다는 새로운 개념이다.[16]

익히 알려져 있듯이 정치와 덕치를 함께 시행할 필요성을 인식하는 것은 유가의 현실주의에 짙게 담겨 있고, 주로 지도자의 덕치를 뜻한다. 이에 비해 도치는 민중 개개인이 도인의 경지에 이름으로써 원만한 세상을 이룬다는 새 개념이다. 그런데 도치는 아직껏 국가 단위로 시행된 바 없지만, 도치는 물론이고 정치와 덕치도 현대세계에서는 세가지 치교의 결합 없이는 성립하기 힘들다는 날카로운 현실인식이 앞의 인용문에 전제되어 있다. 물론 '세가지 도'의 원만한 동시 수행을 원론 차원에서 천명하는 데 그치지 않고, 구체적인 역사적 상황에 맞는 구체적인 방도를 찾아가는 모험을 감당해야 한다.*

중국에서도 대안문명에 대한 관심은 높다. 심지어 중국정부조차 2049년에는 '부강·민주·문명·조화의 사회주의 현대화 국가'를 건설하는 것이 목표일 정도로 문명담론을 중시한다. 그래서 '사회주의 핵심 가치'로 12개(국가, 사회, 개인 차원의 각 4개) 항목을 선정해 전국적으로 선양하고 있다. 도처에서 눈에 띄는 그 표어의 항목들은 전통적인 것과 근대적인 것 및 혁명적인 것이 절충되어 있다. 그러나 현재진행 중인 100년의 변혁으로부터 중국인이 학습해 대안문명을 정립하려는 노력이 피부감각으로 공감되려면 이중과제 수행의 긴장을 감당해내지 않으면 안 된다. 이 사실을 과거·현재·미래가 순환작용을 하는 20세기 중국사가 또렷이 보여준다.

---

* 이상은 원불교 2대 종법사 정산(鼎山) 송규(宋奎, 1900~62)가 제시한 세가지 치교에 대한 백낙청의 새로운 조명이다. 백낙청 『서양의 개벽사상가 D. H. 로런스』, 창비 2020, 484~85면.

이제 이 글을 마무리할 때가 되었다. 톈안먼광장 이야기로 이 책의 글머리를 장식했으니, 마무리도 그렇게 해보자. 2021년, 아니 좀더 뒤인 2049년에 톈안먼에서 누가 무엇을 선언할까?

마오쩌둥의 '일어서기'와 덩샤오핑의 '부유해지기' 시대를 지나 시진핑의 '강해지기' 시대에 이어, 누군가가 '문명화하기(文起來)'를 중국 안팎을 향해 선언하기를 기대해본다.

이때의 문명이, 미국의 '문명충돌론'에 대항하여 중국의 포용적 '문명형국가'(civilizational state)[17]라는 이미지를 부각시키고 국민국가이자 문명국가인 중국의 특수성을 지나치게 강조한 나머지 현재의 중국을 정당화하는 그런 것이어서는 문명이란 이름에 값할 수 없다. "사회주의라는 몸이 '문명'이라는 영혼과 결합한" 지금의 문명담론(어떤 의미에서는 제국담론)에는 자기부정의 계기가 희미하다.[18] 그래서야 '지구적 보편성'에 다가갈 길이 멀다.* 적어도 원톄쥔이 과잉축적과 공간적 확장이라는 자본주의 논리에 휘둘리기 쉬운 일대일로(一帶一路) 프로젝트에 대해, "그 자체로는 영혼이 없다. 한층 깊고 두터운 사회정의의 사상과 문화적 내용으로 그것을 채워가야 한다."고 논평한 정도의 성찰은 필요하지 싶다.[19]

'톈안먼(天安門)'은 "하늘의 명을 받아 나라와 백성을 평안히 다스린

---

* 중국에서 '천하' 개념을 5·4 해석에 끌어들여 이에 담긴 국가–사회의 이분법을 넘는 비국가적 또는 초국가적 사유가 존재했음을 강조하는 견해도 있다(罗志田 「把"天下"帶回历史叙述: 换个视角看五四」, 『社会科学研究』 2019年 第2期). 최근 유행하는 천하담론에 속하고, 일종의 보편담론이라 할 수 있다. 그런데 그에 값하기 위해서는 "현재의 보편이라면 살아 움직이는 인민들이 지탱하는 보편이어야 한다. 그것이 배타적인 힘을 폭력적으로 발휘하고 결국에는 스스로를 상처 입히는 것이 되지 않도록 하는 길은, 그 이념의 실제 주인들이 민족에서, 아시아에서, 나아가 보편에서 실제로 주인 역할을 할 때에만 가능할 것이다."라는 지적을 감당해야 할 것이다. 이혜경 「근대 중국의 탈중화주의」, 『오늘의 동양사상』 15호, 2006, 89면.

다"는 오랜 뜻을 담고 있다. 이것은 체천행도(替天行道), 곧 하늘을 대신하여 황제(아니면 그와 유사한 권력체)가 도를 행한다는 뜻이다. 그러나 앞으로의 중국은 다른 의미의 체천행도(體天行道), 곧 다수 개인이 하늘을 본받아 혁명적으로 각성하고 실천하는 수준으로 나아가야 한다. 영혼들 하나하나가 깨달음의 경지에 달했을 때야 도가 구현될 수 있다는 뜻이다. 이는 낱낱의 '사람이 곧 하늘'이 되는 사상에 바탕을 둔 공화의 재구성이고,* 오랜 헌정의제를 민주적 집단주체성에 의해 다시 짜는 나라 다스리기의 새로운 체계이다. 정치공동체 구성원 사이의 소통과 공감 능력에만 기반한 공화가 아니라, 세가지 치교가 어우러지는 한층 더 확충된 의미의 공화를 일컫는다. 저자가 2049년에 선포되길 기대하는 것은 이런 의미에서의 '중화인민공화국'이다.

• 오상준『동학문명론의 주체적 근대성: 오상준의 초등교서 다시 읽기』, 정혜정 역해, 모시는 사람들 2019, 133면. 동학의 관점에서 제기된 '천인(天人)공화'는 하늘과 사람이 공화 상태에 이르게 되면 만인 간의 공화도 함께 이루어진다는 뜻이다. 서구적 공화주의와는 또다른 독창적인 공화주의 사상이라 하겠다. 오문환 「천도교(동학)의 민주공화주의 사상과 운동」, 『정신문화연구』 2007년 봄호 참조.

주

프롤로그

1 「시진핑 "중국이 세계 평화 수호" 미국 사정권 둥펑-41 공개」,『중앙일보』2019. 10. 2.

2 졸저『中國現代大學文化研究: 1920年代 大學生의 正體性 危機와 社會變革』, 一潮閣 1994, 제1부 2장.

3 Minxin Pei, "Everything You Think You Know About China Is Wrong," *Foreign Policy*, August 29, 2012 (https://foreignpolicy.com/2012/08/29/everything-you-think-you-know-about-china-is-wrong/# 2020년 1월 10일 검색).

4 백낙청「근대, 적응과 극복의 이중과제」, 송호근 외『시민사회의 기획과 도전: 근대성의 검토』, 민음사 2016, 257면.

5 李怀印「中国是怎样成为现代国家的?: 国家转型的宏观历史解读」,『开放时代』总第272期, 2017年 第2期 15면.

6 근대성과 식민성의 관계에 대한 논의는 황정아「한국의 근대성 연구와 "근대주의"」,『사회와 철학』31집, 2016 참조.

7 이남주「자본주의 세계체제 속의 중국 '사회주의', 수사인가 가능성인가」,『창작과비평』2015년 봄호 26면.

8 졸저『동아시아의 귀환: 중국의 근대성을 묻는다』, 창작과비평사 2000, 16면.

9 천밍밍『중국의 당국가체제는 어디로 가는가: 혁명과 현대화의 경계』, 이희옥·김현주 옮김, 성균관대학교출판부 2019, 187, 195면.

10 왕샤오밍「중국혁명: '국가-사회' 복합체의 구성과 실패」,『문화과학』2018년 겨울호.

11 한기욱「주체의 변화와 촛불혁명」,『창작과비평』2018년 겨울호, 특히 20~21면.

제1부 1919: 신청년과 각계민중연합의 시대

1장 1919년 5·4운동의 경과와 상징화

1 졸저 『中國現代大學文化研究: 1920年代 大學生의 正體性 危機와 社會變革』, 一潮閣 1994, 49~52면.

2 Nelson K. Lee, "How is a political public space made?: The birth of Tiananmen Square and the May Fourth Movement," *Political Geography* Vol. 28, No. 1, 2009, 36면.

3 叶曙明 『1919, 一个国家的青春记忆: 重返五四现场』, 北京: 九州出版社 2019, 226면.

4 진단 내용은 胡传胜 「"五四"事件中暴力行为再反思」, 『开放时代』 总第218期, 2010年 第8期, 49면.

5 그 과정의 상세한 설명은 앞의 졸저 제1부 2장 참조.

6 梁漱溟 「論學生事件」, 『每週評論』 1919. 5. 18. 이 글은 『國民公報』에 실린 것을 재수록한 것이다.

7 知非(藍公武의 필명) 「評梁漱溟君之學生事件論」, 『每週評論』 1919. 5. 18. 이 글은 역시 재수록한 것이다.

8 「學生事件和國家法律問題」, 『每週評論』 1919. 5. 18. 기명(記名) 없는 이 글은 『晨報』에 실린 것을 재수록하였다.

9 蔡元培 「去年五月四日以來的回顧與今後的希望」, 『新教育』 1920年 5月號.

10 「上海学联告工商界」, 上海社会科学院历史研究所 编 『五四运动在上海史料选辑』, 上海: 上海人民出版社 1961, 449면.

11 이상의 서술은 狹間直樹 『5·4운동연구서설』, 양민호 옮김, 한울 1985, 특히 134, 142면 참조.

12 朱文叔 「五四運動史」, 『學生雜誌』 第10卷 第5號, 1923.

13 이하의 서술은 박경석 「중국 '五四'紀念의 30년 추이(1920~1949): '정치부호'이자 '역사자산'으로서의 五四」, 『중국근현대사연구』 83집, 2019 및 欧阳哲生 「纪念 "五四"的政治文化探幽: 一九四九年以前各大党派报刊纪念五四运动的历史图景」, 『中共党史研究』 2019年 第4期 참조.

14 유용태 「민국 시기 5·4운동 인식 중의 대배경론: 유라시아세계혁명과 戊戌 이래 사상 계몽을 중심으로」, 『중국근현대사연구』 86집, 2020.

15 1940년에 확립된 신민주주의론의 성립 요인을 실증적으로 분석한 江田憲治 「毛澤

東「新民主主義論」はどのように成立したのか？: 中共の'五四'記念言説と國共關係を手がかりに」, 石川禎浩 編『毛澤東に關する人文學的研究』, 京都大學人文科學研究所 2020 (http://www.zinbun.kyoto-u.ac.jp/~rcmcc/maozedong-paper/05_eda.pdf: 2020년 7월 29일 검색).

16 黃克武 主編『重估傳統·再造文明: 知識分子與五四新文化運動』, 臺北: 秀威資訊科技股份有限公司 2019, 10면.

2장 왜 일어났을까: 위기의 이중구조

1 王奇生「高山滾石: 20世纪中国革命的连续与递进」,『华中师范大学学报』2013年 第5期 97면.

2 안창호(安昌浩)에게 보낸 조성환(曹成煥)의 편지(1912년 2월 20일). 민두기『중국의 공화혁명: 1901~1913』, 지식산업사 1999, 16면에서 재인용.

3 柯伟林(William Kirby)의 발언. 裴宜理·李里峰 等「再思1949年分水岭: 政治学与历史学的对话」,『学海』2015年 第1期 6면.

4 민두기, 앞의 책 255~64면.

5 이하 서술은 졸고「공화에서 혁명으로: 民初 논쟁으로 본 중국 국민국가 형성」(『동양사학연구』59집, 1997)에 주로 의존했다.

6 季剑青「国家与道德: 民初共和危机与新文化人伦理关切的发生」,『杭州师范大学学报: 社会科学版』2019年 第4期.

7 罗志田「体相和个性: 以五四为标识的新文化运动再认识」,『近代史研究』2017年 第3期 8~9면.

8 윤혜영『중국현대사연구: 북벌전야 북경정권의 내부적 붕괴과정(1923~1925)』, 일조각 1991.

9 「閒評(一)」,『大公報』1915. 5. 12.

10 羅志田「"二十一條"時期的反日運動與辛亥五四期間的社會思潮」,『新史學』第3卷 第3期, 1992, 65면.

11 유용태『직업대표제, 근대중국의 민주유산』, 서울대학교출판문화원 2011, 2장; 박지수『근대 중국의 대중집회와 國民大會, 1901~1919』,『중국근현대사연구』86집, 2020.

12 杨念群『五四的另一面: '社会'观念形成与新型组织的诞生』, 上海: 上海人民出版社 2019, 제3장.

13 Sebastian Conrad and Dominic Sachsenmaier, eds., *Competing Visions of World*

Order: Global Moments and Movements, 1880s-1930s, N.Y.: Palgrave Macmillan 2007, 9, 13면.

14 차승기 「폐허의 사상: '세계 전쟁'과 식민지 조선, 혹은 '부재 의식'에 대하여」, 『문학과사회』 2014년 여름호 411면.

15 이리에 아키라 『20세기의 전쟁과 평화』, 조진구·이종국 옮김, 연암서가 2016, 105, 106면.

16 '아래로부터의 평화'와 '위로부터의 평화'는 권헌익 인터뷰 「1919년의 세계사적 의미를 되새기는 '평화 연구' 필요」, 『한겨레』 2018. 9. 20.

17 魏格林·朱嘉明 主編 『一战与中国』, 北京: 东方出版社 2015, 23면.

18 졸저 『中國現代大學文化研究: 1920年代 大學生의 正體性 危機와 社會變革』, 一潮閣 1994, 특히 제1부 2장.

19 중국과 제1차 세계대전의 관련에 대한 서술은 Xu Guoqi, *China and the Great War: China's Pursuit of a New National Identity and Internationalization*, N.Y.: Cambridge University Press 2005 참조.

20 Dominic Sachsenmaier, "Alternative Visions of World Order in the Aftermath of World War I: Global Perspectives on Chinese Approaches," in Sebastian Conrad and Dominic Sachsenmaier, eds., 앞의 책.

21 毛澤東 「論人民民主專政」(1949. 6. 30), 毛澤東文獻資料研究會 編 『毛澤東集 第10卷(1946. 1-1949. 10)』, 第2版, 東京: 蒼蒼社 1983, 294면.

22 '레닌의 순간'이라는 흥미로운 표현으로 새로운 풍조를 분석한 周月峰 「"列宁时刻": 苏俄第一次对华宣言的传入与五四后思想界的转变」, 『清华大学学报: 哲学社会科学版』 2017年 第5期.

23 胡适 「纪念"五四"」(1935. 4. 29), 欧阳哲生 主编 『胡适文集』 第11卷, 北京: 北京大学出版社 1998, 577면.

3장 주체의 형성과 '신청년': 사회변혁적 자아

1 이기훈 『청년아 청년아 우리 청년아: 근대, 청년을 호명하다』, 돌베개 2014; 木村直惠 『青年の誕生』, 東京: 新曜社 1998 및 졸저 『中國現代大學文化研究: 1920年代 大學生의 正體性 危機와 社會變革』(一潮閣 1994)의 「서장」 참조.

2 당시 대학문화를 '하위문화(亞文化)'로 파악하고 이것과 학생운동의 관련을 분석한 杨天宏 「学生亚文化与北洋时期学运」(『历史研究』 2011年 第4期)도 있다.

3 당시 지식청년이 '작가몽'에 심취하다가 혁명으로 기우는 과정에 대해서는 唐小兵
「民国时期中小知识青年的聚集与左翼化: 以二十世纪二三十年代的上海为中心」,
『中共党史研究』2017年 第11期 69면.

4 "Editorial," *The Chinese Recorder*, Nov. 1922, 681면.

5 이상은 张惠芝「"五四"前的中国学生运动」,『河北学刊』1989年 第3期; 李永昌「中国
学生反对"中日共同防敌军事协定"鬪争述论」,『近代史研究』1990年 第1期 참조. 좀
더 상세한 배경설명은 笠原十九司「日中軍事協定反對運動: 五四運動前夜における
中國民族運動の展開」,『人文研紀要』2號, 中央大學 1983.

6 앞의 졸저 219~23면 참조.

7 쉬더헝의 다음의 회고 몇편에 근거하였다. 그런데 이들 간에 날짜, 주요 활동 등이
조금씩 차이가 난다. 許德珩「回忆国民杂誌社」, 张允侯·殷叔彝·洪清祥·王云开 編
『五四时期的社团(二)』, 北京: 三联书店 1979, 38면;「五四前的北大」, 中国社会科
学院 近代史研究所 編『五四运动回忆录(上)』, 北京: 中国社会科学出版社 1979,
231면;「五四运动六十周年」, 中国社会科学院 近代史研究所 編『五四运动回忆录
(续)』, 北京: 中国社会科学出版社 1979, 44, 46면.

8 李永昌, 앞의 글 181면.

9 惲代英「應該怎樣開步走?」,『中國靑年』第96期, 1925. 9. 21.

10 '사(社)'의 시대에 따른 의미 변화에 대해서는 楊家駱「中國歷史上的'社'」,『史學彙
刊』第5期, 1973 참조.

11 侯紹裘「我的參與學生運動的回顧」,『學生雜誌』第10卷 第1號, 1923, 3면.

12 陈平原「危机时刻的阅读、思考与表述」,『探索与争鸣』总第355期, 2019年 第5期
36~38면.

13 周炳琳「五四以後的北京學生」,『少年世界』第1卷 第1期, 1920, 17면.

14 돤시펑(段錫朋, 베이징학련 대표) 등 베이징대학 학생들이 5월 말경 상하이에 와 창
립을 위한 여론을 조성한 상세한 경과는 앞의 졸저 230~32면 참조.

15 周太玄「谈少年中国学会」,『五四运动回忆录(续)』1012, 1013면;「張夢九先生的生平
事略」(1974년 4월 28일 천치톈陳啓天이 장멍주張夢九의 장례식에서 발표한 보고서.
간기刊記도 없는 팸플릿); 郭正昭·林瑞明『王光祈的一生與少年中國學會』, 臺北: 環
宇出版社 1974, 19~20면.

16 앞의「規約」제3, 4조 참조. 그리고 그 표준은「本会徵求会员之标準」, 张允侯·殷叔
彝·洪清祥·王云开 編『五四时期的社团(一)』, 北京: 三联书店 1979, 237~38면에 실
려 있다.

17 『少年中國』第1卷 第2期(1919)의 '토론 소조직 문제'란 특집이 이에 대해 집중적으로 논의했다.

18 李培艳「"新青年"的"新生活"实践: 以工读互助团为中心的考察」,『文艺理论与批评』 2018年 第5期 72면.

19 모두『每週評論』31호(1919. 7. 2), 35호(8. 17), 36호(8. 24), 37호(8. 31)에 발표되었다.

20 '문제'와 '주의' 논쟁에 대한 이제까지의 대부분의 견해가 그렇다. 예를 들면, 강명희「5·4운동과 국민혁명」, 중국근현대사학회 엮음『중국근현대사강의』, 한울 2019, 165면.

21 小野信爾「勞工神聖の麵包: 民國八年秋、北京の思想狀況」,『東方學報』第61册, 1989.

22 「總解決與零碎解決」(1919. 9. 30); 小野信爾, 앞의 글 443~44면에서 재인용.

23 더 자세한 활동내용과 경영수입의 내역은『社团(二)』373~400면 참조.

24 『晨報』1919. 12. 15; 중화전국부녀연합회『중국여성운동사(상)』, 박지훈·전동현·차경애 옮김, 한국여성개발원 1992, 151면에서 재인용. 집에서 가출한 여학생들이 그 출로로서 이 운동에 참여한 좀더 많은 사례는 앞의 졸저 제2부 2장 참조.

25 惲代英「未來之夢」,『社团(一)』, 특히 182면.

26 陳獨秀「山東問題與國民覺悟: 對外對內兩種徹底的覺悟」(1919. 5. 26),『獨秀文存』, 上海: 亞東圖書館 1933, 646면.

4장 5·4운동의 퇴조 또는 전환: 직업혁명가

1 다양한 원인 분석은 졸저『中國現代大學文化研究: 1920年代 大學生의 正體性 危機와 社會變革』, 一潮閣 1994, 245~46면 참조.

2 邓野「五四时期的工读互助主义及其实践」,『文史哲』1982年 第6期 25면.

3 중도에 탈퇴한 사람의 일부는 가정문제나 결혼문제가 그 이유였다. 施存統「"工讀互助團"底實驗和教訓」,『星期評論』第48號, 1920. 5. 1. 가족들이 끌어간 예에 대해서는 魏巍·钱小惠『邓中夏传』, 北京: 人民出版社 1981, 36면 참조.

4 이것은 참여자의 한 사람인 주우산(朱務善)도 인정하는 사실이다. 朱务善「北大平民教育讲演团在"五四"前后所起的作用」, 张允侯·殷叙彝·洪清祥·王云开 編『五四时期的社团(二)』, 北京: 三联书店 1979, 특히 253면.

5 「學生聯合會總會宣言」,『(上海)民國日報』1920. 5. 16; 「學生會址與改選」,『(上海)民國日報』1920. 5. 25.

6 瞿世英「學生運動之失敗及將來應取之方針」, 『學生雜誌』第9卷 第6號, 1922, 5면; 參化「今後一般學生團體應當改善之幾點」, 『學生雜誌』第10卷 第12號, 1923.

7 대개 지역에서 없어졌는데 난징(南京), 창사(長沙), 안칭(安慶), 광저우(廣州)만 남아 있다는 의견도 있다. 楊賢江「十年來的學生活動概況」, 『學生雜誌』第10卷 第1號, 1923, 39면.

8 같은 글 40~41면.

9 문학연구자로서는 그렇게 보는 경우도 있는 것 같다. 예를 들면, 尾坂德司『中國新文學運動史』, 東京: 法政大學出版局 1957, 141~42면과 澤井律之「二十年代文學: 五四退潮期の文學: 許欽文「故鄕」から」, 『啞啞』23號, 1984.

10 程凱『革命的张力』, 北京: 北京大学出版社 2014, 4면.

11 상세한 분석은 앞의 졸저 253~59면.

12 이 문건은 『新青年』第9卷 第6期, 1922, 829~36면에 수록된 것을 이용했다.

13 邓中夏「长辛店旅行日记」(1920. 12. 19), 『邓中夏全集』上册, 北京: 人民出版社 2014, 81면.

14 이 부분은 「罗章龙谈中国劳动组合书记部北方分会」, 中国革命博物馆 编『北方地区工人运动资料选编 1921-1923』, 北京: 北京出版社 1981, 6~8면에 의존했다.

15 森川裕贯「从日本的现状和中国近现代的修身问题来看『道路』一书的定位」(미발표 원고). 초고를 미리 보여준 그에게 감사한다.

16 Hans J. van de Ven, *From Friend to Comrade: The Founding of the Chinese Communist Party, 1920-1927*, Berkeley: University of California Press 1991, 100면. 여기에는 지역주의와 분파 탓으로 중앙집중적 지도력을 발휘할 수 없었던 한계가 잘 분석되어 있다.

17 앞의 졸저 3부 2장 참조.

18 〔美〕裴宜理(Elizabeth Perry)「革命的传统与适应性治理」, 『苏区研究』2019年 第4期 10면.

19 「团上海地委农工部给团中央农工部的报告」, 『档案与历史』1986年 第4期.

20 华东师范大学马列教研室「新民主主义革命时期中华全国学生联合会历次代表大会介绍(四)」, 『青运史研究』1984年 第4期에 7차대회의 내용이 상세히 소개되어 있다.

21 5·4운동기와 5·30운동 이후의 학생운동을 비교한 견해로 비교적 동시대의 증언이라 할 松友「五四以來中國學生生活之總結」, 『學生雜誌』第17卷 第1호, 1930 참조, 특히 인용문은 16면.

22 程凱, 앞의 책 84면.

23 「論保護學生」(1926. 9. 28); 「北京當局與學生問題」(1927. 9. 28); 「青年之運命與中國 之運命」(1927. 9. 29); 「青年與黨禍」(1928. 4. 22) 등의 『大公報』의 사설 참조.

24 앞의 졸저 286~94면 참조.

25 蒼水 「禁止學生加入政黨問題」, 『中國靑年』 第104期, 1925. 12. 6.

26 唐小兵 「民国时期中小知识青年的聚集与左翼化: 以二十世纪二三十年代的上海为 中心」, 『中共党史研究』 2017年 第11期 80면.

27 분권 지향에 대해서는 민두기 「20세기 중국의 집권론과 분권론: 중공의 입장과 관련 하여」, 『시간과의 경쟁』, 연세대학교출판부 2001 참조. 군중노선에 대해서는 2부 4장 에서 상세히 언급될 것이다.

5장 5·4의 몇가지 쟁점을 다시 생각하기

1 베이징에서 열린 5·4운동 80, 90, 100주년 기념 학술회의의 각 쟁점에 대한 관찰기인 졸고 「3·1운동과 5·4운동은 현재진행 중인 혁명이다」, 『한겨레』 2019. 5. 4. 참조.

2 黃克武 主編 『重估傳統·再造文明: 知識分子與五四新文化運動』, 臺北: 秀威資訊科 技股份有限公司 2019, 24면.

3 조셉 첸 「5·4운동의 성격」, 민두기 엮음 『중국현대사의 구조』, 청람 1983, 90~92면.

4 Ying-shih Yu, "Neither Renaissance nor Enlightenment: A Historian's Reflections on the May Fourth Movement," Milena Doleželová-Velingerová and Oldřich Král, eds., *The Appropriation of Cultural Capital: China's May Fourth Project*, Cambridge: Harvard University Asia Center 2001, 307~309면.

5 梁啓超 「‘五四紀念日’感言」, 『晨報』, 五四紀念增刊, 1920. 5. 4; 유용태 「민국 시기 5·4운동 인식 중의 대배경론: 유라시아세계혁명과 戊戌 이래 사상계몽을 중심으로」, 『중국근현대사연구』 86집, 2020, 130면에서 재인용.

6 王奇生 『革命与反革命: 社會文化視野下的民國政治』, 北京: 社會科學文献出版社 2010, 24~30면.

7 Milena Doleželová-Velingerová and David Der-wei Wang, "Introduction," Milena Doleželová-Velingerová and Oldřich Král, eds., 앞의 책 9면.

8 陳建修 「作爲集合事件的 ‘五四運動’: 五四的槪念化與歷史書寫」, 黃克武 主編, 앞의 책 437~38면.

9 Arif Dirlik, "Ideology and Organization in the May Fourth Movement: Some Problems in the Intellectual Historiography of the May Fourth Period," *Republican*

China Vol. XII, No. 1, 1986.

10 졸고 「연동하는 동아시아와 3·1운동: 계속 학습되는 혁명」, 백영서 엮음 『백년의 변혁: 3·1에서 촛불까지』, 창비 2019, 137면.

11 이택후 『중국현대사상사의 굴절』, 김형종 옮김, 지식산업사 1992.

12 贺桂梅 「80年代, "五四"传统与"现代化范式"的耦合: 知识社会学视角的考察」, 『文艺争鸣』2009年 第6期 9면.

13 罗岗 「五四, 不断重临的起点: 重识李泽厚『启蒙与救亡的双重变奏』」, 『杭州师范大学学报: 社会科学版』2009年 第1期.

14 秦晖 『走出帝制: 从晚清到民国的历史回望』, 北京: 群言出版社 2016, 301면.

15 王奇生, 앞의 책 43~44, 64~65면; 唐小兵 「歷史與闡釋之間的五四話語」, 『思想』第13期, 臺北: 聯經出版社 2009, 275면.

16 许纪霖 「五四的历史记忆」, 『读书』2009年 第5期 7면.

17 김하림 「5·4운동 전후 중국의 세계주의의 확산과 민족주의의 재구성」, 『중국근현대사연구』83집, 2019, 107면.

18 王奇生, 앞의 책 43~49면.

19 袁先欣 「"社会"如何"运动"?: 对"五四"时期文化政治一个侧面的考察」, 『文艺理论与批评』2015年 第6期 49면.

20 자유주의파에 속하는 쉬지린(許紀霖)과 그에 비판적인 신좌파 양녠췬(楊念群)의 5·4운동관의 대립은 吉澤誠一郎 「五四運動から讀み解く現代中國: ラナ·ミッター『五四運動の殘響』を手がかりに」, 『思想』1061號, 東京: 岩波書店 2012, 147면에 간결히 소개되었다.

21 毛澤東 「民衆的大聯合」(1919. 7. 2/7. 28/8. 4), 毛澤東文獻資料研究會 編 『毛澤東集 第1券(1917. 3-1927. 14)』, 第2版, 東京: 蒼蒼社 1983.

22 이기훈 「3·1운동과 공화주의: 중첩, 응축, 비약」, 『역사비평』2019년 여름호.

23 溝口雄三 『中國の衝擊』, 東京: 東京大學出版會 2004.

24 미조구찌 유우조오 「신해혁명신론」, 『중국현대문학』59호, 2011, 373면.

25 杨念群 『"五四"九十周年祭: 一个"问题史"的回溯与反思』, 北京: 世界图书出版公司 2009, 53면.

26 汪晖 『文化与政治的变奏: 一战和中国的"思想战"』, 上海: 上海人民出版社 2014, 110~11면.

27 溝口雄三, 앞의 책 166~205면.

28 프롤로그 16면 첫번째 각주 참조.

29 罗志田「辩证的进化: 后五四时代关于世界文化的辩论 —— 侧重梁漱溟与胡适」,『天津社会科学』2017年 第3期 146, 150면.

30 홍석표「양수명(梁漱溟)의 동서문화론과 중국문화부흥의 학술적 담론」,『중국어문학지』35집, 2011, 47면. 그는 "중국문화의 부활로 이어진다고 착각하였다"(강조는 인용자)고 표현한다.

31 罗志田「文化翻身: 梁漱溟的憧憬与困窘」,『近代史研究』2016年 第6期 49면.

32 강중기「근대 이행기 중국의 유교 연구: 장즈둥과 량수밍을 중심으로」,『한국학연구』49집, 2018, 72, 77면.

33 홍석표, 앞의 글 67, 72면.

34 溝口雄三, 앞의 책 176면.

35 罗志田「辩证的进化: 后五四时代关于世界文化的辩论 —— 侧重梁漱溟与胡适」148면.

36 陈独秀「精神生活东方文化」(1924),『陈独秀著作选』第2卷, 上海: 上海人民出版社 1993.

37 罗志田「反思现代性: 梁漱溟论世界文化的过渡时代」,『探索与争鸣』2017年 第7期 17면.

38 罗志田「异化的保守者: 梁漱溟与"东方文化派"」,『社会科学战线』2016年 第3期 78면.

39 〔韩〕赵京兰「五四新文化运动与"反思性的儒学": 以梁漱溟思想中的"他者性"和"作为生活的儒教社会主义"为中心」,『深圳社会科学』2020年 第1期 73면.

40 홍석표, 앞의 글 73면.

41 罗志田「反思现代性: 梁漱溟论世界文化的过渡时代」18면.

42 양수명『동서 문화와 철학』, 강중기 옮김, 솔출판사 2005, 368면.

43 백지운「문명의 전환과 세계의 개조: 1차대전 직후『카이조오(改造)』의 문명론」,『동방학지』173집, 2016, 156면.

44 백영서 엮음『백년의 변혁: 3·1에서 촛불까지』에 실린 앞의 졸고 142~46면.

45 Rana Mitter, *A Bitter Revolution: China's Struggle with the Modern World*, Oxford: Oxford University Press 2004, 23면.

46 졸고「5·4의 미래는 무엇인가: 80주년기념학술행사 참관기를 겸함」, 졸저『동아시아의 귀환: 중국의 근대성을 묻는다』, 창작과비평사 2000, 244면.

47 Rana Mitter, 앞의 책 11면.

48 杨念群, 앞의 책 30~31면.

49 이런 관점은 왕후이(汪暉)의 논지를 원용한 袁先欣, 앞의 글, 특히 48면에서도 발견된다.

50 Rebecca E. Karl, "The Shadow of Democracy," *The Journal of Asian Studies* Vol. 78, No. 2, May 2019, 384, 387면.

6장 연동하는 동아시아와 5·4의 현재적 의미

1 졸고 「역동하는 동아시아의 1919: 혁명의 기점으로서의 3·1운동과 5·4운동」, 『개념과 소통』 23호, 2019.

2 罗志田「与改良相通的近代中国"大革命"」, 『社会科学研究』 2013年 第5期.

3 唐小兵 「'五四精神是一股眞實的歷史動力': '五四'百年之際專訪余英時先生」, 『思想』 第37期, 臺北: 聯經出版社 2019, 156면.

4 Ying-shih Yu, "Neither Renaissance nor Enlightenment: A Historian's Reflections on the May Fourth Movement," Milena Doleželová-Velingerová and Oldřich Král, eds., *The Appropriation of Cultural Capital: China's May Fourth Project*, Cambridge: Harvard University Asia Center 2001, 320면.

5 Sebastian Conrad and Dominic Sachsenmaier, eds., *Competing Visions of World Order: Global Moments and Movements, 1880s-1930s*, N.Y.: Palgrave Macmillan 2007, 9, 13면

6 마쓰오 다카요시(松尾尊よし) 「다이쇼 데모크라시와 3·1 독립운동」, 동북아역사재단 엮음 『3·1운동과 1919년의 세계사적 의미』, 동북아역사재단 2010, 126면.

7 武藤秀太郎 「三·一, 五·四運動と黎明会」, 國際日本文化研究センター 編 『アジア太平洋地域におけるグローバリゼイション, ローカリゼイションと日本文化』, Volume 3, 2010; 錢昕怡 「'一国史'から'帝国史'へ: 大正デモクラシー研究の史學史的考察」, 『吉野作造研究』 第14號, 吉野作造記念館 2018.

8 趙景達 「シベリア出兵と米騒動」, 『歴史地理教育』 2018年 6月號 8면.

9 「우리의 3·1운동과 중국의 5·4운동」, 『독립신문』 1922. 7. 1. 참조.

10 春艇生 「中國의 五四 紀念」, 『동아일보』 1925. 5. 13. 참조.

11 「중국의 신희망」, 『동아일보』 1920. 8. 6; 김현주 「삼일/오사의 접점으로서의 '문화(운동)'」, 『동방학지』 182집, 2018, 21면에서 재인용.

12 졸고 「20세기 전반기 중국인의 홍콩 여행과 근대 체험」, 김유철 외 『동아시아 역사 속의 여행 1』, 산처럼 2008, 151~54면.

13 陳學然『五四在香港』, 香港: 中華書局 2014.

14 陳學然「家國之間: 五·四在香港百年回望」, "長期的視點と東アジアの歷史的視點における '五·四' 百週年記念國際シンポジウム"(東京: 2019. 5. 11~12).

15 簡明海『五四意識在臺灣』, 香港: 開源書局 2019, 59~90면.

16 崔末順「'五四'與臺灣新文學以及 '朝鮮': 從『臺灣民報』兩篇小說談起」, 『한중언어문화연구』57집, 한국현대중국연구회 2020.

제2부 1949: 당과 인민의 시대

1장 1949년 중화인민공화국 성립

1 이 유명한 구절이 10월 1일의 개국 축하행사(開國大典)에서 발표된 것으로 흔히 알려졌는데 사실이 아니다. 마오의 중국인민정치협상회의 제1기 전체회의「开幕词」, 中共中央文献研究室 編『建国以来毛泽东文稿』第1册, 北京: 中央文献出版社 1987, 6면 참조.

2 「共同纲领」(1949. 9. 29), 中共中央文献研究室 編『建国以来重要文献选编』第一册, 北京: 中央文献出版社 1992, 2면.

3 楊剛, 『大公報』1949. 10. 6; 傅国涌『1949年: 中国知识分子的私人记录』, 武汉: 长江文艺出版社 2005, 328~29면 재인용.

4 『胡风的诗』, 中国文联出版公社 1987, 158~59면; 傅国涌, 앞의 책 331면에서 재인용.

5 좀더 상세한 상황묘사는 졸저『中國現代大學文化硏究: 1920年代 大學生의 正體性危機와 社會變革』, 一潮閣 1994, 83~85면.

6 로이드 E. 이스트만『蔣介石은 왜 패하였는가: 현대중국의 전쟁과 혁명, 1937~1949』, 민두기 옮김, 지식산업사 1986, 256면.

7 황동연「중국현대사 속의 중화인민공화국 50년」, 『창작과비평』1999년 겨울호 참조.

8 공산당과 국민당의 승리와 패퇴 원인에 대한 포괄적 설명은 유용태『환호 속의 경종: 동아시아 역사인식과 역사교육의 성찰』, 휴머니스트 2006, 85~90면.

9 전후 중소관계에 대한 상세한 설명은 이원준「중화인민공화국 건국 전 毛澤東의 외교노선 변화와 그 함의」, 『중앙사론』44집, 2016, 360~66면.

10 로이드 E. 이스트만, 앞의 책 257면.

11 李里峰「乡村精英的百年嬗蜕」, 『武汉大学学报: 人文科学版』2017年 第1期 6면.

12 이상의 서술은 로이드 E. 이스트만, 앞의 책 186, 197~200면.

13 김병도 『新聞記者가 본 中國』, 서울문화사 1950, 249~50면.

14 이원준 「국공내전(1945~49)과 중화인민공화국의 성립」(미간행 초고) 참조. 이 글을 미리 읽고 인용하게 허락해준 필자에게 감사드린다.

15 久保亨·嵯峨隆 編 『中華民國の憲政と獨裁 1912~1949』, 東京: 慶應義塾大學出版會 2011, 17~20면.

16 수잔 페퍼 「전후의 국민당과 공산당의 대결」, 민두기 엮음 『중국현대사의 구조』, 청람 1983, 217~18면.

17 유용태, 앞의 책 90면.

18 李淵庭·閻秉華 編 『梁漱溟先生年谱』, 桂林: 广西师范大学出版社 2003, 234~36면.

19 Paul A. Cohen, "Reflections on a watershed date: The 1949 divide in Chinese history," Jeffrey N. Wasserstrom, ed., *Twentieth-Century China: New Approaches*, London: Routledge 2003.

20 久保亨 「1949年革命の歷史的位置」, 久保亨 編 『1949年前後の中國』, 東京: 汲古書院 2006, 3, 15면.

21 필립 큔 『중국 현대국가의 기원』, 윤성주 옮김, 동북아역사재단 2009, 182, 185면.

22 같은 책 186면.

23 賀照田 「中華人民共和國成立的歷史意涵: 從梁漱溟的視角看」, 『思想』 第13期, 臺北: 聯經出版社 2009, 130면.

2장 농촌의 토지개혁

1 李里峰 「土改中的诉苦: 一种民众动员技术的微观分析」, 『南京大学学报: 哲学·人文科学·社会科学版』 2007年 第5期 98면.

2 박상수 「1950년대 중국 혁명 연구의 다섯가지 논쟁적 테제 述論」, 『사총』 85집, 2015, 174면.

3 이시카와 요시히로 『중국근현대사 3: 혁명과 내셔널리즘 1925~1945』, 손승회 옮김, 삼천리 2013, 126면.

4 같은 책 144면.

5 毛澤東 「給林彪同志的信」(1930. 1. 5), 毛澤東文獻資料研究會 編 『毛澤東集 第2卷』, 第2版, 東京: 蒼蒼社 1983, 128, 130면.

6 王奇生 「高山滾石: 20世纪中国革命的连续与递进」, 『华中师范大学学报』 2013年 第

5期.

7 손준식 「중일전쟁과 동아시아 국제질서의 변동」, 중국근현대사학회 엮음 『중국근현 대사강의』, 한울 2019, 219면.

8 秦晖 「土地问题是中国革命最关键的因素吗?」, 爱思想 http://www.aisixiang.com/ data/104673.html (2019년 10월 1일 검색).

9 李里峰, 앞의 글 99면

10 李里峰 「"翻身": 华北土改中的资源再分配」, 『南京社会科学』 2015年 第6期 150면.

11 李里峰 「土改中的诉苦: 一种民众动员技术的微观分析」 107~108면.

12 李里峰 「工作队, 一种国家权力的非常规运作机制: 以华北土改运动为中心的历史考 察」, 『江苏社会科学』 2010年 第3期 208면.

13 李里峰 「土改中的诉苦: 一种民众动员技术的微观分析」 97면; 李里峰 「群众运动与 乡村治理: 1945-1976年中国基层政治的一个解释框架」, 『江苏社会科学』 2014年 第 1期.

14 Elizabeth J. Perry, "Moving the masses: Emotion work in the Chinese Revoluton," *Mobilization* Vol. 7, No. 2, 2002.

15 Yung-fa Chen, *Making Revolution: The Communist Movement in Eastern and Central China, 1937-1945*, Berkeley: University of California Press 1986, 186~87면; Elizabeth J. Perry, 앞의 글 114면에서 재인용. 딩링 『태양은 상건하에 비친다』(노경희 옮김, 중앙일보사 1989) 제50절에 생생하게 묘사되어 있다.

16 같은 글 115면.

17 李里峰 「土改中的诉苦: 一种民众动员技术的微观分析」 104~106면.

18 李里峰 「工作队, 一种国家权力的非常规运作机制: 以华北土改运动为中心的历史考 察」 210~12면.

19 李里峰 「群众运动与乡村治理: 1945-1976年中国基层政治的一个解释框架」 225~26면. 그 과정에 나타난 가짜 증언과 침묵 등 농민의 선택적 또는 전략적 대응 에 대해서는 吴毅·陈硕 「"说话"的可能性: 对土改"诉苦"的再反思」, 『社会学研究』 2012年 第6期 참조.

20 秦晖, 앞의 글.

21 李里峰 「有法之法与无法之法: 1940年代后期华北土改运动"过激化"之再考察」, 『史 学月刊』 2013年 第4期 89면.

22 이상의 인용은 中共中央文献研究室 编 『建国以来重要文献选编』 第一册(北京: 中央 文献出版社 1992)에 실린 「土地改革法」 336~37면.

23 이원준 『근대 중국의 토지소유권과 사회관행』, 학고방 2019, 230면.

24 같은 책 235~36면.

25 힌튼 「'열매'의 분배」, 리영희 편역 『8억인과의 대화: 현지에서 본 중국대륙』, 창작과
비평사 1977, 75면.

26 원톄쥔 『백년의 급진: 중국의 현대를 성찰하다』, 김진공 옮김, 돌베개 2013, 37면.

27 이원준, 앞의 책 236면.

28 박상수, 앞의 글 173면.

29 하남석 「중국의 사회주의적 시초축적과 농민의 희생」, 박철현 엮음 『도시로 읽는 현
대중국 1: 사회주의 시기』, 역사비평사 2017, 196면. 흥미롭게도 '사회주의적 본원적
축적'에 사실상 해당하는 '사회주의 원시기(原始期)'라는 개념을 일찍이 제기한 구
준(顧準)이라는 중국 지식인이 있었다. 첸리췬 『모택동시대와 포스트모택동시대,
1949~2009(상)』, 연광석 옮김, 한울 2012, 446면.

30 杨奎松 『中华人民共和国建国史研究』 1卷, 江西人民出版社 2009, 141~42면.

31 李里峰 「群众运动与乡村治理: 1945-1976年中国基层政治的一个解释框架」 227면.

32 박상수, 앞의 글 176면.

33 유용태 『직업대표제, 근대중국의 민주유산』, 서울대학교출판문화원 2011, 394~96면.

34 何浩 「"马恒昌小组": 以工人阶级建国的历史实践及其思想意涵」, 贺照田·高士明 主
编 『人间思想』 第1辑, 北京: 金城出版社 2014, 88면

35 윌리엄 힌튼 『飜身』 2권, 강칠성 옮김, 풀빛 1986, 253면.

36 이원준, 앞의 책 237면.

37 첸리췬, 앞의 책 77~78면.

38 박상수, 앞의 글 177면.

39 이원준, 앞의 책 237면.

40 陈龙 「新民主主义社会论研究述评」, 『湖湘论坛』 2012年 第3期 38~39면.

3장 도시의 접수와 관리: 베이징

1 이원준 「도시로 간 농촌혁명가들과 '신민주주의혁명'」, 박철현 엮음 『도시로 읽는 현
대중국 1: 사회주의 시기』, 역사비평사 2017, 19면.

2 마루야마 고지 「인민공화국의 성립과 '역사서사'」, 다나카 히토시·유용태 엮음 『21세
기 동아시아와 역사문제』, 한울 2018, 87면.

3 유용태 「현대 중국의 혼합경제 구상과 실천, 1940~1956」, 『중국근현대사연구』 74집,

2017, 24면.

4 何浩「接管天下: 北京市城市接管的歷史實踐及其思想意涵」, 賀照田·高士明 主編『人間思想』第3輯, 臺北: 人間出版社 2015, 27면.

5 「葉劍英在北平市委高級幹部會上的報告」(1948. 12. 19); 이원준, 앞의 글 24면에서 재인용.

6 같은 글 37면.

7 何浩, 앞의 글 4면.

8 같은 글 7면.

9 彭真「关于进城初期的敌情和群众动态向毛主席幷总前委、华北局的报告」(1949. 2. 16); 何浩, 앞의 글 25면에서 재인용.

10 傅国涌『1949年: 中国知识分子的私人记录』, 武汉: 长江文艺出版社 2005, 269면.

11 이원준「'분산성'과 '집중성'의 균형 찾기: 중화인민공화국 초기 北京의 建政과정 분석」,『중국근현대사연구』67집, 2015, 171면.

12 같은 글 164~65면.

13 같은 글 166~68면.

14 특히 경찰 업무의 조정 현황에 대해서는 何浩, 앞의 글 14, 17면.

15 박상수「중화인민공화국 초기 北京 基層 거버넌스 체제의 구축: 도시 街道의 국가와 사회, 1949~1954」,『동양사학연구』123집, 2013, 371면.

16 윤형진「中華人民共和國 도시주민 조직 방식의 형성: 건국 초기(1949~1954) 北京의 지역별 주민조직을 중심으로」,『중국근현대사연구』63집, 2014, 193면.

17 박상수「1950년대 北京市 基層의 '街道 積極分子': 實態와 變化」,『중국근현대사연구』74집, 2017, 47~48면.

18 같은 글 49면.

19 이원준, 앞의 글 172면.

20 같은 글 172, 175면.

21 윤형진, 앞의 글 165면.

22 이원준, 앞의 글 186, 187면.

23 윤형진, 앞의 글 193면.

24 같은 글 194면

25 같은 글 195면.

26 윤형진「中華人民共和國 도시주민 조직 방식의 형성: 建國 初期 北京의 工會를 중심으로」,『사총』87집, 2016, 90면.

27 같은 글 104면.

28 박상수 「중화인민공화국 초기 北京 基層 거버넌스 체제의 구축: 도시 街道의 국가와 사회, 1949~1954」 372면.

29 「中共北京市委关于北京市协商委员会扩大会议讨论镇压反革命问题的情况向中央、华北局的报告」(1951. 3. 20); 何浩, 앞의 글 28면에서 재인용.

30 같은 글 28, 29면

31 박상수, 앞의 글 362면.

32 윤형진 「中華人民共和國 도시주민 조직 방식의 형성: 건국 초기(1949~1954) 北京의 지역별 주민조직을 중심으로」 171면.

33 윤형진 「역사적 시각에서 본 중국의 도시 기층조직: 거민위원회를 중심으로」, 『역사비평』 2016년 겨울호 344, 348면

34 박상수, 앞의 글 390, 392면.

35 박상수 「1950년대 北京 街道 '공간'과 居民委員會의 작동 방식」, 『중국근현대사연구』 64집, 2014, 237면; 박상수 「'국가'와 '사회'의 만남: 베이징 가도 공간의 '지도'와 '자치'」, 박철현 엮음 『도시로 읽는 현대중국 1: 사회주의 시기』, 역사비평사 2017, 145면.

36 윤형진 「中華人民共和國 도시주민 조직 방식의 형성: 건국 초기(1949~1954) 北京의 지역별 주민조직을 중심으로」 193면.

37 박상수 「1950년대 北京市 基層의 '街道 積極分子': 實態와 變化」, 69~70면.

38 윤형진 「역사적 시각에서 본 중국의 도시 기층조직: 거민위원회를 중심으로」 349면.

39 윤형진 「中華人民共和國 도시주민 조직 방식의 형성: 건국 초기(1949~1954) 北京의 지역별 주민조직을 중심으로」 196면.

40 윤형진 「역사적 시각에서 본 중국의 도시 기층조직: 거민위원회를 중심으로」 352면.

41 何浩, 앞의 글 9, 11, 12면.

42 윤형진 「中華人民共和國 도시주민 조직 방식의 형성: 건국 초기(1949~1954) 北京의 지역별 주민조직을 중심으로」 177, 186면.

43 刘少奇 「在北京市第三届人民代表会议上的讲话」(1951. 2. 28); 何浩, 앞의 글 22면에서 재인용.

44 유용태 『직업대표제, 근대중국의 민주유산』, 서울대학교출판문화원 2011, 379면.

45 윤형진 「역사적 시각에서 본 중국의 도시 기층조직: 거민위원회를 중심으로」 344면.

46 陈龙 「新民主义社会论研究述评」, 『湖湘论坛』 2012年 第3期 38~39면.

4장 신민주주의사회: 제도와 운동

1 杜崎群傑『中國共産黨による'人民代表會議'制度の創成と政治過程: 權力と正統性をめぐって』, 東京: 御茶の水書房 2015, 279~80, 313면.

2 이병호「'중화인민공화국' 국호 작명 과정 고찰: 특히 연방제 채택 문제와 관련해」,『동북아역사논총』45호, 동북아역사재단 2014.

3 마루야마 고지「인민공화국의 성립과 '역사서사'」, 다나카 히토시·유용태 엮음『21세기 동아시아와 역사문제』, 한울 2018, 84면.

4 이 흐름을 중시한 유용태『직업대표제, 근대중국의 민주유산』, 서울대학교출판문화원 2011, 제2부 6장 참조.

5 이하 서술은 따로 전거를 밝히지 않는 한 程凱「"实质民主": 从1949年前后"各界人民代表会议"的确立与演变过程看」(贺照田·高士明 主编『人间思想』第1辑, 北京: 金城出版社 2014)에 의존했다.

6 杜崎群傑, 앞의 책 70면.

7 彭真「掌握党的基本政策, 做好入城后的工作」,『北京市重要文献选编(1948. 12-1949)』, 北京: 中国档案出版社 2001, 70면; 程凱, 앞의 글 98면에서 재인용.

8 유용태, 앞의 책 379~80면.

9 이하는 이원준「중국공산당의 도시 접관 정책과 '신민주주의혁명'」,『역사비평』2016년 겨울호 297~99면.

10 程凱, 앞의 글 98, 106면. 이하는 같은 글 101, 103, 106, 109~11면.

11 유용태, 앞의 책 385, 399, 403면.

12 조영남『중국정치개혁과 전국인대: 개혁기(1978~1998) 구조와 역할의 변화』, 나남출판 2000, 54면.

13 이원준「도시로 간 농촌혁명가들과 '신민주주의혁명'」, 박철현 엮음『도시로 읽는 현대중국 1: 사회주의 시기』, 역사비평사 2017, 34, 36면.

14 杜崎群傑, 앞의 책 314면.

15 程凱, 앞의 글 91면.

16 첸리췬『모택동시대와 포스트모택동시대 1949~2009(상)』, 연광석 옮김, 한울 2012, 181면.

17 泉谷陽子『中國建國初期の政治と經濟: 大衆運動と社會主義體制』, 東京: 御茶の水書房 2007, 16면.

18 구보 도루『중국근현대사 4: 사회주의를 향한 도전, 1945~1971』, 강진아 옮김, 삼천리

19 유용태「현대 중국의 혼합경제 구상과 실천, 1940~1956」,『중국근현대사연구』74집, 2017, 1면.

20 泉谷陽子, 앞의 책 17, 109면.

21 유용태, 앞의 글 18면.

22 이상의 서술은 같은 글 22면.

23 泉谷陽子, 앞의 책 30면.

24 杨奎松『中华人民共和国建国史研究 1』, 南昌: 江西人民出版社 2009, 363면 및 杨奎松『中华人民共和国建国史研究 2』504면.

25 汪东林「1953年梁漱溟受毛主席严厉批判之公案始末」,『凤凰网读书』(http://book. ifeng.com/shuzhai/detail_2013_10/17/30422310_0.shtml: 2020년 7월 25일 검색). 비슷한 내용이『毛泽东选集』第5卷(北京: 人民出版社 1977)에 실린「抗美援朝的伟大胜利和今后的任务」(1953. 9. 12)에도 나오나 량수밍이 직접 거명되지는 않는다.

26 유용태, 앞의 글 32면.

27 이하의 서술은 따로 전거를 밝히지 않는 한, 한국전쟁이 사회주의총노선으로의 전환에 크게 영향을 미쳤음을 강조한 泉谷陽子, 앞의 책에 주로 의존했다.

28 옥창준「윌리엄 스툭의 국제전 접근법과 한국전쟁 연구」,『미국학』39권 1호, 2016, 57, 60면.

29 김동길「중국의 한국전쟁 개입 결정 과정과 원인으로 본 중국의 북한정책」,『성균차이나브리프』7권 4호, 2019, 28면.

30 임우경「한국전쟁 시기 중국의 애국공약운동과 여성의 국민 되기」,『중국현대문학』48호, 2009, 144면.

31 김창규「抗美援朝運動 시기 인민동원과 국가통합 이념으로써 '愛國'」,『동양사학연구』129집, 2014

32 泉谷陽子, 앞의 책 158~59면.

33 같은 책 177면.

34 임우경「한국전쟁 시기 중국의 반미대중운동과 아시아 냉전」,『사이間SAI』10호, 2011, 158면.

35 이원준「중화인민공화국 건국 전 毛澤東의 외교노선 변화와 그 함의」,『중앙사론』44집, 2016, 352~55면.

36 杨奎松『中华人民共和国建国史研究 1』306면.

37 구보 도루, 앞의 책 83면.

38 새 정권에 대한 일체감으로 변화하는 양상은 何吉贤「抗美援朝背景下的"新爱国主义"运动与新中国"国际观"的形成」, 贺照田·高士明 主编, 앞의 책 134~35면 참조.

39 임우경, 앞의 글 157면.

5장 단명한 신민주주의사회의 의미

1 유용태「인민공화국의 성립과 사회주의 체제의 모색」, 중국근현대사학회 엮음『중국근현대사강의』, 한울 2019, 259면.

2 高王凌「中國共産黨爲甚麼放棄新民主主義」,『二十一世紀』2012年10月號 41면.

3 杨奎松「毛泽东为什么放弃新民主主义: 关于俄国模式的影响问题」,『近代史研究』1997年 第4期 179, 182면.

4 구보 도루『중국근현대사 4: 사회주의를 향한 도전, 1945~1971』, 강진아 옮김, 삼천리 2013, 76면.

5 원톄쥔『백년의 급진: 중국의 현대를 성찰하다』, 김진공 옮김, 돌베개 2013, 42~43면.

6 이원준「도시로 간 농촌혁명가들과 '신민주주의혁명'」, 박철현 엮음『도시로 읽는 현대중국 1: 사회주의 시기』, 역사비평사 2017, 37면.

7 張志强「如何理解"新中國"之爲"新"」, 贺照田·高士明 主编『人間思想』第3輯, 臺北: 人間出版社 2015, 204면.

8 이남주「마오쩌둥 시기 급진주의의 기원: 신민주주의의 폐기와 그 함의」,『동향과전망』78호, 2010, 240면; 李南周「新民主主義的歷史經驗及社會主義初級階段論的理論含義」, 贺照田·高士明 主编, 앞의 책 175면.

9 유용태『동아시아사를 보는 눈』, 서울대학교출판문화원 2017, 325면.

10 戚淑斌「回望50年前的一场争论: 重新审视新主主义向社会主义转变的分歧」,『北京日报』2002. 4. 22.

11 高王凌「新民主主义中有没有民主的概念」,『炎黄春秋』2012年 第4期 32면.

12 프롤로그 14면 첫번째 각주 참조.

13 久保亨「戰後中國の經濟自由主義」, 村田雄二郎 編『リベラリズムの中國』, 東京: 有志舍 2011, 323, 326면.

14 秦晖「土地問題是中国革命最关键的因素吗?」, 爱思想 http://www.aisixiang.com/data/104673.html(2019년 10월 1일 검색).

15 유용태, 앞의 책 297면.

16 미즈하 노부오「중화민국의 '민주'를 둘러싼 '역사 서사'」, 다나카 히토시·유용태 엮

음『21세기 동아시아와 역사문제』, 한울 2018, 64, 67면.

17 유용태, 앞의 책 288~89면.

18 高王凌「中國共産黨爲甚麽放棄新民主主義」33면.

19 程凱「"实质民主": 从1949年前后"各界人民代表会议"的确立与演变过程看」, 贺照田·高士明 主编『人间思想』第1辑, 北京: 金城出版社 2014, 99면.

20 杜崎群傑『中國共産黨による'人民代表會議'制度の創成と政治過程: 權力と正統性をめぐって』, 東京: 御茶の水書房 2015, 89면.

21 Elizabeth J. Perry, "Moving the masses: Emotion work in the Chinese Revoluton," *Mobilization* Vol. 7, No. 2, 2002.

22 한기욱「사유·정동·리얼리즘」, 『창작과비평』2019년 겨울호 34면.

23 백낙청『문명의 대전환과 후천개벽』, 박윤철 엮음, 모시는사람들 2016, 215면.

24 유용태, 앞의 책 284면.

25 何浩「"马恒昌小组": 以工人阶级建国的历史实践及其思想意涵」, 贺照田·高士明 主编『人间思想』第1辑, 北京: 金城出版社 2014, 81~82면.

26 유용태, 앞의 책 284면.

27 李里峰「群众运动与乡村治理: 1945-1976年中国基层政治的一个解释框架」, 『江苏社会科学』2014年 第1期 229면; 李里峰「工作队, 一种国家权力的非常规运作机制: 以华北土改运动为中心的历史考察」, 『江苏社会科学』2010年 第3期 213면.

28 박상수「1950년대 중국 혁명 연구의 다섯가지 논쟁적 테제 述論」, 『사총』85집, 2015, 182, 187면.

29 이상의 서술은 杜崎群傑, 앞의 책, 특히 312, 314면 참조.

30 金子肇『近代中國の國會と憲政: 議會專制の系譜』, 東京: 有志舍 2019, 267~68면.

31 천밍밍『중국의 당국가체제는 어디로 가는가: 혁명과 현대화의 경계』, 이희옥·김현주 옮김, 성균관대학교출판부 2019, 306~307면.

32 첸리췬『모택동시대와 포스트모택동시대 1949~2009(하)』, 연광석 옮김, 한울 2012, 242면. 이에 대한 논의는 스즈키 마사히사「'57체제'가 시사하는 바」, 『한국학연구』 27집, 2012 참조.

33 何浩「接管天下: 北京市城市接管的歷史實踐及其思想意涵」, 賀照田·高士明 主編, 『人間思想』第3輯, 臺北: 人間出版社 2015, 3면.

34 佐藤賢「作为方法的1949」, 贺照田·高士明 主编『人间思想』第1辑, 北京: 金城出版社 2014, 146면.

35 황정아「팬데믹 시대의 민주주의와 '한국모델'」, 『창작과비평』2020년 가을호 25면.

6장 동아시아 속의 1949년

1 林桶法『1949大撤退』, 臺北: 聯經出版社 2009, 420, 423면.

2 龍應台『大江大海一九四九』, 臺北: 天下 2009.

3 蘇育琪「埋得很深的創傷是看不見的: 龍應台談一九四九」, 『INK』2009年 8月號, 특히 61면.

4 高華「六十年來家國, 萬千心事誰訴: 讀龍應台『大江大海一九四九』劄記」, 『思想』第15期, 臺北: 聯經出版社 2010.

5 杨念群「龙应台炮灰史观的煽情与阙失」, 共识网, 2013年 12月 15日 (검색일: 2020년 6월 15일).

6 孫瑞穗「失敗者的共同體想像: 回應龍應台的『大江大海一九四九』」, 『思想』第13期, 臺北: 聯經出版社 2009. 이 배경인 타이완의 성적(省籍) 갈등의 복잡성에 대해서는 최원식·백영서 엮음『대만을 보는 눈』, 창비 2012 참조.

7 唐小兵「记忆的战争与战争的记忆: 有关20世纪中期中国的回忆与书写」, 『历史教学问题』2020年 第1期.

8 이 부분은 馬場公彦『戰後日本人の中國像: 日本敗戰から文化大革命·日中復交まで』, 東京: 新曜社 2010, 100~109, 126~31면에 의존했다.

9 민두기「80년대 일본에서의 중국사연구와 중국현실에의 대응」, 『동아문화』22집, 1984, 35면.

10 이재령『현대 한중관계사 연구』, 단국대학교출판부 2020, 470, 520면.

11 이하의 서술은 졸저『동아시아의 귀환: 중국의 근대성을 묻는다』(창작과비평사 2000)에 실린「1949년의 중국: 동시대 한국인의 시각」에 의존했다.

12 김병도는 이때의 견문을 정리해『신문기자가 본 중국』(서울문화사 1950)을 간행했다. 1949년 11월자의 서문이 달린 그의 저서는 그가 보낸 기사들의 내용과 미처 기사화되지 못한 견문으로 구성되었다.

13 같은 책 2, 22, 170~71면.

14 「世界의 望遠鏡: 蔣政權은 再起할가?」, 『경향신문』1949. 10. 13.

15 「중국의 운명(하)」, 『조선일보』1949. 9. 1.

16 식민지 시기 동아일보 특파원 신언준에 관한 연구인 민두기 엮음『신언준 현대중국관계 논설선』, 문학과지성사 2000, 특히 편자「해제」참조.

17 이상의 서술은 이남주「동아시아 질서의 변화와 새로운 지역협력의 모색: 샌프란시

스코체제의 동학(動學)을 중심으로」,『경제와사회』 2020년 봄호 참조.

제3부 1989: 군중자치의 순간

1장 일지로 본 톈안먼사건

1 이 절은 Edddie Cheng, *Standoff at Tiananmen*, Highlands Ranch: Sensys Corp 2009, chapter 12와 張良 編著『中國 ‘六四’眞相(下)』, 香港: 明鏡出版社 2001, 905~26면에 주로 의존하기에 면수를 일일이 적지 않되, 다른 출처는 따로 주석을 통해 밝혔다. 후자는 장량(張良)이라는 가명의 전직 고위 간부가 당시의 내부 기밀자료를 편년체로 정리해서 출판한 것이다. Andrew J. Nathan과 Perry Link가 1/3 분량으로 편역해서 출간한 것이 Zhang Liang, Perry Link, and Andrew J. Nathan, *The Tiananmen Papers* (Public Affairs 2001)이다. 중국공산당은 이를 위조라고 하지만, 대부분의 연구자들은 당시 자료를 교차 검토하여 이 문서가 상당 부분 사실이라고 인정하고 있다.

2 "Han Dongfang Is Our Leader," *Echoes From Tiananmen* No. 5, March 1991, Hong Kong: Friends of Chinese Minzhu, 5~6면. 해외로 망명한 노동자 활동가 자오홍량(Zhao Hongliang, 趙洪亮)과 뤼징화(Lu Jinghua, 呂京花)의 대담에 나오는 이 기록은 현장 녹음에 근거한 것이다. 이 자료는 저자가 1991년 봄 하버드-옌칭연구소 방문학자로 미국에 체류 중일 때 하버드대 캠퍼스에서 가두판매하는 것을 구했다.

3 당시 군인으로 현장사진을 찍는 임무를 수행하던 천광(陳光)의 목격담. 林慕蓮(Louisa Lim),『重返天安門』, 新北: 八旗文化 2019, 55면.

4 이하 사건 경과 서술은 張良 編著, 앞의 책과 조영남『톈안먼사건: 덩샤오핑 시대의 중국 3』(민음사 2016)에 주로 의존했다. 이 경우 직접인용이나 중요한 해석이 아니면 일일이 면수를 표시하지 않는다. 그밖의 자료는 주석을 통해 따로 출처를 밝혔다.

5 王丹『王丹回憶錄: 從六四到流亡』, 臺北: 時報文化出版 2012, 164~65면.

6 같은 책 166~67면.

7 같은 책 173면.

8 같은 책 177면.

9 조영남, 앞의 책 93면.

10 王丹, 앞의 책 194면.

11 같은 책 197~98면.

12 같은 책 199면.

13 趙鼎新『國家·社會關係與八九北京學運』, 香港: 中文大學出版社 2007, 202면.

14 王丹, 앞의 책 206면.

15 같은 책 208면.

16 Tony Saich, "The Rise and Fall of the Beijing People's Movement," Jonathan Unger, ed., *The Pro-democracy Protests in China: Reports from the Provinces*, N.Y.: M. E. Sharpe 1991, 19면.

17 王丹, 앞의 책 222면.

18 趙鼎新, 앞의 책 142면.

19 Frank N. Pieke, *The Ordinary and The Extraordinary: An Anthropological Study of Chinese Reform and the 1989 People's Movement in Beijing*, London and New York: Kegan Paul International 1996, 211면

20 장윤미「89운동과 독립노조: 베이징 노동자자치연합회를 중심으로」,『중소연구』 36권 2호, 2012, 135면.

21 조영남, 앞의 책 157~58면.

22 같은 책 166면.

23 장윤미, 앞의 글 130면.

24 林慕蓮, 앞의 책 44, 46면

25 趙鼎新, 앞의 책 166면.

26 이상의 재정 관련 서술은 같은 책 147~49면.

27 張良 編著, 앞의 책 799면.

28 "Recollections of 1989: The Making of Goddess of Democracy," http://www.standoffattiananmen.com/2011/05/document-of-1989-making-of-goddess-of.html (2020년 4월 26일 검색).

29 장윤미, 앞의 글 135면.

30 張良 編著, 앞의 책 910, 912면.

31 같은 책 930~31면.

32 하남석「지방 시위를 통해 본 1989 천안문 사건과 그 함의」,『중국학연구』91집, 2020, 228면.

33 「鄧小平六月九日對戒嚴部隊軍級以上幹部講話」, 中共問題資料雜誌社 編『天安門民主運動資料彙編』, 臺北: 中共問題資料雜誌社 1989, 447면.

34 趙鼎新, 앞의 책 176면.

35 조영남, 앞의 책 222면

36 林慕蓮, 앞의 책 95면.

37 Melinda Liu, 「반체제인사 생명선 '노랑새작전'」, 『뉴스위크』(한국어판) 1996. 4.
3; 瑞迪 「朱耀明牧師與黃雀行動: 港人做了一件很光榮的事」, 『公民論壇』 2019. 6.
11(https://www.rfi.fr/tw. 2020년 7월 20일 검색).

2장 왜 일어났을까: 구조와 행위 주체

1 이하의 서술은 구보 도루 『중국근현대사 4: 사회주의를 향한 도전, 1945~1971』, 강진
아 옮김, 삼천리 2013, 212~18면에 의존했다.

2 왕샤오밍 「중국혁명: '국가-사회' 복합체의 구성과 실패」, 『문화과학』 2018년 겨울호
288면.

3 장윤미 「89운동과 독립노조: 베이징 노동자자치연합회를 중심으로」, 『중소연구』
36권 2호, 2012, 123면.

4 Richard Baum, "The Road to Tiananmen: Chinese politics in the 1980s," Roderick
MacFarquhar, ed., *The Politics of China: The Eras of Mao and Deng*, New York:
Cambridge University Press 1997, 369면.

5 王超華 『從來就沒有救世主: 六四30週年祭』臺北: 渠成文化 2019, 120면.

6 장윤미, 앞의 글 125면.

7 이 부분은 백영서 「중국의 대학과 혁명: 1920년대와 1990년대의 비교」, 서울대학교
동양사학연구실 엮음 『중국근현대사의 재조명 1』, 지식산업사 1999, 333~35면의 요
약이다.

8 권태선·백영서 「오늘의 중국현실과 지식인」, 『창작과비평』 1991년 가을호 351면.

9 Richard Gordon & Carma Hinton, "The Gate of Heavenly Peace"(1995년작, 공식 웹
사이트인 http://tsquare.tv에서 접근 가능함)에서 캡처한 펑충더(封從德)의 발언.

10 Ruth Hayhoe, "Student Enrolment and Job Assignment Issues," *China News
Analysis*, March 15, 1993.

11 趙鼎新 『國家·社會關係與八九北京學運』, 香港: 中文大學出版社 2014, 69면.

12 같은 책 서문.

13 Craig Calhoun, *Neither Gods Nor Emperors: Students and the Struggles for
Democracy in China*, Berkeley: University of California Press 1994, 256면.

14 이욱연 『포스트 사회주의 시대 중국 지성: '중국' 재발견의 길』, 서강대학교출판부

2017, 72면.

15 趙鼎新, 앞의 책 44면

16 이욱연, 앞의 책 72~73면.

17 趙鼎新, 앞의 책 45면

18 王丹『王丹回憶錄: 從六四到流亡』, 臺北: 時報文化出版 2012, 122면.

19 민두기「방여지(方勵之)라는 사람」, 방여지『방여지는 말한다: 方勵之自選集』, 권영빈 옮김, 지식산업사 1989, 4~5면.

20 王丹, 앞의 책 109면.

21 이욱연, 앞의 책 75~76면.

22 첸리췬『모택동시대와 포스트모택동시대 1949~2009(하)』, 연광석 옮김, 한울 2012, 252면.

23 이하의 서술은 따로 출처를 밝히지 않는 한 같은 책 168~79면과 박경석「1950년대 중국의 제도화된 '五四紀念'과 '新5·4운동'」(『중국근현대사연구』86집, 2020)에 주로 의존했다.

24 같은 글 166면. 첸리췬, 앞의 책 169면에는 '공산주의청년단'으로 나와 있다. 신민주주의청년단은 1957년 5월 15~25일 제3차 전국대표대회에서 공산주의청년단으로 개명하기로 정식 의결해 개편 절차를 마무리했다(박경석, 앞의 글 154면).

25 沉澤宜/張元勛(中文系)「大字报诗: 是时候了」, 北京大学经济系政治经济学教研室编『校内外右派言论汇集』, 1957; 박경석, 앞의 글 167면에서 재인용. 인용문 표현은 시 형식에 맞춰 인용자가 손질했다.

26 첸리췬, 앞의 책 187면.

27 첸리췬『모택동시대와 포스트모택동시대 1949~2009(하)』253면.

28 陳子明「走向憲政民主: 一個'四五人'的心路歷程」, 陳子華 等著『浴火重生: '天安門黑手'備忘錄』, New York: 明鏡出版社 2004, 64~65면.

29 같은 글 69~70면.

30 첸리췬, 앞의 책 268~69면.

31 같은 책 300면.

32 손승회『문화대혁명과 극좌파: 마오쩌둥을 비판한 홍위병』, 한울아카데미 2019, 특히 30, 378면. 이 책은 문혁을 '10년의 동란'이라고 보는 대중의 인식에 전환을 가져오게 하려는 문제의식을 바탕으로 한다.

33 陳子明, 앞의 글 72~77면.

34 王丹, 앞의 책 150면.

35 George Black and Robin Munro, *Black Hands of Beijing: Lives of Defiance in China's Democracy Movement*, N.Y.: John Wiley & Sons, Inc. 1993, 4면.

36 趙鼎新, 앞의 책 195면.

3장 누가, 무엇을 어떻게 요구했나

1 王丹 『王丹回憶錄: 從六四到流亡』, 臺北: 時報文化出版 2012, 124면.

2 林慕蓮(Louisa Lim) 『重返天安門』, 新北: 八旗文化 2019, 115면.

3 같은 책 74~75면.

4 封從德 「八九學運爲何未能撤離廣場?」, 『開放』 2014年 7月號(http://www.open. com.hk/content.php?id=1909: 2020년 7월 23일 검색).

5 柴玲 『一心一意向自由: 柴玲回憶』, 香港: 田園書屋 2011, 90면.

6 조지 카치아피카스 『아시아의 민중봉기』, 원영수 옮김, 오월의 봄 2015, 229면.

7 林慕蓮, 앞의 책, 121면.

8 王超華 『從來就沒有救世主: 六四30週年祭』 臺北: 渠成文化 2019, 154, 157~58면

9 조영남은 이 한계를 지적하면서도 "결코 비난의 대상이 될 수 없다"고 본다. 조영남 『톈안먼사건: 덩샤오핑 시대의 중국 3』, 민음사 2016, 253면.

10 林慕蓮, 앞의 책 117면.

11 王丹, 앞의 책 134면.

12 趙鼎新 『國家·社會關係與八九北京學運』, 香港: 中文大學出版社 2014, 246면.

13 같은 책 8, 9장,

14 Richard Gordon & Carma Hinton, "The Gate of Heavenly Peace"에서 캡처.

15 조지 카치아피카스, 앞의 책 258, 745면. 매사추세츠주에 있는 브랜다이스대학에서 팩스를 이용해 전송했다.

16 같은 책 230면 및 Frank N. Pieke, *The Ordinary and The Extraordinary: An Anthropological Study of Chinese Reform and the 1989 People's Movement in Beijing*, London and New York: Kegan Paul International 1996, 200면.

17 林慕蓮, 앞의 책 119면.

18 Richard Gordon & Carma Hinton, "The Gate of Heavenly Peace"에서 캡처.

19 林慕蓮, 앞의 책 78면.

20 安田峰俊 『八九六四: '天安門事件'は再び起きるか』, 東京: 角川書店 2018, 58면.

21 王超華, 앞의 책 64면.

22 같은 책 72, 154면.

23 조지 카치아피카스, 앞의 책 234면.

24 王超華, 앞의 책 15, 94, 139~40면.

25 王丹 等『'六四'參加者回憶錄』, New York: 明鏡出版社 2004, 244면

26 王超華, 앞의 책 210, 216면.

27 조영남, 앞의 책 107면.

28 王超華, 앞의 책 246~47면.

29 같은 책 216면.

30 Frank N. Pieke, 앞의 책 208면

31 조지 카치아피카스, 앞의 책 237면. 일부 표현은 인용자가 수정했다.

32 王丹, 앞의 책 205면.

33 王超華, 앞의 책 140면.

34 같은 책 230면.

35 장윤미 「89운동과 독립노조: 베이징 노동자자치연합회를 중심으로」, 『중소연구』 36권 2호, 2012, 111면.

36 조영남, 앞의 책 170~71면.

37 왕후이 『새로운 아시아를 상상한다』, 이욱연 외 옮김, 창작과비평사 2003, 102~103면.

38 Han Dongfang, "Chinese Labour Struggles," *New Left Review* No. 34, July-August 2005, 67면.

39 장윤미, 앞의 글 147면. Andrew G. Walder and Gong Xiaoxia, "Workers in the Tiananmen Protests: The Politics of the Beijing Workers' Autonomous Federation," *The Australian Journal of Chinese Affairs* No. 29, Jan. 1993, 28면에서 공자련의 'populist mentality'를 중시한다.

40 조영남, 앞의 책 169면.

41 같은 책 189면.

42 Andrew G. Walder and Gong Xiaoxia, 앞의 글 15면. 趙鼎新, 앞의 책 144면에는 더 많은 사례가 소개되어 있다.

43 같은 책 146면. 그는 월더(A. G. Walder)가 학생이 써준 것을 공자련 명의로 발포한 문건에 의존해 노동운동의 중요성의 근거로 삼았다고 비판한다(144면).

44 장윤미, 앞의 글 146면.

45 王超華, 앞의 책 182면.

46 장윤미, 앞의 글 148면.

47 왕차오화는 '道義衝動'으로 설명한다. 王超華, 앞의 책 169면.

48 하남석 「1989년 천안문 사건과 그 이후: 역사의 중첩과 트라우마의 재생산」, 『역사비평』 2020년 여름호 60면.

49 「北京市長陳希同關於制止動亂和平息反革命暴亂的情況報告」, 聯合報編輯部 編 『天安門一九八九』, 臺北: 聯經出版社 1989, 455면.

50 이홍규 「1989년 천안문 운동의 성격과 그 역사적 의미: '사회주의민주'의 구현을 위한 체제 내 민주화운동」, 『중국지식네트워크』 14호, 2019, 193면.

51 조지 카치아피카스, 앞의 책 244면.

52 가명 우카이(吳凱, 당시 25세)의 인터뷰 내용. 安田峰俊, 앞의 책 102면.

53 Craig Calhoun, *Neither Gods Nor Emperors: Students and the Struggles for Democracy in China*, Berkeley: University of California Press 1994, 252면.

54 이홍규, 앞의 글 200면.

55 Craig Calhoun, 앞의 책 245~47면. 주로 표 1, 2 참조.

56 Frank N. Pieke, 앞의 책 196면.

57 王超華, 앞의 책 155면.

58 망명한 노동자 자오훙량(Zhao Hongliang)의 증언. *Echoes from Tiananmen*, No. 5, March 1991, Hong Kong: Friends of Chinese Minzhu, 5면.

59 「告全市人民書」(1989. 4. 20); 「首都工人自治聯合會籌建綱領」(1989. 5. 21), 『工人起來了: 工人自治聯合運動1989』, 香港: 香港工會敎育中心出版 1990, 213, 218면.

60 Andrew G. Walder and Gong Xiaoxia, 앞의 글 21면.

61 Frank N. Pieke, 앞의 책 198면.

62 王超華, 앞의 책 83면.

63 「首都全體工人和學生的聯合聲明」, 『工人起來了』 229면.

64 「留美學人致萬里的公開信」, 中共問題資料雜誌社 編 『天安門民主運動資料彙編』, 臺北: 中共問題資料雜誌社 1989, 176면

65 張良 編著 『中國 '六四' 眞相(下)』, 香港: 明鏡出版社 2001, 694면.

66 「万里会见加拿大总督时谈国内情况, 学生要求民主反对腐败是爱国行动」, 『人民日报』 1989. 5. 19.

67 王丹, 앞의 책 232면.

68 조영남, 앞의 책 172~74면.

69 安魂曲(筆名) 「人大: 鄧少平心腹之患」, 陳小雅 主編 『沈重的回首: 1989天安門運動

15週年記念文集』, 香港: 開放雜誌社 2004, 168~70면.

70 錢理群「一个未完成的历史任务」(北京·"六四民主运动研讨会"论文),『縱覽中国』 2009年 5月 15日 (2018년 10월 5일 검색).

71 Chaohua Wang, "Diary: Remembering Tiananmen," *London Review of Books* Vol. 29, No. 13, 5 July 2007.

72 김정한「저항하는 대중들의 유토피아: 1980년 광주와 1989년 천안문」,『문화과학』 2011년 겨울호 130, 135면. 한 소설가는 "온 세상 모든 사람들이 형제인 도시"였다고 회고한다. 위화『사람의 목소리는 빛보다 멀리 간다』, 김태성 옮김, 문학동네 2012, 29면.

73 첸리췬『모택동시대와 포스트모택동시대 1949~2009(하)』, 연광석 옮김, 한울 2012, 306면.

4장 어떻게 기억되는가

1 趙鼎新『國家·社會關係與八九北京學運』, 香港: 中文大學出版社 2007, 서론.

2 Daniel F. Vukovich, *China and Orientalism: Western Knowledge Production and the P.R.C.*, N.Y.: Routledge 2012, 45면.

3 시진핑정권하에서의 소규모 노동자·학생 연대 움직임과 이에 대한 탄압은 하남석「1989년 천안문 사건과 그 이후: 역사의 중첩과 트라우마의 재생산」,『역사비평』 2020년 여름호 66면.

4 앞의 인용은 劉曉波「六四, 一座墳墓」(2002)의 일부이고, 뒤의 인용은 톈안먼사건 15주년에 바친「만가(輓歌)」(2004)의 최후 구절이다. 林慕蓮(Louisa Lim)『重返天安門』, 新北: 八旗文化 2019, 23, 29면에서 재인용.

5 封從德「八九學運爲何未能撤離廣場」(『開放』 2014年 7月號〔http://www.open.com.hk/content.php?id=1909: 2020년 7월 23일 검색〕)에서 쓰인 표현.

6 이욱연『포스트 사회주의 시대 중국 지성: '중국' 재발견의 길』, 서강대학교출판부 2017, 98면.

7 하남석「중국 지식인들의 1989 천안문사건 재해석: 자유민주주의운동론과 신좌파적 해석을 중심으로」,『중소연구』 40권 1호, 2016, 58~62면.

8 子安宣邦「劉曉波: われわれの問題としての」,『環』 Vol. 44, 2011 Winter, 250면.

9 林慕蓮, 앞의 책 24면.

10 이상은 劉曉波『天安門事件から '08憲章'へ』(劉燕子 編, 東京: 藤原書店 2009), 특히

98~108면의 「文化大革命から天安門事件まで」 및 류샤오보 『류샤오보 중국을 말하다』(김지은 옮김, 지식갤러리 2011)에 실린 「사회 변화를 통한 정권의 개혁」 참조.

11 권태선·백영서 「오늘의 중국현실과 지식인」, 『창작과비평』 1991년 가을호 350면.

12 이종화·장윤미 「중국 정치개혁에 관한 자유주의 논의의 비교 연구」, 『중소연구』 35권 4호, 2012. 특히 125면의 정치개혁구상안 비교표가 간명히 그 편차를 정리하고 있다.

13 판카지 미슈라 「중국의 신좌파와 새로운 사회적 대안」, 『녹색평론』 2007년 7-8월호 159~60면.

14 이상은 왕후이 『새로운 아시아를 상상한다』(이욱연 외 옮김, 창작과비평사 2003)에 수록된 「1989년 사회운동과 중국 '신자유주의'의 기원」에 주로 의존했다. 특히 109, 110, 112면 참조.

15 李民騏 「我怎样成为一个马克思主义者?」; 李民騏 『中国资本主义的发展和阶级斗争』, 2장 3절(http://www.bullogger.com/blogs/sail/archives/341728.aspx: 2020년 4월 5일 검색).

16 王超華 『從來就沒有救世主: 六四30週年祭』 臺北: 渠成文化 2019, 169면.

17 Arif Dirlik, "Forget Tiananmen, You Don't Want to Hurt the Chinese People's Feelings — and Miss Out on the Business of the New 'New China'." 아리프 딜릭(Arif Dirlik) 「톈안문(天安門)을 잊어라, 중국인들의 감정을 상하게 해서 새로운 '신중국'과의 거래를 놓치고 싶지 않으니까!」, 『중국근현대사연구』 62집, 2014, 272면. 인용은 (필자가 발표 전 미리 보내준) 원문에 입각해 저자가 수정했다.

18 같은 글 259면.

19 하남석 「중국 지식인들의 1989 천안문사건 재해석: 자유민주주의운동론과 신좌파적 해석을 중심으로」, 『중소연구』 40권 1호, 2016, 77면.

20 이종화·장윤미, 앞의 글 106~107면.

21 이 구분은 이민자 「중국 민주화와 류샤오보」, 『중소연구』 34권 4호, 2011, 48~49면.

22 劉曉波, 앞의 책 64~65면.

23 왕후이, 앞의 책 52면. 페리는 중국 지식인의 체제순응과 교육의 연관관계를 흥미롭게 분석한다. Elizabeth J. Perry, "Educated Acquiescence: How Academia Sustains Authoritarianism in China," *Theory and Society* Vol. 49, 2020.

24 Perry Link, "China after Tiananmen: Money, Yes; Ideas, No," *The New York Review of Books*, March 31, 2014.

25 톈안먼사건 20주년을 맞은 2009년 5월 한국의 중앙시네마에서 특별 상영했다.

26 이정훈 「頤和園의 黃昏, '6·4 천안문세대'의 '靑春'을 위한 追念」, 『중국현대문학』

50호, 2009, 162면.

27 연극에 관한 서술은, 따로 전거를 밝힌 내목이 아니면, 주로 장희제 「남은 자와 떠난 자, 관찰자가 말하는 톈안먼사건의 기억: 연극에 반영된 문화기억을 중심으로」(『한국 연극학』 61호, 2017)에서 발췌했다.

28 두산아트센터에서 2015년 4월 14일에서 5월 16일까지 공연되었다.

29 루시 커크우드 「차이메리카」(성수정 옮김, 미간행 공연대본). 이 귀한 자료를 구해준 하남석 교수께 감사드린다.

30 장희재, 앞의 글 67면.

31 미술에 관한 서술은, 따로 전거를 밝히지 않는 한, 주로 김문정 「중국실험미술에 있어서 은유적 역사기술의 문제」(『동북아 문화연구』 40집, 2014)에 의존했다.

32 리춘송·양지현·김규정 「중국실험미술의 정치적 표현 연구」, 『예술과 미디어』 12권 1호, 2013

33 김문정 「중국현대미술에서 우상과 트라우마의 문제: 냉소적 사실주의 작가 위에민쥔 (岳敏君)을 중심으로」, 『중국학연구』 58집, 2011.

34 ウー・ホン 『北京をつくりなおす: 政治空間としての天安門廣場』, 中野美代子 監譯, 大谷通順 譯, 東京: 國書刊行會 2015, 326~27면.

35 Binghuin Huangfu, "The Art of Communication," *Song Dong*, Shanghai Zendai Museum of Modern Art 2008, 57~59면. 이 전시회 도록을 구해준 서경배님께 감사드린다.

36 우정아 『남겨진 자들을 위한 미술』, 휴머니스트 2015, 33면.

37 林慕蓮, 앞의 책 41, 69면.

38 리춘송·양지현·김규정, 앞의 글 58면.

39 김문정 「중국실험미술에 있어서 은유적 역사기술의 문제」 329, 335면.

5장 동아시아인이 기억하는 톈안먼사건

1 簡明海 『五四意識在臺灣』, 香港: 開源書局 2019, 408~30면.

2 林澄 「'天安門事件': パリ秘密會議の全容」, 『現代』 1991年 10月號 315면.

3 村田忠禧 「'天安門廣場の虐殺'傳說の創出·傳播とその破綻」, 『史潮』 36號, 1995, 7, 11, 15~16면; 高井潔司 「もう一つの天安門事件: 日中相互認識をめぐる報道フレームの轉換」, 園田茂人 編 『日中關係史 1972-2012 III 社會文化』, 東京: 東京大學出版會 2012, 164~65면.

4 「天安門廣場の流血を悲しむ」,『朝日新聞』1989. 6. 5;「流血を廣げてはならない」,
『朝日新聞』1989. 6. 7;「天安門廣場の慘劇を悲しむ」,『讀賣新聞』1989. 6. 5.

5 「天安門廣場の流血を悲しむ」,『朝日新聞』1989. 6. 5.

6 「複數政黨認めた東歐の實驗」,『朝日新聞』1989. 6. 8;「ポーランドでの'連帶'壓勝が
意味するもの」,『讀賣新聞』1989. 6. 7.

7 「流血を廣げてはならない」,『朝日新聞』1989. 6. 7;「中國に重ねて平和收拾を望む」,
『讀賣新聞』1989. 6. 8.

8 「'對話'が必要になった對外援助」,『讀賣新聞』1989. 6. 9.

9 이하의 서술은 馬場公彦『現代日本人の中國像: 日中國交正常化から天安門事件·
天皇訪中まで』, 東京: 新曜社 2014, 93~127면에 의존했다.

10 같은 책 99면.

11 같은 책 128면 이하에 상세하다.

12 한승주「4·19와 北京 大虐殺」,『동아일보』1989. 6. 9; 이영덕「중국사태를 보는 눈」,
『조선일보』1989. 6. 8.

13 「북경의 비극」,『동아일보』1989. 6. 5.

14 「북경 대학살」,『조선일보』1989. 6. 6.

15 「베이징 대학살은 덩샤오핑 체제의 파탄」,『한겨레신문』1989. 6. 6.

16 박우정「좌절된 밑으로부터의 정치개혁」,『한겨레신문』1989. 6. 10.

17 민두기「중국 학생운동의 배경」,『한겨레신문』1989. 5. 27.

18 북경사태 긴급진단 전문가 좌담「社會主義 한계 드러낸 流血慘劇」,『동아일보』1989.
6. 6; 한승주「4·19와 北京 大虐殺」,『동아일보』1989. 6. 9.

19 「중국의 소위 '민주화운동'을 보는 노동자계급의 입장」,『노동계급』2호, 미공간 팸플
릿, 1989. 7. 16. 이것을 포함한 이하의 문건은 모두 저자가 1989년 서울 광화문 소재
논장 서점에서 구입한 것이다.

20 「중국, 북경인민학살과 사회주의 개혁의 험로」,『노동자의 깃발』22호, 미공간 팸플
릿, 1989. 6. 27.

21 「중국의 개혁과 북경시위의 성격에 대하여」,『노동자의 길』40호, 미공간 팸플릿,
1989. 8. 22.

22 이희옥『중국의 새로운 사회주의 탐색』, 창비 2004, 234면.

23 「천안문사태와 아시안게임」,『동아일보』1990. 6. 5.

24 필자가 소장한 수입배급처 (주)광남씨네마의「보도자료」참조. 보도자료에 나타난
다큐의 제목이「태평천국의 문(천안문)」이란 식으로 오역되어 있다.

25 이런 분위기는 단지 한국에서만 볼 수 있는 것은 아니다. 미국의 비슷한 사정에 대해서는 아리프 딜릭(Arif Dirlik) 「톈안문(天安門)을 잊어라, 중국인들의 감정을 상하게 해서 새로운 '신중국'과의 거래를 놓치고 싶지 않으니까!」, 『중국근현대사연구』 62집, 2014 참조. 이 제목이 그런 분위기를 물씬 풍긴다.

26 송욱 「홍콩 범죄인 인도법 반대 시위 취재기: 2019년 여름, 홍콩에서 떠올린 광화문과 천안문」, 『방송기자』 50호, 2019, 28면. 그는 당시 SBS 소속 북경지국 특파원이었다.

27 독일·동유럽과 중국의 차이는 Michael Zurn, "Fall of the Berlin Wall: Globalisation and the Future of Europe," *New Zealand International Review* Vol. 35, No. 3, May/June 2010.

28 장윤미 「개혁 개방에 관한 비교사회주의 연구: 중국과 러시아의 체제전환」, 『한국과 국제정치』 59호, 2007, 170면.

29 이반 크라스테프·스티븐 홈스 『모방시대의 종말』, 이재황 옮김, 책과함께 2020, 270면.

30 서재정 「한반도와 아시아: 식민, 냉전, 전지구화의 중첩과 지역화」, 『황해문화』 2015년 겨울호 25~26면; 이삼성 「전후 동아시아 국제질서의 구성과 중국: '동아시아 대분단체제'의 형성과정에서 중국의 구성적 역할」, 『한국정치학회보』 50집 5호, 2016, 167면.

에필로그

1 조영남 「중국의 부상과 아시아 그리고 세계」, 중국근현대사학회 엮음 『중국근현대사 강의』, 한울 2019, 354~55면.

2 복합국가 개념과 이것의 한반도를 비롯한 동아시아에 대한 적용 가능성에 관한 필자의 좀더 상세한 논의는 졸저 『핵심현장에서 동아시아를 다시 묻다: 공생사회를 위한 실천과제』, 창비 2013, 제1부에 실린 1, 2, 7장 참조.

3 〔美〕裴宜理(Elizabeth Perry) 「略论新中国政治体制的活力」, 『国际社会科学杂志』(中文版) 2009年 第2期.

4 周雪光 「寻找中国国家治理的历史线索」, 『中国社会科学』 2019年 第1期.

5 曹正汉 「"强政权, 弱国家": 中国历史上一种国家强弱观」, 『开放时代』 总第284期, 2019年 第2期

6 이남주 「자본주의 세계체제 속의 중국 '사회주의', 수사인가 가능성인가」, 『창작과비평』 2015년 봄호 30~33면.

7 데이비드 샴보 『중국의 미래』, 최지희 옮김, 한국경제신문 2018, 특히 5장 참조.

8 조영남 「중국의 정치개혁: 성과와 한계」, 이현정 엮음 『개혁 중국: 변화와 지속』, 한울 2019, 124~27면.

9 王绍光 「社会建设的方向: "公民社会"还是人民社会?」, 『开放时代』总第258期, 2014年 第6期 42~43면.

10 潘维 「人民共和国的人民性」, 『开放时代』总第277期, 2018年 第1期 39, 42면.

11 Andreas Mulvad, "From Deng to the Demos?: Han Dongfang's Laborism, Wen Tiejun's Peasantism, and the Future of Capitalism and Democracy in China," *Capital & Class* Vol. 41, No. 1, 2017. 한둥팡과 원톄쥔의 전략의 간명한 대비는 42면의 표 2 참조.

12 吴重庆 「迈向社会革命视野下的革命史研究」, 『中共党史研究』 2019年 第11期.

13 토마 피케티 『자본과 이데올로기』, 안준범 옮김, 문학동네 2020, 제17장 참조.

14 백영경 「복지와 커먼즈: 돌봄의 위기와 공공성의 재구성」, 『창작과비평』 2017년 가을호 28면.

15 황정아 「팬데믹 시대의 민주주의와 '한국모델'」, 『창작과비평』 2020년 가을호 34면.

16 백낙청 『서양의 개벽사상가 D. H. 로런스』, 창비 2020, 484~85면.

17 장웨이웨이 『중국은 문명형 국가다』, 성균중국연구소 옮김, 지식공작소 2018 참조.

18 백지운 「'일대일로'와 제국의 지정학」, 박경석 엮음 『연동하는 동아시아를 보는 눈』, 창비 2018, 255~56, 271면.

19 원톄쥔·황더싱 「중국의 '일대일로'는 평화발전의 이념인가」, 『창작과비평』 2015년 가을호 98면.

찾아보기

중국현대사를 만든 세가지 사건
1919, 1949, 1989

초판 1쇄 발행 / 2021년 1월 22일
초판 3쇄 발행 / 2024년 5월 17일

지은이 / 백영서
펴낸이 / 염종선
책임편집 / 김가희 신채용
조판 / 박지현 황숙화
펴낸곳 / (주)창비
등록 / 1986년 8월 5일 제85호
주소 / 10881 경기도 파주시 회동길 184
전화 / 031-955-3333
팩시밀리 / 영업 031-955-3399 편집 031-955-3400
홈페이지 / www.changbi.com
전자우편 / human@changbi.com

ⓒ 백영서 2021
ISBN 978-89-364-8294-7 93910